会计信息系统课程系列教材

财务软件应用

（第二版）

励景源　主编

立信会计出版社
LIXIN ACCOUNTING PUBLISHING HOUSE

图书在版编目(CIP)数据

财务软件应用/励景源主编. —2 版. —上海:立信会
计出版社,2010.5
ISBN 978 - 7 - 5429 - 2487 - 2

Ⅰ. ①财… Ⅱ. ①励… Ⅲ. ①会计-应用软件
Ⅳ. ①F232

中国版本图书馆 CIP 数据核字(2010)第 074364 号

责任编辑　　陈　旻
封面设计　　周崇文

财务软件应用(第二版)

出版发行	立信会计出版社		
地　　址	上海市中山西路 2230 号	邮政编码	200235
电　　话	(021)64411389	传　真	(021)64411325
网　　址	www.lixinaph.com	电子邮箱	lxaph@sh163.net
网上书店	www.shlx.net	电　话	(021)64411071
经　　销	各地新华书店		

印　　刷	常熟市梅李印刷有限公司
开　　本	787 毫米×1 092 毫米　　1/16
印　　张	17.5
字　　数	423 千字
版　　次	2010 年 5 月第 2 版
印　　次	2016 年 12 月第 4 次
印　　数	6 101—7 600
书　　号	ISBN 978 - 7 - 5429 - 2487 - 2/F
定　　价	28.00 元

如有印订差错,请与本社联系调换

前　　言

我国著名会计学家杨纪琬先生曾经预言:"在 IT 环境下,会计学作为一门独立的学科将逐步向边缘学科转化。会计学作为管理学的分支,其内容将不断地扩大、延伸,其独立性相对地缩小,而更体现出它与其他经济管理学科相互依赖、相互渗透、相互支持、相互影响、相互制约的关系。"今天,会计学面临的挑战是,日益增长的信息需求及信息的多样性,已经完全超出了传统会计学界定的范畴,也远远超出了传统会计信息系统的目标和功能。

会计电算化在我国已经经历了二十多年的快速发展,计算机作为会计工作的基本工具,已经成为现实。我国发达地区会计电算化的普及程度约为 70%,欠发达地区会计电算化的普及程度约为 40%,会计人员或者即将走上工作岗位的会计学专业的学生不能熟练掌握财务软件,可以说是"寸步难行"。

此外,我国会计教育改革对于会计电算化实务的忽视,造成了:第一,会计专业教育(教材、实验)仍停留在以手工操作为平台的模式上,开设的会计电算化课程仅仅是作为"锦上添花"增补到课程体系中,而没有把现代信息技术作为会计的基本背景对待;第二,在会计电算化课程中,片面强调理论知识或程序设计,忽视了财务软件使用中的实际问题及其解决方法。

再者,我国财务软件日新月异地发展和更新,给会计人员与会计学专业的学生学习和应用财务软件带来了不少困难。

在这一背景下,我们编写了这本面向大学会计学专业学生与会计人员的《财务软件应用》教材,并作为《会计信息系统》的系列教材。

编写本书的目的是使读者系统地掌握财务软件的一般操作流程、主要构成模块。三个不同类型的财务软件("会计之星"、"金蝶"、"用友")的介绍和使用,让读者多熟悉一些不同设计思路的财务软件,多运用财务软件的各项功能,思考软件设计中的思想精髓,从特殊使用原理上升到一般使用原理。

本书的主要内容包括:系统管理、初始设置、日常账务处理以及报表定义、生成。本书结合实际应用案例,详细讲解具有代表性的财务软件主要功能的应用和技术要领。除此之外,本书还总结了财务软件的一般应用过程及方法,以求使读者能够更快地熟悉并掌握一个新财务软件的应用。希望读者不仅要掌握财务软件的操作方法,更要联系所了解的会计学理论知识,分析所接触的财务软件的功能;分析各功能完成的程度及其质量,并对软件质量给予恰如其分的评价。

本书既可作为高等院校会计专业(包括财务会计、财务管理、注册会计师、国际会计、审计等)、工商管理专业、财政金融专业、贸易专业等经济和管理学科的教材,也可作为会计电算化教学、会计信息系统教学、科研以及实务工作者的参考用书。

全书各章节编写分工如下:

励景源　第一章、第二章、第三章、第七章、实验手册

肖　琳　第四章、第八章

沈唯三　第五章

欧阳峰　第六章

袁　征　第九章、第十章

朱伟民　第十章的报表部分、第十一章

王淑蓓　第一章第二节的 ERP 部分

朱伟民副教授对全书作了第一稿修改。

励景源教授担任主编,并对全书作了总纂、修改和定稿。

我们的 E-mail 是:ljy13561101@yahoo.com.cn。有关本书的任何意见、建议,以及本课程的培训和相关资料的查询,请与以上邮件地址联系。

为了便于读者上机操作,作者处有本书中所介绍的三套财务软件的教学版光盘,考虑到该书为学习用书,在定价上我们想竭力减轻读者的负担,故未在本书中附上光盘,但是教学版财务软件光盘与本书的内容是配套的,确实有相得益彰的效果。如有读者在培训和自学中确有使用光盘的需要,可直接与作者联系购买,作者酌收光盘制作成本费和邮费,联系地址为上述 E-mail 地址,联系电话为:021-64828771。

编著者

2010 年 5 月

目 录

第一部分　财务软件概述与一般原理

第二部分　财务软件账务、报表处理原理

第三部分　财务软件具体应用

第四部分　财务软件功能评析

第五部分 实 验 手 册

第 一 部 分

财务软件概述与一般原理

第一章　财务软件介绍

第一节　财务软件概述

一、财务软件的概念

财务软件又称为会计软件。至今，人们对它还没有一个统一的说法，或者一个明确的概念。这是因为：人们看到社会上有多种多样处理会计问题的软件。例如，商场里的收款机（POS）、马路边的银行取款机、小型企业里的商品化财务软件、大型集团公司的 ERP 软件等等，都有处理会计数据的功能，但又不都像财务软件。

我们能不能这样予以概括：具有收集基础数据（传统会计称之为原始凭证）功能，并以会计账户综合反映的专门软件，可以称为财务核算软件，简称财务软件。

有了上述的定义，我们能够分析：收款机和取款机虽然都具有收集基础数据的功能，但不能够以会计账户综合反映，因此，不具备财务软件的特征。ERP 软件的财务模块，其部分基础数据是从 ERP 的其他模块收集的，但财务模块能够调用，其产品当然是财务软件。那么，像 Excel 这样的制表软件，能不能算作财务软件呢？虽然它也具有收集基础数据的功能，并能以会计账户综合反映，但它不是一个专门为这些功能制造的软件，它的专门功能是制表以及报表数据分析，人们不过是借用它的功能来为会计服务罢了。

二、中国财务软件的发展简史

1979 年，财政部以长春第一汽车制造厂为试点单位，拨款 500 万元，调用大量技术人才，首次将计算机技术用于会计。1981 年 8 月，在财政部、原一机部、中国会计学会的支持下，在"一汽"召开了专题学术讨论会，"会计电算化"这一专有名词应运而生，并被广泛使用。会计电算化又是财务软件的代名词，不过它主要讲的是过程，而财务软件主要讲的是产品、是结果。

20 世纪 80 年代初到 90 年代初，财务软件经历了一个从无序发展到有序发展的过程，产品以企事业单位自行开发为主。

80 年代末到 90 年代中期，社会上出现了一批专门制造财务软件产品的公司，商品化财务软件市场逐渐形成，售后服务日趋成熟。人们逐渐接受了购买财务软件比自己开发要方便、要合算的事实。

90 年代中后期，管理型财务软件、网络财务软件、自助式财务软件、ERP 软件的观念开始深入人心。财务软件的制造商为满足人们对新事物的追求，推出了一个又一个新产品。

21 世纪初至今，财务软件的焦点似乎集中在 ERP 软件和电子商务财务软件。

回顾财务软件的发展史，我们不难发现两个规律：

在政府干预时,财务软件是向横向发展,即量大、质低。

在政府不干预时,财务软件是向纵向发展,即量少、质高。这就预示着,我国的财务软件将由粗放型走向精细型,将由单一模式改变为综合模式,将由专打国产牌转变为也打国际牌。

三、中国财务软件的发展前景

综观当前的财务软件,几乎都是基于传统的手工会计方式开发的,有着明显的"仿真"痕迹。

因特网时代的电子商务正在造就着全新的会计环境,信息技术还在促进财务信息集成,推动财务管理变革。会计主体假设、持续经营假设、会计分期假设和货币计量假设这四根会计的支柱,在电子商务活动中将发生动摇,会计革命即将到来。

在这种形势之下,财务软件要取得与时共进的发展。

(一) 变被动为主动

经过 20 多年的学习,财务软件的开发者完全可以由"学生"变为"老师","青出于蓝而胜于蓝",我们可以从改变传统财务软件处理会计业务的数据流程着手。

例如,凭证类型由多种变为一种。手工方式查找凭证不易,故要分门别类,财务软件查找凭证易如反掌,没有必要遵循手工方式。

例如,取消账簿类型。日记账、明细账、总账等等账簿类型,在手工方式下是为了分类清楚;而在电脑方式下,财务软件只要给出一个账户代码,即可实现账户分类。

例如,取消中间过程的输出。科目汇总表、记账凭证汇总表等等中间过程是手工方式下登记总账的方便措施,财务软件登记账簿只消几秒钟至几分钟,根本不用人工干预,在这种情况下,中间过程的输出就如画蛇添足一般。

例如,手工条件下的对外会计报表,一般分为月报、季报、年报,而财务软件高速、精确处理数据的能力,可以随时提供报表,完全不存在月、季、年的分期。

要改变的地方很多,在此就不一一列举了。我们相信,只要财务软件改革了,使用者原有的传统思维方式也会随之改革。

(二) 变有纸为无纸

尽管电脑在商业中的应用已将近半个世纪,尽管因特网出现已将近 20 年,尽管电子商务已有近 10 年的发展,但是,在会计领域,即使在使用财务软件的地方,人们依然遵循传统手工记账习惯,即打印凭证、账簿、报表,并由责任人盖章、签字。要求无纸化处理的先进技术,并没有带来无纸化的结果。

但是,只要我们能够朝以下方面努力,会计信息的无纸化是能够做到的。

1. 观念、制度的转变

人们的观念要随着技术的进步而转变,政府的制度也要有利于促使这种转变。

2. 信息化程度的提高

首先要在使用财务软件的范围内,实现会计信息收集的无纸化、会计信息传递的无纸化、会计信息使用的无纸化。当然,要做到这一点,离不开观念与制度的转变。

3. 法律上的确认与技术安全保证

要实施会计信息无纸化,当前在法律上的空白与信息技术安全性的缺乏,是人们最不放心的两个忧虑。因此,法律部门与信息安全部门需要做的工作是大量的。

第二节　财务软件分类

财务软件从不同角度有不同的分类方式,本书介绍的是最常见的分类方式。

一、单机版、网络版财务软件

(一)单机版

凡是只能在一台电脑上独立运行的财务软件,称为单机版财务软件。

单机版的业务功能可以是只处理单一业务,如只处理账务、报表,也可以是处理综合业务。

一般来说,使用单机版的单位,经济业务较少,会计人员不多。

单机版财务软件的价格在 6 000～10 000 元。

(二)网络版

凡是能够通过网络在多台电脑上同时运行的财务软件,称为网络版财务软件。

网络版财务软件的业务功能可以是只处理单一业务,也可以是处理综合业务。

一般来说,使用网络版财务软件的单位,经济业务较多,会计人员也较多,需要同时处理同类或不同类的业务。

网络版财务软件的价格在 25 000 元以上,需要联网的电脑越多,价格越高。

那么,网络版财务软件是如何处理会计业务的呢? 首先需要一台服务器(也是一台电脑,不过它的运行速度比一般电脑更快,存储量更大),通过网络(可以是局域网形式的,既可作分时处理又可作实时处理的客户机/服务器—C/S结构;也可以通过因特网的浏览器/服务器—B/S结构),连接多台电脑(可以在同一办公室,也可以在不同地区)。当多台电脑同时工作时,通过网络将各个客户机的会计信息传输到服务器集中处理,然后服务器根据预先规定的使用权限,将处理结果(如某某账户的余额和发生额、会计报表)传输给有权限的使用者。

有人或许会问:如果多台电脑都在输入现金凭证,网络版财务软件怎么处理呢? 软件是根据“抢号”原则来处理的,即哪一台电脑(客户机)最先将现金凭证存盘,那张凭证就编号在前。网络上多用户对数据库同时进行存取和修改,称为“并发操作”,网络财务软件会通过“加锁功能”,使多用户的“并发操作”变为不同时。

二、单一业务、综合业务、管理型财务软件

(一)单一业务

单一业务又称为单项业务。按照财政部对财务软件的要求,一套财务软件至少应当有账务处理模块与报表处理模块。除非自行开发的软件,商品化软件几乎没有单一业务的产品。

(二)综合业务财务软件

综合业务财务软件又称为核算型财务软件。其以账务处理为基础,包括工资、存货、成本、固定资产、往来、销售、报表等业务。其基本特征是,程序已构成一个系统,并进行综合会计数据处理。

账务处理模块通过自动转账凭证,收集其他业务模块的汇总数据,然后分析、归纳为总账数据传送给报表模块。

目前,综合业务财务软件都由软件制造商在产品购买时分割,称为积木式软件,用户可以指定购买其中的某些模块。

整套软件的价格在 30 000～50 000 元。

（三）管理型财务软件

管理型财务软件在核算型财务软件的基础上,具有财务分析、管理、决策的功能,包括财务分析、计划预算、资金管理、投资管理、财务监控、领导查询。

目前市场上提供的商品化管理型财务软件离真正的"管理型"要求还相去甚远。

三、ERP 中的财务管理模块

随着企业竞争空间与范围的进一步扩大,市场竞争的进一步加剧,20 世纪 80 年代的MRP-Ⅱ主要解决企业内部的资源全面计划管理,这种管理理念逐步发展为 90 年代怎样有效利用和管理整体资源的管理思想,ERP(Enterprise Resource Planning)——企业资源计划也就随之产生。ERP 是在 MRP-Ⅱ的基础上扩展了管理范围,重新构筑了企业管理的新结构。

ERP 是 Gartner Group 1990 年年初提出,它是将企业所有资源进行整合集成管理,简单地说是将企业的三大流:物流、资金流、信息流进行全面一体化管理的管理信息系统。

在企业中,一般的管理主要包括三方面的内容:生产控制(生产计划、制造管理)、物流管理(采购管理、库存管理、分销管理)和财务管理(企业会计、财务管理)。这三大子系统本身从理论上讲,应该整合在一起,才能够很好地对企业进行管理。另外,与以往企业管理信息系统不同的是,随着企业对人力资源管理的加强,越来越多的 ERP 厂商将人力资源管理纳入了ERP 系统,成为一个重要组成部分。

ERP 与以往的企业管理信息系统的主要区别在于"整合",以往的企业管理信息系统总是将企业管理功能按部门进行划分,系统运转过程中,各个部门都是"利益中心",因此系统的整体效益并不理想。例如,财务管理部门为了降低成本,加快资金周转,期望将库存降到最低,也就是零库存;而无论是生产部门还是销售部门,为了不影响生产或销售,总是期望库存足够多,由于对各个部门分别独立考核业绩,因此矛盾在所难免,ERP 的管理理念最重要的就是整体配合,达到企业总体的利益最大化,这就是要将企业的物流、资金流、信息流整合在一起,进行全面一体化管理。

企业中,财务管理的地位显然是极其重要的,前面我们已经介绍了 ERP 中整合的是物流、资金流、信息流,这其中的资金流和信息流与财务管理密切相关,所以,在 ERP 整个方案中它是不可或缺的一部分。ERP 中的财务模块与一般的会计电算化软件不同,作为 ERP 系统中的一部分,它必须和系统的其他各个模块有相应的数据接口,能够相互集成。比如,由生产活动、采购活动输入的信息,应该能够自动转入财务模块,为生成总账、会计报表提供数据,取消输入原始凭证的中间过程,几乎完全替代以往传统的手工操作在企业各个部门之间相关业务中的介入,这不仅可以节省人工、减少错误数据的输入,更主要的是加快信息处理的速度,提高效益。一般的 ERP 软件的财务部分又分为企业会计与财务管理两大子模块。

（一）基本会计子模块

基本会计主要是记录、核算、反映和分析资金在企业经济活动中的变动过程及其结果。它由总账、往来账、现金管理、固定资产管理、外币管理等若干功能构成。

1. 总账功能模块

它的功能是处理记账凭证输入、登记，输出日记账、一般明细账及总分类账，编制主要会计报表。它是整个企业会计的核心，往来账、固定资产核算、现金管理、工资核算、多币制等各模块都以其为中心来互相传递信息。

2．往来账功能模块

它的功能是处理企业应收的由于商品销售时产生的正常客户欠款（应收账款）或企业采购时产生的应付购货款（应付账款）等账。它包括发票管理、客户管理、付款管理、供应商管理、账龄分析等功能。

其中应收账款应该与企业客户订单、发票处理业务相联系，同时将各项事件自动生成记账凭证，应付账款应该与采购模块、库存模块完全接口，减少手工操作，自动完成数据的转入。

3．现金管理功能模块

它的功能是对现金流入流出的控制以及零用现金及银行存款的核算。它包括了对现钞、支票、汇票和银行存款的管理。在 ERP 中提供了票据维护、票据打印、付款维护、银行清单打印、付款查询、银行查询和支票查询等和现金有关的功能。

4．固定资产管理模块

它的功能是完成对固定资产的增减变动以及折旧计提和分配的核算工作。它能够帮助管理者对目前固定资产的现状有所了解，并能通过该模块提供的各种方法来管理资产，以及进行相应的会计处理。

它的具体功能有：登录固定资产卡片和明细账、计算折旧、编制报表，以及自动编制转账凭证，并转入总账。它和成本、总账功能模块集成。

5．外币管理功能模块

企业的国际化经营，对外币结算业务的要求增多，设立此模块就是为了满足企业外币核算管理的需要。外币核算将企业整个财务系统的各项功能以各种相应的货币来表示和结算，且客户订单、库存管理及采购管理等也能使用相应的货币进行交易管理。

外币管理功能模块和应收账、应付账、总账、客户订单、采购等各模块都有接口，可自动转入或转出所需数据。

6．工资核算模块

它的功能是自动进行企业员工的工资结算、分配、核算以及福利费等各项相关经费的计提。它能够在输入工资更新数据后，自动产生新的工资数据、打印工资清单及各类费用分配表，计提各项与工资有关的费用，自动产生凭证，导入总账功能模块。这一模块与总账、成本功能模块之间有数据接口。

7．成本功能模块

它的功能是根据产品品种结构、生产工序、采购等信息进行产品的各种成本的计算，并且可以进行成本分析和规划，还能用标准成本或平均成本法按地点进行成本维护。

（二）财务管理子模块

财务管理的功能主要是在基本会计模块中的数据基础上，再加以分析，从而进行相应的预测、管理和控制活动。它侧重于财务计划、控制、分析和预测。

财务计划：根据前期财务分析做出下期的财务计划、预算等。

财务分析：提供查询功能和通过用户定义的差异数据的图形显示，进行财务绩效评估、账户分析等。

财务决策：财务管理的核心部分，中心内容是作出有关资金的决策，包括资金筹集、投放及资金管理。

相对基本会计子模块而言，财务管理子模块的功能设置及实际发挥的效果，在不同的ERP软件中有更多的差异，国际上知名品牌的ERP软件在这方面较成熟，国产的ERP软件仍有很大发展空间。

财务管理子模块的功能是衡量一个ERP软件的关键指标，因为它是发展会计职能的体现。

ERP软件中除了财务管理模块以外，还有生产控制管理模块、物流管理模块和人力资源管理模块。

生产控制管理子模块是ERP系统的核心所在，它将企业的整个生产过程有机地结合在一起，使得企业能够有效地降低库存，提高效率。同时，各个原本分散的生产流程的自动连接，也使得生产流程能够前后连贯地进行，而不会出现生产脱节，耽误生产、交货时间。

生产控制管理子模块包括了生产计划、物料需求计划、生产能力需求计划、车间控制管理、制造标准设定等功能模块。

物流管理子模块包含有分销管理、库存控制、采购管理等功能模块。

人力资源管理子模块包含有人力资源规划的辅助决策、人才招聘管理、工资核算、工时管理、差旅费核算等功能模块。

生产控制管理、物流管理、人力资源管理各子模块，与财务管理模块之间都有接口，自动完成数据交换。

第三节　如何选择财务软件

一、从宏观角度选择

商品化财务软件商家众多，对其软件选择可以注意以下几个方面。

（一）合法性

合法性是指财务软件应符合现行会计制度及其他财经法规的有关规定，应能提供企事业单位现代化管理所需的财务信息。一方面，要在会计工作中体现现行会计制度及其他财经法规的要求；另一方面，要求财务软件能够提供准确可靠的会计信息，满足管理的需求。

（二）安全可靠性

安全性是指软件防止会计信息被泄漏和被破坏的能力；可靠性是指软件防错、查错、纠错以及防止产生不正确会计信息的能力。评价商品化财务软件是否安全可靠，主要是考察把软件提供的各种可靠性保证措施综合起来，是否能有效地防止差错的发生，在差错发生时能否及时查出并能进行修改，以及安全保证措施是否能有效地防止会计信息的泄漏和破坏。

为了达到安全可靠性指标，系统本身都设有多种控制措施，如权限设置、复核设置、校验设置、处理顺序控制、采用信息加密技术和存取控制技术、设立备份和恢复功能，以及建立"防火墙"等，以此来有效地保证软件的安全可靠性。但由于购买软件时，不可能得到详细的源程序代码等技术文档，对安全可靠性的审查就只能通过软件测试的办法来进行。

（三）易用性

易用性是指软件系统所具备的易学、易用、易懂的性能，主要包括软件操作界面的友好、用户使用手册的简明扼要、操作的简便等特点。

（四）适应性

适应性是指软件能很好地适应本单位财务处理的具体情况，并在财务工作的内容发生变化时，软件也能较快地适应这些变化。具体地说，当本单位的财务管理体制、会计科目、报表格式及内容、会计核算方式发生变化后，软件能否较快地适应。

（五）可审性

可审性是指财务软件应提供标准数据接口并导出数据的功能，便于审计人员根据导出的数据进行审计。另外，财务软件数据处理的过程，应当为审计留下痕迹和线索。

（六）可恢复性

可恢复性是指财务软件必须提供可恢复意外丢失数据的保护功能，预防不利因素对会计数据的侵害。软件对存储在磁性介质或其他介质上的程序文件和相应的数据文件应有必要的保护措施，应在发生故障后引起内存、外存会计数据被破坏的情况下，能利用现有数据备份恢复到最近状态。购置软件时，可以通过演示，检查是否有强制备份功能，即要求在操作者结束录入时，必须将输入数据进行复制。此外，必须当场进行一定的破坏性测试（如突然断电），以检查系统的恢复能力。

二、从微观角度选择

当用户从宏观角度选择结束，便可以从微观角度更为仔细地察看财务软件的具体功能。

（一）系统设置

所谓系统设置，一般指在凭证输入前的准备工作，故又称为"开工设置"、"初始建账"。

系统设置应当包括以下几个功能，少了这些功能，或虽然有这些功能，但不灵活、不方便、不实用、不严密，这样的财务软件还是不完善的，在购买时应注意鉴别。

1. 使用单位名称

使用单位名称是指购买软件的企事业单位名称。功能完善的财务软件除了可以输入中文单位名称，还应提供外文单位名称输入功能，甚至可以输入上级主管部门名称。这是编制报表的需要，三资企业一般需要中外文对照；国有、集体企业一般需要上级主管部门。

2. 币种设置

对特定的企业来说，即使目前本企业没有外币业务，但要考虑今后的发展，应该有此功能。凡是有外币业务，就应当有汇率管理和自动产生汇兑损益凭证的功能。

3. 账套设置

所谓账套，是财务软件中的概念，是指一个独立或非独立单位从凭证、账簿到报表的一整套完整的电脑会计资料。

功能完善的软件应当可以：

（1）自己开设账套。

（2）账套名称自由定义，可具备特定含义。

（3）账套之间可以建立联系（一是本企业年度之间有余额结转关系；二是若干子公司账套与总公司账套有报表汇总，合并关系）。

(4) 可设置的账套个数,多多益善,一般不应少于 99 个。

4. 凭证类别设置

凭证类别又指凭证种类。中国会计实务界所使用的凭证种类,无非四大系列,十二种。

第一系列:记账凭证一种凭证。无论收款、付款、转账业务,均用这一种凭证。

第二系列:收款凭证、付款凭证、转账凭证三种凭证。会计业务分成三类,分别编号。

第三系列:现金凭证、银行凭证、转账凭证三种凭证。会计业务分成三类,分别编号。

第四系列:现收、现付、银收、银付、转账五种凭证。会计业务分成五类,分别编号。

使用方便的软件,包括了上述四大系列十二种凭证,用户可任选一个系列使用;使用不方便的软件,要用户定义(输入)凭证类别,优点是类别可以增加;缺点是容易产生凭证类别与凭证内容矛盾的情况。

5. 人员权限设置

财务软件的权限至少可分为两个级别:一个是管理员(财务主管)级,一个是操作员级。

严格的权限设置应当是:

(1) 上级(管理员)可以规定下级(操作员)的操作权限(如凭证输入、审核、登账等的权限范围),并可查阅下级的权限;

(2) 下级不能查阅,当然也不能修改上级与其他下级的权限与密码。有的软件虽然设置了人员权限与密码功能,但任何人都可以查阅与修改,权限控制形同虚设,除了增添麻烦,毫无意义。

6. 科目设置

任何财务软件都要设置会计科目代码(简称科目号)与名称。各行各业的科目号都不相同。功能比较完善的软件,可以自定义科目级别与每级位数(长度)。例如,工业企业"银行存款"的一级科目号为 1002,二级科目有"工商银行"、"交通银行"、"中国银行",科目号分别为 100201、100202、100203,二级科目的位数(长度),可根据实际情况决定,如果开户银行不超过 9 个,1 位数也可,但要考虑到其他科目的二级科目可能超过 9 个,故银行存款的二级科目也应设 2 位数。

7. 余额、发生额的输入与校验

每一用户使用软件的时间不一,如果年度中间(假定 5 月份)起使用,必然会碰到一个问题:1~4 月份的会计资料怎么办?

按目前财政部门的规定,无论使用何种软件,必须人机并行(手工账、电脑账同时做)3 个月以上,才能甩掉手工账。按上述假设,若 5 月份起使用,8 月份才能甩掉手工账。因此,手工账至少必须做到 7 月底。

因此,没有必要输入 1~4 月份的凭证,只要输入每一科目(账户)的余额、发生额即可。这样,输入 5 月份的凭证后,账簿资料、报表资料就有连续性了。

有的软件只给用户输入期初余额(即 4 月底)的字段,年初余额,1~4 月份的借、贷方发生额均无输入之处。显然,这种软件达不到账簿数据连续性的要求。

有的软件规定,只要输入下级科目的余额或发生额,上级科目的余额或发生额不必输入,由软件自动计算。这种做法表面上给用户带来方便,实际上留下了隐患。因为,软件自动将下级科目余额或发生额累加,肯定不会有错,用户以为上级科目的余额或发生额就正确了,殊不知,只要其中有一个下级科目输错,累加数不会报错,这样的设计容易引起误导,最终反而给用户增添麻烦。

严密的软件,对于非1月份开工的账套,应当要求用户输入所有科目的余额或发生额后再进行三个方面的校验:

(1) 余额校验:每一科目的年初余额±借方累计发生额∓贷方累计发生额=期初余额。

(2) 级别校验:某个科目的下级发生额、余额之和=某个科目的发生额、余额。

(3) 平衡校验:所有借余类一级科目余额合计=所有贷余类一级科目余额合计。

(或:资产类+成本类=负债类+所有者权益类+损益类)

不同的出错原因应当给予不同的提示。只有开工时对所有输入的金额不怕麻烦,严格校验,才能保证今后的账簿数据、报表数据不至于出错。

(二) 凭证输入

凭证输入功能的完善与否,是考察一个软件设计优劣的重要方面。

1. 能否用选择的方式代替科目代码输入

有的科目代码很长,操作者很难记住,输入时也容易出错。

功能良好的软件,可以帮助用户在极短的时间内,从几百个科目中选出所需要的某个科目,并自动跳到凭证规定位置,省却记忆,不会输错,既快又准。

2. 凭证号能否自动连续编制

功能良好的软件,凭证号不需要也不应当由用户输入,软件应当自动连续编号。

有的软件,凭证号由用户输入,往往会出现重号或漏号;有的软件,删除某些凭证后,凭证就跳号。这些现象都是会计原理所不允许出现的。

3. 有否会计词汇库

功能齐全的软件,除了科目代码可以用选择的方式代替输入,还可以用选择的方式代替输入凭证中的摘要、会计报表中的项目名称等。这就需要提供一个会计词汇库。

4. 凭证种类与凭证内容是否一致

严密的软件,不需要用户先选择凭证种类,然后输入借、贷方科目,而是只要输入借、贷方科目,就能给出(判别出)凭证类别。这样的输入思路既符合会计人员的职业习惯,又避免了凭证种类与凭证内容矛盾的情况。

不严密的软件,往往要求用户先选择凭证种类,然后输入借、贷方科目,即使借、贷方科目与凭证种类不一致,也予存盘——把错误凭证当作正确的存储起来。

例如,用户先选择的凭证种类为现金,而欲输入的是银行凭证,恰恰又忘了重新选择,于是仍然在现金凭证的画面上,输入借:1002(银行存款),贷:1122(应收账款)。其实这张是银行凭证,软件不作检查,就默认为现金凭证予以存盘了。

最可怕的就是这类软件了。

5. 开工后能否再增加下级科目

这是什么意思呢?就是说,当用户输入凭证、登账之后,或科目设置后结束了"初始化",发现在某个科目下面又想增加下级科目。例如,原先在科目设置时,只有银行存款一个一级科目,过了若干月之后,又增加了2个开户银行,于是,要增加"银行存款——工行","银行存款——农行"。

没有用过财务软件的人会说,只要做一笔分录,借:银行存款——工行,贷:银行存款,就行了。用过财务软件的人知道,当用户设置下级科目之后,凭证输入时,一定要你输入到最底级科目，于是，上述分录就不能输入了。

严密的软件应当如何解决这个问题呢？

当用户新增下级科目时（原先没有任何下级科目），软件会自动增加另一个下级科目，这个科目的名称可以叫做"上级科目转入"，其余额、发生额就来自上级科目。沿用上例，就出现3个科目："银行存款——工行"、"银行存款——农行"、"上级科目转入"，而"上级科目转入"的余额、发生额与"银行存款"相同。这样做，软件始终遵循着这样一个会计原理：下级科目发生额、余额之和等于上级科目的发生额、余额。如果用户认为这个"上级科目转入"无存在必要，可以做这样一笔分录予以转销，借：银行存款——工行，贷：银行存款——上级科目转入。

有些软件处理这个问题就简单化了——"凭证已输入，不允许增加下级科目"，这样的语言和处理问题的方式，是称不上友好的。

（三）账簿打印

1. 账页行数能否由用户设置

不同的用户、不同的打印机、不同的用纸，对软件输出的账页格式要求各不相同。

功能良好的软件应当由用户自由设置账页行数，并可自行调整。

2. 账页有否"对方科目"栏目

按照严格的会计管理要求、簿记规则与审计原则，所有账簿都应该设置"对方科目"这一栏目，否则，会计原理中的"复式记账法"就无存在的必要，账户之间就没有"对应关系"。

严格的财务软件，在所有输出的账页中，都应当有"对方科目"这一栏目。能做到这一点的软件，目前不是很多。

3. 账页格式是否规范

良好的财务软件，应当打印出带有每行横线的账页，标有页号、账户名称等规范的账页。有的软件则随心所欲地设计账页，与市售的账页相差甚远，用户难以接受。

4. 账页格式是否多样化

（1）总账应当有棋盘式（总账科目发生额及余额表）与三栏汇总式。

（2）明细账应当有三栏式、多栏式、数量金额式。

（3）日记账应当有收、付、余三栏式与多栏式，并有每日小计行。

（4）外币账应当有三栏式、多栏式、明细账及日记账。

5. 账页能否单账户与多账户打印

所谓单账户打印，是指只打印一个账户，所谓多账户打印，指可以连续打印指定的若干个账户。多账户打印功能在月底或年底是很有必要的，用户只要选中所有要打印的账户，人就可以离开做其他事情，而不必过问。

（四）报表编辑

1. 取数功能是否强大

所谓取数，是指报表单元格内的数据通过一定的表达方式，从报表、账簿中传递过来。

功能强大的软件，取数方式很灵活。例如，可以从其他账套里取数（以便汇总，合并报表），可以从本表内取数，可以从其他表中取数，可以从账簿内取数，可以取常数（不变的数，如计划数）等等。

当然，强大的取数功能还要配合一定的运算能力，从财务会计的角度要求，至少能做四则运算；从管理会计的角度要求，线性代数、运筹学等内容应能包含在其中。

2. 报表编辑是否直观、易懂

综观我国的绝大多数财务软件,表达取数方式时,都没有跳出数学表达式的框框,很不直观。例如:"资产负债表"中有一项目为"货币资金——年初数",其数据来源应当这样表达:库存现金账户年初余额＋银行存款账户年初余额＋其他货币资金年初余额。绝大多数软件都用一定的字母来表示,如用 NY 表示年初余额,如果是年初借方余额则为 NYJ,上述数据来源表达式为:1001NYJ＋1002NYJ＋1009NYJ 等等。而报表中的数据来源不下几十种。如果要用户记往这几十种表达方式,再加上几十种函数符号,无异变成了一种负担。

在这一点上,"会计之星"已率先冲破了用字母、函数符号的数学表达式的框框,全部用会计人员常用易懂的会计用语来表达取数方式。例如,取"年初余额",就直观地称为"年初余额";取"本月借方发生额",就直观地称为"本月借方发生额";而且不需要输入汉字,用选择的方式就能完整地表达会计人员的意图。可以说,一看就懂,一学就会,不要记忆。

有的软件商认为,我们的软件既可以编会计报表,也可以编其他报表,所以需要复杂的数学表达式与函数功能,殊不知,会计人员首先需要的是编出少则三五张,多则十几张会计报表,为此要学会这么多复杂的特殊表达方式,似乎"杀鸡用牛刀",得不偿失。既然是财务专用软件,不妨多贴近些会计人员。

第四节　软件售后服务的重要性与多样性

一、财务软件售后服务的重要性

服务,在现代消费中是一个重要理念。没有服务的产品是不完善的产品。对于软件来说,没有服务的软件如同一堆乱码,在使用上是没有安全感的。

尽管社会上有不少盗版的财务软件,但至今没有一家企事业单位敢于拿来当作正常软件使用,其原因就在于它是没有售后服务作保证的,一旦数据出错,或软件无法运行,会计信息就无法输出,可见服务在人们心目中的重要地位。

二、财务软件售后服务的多样性

(一) 实施服务

一般财务软件的系统实施比较简单,包括会计科目的设置、期初数据的输入、期初数据的校验等。系统实施是收费的,一般在 500～1 000 元之间。

对于 ERP 软件来说,系统实施的工作极其庞杂,从数据流程设计、代码设计、业务流程重组起,直至机构设置、软硬件配置、数据的测试、校验。国外 ERP 软件的实施一般是开发商委托实施商来完成的,也有客户直接委托实施商来完成的。国内 ERP 开发与实施往往是同一个单位。对 ERP 软件来说,系统实施的费用一般是软件费用的 1/3～1/2。

(二) 包年服务

包年服务是软件商与客户签订服务合同,客户一次性支付全年的服务费用。一般为软件费的20％～25％。

包年服务方式有:随叫随到上门服务、电话咨询、网上补丁下载等等。

（三）按次服务

按次服务有签订合同与不签订合同两种形式。每上门一次支付一定费用，一般每次在200～400元之间。

第五节　计算机替代手工记账的审批规则

财政部在《会计电算化工作规范》中规定："替代手工记账是会计电算化的阶段性目标，各地区、各部门要对这一工作加强指导和监督，制定替代手工记账的管理办法，保证这一过程的顺利实施。"

一、计算机替代手工记账的意义

从广义上讲，计算机替代手工记账是指将会计数据输入计算机，采用计算机设备和财务软件对输入的会计数据进行处理（计算、分类、汇总、转存等），生成会计信息并存储在磁盘或光盘等存储器上，并根据需要输出各种会计凭证、账簿、报表，即采用计算机替代手工记账、算账、报账的过程。

计算机替代手工记账这一过程的实现不仅是记账、算账、报账处理方式的改变，更主要的是提高了会计信息的及时性、准确性和完整性，从而为会计信息的充分利用打下了基础。因此，计算机替代手工记账是会计电算化的目标之一。

从狭义上讲，计算机替代手工记账是指从手工会计数据处理方式向计算机会计数据处理方式的过渡阶段，即脱离手工会计核算工作的过程。从这种意义上讲，计算机替代手工记账仅仅是会计核算电算化工作的"初级阶段"，是会计电算化工作的"起点"。

计算机与手工并行会计处理是财务软件使用的最初阶段，人工与计算机同时进行会计处理的过程，这一过程也被称为试运行阶段。

在试运行阶段，会计人员要进行双重劳动，虽然工作量大但却是十分必要的。在此期间，通过进行手工与计算机处理结果的双向对比与检验，能够考查财务软件数据处理的正确性，能够考查相关人员的操作熟练程度和业务处理能力，并通过实践，建立和完善会计电算化的内部管理制度。应该说，试运行阶段能否顺利进行，是以后阶段会计电算化系统能否持续正常运行的关键所在。

试运行时间应放在年初、年末、季初、季末等特殊会计时期，这样才能最全面地比较人机数据，预先估计可能出现的问题。一旦出现问题，要及时采取措施，进行防错纠错。

在试运行阶段，前期以人工为主、计算机为辅，后期则以计算机处理为主，人工为辅。

二、计算机替代手工记账的审批规则

用计算机替代手工记账是会计电算化的目标之一。为提高会计电算化后会计工作的质量，并保证符合国家的有关法规，得到上级管理部门的认可，企事业单位在正式使用计算机代替手工记账之前，应进行验收。目前，有的省、市、自治区已经将"验收"改为"备案"。

验收（备案）工作主要包括以下几个方面的内容。

（一）审查3个月人机并行期间手工账与计算机账的一致性

1. 按财政部规定，计算机与手工并行应在3个月以上

2. 审查并行期间会计数据的内容和处理方法

一般运用统计抽样方法对3个月并行期间的会计数据进行符合性测试,内容涉及会计凭证、总账及明细账、会计报表等会计核算资料。抽样数量应在保证抽样质量的前提下,视被审查单位的会计业务量而定,而抽样质量又依赖于被审查单位内部控制制度的执行情况和抽样人的专业判断能力。抽取的必要样本包括:

(1) 初始化工作结束后,打印输出所有科目的发生额及余额表。在此基础上还应进行试算平衡,即"资产=负债+所有者权益"的检查。将初始化样本与手工账核对。

(2) 并行期计算机总账与手工总账核对。在会计电算化条件下,传统的三栏式总账可用发生额及余额表来代替。

(3) 对会计凭证和明细账的核对,可以采取先抽取部分手工会计凭证样本和部分明细账样本,在计算机上通过屏幕查询的方法进行核对。必要时可打印出部分所抽取样本的会计凭证和明细账。

(4) 对会计报表的审查包括3个月并行期间的资产负债表、利润表和现金流量表。重点审查由账务处理系统生成的会计报表是否符合会计制度的要求。

(5) 审查软件是否符合会计核算软件基本功能规范的要求。

(二) 审查会计档案保管制度

实现会计电算化后,会计档案分为用磁带、磁盘、光盘等磁介质存储和用纸介质存储两种形式。各单位应根据设备条件和管理要求,采取以一种形式为主另一种形式为辅,或者两种形式并存的方法管理会计档案。

(1) 会计凭证作为会计档案最为重要的部分必须以纸质形式保存。不论是手工填制的记账凭证,还是用计算机打印输出的机制记账凭证,都必须按顺序编号、装订成册保存。

(2) 会计账簿、会计报表应根据管理的要求及时打印输出。经常需要查询的总账、现金日记账、银行日记账及定期进行经济活动分析使用的明细账,都应及时打印。不经常使用或发生业务较少的账簿,可按年、按季打印。这些打印出的会计资料都应作为会计档案妥善保管。

(三) 审查会计人员电算化岗位分工制度

审查计算机与手工会计处理并行期间,会计人员的电算化岗位设置及初始化时的权限分配也是一个重要的工作内容。

(1) 审查会计人员电算化上岗资格,即有无会计电算化合格证。

(2) 审查并行期间对指定操作人员实行权限控制的执行情况。

(3) 制定的会计电算化岗位职责,应当落实到每个上岗的会计人员,尤其是电算化主管应负起责任,管理好权限口令设置和人员权限分配。

以上所说的三个方面是针对使用已经过财政部门评审的商品化财务软件而言的,有些申请替代手工记账的单位所使用的财务软件没有经过评审,如自行开发使用的、行业推广使用的、从国外购买的财务软件等,对这类情况的做法是:先按《会计核算软件基本功能规范》的要求进行模拟数据测试,达到规范的标准后再进行替代手工记账的审查工作。

有必要指出的是,在我国加入WTO的今天,政府职能已经转变,企事业单位使用的财务软件是否要经过政府部门的评审? 企事业单位使用财务软件代替手工记账是否要经过政府部门的审批、验收? 会计账簿是否一定要用纸介质保存? 等等。编者相信,随着时间的推移,本节的内容将会过时、老化,将代之以全新的规则。

第二章　财务软件操作步骤与数据流程

第一节　财务软件操作步骤

一、清理硬盘

在已使用过的电脑上安装财务软件，第一步应当清理硬盘。

清理的方法有两种：一是整理硬盘空间，剔除废文件，使文件的排列更合理，加快存取速度（用户可以自行删除后缀名为 chk 和 tmp 等的废文件）；二是对硬盘格式化，重装系统软件，这是最理想的方式。

然后应当彻底清除病毒校正系统时间。

二、安装软件

一般软件开发商都提供安装盘（也有直接替客户安装的），在安装盘中双击 SETUP. EXE 文件，安装过程将自动进行。有的财务软件提供了自动引导安装程序，其文件名是 AUTORUN. INF，实际上执行的仍然是 SETUP. EXE 文件。

我们建议将财务软件安装在 C 盘以外的硬盘上。因为 C 盘一般是系统盘，而系统盘产生运行错误、感染病毒的概率最大；如果把财务软件放在 C 盘，数据安全性的威胁就很严重。

三、系统适配

所谓系统适配，一般是指操作系统、打印机和显示器的配置要与财务软件的要求相一致。

（一）操作系统的适配

目前的财务软件绝大部分都是在 WINDOWS 操作系统下开发的，少数是在 DOS 或 UNIX、LINUX 等操作系统下开发的。

在计算机界有一条原则叫做"向下兼容"，就是指新版本能包容旧版本，而旧版本不能包容新版本。例如，某财务软件要求的操作系统是 WIN98，而你的电脑上安装的操作系统是 WINXP，根据"向下兼容"的原则，你的电脑上可以安装要求 WIN98 操作系统的财务软件；如果某财务软件要求的操作系统是WINXP，而你电脑的操作系统是 WIN98，就无法"向下兼容"，即使安装，运行中也会出现问题。

当然，截然不同的操作系统，不存在兼容不兼容的问题，而是互不相容。

（二）打印机的适配

在商品化财务软件中，都有选择打印机型号的下拉式菜单，用户可以根据自己的打印机型号，选择相应的菜单项。

除此之外，还要选择适当的打印纸，打印纸大致可以分为两类：一类是最常用的折叠式通用打印纸;一类是专门用于财务软件的"套打"打印纸。

（三）显示器的适配

按照目前显示器的功能来看,都可以满足财务软件的要求。

由于财务软件在设计时对显示器分辨率的要求各不相同,用户可以根据财务软件的要求自行调试。分辨率调试的操作方法是:在电脑主屏幕上单击鼠标右键,然后单击属性,调整分辨率。大多数财务软件对分辨率的要求是 800×600 或 1024×768 两种。

四、初始化（初始设置）

（一）概念

初始化是软件使用中的一个专用名词,是指通过用户的定义、设置及初始信息的输入,将通用软件转变为适合本单位需要的专门软件的过程。

（二）财务软件初始化的重要性

初始化工作的好坏,将直接影响财务软件的正常运行;初始化工作是否有前瞻性,将长期影响财务软件的运行质量。如果忽视初始化工作,在运行中将会产生一系列问题,甚至导致财务软件的瘫痪。

（三）财务软件初始化的内容

1. 基本初始化的内容

（1）账套的建立与设置。

（2）人员操作权限的设置。

（3）凭证类别的设置。

（4）科目（账户）的设置及期初金额输入与校对。

这些内容是任何企事业单位都必须设置完整的。在一般情况下,设置结束后,不能修改。

2. 可选初始化的内容

（1）外币设置（币种、汇率、汇率调整方式）。

（2）汇兑损益设置。

（3）银行对账设置。

（4）辅助账设置。

（5）自动转账凭证设置。

（6）常用凭证（样板凭证）设置。

（7）常用摘要设置。

不同的用户可以根据各自需要选择初始化设置,在运行过程中可以作出修改。

五、账务处理

日常账务处理的主要工作是凭证输入、记账与账簿查询（打印）。

为了保证数据的可靠性、正确性和内部控制的需要,财务软件提供了凭证审核与凭证修改功能;为了提高凭证输入的效率,财务软件提供了常用（样板）凭证;月末通过生成自动转账凭证,自动生成汇兑损益凭证的功能,实现账项调整,完成月末结账;为了追求手工会计的效果,财务软件提供了科目汇总表、试算平衡表及各种账簿的查询与打印功能。

六、辅助核算

辅助核算,顾名思义是指日常账务之外的会计核算的业务。大多数财务软件都提供往来、项目、部门三个辅助核算;而"会计之星"财务软件还提供自定义辅助核算的功能。辅助核算,究其实质是对会计业务的细化。

例如"往来"辅助核算,它除了要明细到客户之外,还要明细到该客户的每一笔交易,每一笔交易的单据号码、日期、金额,明细到若干年、若干月之前的交易情况,并作出账龄分析。

例如"部门"辅助核算,它可以对每一笔业务(如费用、收入)归集到每一个部门,并可以按部门进行核算。

辅助核算的功能是否使用,最好在初始化的时候就有个规划,当然,在财务软件使用过程中,也可以进行辅助核算设置。

七、报表处理

报表处理有如下三个内容:一是规定报表的外在形式(包括报表的名称,编表单位、日期报表的项目、格式、附注等),外在形式规定结束,一般不作变动,习惯上称为死内容;二是规定报表的取数方式,习惯上称为活内容。不同的财务软件取数方式各有不同。一般来说,有取常数、取账簿数、取表间数、取账套间数、取数方式的表示方法以会计人员易理解、易操作为最优,而不是以取数方式的表示方法的多或复杂为最优。

财务软件三阶段的操作步骤示意图,如图2-1-1所示。

外部条件准备	内部条件准备	正 常 运 行
清理硬盘; 安装软件; 系统适配。	初始化,包括:账套设置,权限设置,科目设置,外币、汇兑设置,辅助核算设置,自动转账凭证,样板凭证设置,银行对账设置,常用摘要设置等。	凭证输入、修改、审核;登账;生成机制凭证,辅助核算输入;结账;输出各类账、表。
要求:熟悉计算机基本的软硬件知识。	要求:熟悉本单位会计业务,熟悉财务软件。	要求:熟悉本单位会计业务,熟练操作计算机。

图2-1-1 财务软件三阶段的操作步骤示意图

第二节 财务软件数据流程

要真正了解财务软件的数据流程,应当学习《会计信息系统》(又名《会计电算化》)这类书籍,本书只能作一粗略介绍。

在介绍数据流程之前,我们先介绍有关的数据表。因为数据流程离不开存放数据的表。

一、财务软件中已有部分数据的数据表

(一) 分行业的科目表

每一个账套总会对应一个行业,每一行业总有一套财政部规定的科目表。

当用户在账套建立时选择了某一行业后,该行业的会计科目代码与名称、借贷方向这些数据就会复制到该账套中去,可以代替大量的输入工作。

(二)凭证分类数据表

每个用户总要使用某一类凭证作为数据输入的载体。这个数据表中提供了若干种凭证类型供用户选择,选择结束,符合用户要求的凭证分类数据表就建立了。当然,用户也可以自行添加符合本单位需要的凭证类型。

二、财务软件中的空数据表

(一)账套数据表

账套数据表里的项目(字段),大多数是正常运行阶段所需要的数据(包括文字)。

例如,单位名称,在报表中要使用;

会计主管,在凭证和报表中要使用;

开工(启用)日期,在年终结转余额时要使用;

科目级长(数),在建立科目级长数据表时要使用。

(二)科目级长数据表

当用户在账套中定义了科目级长后,科目级长数据表就建成了。例如,我们定义了该用户的科目级长为:

一级科目　　4位

二级科目　　2位

三级科目　　2位

简写为4,2,2

如果我们在科目设置时,输入一级科目的代码为3位数,软件就会报错。这就是科目级长数据表的作用。

(三)人员权限数据表

当我们在账套中设置过会计主管后,在人员权限表中第一位就是该会计主管的姓名(或代码)。该会计主管就可以在人员权限数据表中去添加其他操作员并规定其权限。而这一人员权限数据表不但限制了无关人员操作有关模块之外,还会将做过操作的步骤反映在凭证上,如制单:×××　审核:×××　记账:×××。

(四)外币管理数据表

外币管理数据表是为了给有外币核算的单位使用的。它包含这样几个主要项目:币种、汇率、调汇方式(按日、按月、按年)、调汇日期。

当科目表中的某一科目给予了外币核算标志并确定某一币种后,在凭证中输入该科目的代码时,凭证数据库就会将外币管理数据表的对应币种和汇率取过来,并计算出外币的金额。

(五)科目表数据表

这是一个很重要的数据表,它不仅有科目代码、科目名称、借贷方向,还有其他需要辅助核算的标志,如外币核算、数量核算、往来核算、现金流量核算等等,还有年初余额、累计借方发生额、累计贷方发生额、期初余额,并且有外币年初余额、外币累计借方发生额、外币累计贷方发生额、外币期初余额,此外,还有年初数量、数量累计借方发生额、数量累计贷方发生额、期初

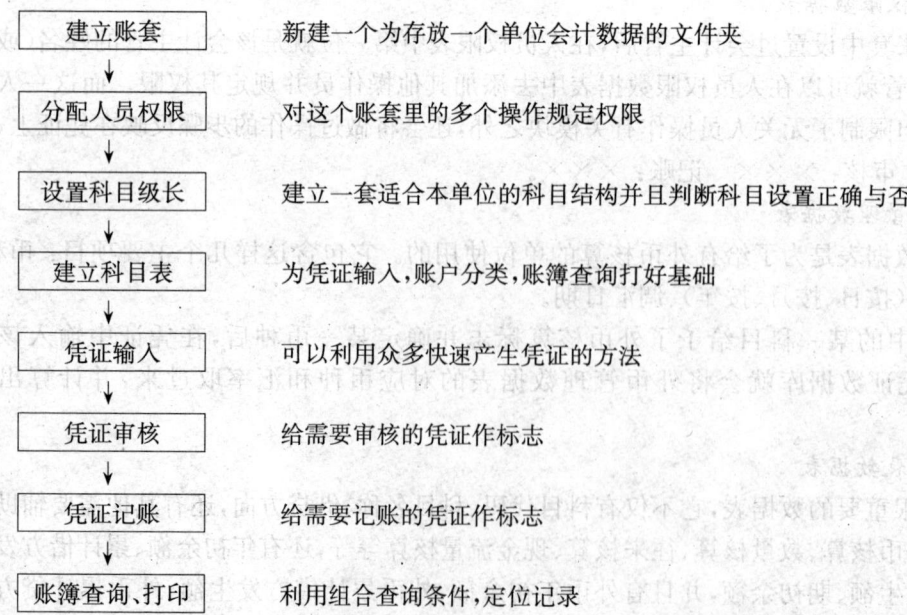

数量。

可以说,科目表里存放着几乎绝大部分的初始设置的数据。它可以判断在凭证输入时科目输入是否正确,是否有辅助信息需要输入;在账簿生成时,它将对应账户的年初数、发生数、期初数传递过去,计算出该账户的余额,形成完整的账簿数据。

(六)凭证数据表

凭证数据表中的项目很多,一部分是人工输入的,如日期、附件、摘要、会计科目代码、金额、数量、外币等;一部分是从其他数据表传递过来的,如人员权限表中的操作员,科目表中的会计科目名称辅助核算标志、数量单位,外币表的币种、汇率等;还有是软件程序产生的,如凭证编号、数量、单价等。

(七)账簿数据表

绝大多数软件都将账簿数据表设计成临时性的。所谓临时性的账簿数据表,就是说它的数据是根据用户指定的要求,当场生成的。比如,用户指定要查阅 1122 应收账款下的××明细账户,并且对方科目是 1002 银行存款下的工商银行,并且金额大于 10 000 元的记录,一旦退出查询,账簿数据就不存在了。所以,有些人给电脑账簿起了一个名词——虚拟账簿。虚拟账簿有两个优点:一是,账簿数据可以根据凭证的数据同步变化:凭证修改了、账簿的数据也随之修改,凭证删除了、账簿的记录也删除了;二是,占用硬盘的空间大大缩小,账簿不在查询状态时,硬盘中只有三栏式、多栏式、数量金额式、复币式、总账这几种不同格式的空账簿,因此,运行速度大大加快。

当然,数据表还有许多,但主要的是上述这些。

三、财务软件的数据流程

(一)账务子系统与报表子系统的操作流程图

账务子系统与报表子系统的操作流程图,如图 2-2-1 所示。

建立账套	新建一个为存放一个单位会计数据的文件夹
分配人员权限	对这个账套里的多个操作规定权限
设置科目级长	建立一套适合本单位的科目结构并且判断科目设置正确与否
建立科目表	为凭证输入,账户分类,账簿查询打好基础
凭证输入	可以利用众多快速产生凭证的方法
凭证审核	给需要审核的凭证作标志
凭证记账	给需要记账的凭证作标志
账簿查询、打印	利用组合查询条件,定位记录

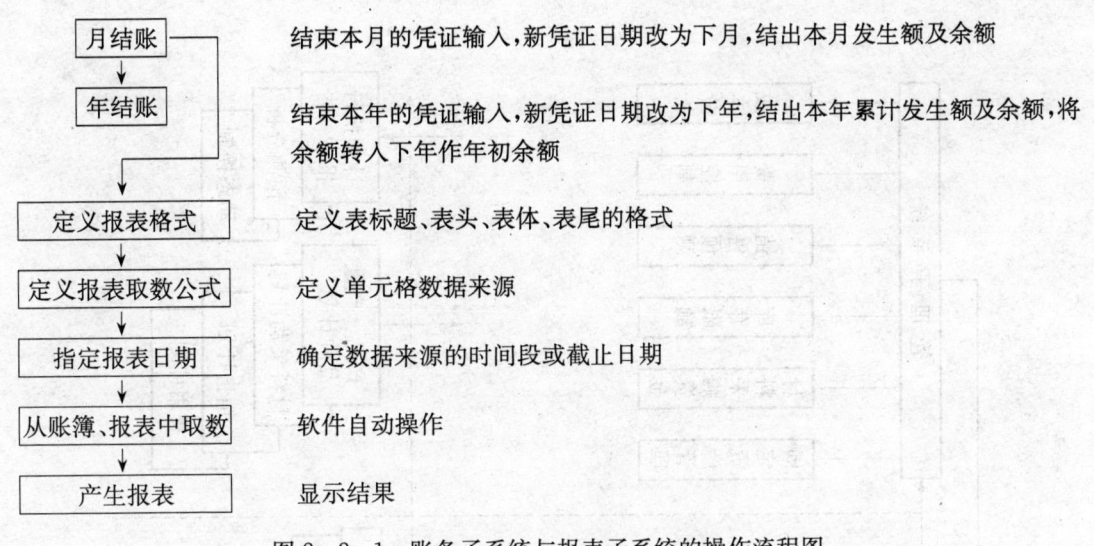

图 2-2-1　账务子系统与报表子系统的操作流程图

实际上,上述流程只是一个主要的过程,简化了许多细节,如外币、数量、银行对账、现金流量、预算、部门、往来等许多辅助核算的流程,但是掌握了主要流程,细节问题根据不同软件的操作提示,可以很快学会。

图 2-2-2 是手工条件下的数据流程图,读者可以将两者对照,发现差异所在。

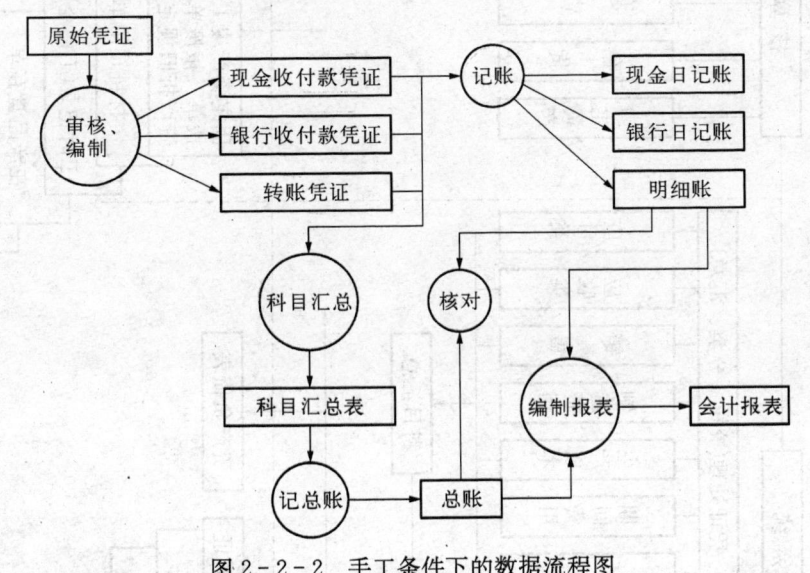

图 2-2-2　手工条件下的数据流程图

(二) 完整的财务软件系统功能模块图

完整的财务软件系统功能模块图,如图 2-2-3 所示。

大多数商品化财务软件具有"固定资产"、"人事工资"、"往来管理"、"账务处理"、"报表处理"这五个模块;"进销存管理"(存货、销售)模块一般不包括在财务软件中,需要另外购买或二次开发;分析、决策类的模块也需要另外购买或二次开发;至于"成本管理"模块,由于其行业性特强,故至今没有一个能适合任何行业的通用化的"成本管理"商品化软件,所以"成本管理"模块大多是自行开发或委托开发。

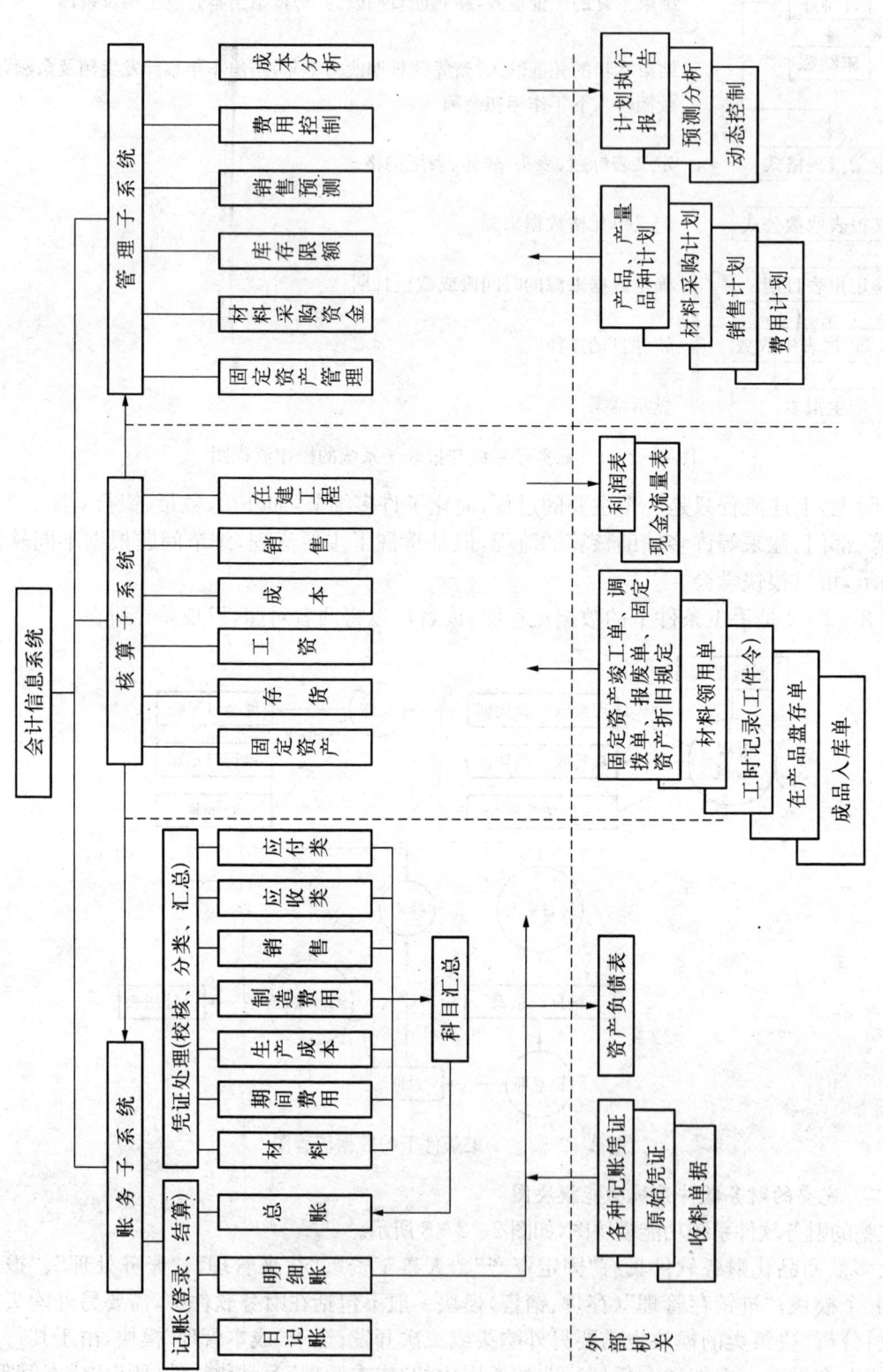

图 2-2-3 完整的财务软件系统功能模块图

第三章　财务软件实施条件

第一节　财务软件实施的企业条件

财务软件不像其他软件,购买之后或开发之后拿来使用即可,因为它将参与企事业单位至关重要的经济活动中去,一旦中途出错或失败,后果不可想象。银行信息系统出错或故障、证券交易信息系统出错或故障,曾经带来的不便或损失,给人们留下过难忘的记忆。

因此,要保证财务软件在实施过程中的正常、正确地运行,必须保证一定的实施条件。这些条件概括起来有三个:企业条件、人员条件、资金条件。

目前,我国企事业单位应用财务软件,存在效果不好甚至不成功的情况,问题一般都出在实施这一环节上,而实施能否成功又在很大程度上取决于前期准备工作。具体来讲,财务软件应用的前期准备工作主要包括三个方面。

一、制定企业财务软件应用的总体规划

企业决定应用电子计算机来替代手工会计,这是一项系统工程,应该事先做好可行性分析和总体规划工作,总体规划的内容主要包括:明确本单位应用财务软件所要实现的工作目标;确定购置商品化财务软件准备构建的企业会计信息系统的应用总体结构;确定与财务软件应用相配套的系统硬件和软件的配置方案;圈定财务软件供应商名单并做好考察软件供应商的安排;确定财务软件应用的具体步骤;确定财务软件应用的组织结构和内控制度;制定有关专业人员的培训与配备计划;明确资金来源,做好费用预算。

二、规范企业会计业务

这是一个很容易被忽视但又是非常重要的步骤。原有的会计业务处理规范在手工会计信息系统中可能已经被大家接受,所以比较容易贯彻执行。但实现会计电算化后,会计电算化系统处理的对象内容和规模都发生了较大变化,尤其是处理方式发生了根本性的变化。为了适应这种转变,对于企事业单位来讲,无论采用何种方法建立自己的会计信息系统,都需要重新研究和建立会计基础工作的规范化并确定实现会计电算化后的业务流程。这项工作主要包括:

(1) 分析现有会计业务情况及未来的发展情况,从而为确定会计信息系统的规模和要求提供参考数据。会计业务情况包括会计信息系统的原始信息量和系统功能。其中,系统的原始数据量主要是指会计原始凭证的种类和会计原始凭证的笔数;系统功能主要是指系统的业务处理范围及涉及的业务部门和业务核算范围。

(2) 业务改革及相应管理制度的改革准备,会计电算化系统的建立不仅改变了会计工作

的操作方式,而且必将引起会计业务的工作流程、信息数据的流转方式、人员的组织方式等方面的一系列变革,为适应这些变革的要求,企事业单位在建立会计信息系统前应针对本单位的具体情况,委派专人配合技术人员重新制定一套新的工作流程、工作管理制度等。

(3) 会计人员职能岗位的重新划分。

(4) 整理和调整会计科目体系,根据本单位的会计核算要求,整理和调整会计科目体系。会计科目体系是会计信息系统进行账务处理的主要依据,会计科目的设置要求既有效又经济。

三、运行模拟业务

在开始使用或改变使用新的会计核算软件时,应认真学习《会计核算软件操作说明》,充分理解并掌握软件提供的每一个功能的含义及操作使用方法。

特别是当直接去市场上购买商品化软件时,为确保系统运行的准确性和可靠性,应预先准备好一个会计期间的数据,在系统内模拟运行,并将其运行结果与人工系统处理结果对比,以便及时发现问题并进行调整。

运行模拟业务至少可以达到两个目的:

(1) 使操作者熟悉软件的使用细节,我们可将之称为人和软件之间的磨合。

(2) 检验该会计核算软件是否适应本企业的核算特点,能否完成本企业会计核算中的具体要求,即完成软件与本企业业务的适配。

在设计模拟业务时,应注意以下几点:

(1) 模拟业务应贴近本企业的业务特点,以便检验会计软件与本企业业务的适应程度。

(2) 模拟业务可以取本企业一个典型期间的实际业务作蓝本,但应做适当简化。简化工作主要从以下几个方面着手:将大量的重复性业务化简为若干次业务;将复杂的往来明细账户化简为典型的几个账户;将大量的品种和部门化简为典型的几个品种和部门;将零零碎碎的其他业务收支化简为一两个典型收支业务等。

第二节　财务软件实施的人员条件

一、进行会计电算化岗位培训,配备相应的会计电算化工作人员

在准备应用财务软件之前,要完成各会计电算化岗位人员的培训。其他暂时不符合上岗条件要求的会计人员,在完成并行期间手工账的同时,也应参加会计电算化的培训,分期分批做好上岗准备,取得会计电算化初级考试合格证,有条件的人员应取得中级考试合格证。

二、培训或引进计算机人才

不要认为购置了财务软件,会计人员经过上岗培训,会计信息系统就能正常运行了。一个包括软、硬件的计算机系统是很复杂的,各种意想不到的软、硬件故障会随时出现。特别是网络条件下的计算机系统,情况更为复杂,故障也更多。如果不培训或不引进计算机专业人才,一旦计算机系统崩溃,不但会造成硬件的损失,更为可怕的是将会永远丢失会计数据,造成巨大的、不可弥补的损失。

第三节 财务软件实施的资金条件

一、投资准备

这是在决定开展会计电算化工作时就开始的准备工作。但只有在系统建设方案确定后，才有了较为准确的投资预算。投资包括：场地投资、硬件投资、软件投资、人员培养投资以及试运行阶段的各项开支等。会计信息系统的建立，需要资本的投入，少则几万元，多则几十万元乃至上千万元。所以，在建立会计信息系统前，应当首先做好投资计划。

进行投资准备时，认识会计信息系统的价值构成是非常必要的。毫无疑问，开展会计电算化工作，必然要购买计算机。但仅有计算机是远远不够的。会计信息系统价值构成示意图，如图 3-3-1 所示。

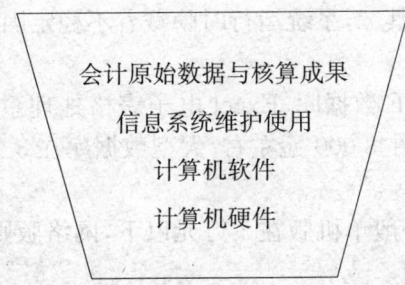

会计原始数据与核算成果

信息系统维护使用

计算机软件

计算机硬件

图 3-3-1 会计信息系统价值构成示意图

如图 3-3-1 所示，在整个会计电算化的投资中，计算机硬件是基础，没有计算机根本就谈不上会计电算化。但仅有计算机还远远不够，并且计算机的投资在整个系统投资中也仅占很小的比例。

比计算机硬件更重要的是计算机软件，没有软件的计算机形同废铁。一套完美的计算机软件不仅能够充分发挥计算机硬件的能力，更给使用人员带来极大的方便，而且可以大大提高整个信息系统输出信息的质量。根据发达国家的经验，计算机系统中软、硬件的价值比例通常为 6：4 或 7：3。

二、费用计划

根据本单位的财力作出预算，考虑可能发生的其他费用，尽可能以最小的代价达到预期的目标。

（一）场地投资

场地投资主要是指计算机机房的建设。机房要求防潮、防尘、防震、防静电，恒温。一般来说可以安装空调，在铺设防静电地板前，先在地板下铺设好通讯电缆线和电源线。

由于各单位机房规模不一，要求不一，很难作出统一的预算。

（二）硬件费用

1. 服务器

能够联结 10～50 台终端的服务器，一般价格在 2 万～5 万元。除此之外，还需要联结终端的集线器(HUB),集线器根据联结终端的多少,价格差异很大,联结 8 个终端的(俗称 8 口)只有百元左右,而 50 口的却要上万元。

2. 单台主机

以 2009 年市场主流机种——奔腾 5 为例,国外品牌机(如戴尔、惠普)在 5 000 元左右,国产品牌机(如联想、长城)在 4 000 元左右,无品牌机(社会上流行称为兼容机)在 3 000 元左右。

3. 打印机

以宽行打印机为例,针打(噪声较大、性能稳定,价格最低)在 3 000 元左右,喷墨(噪声较小、性能较稳定,价格适中)在 4 000 元左右,激光(噪声小、性能较稳定,价格最高)在 1 万元左右。

(三) 软件费用

1. 系统软件

例如 Windows XP 等为 2 000～4 000 元。有人认为盗版能一样使用,殊不知,这样做,其一,违反知识产权的有关法律;其二,系统运行时隐藏着不稳定因素。

2. 一般应用软件

例如 VFP、Oracle、SYBASE 数据库、Excel 电子表格处理系统、Word 文字处理系统。一般来说,办公软件、小型数据库在 3 000 元左右,大型数据库在 3 万元左右。

3. 专用应用软件

例如财务软件,国内软件一般单机版在 1 万元以下,网络版则在 3 万～5 万元。国外软件则在几百万美元,如 ERP 软件。

(四) 维护费用

维护阶段时间很长。以专用应用软件为例,国内财务软件一般在售后 6 个月至 1 年后要收取维护费用,标准每次在 200～400 元人民币,国外软件每次在 200～400 美元。

(五) 培训费用

会计电算化初、中级培训费每人一般在 500 元左右;计算机专业培训费则每人一般在 500～1 000 元。

第 二 部 分

财务软件账务、报表处理原理

第四章　初始建账

第一节　账务子系统

一、账务子系统的概念

要为企业的经营管理提供连续的、完整的、准确的、及时的经济活动信息,首先要设置账户,通过复式记账,填制和审核凭证、登记账簿、成本计算、财产清查、编制会计报表,这是手工会计工作的七种专门方法。前四种方法是会计工作的基础,只有基础数据准确及时,才能顺利地进行成本计算、财产清查、编制会计报表,而成本计算、财产清查的结果又要通过前四种方法予以记录反映。在手工会计条件下,前四种方法融于各类业务核算之中,不强调账务处理这一概念。而在电算化条件下,我们把这四种方法合在一起,统称账务处理,作为会计信息系统的一个子系统,称为账务处理子系统,简称账务子系统。

二、账务子系统在会计信息系统中的重要地位

(一)账务子系统的重要性

账务子系统设计的好坏,关系到整个会计信息系统的优劣。账务子系统是会计信息系统的信息控制中心,又是信息传输中心,还是信息存储、汇总中心。其他子系统(如工资、材料、固定资产、成本等)的信息必须经过账务子系统才能实现交换、汇总、存储。账务子系统的结构是否合理,接口是否完整、准确,将关系到整个系统是否能够正常运行。

(二)账务子系统可以撇开其他子系统独立为一个系统

这一系统能代替会计工作中业务量最大、重复率最高的部分,能立即代替手工大量重复劳动,如果加上报表子系统,那么它们就能处理以记账凭证为依据的所有数据了。

(三)账务子系统与其他子系统的关系

账务子系统与其他子系统存在两种关系。

1. 其他子系统的汇总数据,要导入账务子系统

其他子系统(除报表子系统外)处理的是原始凭证数据,如材料核算子系统,处理的是收料单、发料单、退库单等等,当这些数据处理完毕,就能产生汇总数据,为避免重复输入,各子系统就可以产生有关记账凭证,然后传递到账务子系统去;也可以由账务子系统根据这些汇总数据产生记账凭证。无论采用什么方法,在账务子系统中要设置导入数据的模块,以便其他子系统数据的传递。

2. 其他子系统对账务子系统数据的读取

各子系统为了某种核算,要读取账务子系统的数据,我们在设计会计科目或某个数据项的

时候,应当加以考虑。例如,固定资产子系统中为了方便折旧额的计算,我们在固定资产科目编码时,要将固定资产除按实物形式分类编码外,还要按是否提取折旧分类编码,此外,折旧计算是按上个月的固定资产余额为基数的,因此,账务子系统中的固定资产账户要保留上月固定资产应提折旧的余额数。

因此,其他子系统与账务子系统的数据共享,在设计数据库时,要周密完善,同时要规定,其他子系统只能读取账务子系统的数据,而不能修改。

报表子系统的数据绝大部分来自账务子系统,为了方便报表的制作,可以特别为报表"定制"一些"报表科目"。当然报表子系统也只能读取账务子系统的数据,而不能修改。

3. 账务子系统的基本结构

账务子系统的基本结构可以分为五大部分:

(1)凭证处理。凭证处理是整个账务子系统中最重要、最繁重的工作,包括凭证编制输入、修改、查询、审核、打印和生成转账凭证。为了保证录入的快速与正确,要求有一个科目代码与科目名称的数据库和摘要库,要求进行借贷平衡校验,要求对录入的凭证进行审核。为了达到能自动转账的要求,在凭证处理中应增加设置自动转账的入口。

(2)账务处理。账务处理包括登账,即将审核过的凭证转记到各日记账、明细账、总账账户,并进行科目汇总。在审核后,发现凭证输入有误,在取消审核后可修改凭证,但登账之后,凭证不得修改,只能输入同方向、负金额的冲销凭证,使数据变动的过程留有痕迹。

(3)查询处理。为方便用户,应当在每一处理过程都设置查询窗口,由于在账务处理中需查询的东西较其他处理多而复杂,因此,账务处理中的查询应特别设计。除了可以按单一条件,如按凭证号、日期查询外,还可以按各种组合条件查询,如按日期、凭证号、对方科目、发生额、余额等范围查询,以达到快速、简便的目的。

(4)打印处理。为了方便用户,应当在每一处理过程都设置打印功能。由于在账务处理中需打印的东西较其他多而复杂,因此,此处的打印应特别设计。明细账内容最多,按财政部目前的要求,要全部打印,可以跨月打印或满页打印;日记账可每天打印;科目汇总表可以每天打印。账簿应连续编号,科目汇总表要注明日期与所属的凭证号。

(5)系统维护处理。系统维护是指了使系统正常开工、运行而采取的措施,包括在月初、年初的初始化工作(将上月、上年的余额作为本月、本年的期初余额),数据的备份,数据的恢复,口令修改,科目调整(年初对科目的增删,年度中间只能增加科目而不能删除科目,以保证账户数据的完整)。

当然,对于通用账务子系统,基本结构还可增加"系统人员权限"、"打印机设置"、"银行对账"和"摘要库设置"等等。

第二节 账 套

一、账套的定义

所谓账套,就是从凭证到报表的一套完整的账务,是基于会计主体假设而作的设置。目前,许多通用财务软件能够同时核算多个独立核算单位的账务,而将不同账务划分开的关键在于为每个单位建立一个账套。不同的账套以不同的文件夹(目录)来区别,所以,不同账套之间的数据不会混淆。

二、账套的类别

（一）年度账套

根据账套的定义,一个单位每年可以产生一个账套,称为年度账套。年度账套的特征是数据具有连续性,表现为:

(1)上年账套数据中的期末余额与下年账套中的期初余额相等。

(2)年度账套之间的科目应保持一致,以保证上年余额能正确结转至下一年。

(3)员工及其操作权限可延续到下一年,而不必另行设置。

（二）单位账套

在一个财务软件中可能同时存在几个单位的账,这些单位的账务相互独立,称为单位账套。在一个财务软件中同时允许设立多个单位账套,带来的优点是:

(1)操作方便,单位账套的切换不必离开系统(有些财务软件不支持单位账套,对多家公司使用的情况,用安装多套系统的方法解决,不同公司切换时必须退出正在使用的系统,进入另一套系统)。

(2)如多家单位为总公司下的分公司,用单位账套处理,便于总公司的报表合并。

(3)由于分公司账套在同一系统中,而其科目,报表可能具有相近性,可以比较方便地实现账套间科目及报表的复制。

（三）账套间的关系

同一单位下的年度账套的数据关系一般为上年度向下年度的单项复制或传递。所谓复制,是指把数据从源账套简单地复制到目标账套的过程。复制过程中没有改变数据的含义。所谓传递,是指在复制后改变了数据的含义。例如,可以复制的内容为:会计科目、固定资产、报表样式和未核销的往来明细等;可以传递的内容为各会计科目的余额、各固定资产余额、累计折旧余额和报表数据。

不同公司的单位账套的数据可以是双向复制或传递,如可以复制的内容为科目、报表式样等;可以传递的内容为用于报表合并的报表数据。

总公司下两个分公司账套间的关系,如图 4-2-1 所示。

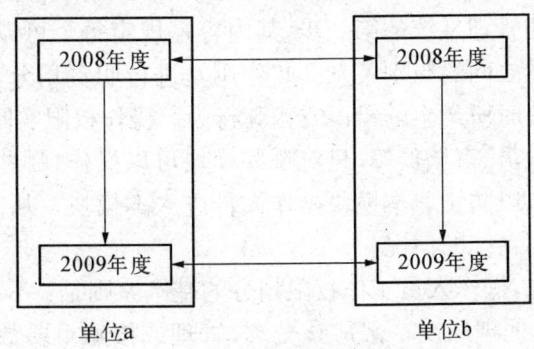

图 4-2-1　总公司下两个分公司账套间的关系

三、账套文件名和账套名称

账套文件名是保存账套数据的文件名称,是计算机中用于区分不同文件名的标识,如KINGDEE. ALS。账套名称一般是使用该账套的单位的名称,账套名称是在打印报表及输出账簿时使用,如账簿、报表表头中的编制单位。

因此,账套文件名≠账套名称。

四、账套内容

账套内容是指账套数据表本身的数据项(字段)。不同的财务软件数据项也各不相同。

五、账套的修改

新建账套时,若认为某些内容有误或设置不适当,可以直接在输入处进行修改,其实质是修改数据表中的记录。建账后,有时也需要修改某些内容,但会发现其中一些记录不能更改,这主要是从会计信息安全性、准确性角度考虑的。

六、账套的删除

有时,用户会发现某账套中错误太多,或不希望将上年度账套的余额或其他信息转到下一年度,就可用删除账套的功能。

删除账套不同于清空年度数据。"清空"并不是指将年度账的数据全部清空,主要是删除凭证数据表,同时保留一些信息,主要有基础信息、系统预设的科目表等。保留这些信息是为了方便使用清空后的年度账套重新做账。

第三节 人员权限

在手工记账的情况下,一个人负责一定的工作,那么就由他管理相应的账册,在实行电算化的情况下,所有的人都使用同一个账套,或者使用同一个财务软件的一部分,那么,如何来划分他们的职责,以及保障会计数据的安全性,实现会计的监督职能呢? 员工管理就是要解决这个问题。

员工设置是使用一切管理系统的第一步,其内容是规定每个可以进入系统的人员对系统所拥有的操作权限和人员之间的级别关系。其作用是进行职责划分,目的是为了预防和及时发现在执行所分配的职责时所产生的错误或舞弊行为。操作权限实际上是预先规定某类操作人员,如会计负责人、输入员、审核员等,只对哪些模块可以操作,哪些模块不能操作。通过不同的密码口令,予以限制,以防止非本模块操作人员进入本模块。从系统产生的日志中,管理者可以看到每个员工使用系统的情况。

按照内部控制的要求,操作人员工作权限划分的基本原则是:不相容职务必须分离,不相容岗位必须分离,不同的处理层次一般应该分离,管理或接触重要数据的工作与其他工作分离,其他制度特别规定需要分离的应该分离。

一、人员权限的内容

（一）设置级别

员工的级别可设立系统管理员、会计主管和操作员三级。三级的管理权限内容为：

（1）系统管理员在系统开工时可以由系统产生，负责软、硬件的管理。

（2）系统管理员在授权情况下具有增加和取消其下级员工的权利。

（3）会计主管具有增加和取消下级员工的权利。

（4）各位员工均无权查看或修改别人的密码，同时都具有修改自己密码的权利，但无权增加或减少自己的操作权限。

（二）设置权限

（1）由用户定义与系统相关的各项职位。

（2）对系统的功能进行分类，同类功能应具有相同的操作权限。例如，凭证输入和凭证修改应为同一类，因为具有凭证输入权限的人员一般同时具有凭证修改的权限。

（3）规定每个职位所具有的操作权限。

（4）指定员工和姓名。对新增员工要指定其姓名和口令。

（5）员工的取消。员工的取消仅仅是对取消的员工作一个标记，使该员工不再出现在操作界面中，但仍保留其在数据库中。

二、各软件中权限设置的区别

1. 权限设置的时间不同

有的软件用户及权限分配设置，既可以在初始化过程中进行，也可以在关闭初始化后的日常处理过程中进行设置。而有些财务软件仅能在初始化过程中进行。

2. 权限设置的部分内容不同

由于不相容职务必须分开，故许多财务软件设置凭证输入和凭证审核分别由两位操作人员进行，如金蝶、用友。而也有财务软件将其设置为既可两人操作，也可一人操作，如"会计之星"。一人操作的理由为：在小企业中，财务部仅出纳和会计主管两人，此时，会计主管不仅领统会计工作，更需要做具体会计工作，因此，凭证输入和凭证审核人员均是会计主管，硬性将权限人为地设置为两人，既违背真实性，又流于形式。鉴于此，有些财务软件允许将凭证输入和审核这两项工作由一人进行。

3. 操作员口令设置不同

在手工做账的情况下，会计人员登记相应的凭证或账簿后，都要盖私章，以示对相关的记录负责。口令就相当于手工做账下会计人员的私章，是为了杜绝非法人员进入账务系统而设置的。操作人员应定期更换口令，并将口令妥善保管。

所有财务软件均对员工设置口令，还有的财务软件增设安全码。安全码是在系统受到破坏时，恢复你原来对该账套的访问权限。例如，当一个用户名为 a，安全码为 1 的用户被别人误删除了，则可通过系统管理员再设同样的用户名、安全码，不用再赋予权限，即可恢复原来对该账套的访问权限。

三、员工管理的计算机实现

与员工管理相关的数据表内容包括：

（1）级别：包括级别编号、级别名称。

（2）员工：包括员工编号、姓名、密码级别编号、职位编号。

（3）职位：包括职位编号、职位名称。

（4）权限：包括权限编号、职位编号、功能编号。

（5）功能：包括功能编号、功能名称。

以上"员工"中的级别编号取自"级别"，而职位编号取自"职位"，由每个员工的职位编号通过"权限"可以得到其操作权限。职位和系统功能为多对多的关系，即一个职位可能拥有若干系统功能的操作权限，而一个系统功能可由若干职位进行操作。这种关系通过"权限"反映，权限中的权限编号为唯一的流水号。

第四节 科 目 设 置

一、科目设置

（一）科目代码的含义与编码规则

1. 科目代码

在手工操作时，我们不需要给会计科目编码，直接在凭证和账簿上书写会计科目的名称即可。但是，在电脑操作时，如果我们直接输入科目名称，那么输入速度将变得很慢。于是，我们采用代码来代替科目名称，这样既能加快输入速度，又便于计算机处理。例如，用"1001"代表"库存现金"科目，用"1002"代表"银行存款"科目，这就是科目代码产生的原因。

2. 编码规则

那么代码是如何规定的呢？1993年财政部曾经发布了16个行业的会计制度，2006年财政部又发布了统一会计制度，这些制度规定了总账科目的代码与部分明细科目的代码。这就是说，总账科目和部分明细科目的代码是由财政部规定的，大部分明细科目可以由企业自行规定。

财政部规定的总账科目代码有一定的规律，遵循这一规律，一来便于操作者操作；二来便于计算机处理。这一规律是：代码的第一位数字表示该科目的会计要素。具体表述如下：

第一位数为1，表示资产类科目，如1001（库存现金），1701（无形资产）等

第一位数为2，表示负债类科目，如2001（短期借款），2221（应交税费）等

第一位数为4，表示权益类科目，如4001（实收资本），4002（资本公积）等

第一位数为5，表示成本类科目，如5001（生产成本），5101（制造费用）等

第一位数为6，表示损益类科目，如6001（主营业务收入），6301（营业外收入）等

3. 代码的位数，长度与级别

由于企业还要使用众多的明细科目，明细科目下面还有子目，子目下面还有细目。为了表达得更方便、直观，财务软件把总账科目、明细科目、子目、细目分别用一级科目、二级科目、三级科目、四级科目、五级科目……表示，它们之间的统驭关系与从属关系用上下级关系来表示，简称为科目级别。

我们要为二级、三级、四级、五级等下级科目编码,首先要确定每一级的位数。例如,我们将二级至五级科目,定为每级二位数,那么,这个企业的科目代码总长度就是:4位(一级科目)+2位(二级科目)+2位(三级科目)+2位(四级科目)+2位(五级科目)=12位。

当你在财务软件中确定了每级科目的位数和可能使用到的级数,就能确定本单位会计科目代码的总长度。

例如,某外商投资企业的会计科目代码为

> 一级科目 4 位
> 二级科目 2 位
> 三级科目 2 位
> 四级科目 2 位
> 五级科目 2 位
> _____
> 总长度　12 位

4. 科目设置中的经验与注意事项

会计科目代码的位数,总长度确定得合理与否,关系到一个企业会计业务处理得是否合理,关系到凭证输入是否方便,关系到账簿结构布局是否完善与合理,因此,要根据以往会计业务的实际与将来可以发生的业务,慎重地确定科目代码的位数、级数和总长度。

有的软件要求用户先确定科目代码的总长度,然后确定每级的位数。遇到这种情况,根据上述原则先计算一下,本企业要用几级科目以及每级的位数,再算出总长度。

所有财务软件在科目代码的位数、级数和总长度输入确认后就不能再修改,除非将已输入的科目代码、名称等一系列数据删除掉,有的财务软件甚至只能重新建立一个账套。

(二)定制适合本单位需要的科目代码系统

1. 科目级数和科目编码的设计

科目编码作为计算机标识符号,其设计合理与否,直接关系到账簿、报表数据的生成。企业的一级科目编码,应该按财政部会计制度中有关会计科目编码方案的规定编写。进行明细科目设计时,应特别注意明细科目的级数划分问题和明细科目的划分标准问题,做到级数恰当、标准一致。

另外,编码的设计还应从方便计算机处理、便于使用、位数少等几个方面考虑。由于会计科目编码大多采用数字编码,倘若位数太长,不仅难以记忆,输入时又容易出错。然而,位数过少,当企业业务类型增加、往来客户增多时,又不得不重新加以设计,甚至要修改源程序,给系统维护带来很大的麻烦。

明细科目设到哪一级,可根据企业具体情况详加考虑。既要能全面具体地反映每一总分类账反映的内容,又要力求实用。每个科目的编码不仅要符合账务处理子系统中唯一性的要求,而且要尽可能为会计报表的生成提供直接的数据。有的企业单位的业务比较简单,将一级、二级、三级作为科目编码,而将第四级作为报表项目编制的标识,也是一种可参考的方式。

表4-4-1以总账科目用四位数表示的企业为例,给出其常用的科目表;表4-4-2是明细科目的编码。

表4-4-1

一级科目名称和编号（部分）

顺序号	编 号	名 称	顺序号	编 号	名 称
		一、资产类	29	2221	应交税费
1	1001	库存现金	30	2232	应付股利
2	1002	银行存款	31	2241	其他应付款
3	1012	其他货币资金	32	2501	长期借款
4	1101	交易性金融资产	33	2502	应付债券
5	1121	应收票据	34	2701	长期应付款
6	1122	应收账款	35	2901	递延所得税负债
7	1123	预付账款			四、所有者权益类
8	1221	其他应收款	36	4001	实收资本
9	1231	坏账准备	37	4002	资本公积
10	1401	材料采购	38	4101	盈余公积
11	1403	原材料	39	4103	本年利润
12	1404	材料成本差异	40	4104	利润分配
13	1405	库存商品			五、成本类
14	1408	委托加工物资	41	5001	生产成本
15	1461	融资租赁资产	42	5101	制造费用
16	1511	长期股权投资			六、损益类
17	1601	固定资产	43	6001	主营业务收入
18	1602	累计折旧	44	6051	其他业务收入
19	1604	在建工程	45	6111	投资收益
20	1606	固定资产清理	46	6301	营业外收入
21	1701	无形资产	47	6401	主营业务成本
22	1801	长期待摊费用	48	6402	其他业务成本
23	1901	待处理财产损溢	49	6403	营业税金及附加
		二、负债类	50	6601	销售费用
24	2001	短期借款	51	6602	管理费用
25	2201	应付票据	52	6603	财务费用
26	2202	应付账款	53	6711	营业外支出
27	2203	预收账款	54	6801	所得税费用
28	2211	应付职工薪酬			

注："共同类"科目本书实验不涉及，故不列。

表4-4-2

明细科目的编码

一 级 科 目	二 级 科 目		三 级 科 目	
固定资产 （1601）	生产经营用固定资产	（160101）	房屋	（16010101）
			建筑物	（16010102）
			运输设备	（16010103）
			动力设备	（16010104）
			管理用具	（16010105）
	非生产经营用固定资产	（160102）		
	租出固定资产	（160103）		
	未使用固定资产	（160104）		
	不需用固定资产	（160105）		
	土地	（160106）		
	融资租入固定资产	（160107）		

2. 助记符

面对众多的科目编码，人们采用了一些辅助办法使它更便于读写和记忆。采用较多的是助记符法，即在科目库文件中，为每一明细科目设置一些助记符号。例如，"固定资产——机器设备"的助记符可设为 GDZCJQ。在凭证输入时，不必输入由数字组成的科目编码，而由输入员直接输入对应科目的助记符。这样，手工填制的凭证也就不必同时标出每一借贷方科目编码，所填制的凭证也就与传统会计无异。这样，便大大地减少了凭证填制人员的工作量。由于助记符号一般按科目的汉语拼音的第一个拼音字母所组成，输入员易记易输，因而，既加快输入的速度，又减少差错。

助记符在科目设置时进行。

（三）科目的借贷性质

每一个科目均有其唯一的借贷性质，不是借余类科目就为贷余类科目。借余类科目的期末余额通常在借方，贷余类科目的期末余额通常在贷方。但是，科目的借贷性质并非由科目余额所在方向确定，而是根据以下公式确定。

1. 借余类科目的余额计算公式

期末余额＝期初余额＋本期借方发生额－本期贷方发生额

例如，库存现金、生产成本等。

2. 贷余类科目的余额计算公式

期末余额＝期初余额－本期借方发生额＋本期贷方发生额

例如，累计折旧、坏账准备、短期借款等。

一般情况下，资产类、成本类、费用类的科目为借余类科目，所有者权益类、负债类、收入类的科目为贷余类科目。

（四）科目设置的其他内容

1. 余额

为了保证输入计算机余额的正确,先应用手工列一份科目余额表,把每一级科目余额都列出。而输入计算机时,只要输入最底层科目的余额,计算机可以自动计算上级科目的余额。例如,固定资产只要将第四级科目的余额全部输入,就可以得到三级、二级、一级科目的余额。余额可以是负数。例如,材料成本差异是借余类科目,若余额在贷方,则计算机仍把该科目视作借余类科目,而余额则输入负数。

2. 数量

某些科目设置数量标志是为了提示操作者。遇到这类科目,应当输入数量。有数量标志的科目一定要设置数量单位,如长度、重量。

3. 外币

某些科目设置外币标志是为了提示操作者。遇到这类科目,应当输入外币金额。

4. 现流(现金流量)

在手工实务中,会计人员一般使用登记台账的方法,将现金流量的业务再记录一遍,其目的是根据现金流量的台账编制现金流量表。

在财务软件中则不必如此,只需在初始化时对有关现金流量的科目进行设置,然后在输入凭证时做上记号,表明该业务是与现金流量表某一项目有关的,当要获取这些信息时,交由电脑筛选分类即可。

5. 部门

这是指企业各个机构的名称及代码。企业的许多核算,往往要以部门为单位。如果把部门代码也输入科目代码中,则科目表将很庞大,位数也很长,重复率极高。我们设置这个条件,等于为某一张需要分部门的凭证做了分部门的标记,便于此后核算的需要。

（五）存放科目及其数据的数据库

理论上,科目及其数据可以存放在一个数据表中,但由于大多数科目无外币数据和数量数据,因此,用一个数据表存放科目的所有数据将会产生数据冗余。鉴于此,合理的做法是建立3个数据表、1个科目表,存放科目的基本数据;1个外币科目表,存放外币科目及其外币数据;另外1个数量科目表,存放数量科目及其数量数据。

科目表的结构,如表4-4-3所示,数据表名为 km. dbf。

表4-4-3

科目库的结构

字 段 名	字 段 类 型	字 段 长 度	字 段 含 义
KMH	字符型	11	科目号
KMM	字符型	30	科目名
JD	字符型	2	科目性质
NCYE	数值型	14,2	年初余额
QCYE	数值型	14,2	期初余额

续 表

字 段 名	字 段 类 型	字 段 长 度	字 段 含 义
QCJFLJ	数值型	14,2	期初借方累计
QCDFLJ	数值型	14,2	期初贷方累计
WB	逻辑型	1	外币标志
SL	逻辑型	1	数量标志

二、不同软件期初数据输入内容不同

如果账套的启用日期是年初,如 2009 年 1 月 1 日开工,则在科目表中应反映出各科目的年初余额。如果启用日期不在年初,如 2009 年 5 月 1 日开工,则在科目表中应反映出各科目 2009 年 1 月 1 日的年初余额、1～4 月累计借方发生额、1～4 月累计贷方发生额、5 月 1 日期初余额四项内容,其关系为:年初余额±累计借方发生额干累计贷方发生额＝期初余额。

虽然所有财务软件均需输入科目的期初数据,但对于非年初开工时数据的输入,各软件有不同的处理方法,常见的有以下两种:

(1) 顺次输入以上四项数据。

(2) 仅输入年初余额、累计借方发生额、累计贷方发生额,而期初余额由财务软件根据科目的借贷性质,利用以上公式自行计算。

以上两种处理方法各有其利弊:前者输入内容较多,工作量大;后者减少输入的数据,节约时间。但就数据的准确性而言,前者显然优于后者。例如,某公司于 2009 年 5 月 1 日开工,本公司正在进行科目的初始化设置,采用第二种输入方法,即仅输入 2009 年科目的年初余额、2009 年 1～4 月借方累计发生额、2009 年 1～4 月贷方累计发生额,根据"年初余额＋借方累计发生额－贷方累计发生额＝期初余额"计算出第四项数据。如果前三项数据输入正确,确实可以减少输入的工作量;反之,则会加重输入的工作量,而适得其反。因为,如果前三项数据的任何一项出错,系统仍将根据公式计算出期初余额,四项数据的勾稽关系仍然保持平衡,很难查出出错的数据。若采用第一种方法,即同时输入四项数据,其中任何一项出现输入错误均可由财务软件根据公式判断出来。

因此,正确选择适合本公司的财务软件非常重要。

三、期初数据校验方式

要保证输入者不出差错,简直是不可能的,只有用各种校验的方法和纠错办法才能防止差错的产生,从而保证输入信息的正确。

对期初数据输入的校验方式常见的有以下几种。

1. 余额校验

对每一科目,如为借余类科目,应满足关系:开工期初余额＝年初余额＋开工借方累计发生额－开工累计贷方发生额;如为贷余类科目,应满足关系:开工期初余额＝年初余额－开工借方累计发生额＋开工累计贷方发生额。余额校验是针对所有科目的。

有些软件可以直接根据余额校验功能,利用已输入的年初余额、开工借方累计发生额、开

工贷方累计发生额计算出期初余额数据。

2. 级别校验

级别校验即下级科目的相应数据之和应等于上级科目的相应数据,包括发生额和余额。

目前,财务软件对此关系的处理方法有两种:

(1) 所有科目的数据均由用户输入,系统提供级别校验功能,这样虽然对用户来讲,输入工作量大,但是能保证数据的正确性,若发生输入错误,系统也很容易检测出错误所在。

(2) 仅输入最低级科目的数据,上级科目数据由系统自动逐级向上汇总得到,如此,系统将不再提供级别校验功能,因为已是多余。这种做法必须保证最低级科目输入的正确性,否则输入有误时,很难查出。

3. 试算平衡校验

试算平衡按会计原理计算的方法有两种:

(1) 借余类一级科目的余额之和等于贷余类一级科目的余额之和。

(2) 资产+成本=负债+权益+损益。

不同的财务软件必选一种,设计此项校验,对于判断输入数据的正确性起着非常重要的作用,如金蝶财务软件选择第(1)种方法,而会计之星财务软件、用友财务软件选用第(2)种方法。

如果期初数据输入后,试算平衡不通过,则可从以下几方面检查:

(1) 若累计借贷发生额平衡,且期初借贷余额平衡,仅检查年初余额即可。

(2) 若年初借贷余额平衡,但累计借贷发生额不平导致期初借贷余额不平,则先检查是否是某些科目的借贷方输反了(如坏账准备和累计折旧),再检查是否是金额输错了。

(3) 若期初借贷余额平衡,而年初借贷余额和累计借贷发生额不平,应检查是否将年初余额和累计发生额录反了。

以上三种校验,有的财务软件全部提供,而有的财务软件在进行数据输入时就将余额校验、级别校验设计在软件中作为一种限制条件,即仅输入年初余额、借方发生额、贷方发生额,而期初余额由软件直接计算;仅输入最底级明细科目的数据,而上级科目的数据由软件逐级汇总得到。在这种软件中,无余额校验和级别校验,仅有对总账的试算平衡。不难想象,这种设计,一旦遇到总账试算不平衡,将很难查出错误之所在。

四、科目增加的几种情况

科目的设置应在初始化工作中进行,但是,即使最老练的会计人员都不能保证年初设置的科目表可以适应1年的业务而不必调整,为适应各种未知的变化,各财务软件均提供了在结束初始化后新增科目的功能。常见的有以下几种情况。

(一) 增加一级科目

此种情况增加科目不存在任何问题,各财务软件均提供这项功能。

(二) 增加明细科目

如果增加此明细科目后并未改变此科目的级别,则这种代码增加无任何问题。例如,1001科目原下设100101、100102两个明细科目,无论这两个科目在凭证中是否使用过,此时欲增加100103科目均不会出现任何障碍。

如果增加明细科目后将改变科目的级别,这种情况又可分两种情形进行处理:

(1) 欲增加的明细科目的上级科目尚未在凭证中使用,这时新增科目无需作任何额外处理。例如,1211 科目原设置 121101、121102 两个明细科目,均未曾在凭证中使用过。现欲增加 12110101 科目,只需按正常的科目设置操作即可。

(2)欲增加的明细科目的上级科目在凭证中已使用。例如,对 1001 科目新增 100101、100102 科目,而 1001 科目已在凭证中使用过。对这种情况,目前财务软件有以下三种做法:

第一,强行让用户逐一修改凭证中的 1001 科目,使之变成 100101 或 100102。这种做法适用于输入凭证不多,并且凭证尚未记账的情况。

第二,在增设科目 100101 时,由软件自动产生科目 100199,并把 1001 科目的借贷方发生额及余额转入该科目同时,原凭证中出现的 1001 科目均被改成 100199。

第三,在增设科目 100101 时,由软件自动将 1001 科目的借贷方发生额及余额转入该科目,并将所有的记账凭证(包括登账的和未登账的)中的 1001 科目修改为 100101。

五、初始化的其他内容

(一)币种汇率的设置

1. 外币

外币是指记账本位币之外的货币计量单位。一般情况下,各企业的记账本位币为本国货币,外币则指外国货币。但有时,记账本位币也可为外国货币。例如,我国《企业会计准则》规定允许企业采用非人民币作为记账本位币,则人民币也可能是"外币"。

2. 汇率

外币业务的处理离不开汇率。汇率是指把一个国家的货币兑换为另一国家的货币的比率,它表明两种货币之间的交换比例。

汇率有两种标价方法:直接标价法和间接标价法。直接标价法是指以一定数量的外国货币表示可兑换多少本国货币的金额作为计价标准的汇率的标价方法,如 1＄＝6.3RMB。间接标价法是指以一定数量的本国货币来表示可兑换多少外国货币的金额作为计价标准的汇率的标价方法,如 1RMB＝0.12＄。

目前,各财务软件中对于外币的折算处理问题有两种方式可供选用:第一种为:原币×汇率＝本位币;第二种为:原币÷汇率＝本位币。如果汇率用直接标价法表示,应当选择第一种;如果汇率用间接标价法表示,则应当选择第二种。

(二)凭证类型的设置

1. 设置类型

许多单位为了便于管理或登账方便,一般对记账凭证进行分类编制,但各单位的分类方法不尽相同。例如,有的单位只用记账凭证一种方式的,有的用收款、付款转账或现金、银行、转账三种的,有的用现收、现付、银收、银付、转账五种的。不论采用哪种凭证方式进行核算,在手工下均可以通过购买不同的凭证单据来解决。而在财务软件中,则通过使用"设置凭证类型"功能来完成。

2. 设置凭证类型与会计科目之间的逻辑关系

凭证类型与会计科目之间的逻辑关系是指凭证必有科目、凭证必无科目、借方必有科目、贷方必有科目、借方必无科目、贷方必无科目。例如收款凭证,凭证必有且借方必有"1001 库存现金"或"1002 银行存款"科目;付款凭证,凭证必有且贷方必有"1001 库存现金"或"1002 银行存款"科目。又如在现金收款凭证中,借方必有科目为"1001 库存现金";银行收款凭证的借方必有科目为"1002 银行存款";现金付款凭证的贷方必有科目为"1001 库存现金";银行付款凭证的贷方必有科目为"1002 银行存款",转账凭证的必无科目为"1001 库存现金"和"1002 银行存款"。但如果只有一种凭证类型,即记账凭证,那么就不必设置必有必无科目了。

设置限制条件是为了防止凭证用错或防止录入错误,在录入凭证时如果违反以上设置内容,凭证将不能存盘。

(三)设置部门与职员

1. 设置部门与职员代码

许多企业为更好地实施管理,需要将各部门的费用分开核算。目前,财务软件选择两种方法解决此问题。一种是在各个费用账户下为每个部门设置明细账户,这种做法会多出许多账户,不便于管理。另一种是在输入凭证时将每笔费用注明为某部门的支出,最后按部门统计,这样既可以大大减少明细账户,又利于与其他管理模块连接。

设置部门和职员,可以更方便地按部门核算成本,进行工资核算,对职员的业绩进行核算,可以更方便地计算代扣所得税,银行代发工资等功能。

2. 部门代码数据表

表4-4-4是部门代码数据表的举例。文件名 BMDM. DBF,部门代码含两级:一级是车间或处室;二级为班组或科室。

表4-4-4

部门代码文件

序 号	字段说明	字 段 名	类 型	宽 度	小 数 位
1	部门代码	BMDM	C	3	
2	部门名称	BMMC	C	20	

内容举例:

010	厂办公室
011	厂办公室接待科
012	厂办公室秘书科

(四)设置往来单位与往来期初金额

往来核算与管理的任务,一方面要如实反映往来款的形成和增减变化情况;另一方面要正确计算票据到期价值、贴现值和贴现利息,控制赊销额,管理收款和支付结算款的业务。

1. 往来核算的特点

(1)手工核算中,同一张凭证依次分别登记往来明细账、备查簿并登记总账等。但在电算化条件下,一般往来款核算的数据来源,除了本系统出纳的应付应收票据数据外,许多数据是来源于材料核算、销售核算和账务处理子系统的记账凭证文件,这些数据是作为登记往来明细账和备查簿以及编制汇总分析表的基本数据。

(2)在手工核算中,坏账准备根据应收账款的余额编制转账凭证;催款单是根据前期催款单和本期已收回以及未收的具体款项编制。在电算化核算中,本系统中输出的账表证都由计算机系统自动形成。

(3)在电算化条件下,往来账核算应具有自动销账功能。

2. 往来单位

设置往来单位能帮助企业会计人员迅速及时地进行各类往来账款的账务处理及明细核算工作,同时提供企业与各往来单位之间的资金往来情况,以便及时掌握信息,作出有关资金方面的计划,以免发生资金周转困难。

3. 期初余额的录入

往来期初余额的录入是为了对往来账进行管理而进行的初始化工作,往来期初与科目表中科目性质为应收或应付的科目的期初余额必须保持一致。

六、初始模块封闭与反结束初始化

（一）初始化模块封闭的由来

财政部发布了《会计软件基本功能规范》的文件,对初始化模块作了相应规定:"初始化功能运行结束后,会计软件必须提供必要的方法对初始数据进行正确校验。"上海市财政局于1993年10月在《上海市会计电算化实施办法》中规定:"系统提供期初余额设置模块必须独立于整个系统之外,一旦使用此模块进行期初余额设置,此模块应自行封闭。"此后,地方法规似乎取代了中央法规,"初始化模块结束后要封闭"的说法在全国流行,绝大多数财务软件不得不加上这一措施。

"初始化模块封闭"提出者的本意,是初始数据经过校验,不应再出现问题,当然也不应提供改动的机会;相反,在初始化模块未封闭前,不能做凭证输入的操作,是为了数据的安全。

（二）为什么要反结束初始化

1. 初始数据校验不能检查出所有的错误

例如,科目串户。

若应收账款的期初余额应当是 2 200 元。

其中: 应收账款——甲 100

　　　　应收账款——乙 1 000

　　　　应收账款——丙 1 100

而输入时却为:

　　　　应收账款——甲 1 000

　　　　应收账款——乙 100

　　　　应收账款——丙 1 100

这类错误无论是计算机还是肉眼都很难检查出来,大多数是在登账后发现某个账户发生不合理的余额时才被发现。如果初始化模块被封闭,那么这类错误就很难纠正。

2. 初始化结束后,确实有必须修改的地方

例如,科目名称变动。

若银行存款——工行——田林路分理处,因田林路拆迁,变为银行存款——工行——裕德路分理处。又如,"物资采购"按新制度规定要改为"材料采购"。如果初始化模块被封闭,要实现科目名称的变动也是不可能的。

3. 初始化结束后,在日常账务处理时发现初始设置不周密

例如,在日常账务处理时发现某个账户应当设置为"数量"标志,而初始化时遗漏了;或某个账户的数量单位表达得欠准确等。这类问题没有经过大量实际操作,是很难发现的。如果

初始化模块被封闭,这些当初设计不周密的地方只能让它们将错就错。

实践出真知,尽管有"文件"规定,尽管几乎所有的财务软件都有"封闭"措施,但是几乎所有财务软件都有反"封闭"的钥匙——"反结束初始化"。

对财务软件的使用者来说,初始化模块一旦封闭,软件宁可弃之不用;对财务软件的制造商来说,初始化模块一旦封闭,用户将越减越少。这也就是软件商增加"反结束初始化"功能的原因——用户是上帝。

（三）初始化模块封闭与数据安全

对刻意要犯罪的人,如果能靠封闭初始化来阻止他,未免把软件的功能提升得太高了。从大量的审计案例分析,对会计数据形成威胁的,往往是从原始凭证开始的,"会计打假要从源头抓起"就是这个道理。初始化模块封闭与否与数据安全是不存在必然关系的。

第五章 日常账务处理

第一节 凭 证 处 理

一、凭证输入

（一）凭证输入界面

手工记账凭证做好以后，就应该把记账凭证输入到计算机。输入时，财务软件应提供一个清晰简明的输入界面。记账凭证每一个栏目都应在输入界面中列出供用户输入。为了方便输入，应尽量减少中文汉字的输入。各种财务软件的输入界面一般都不相同，但功能是一样的。现以"会计之星"软件为例作一介绍。图5-1-1、图5-1-2是"会计之星"财务软件的输入界面。输入时，用户先根据要输入的凭证属于哪种类型选一种（如现收、银收等），编号自动产生，输入附件数，日期自动产生，以下各项，不同的凭证可输入不同的行数。比如一借一贷输两行，一借两贷输三行，以此类推。第一行的摘要需输入，第二行以后摘要能自动产生，科目代码可以直接输入，也可以按快捷键显示所有科目代码以及对应科目名称，进行选择。不论直接输入还是选择输入，输入框内都能显示中文科目名称。输入借方金额或者贷方金额，注意只能输其中一个。"会计之星"的输入界面有两个选项卡，图5-1-1是"凭证分录"选项卡，图5-1-2是"辅助信息"选项卡。

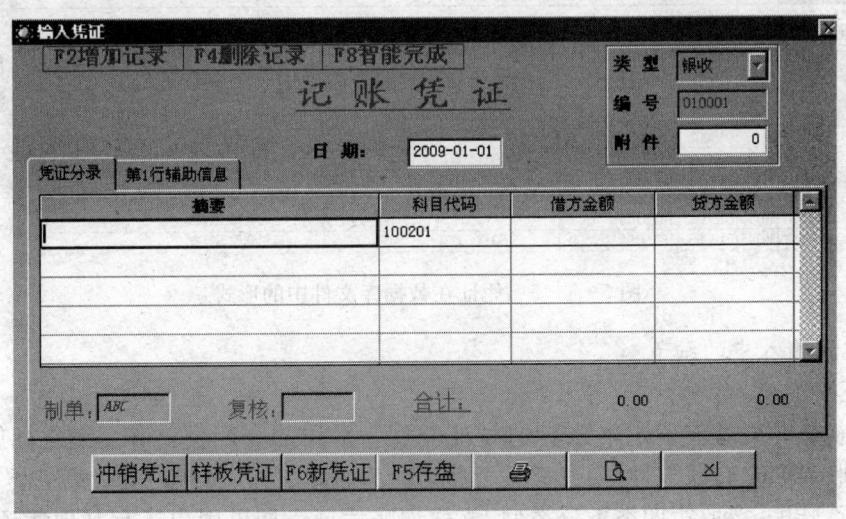

图5-1-1 "凭证分录"选项卡

（二）凭证数据库文件

凭证输入以后，进入凭证数据库文件中保存起来，以便今后查询、审核、修改、记账等操作。凭证数据库文件实际上是一张二维表格，它由字段和记录组成。一张凭证包括日期、凭证号、

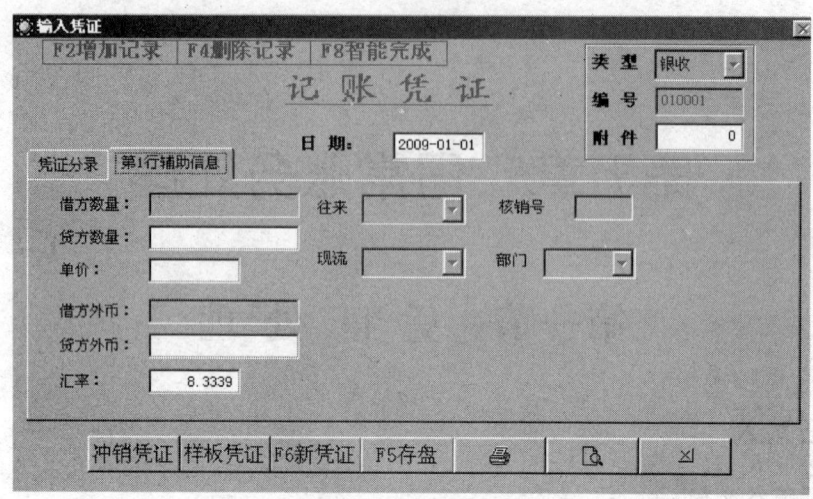

图 5-1-2 "辅助信息"选项卡

类型、摘要、科目名称、借方金额、贷方金额、制单、审核等内容。在凭证文件中就设置这几个字段，就像表格中第一行的栏目。如果一张一借二贷的凭证，在输入界面中输入了三行内容，这三行内容进入凭证文件后也是三行，我们就说这张凭证由三条记录组成。图 5-1-3 是凭证在数据库文件中的形式。在输入过程中，凭证内容并不直接进入凭证文件，当输完一张后，只有确定保存后才进入凭证文件。凭证数据库文件是账套中重要的原始数据来源，不能丢失。一般分为月文件和年文件。平时，凭证都输在月文件中，月结账以后，就把该文件放到凭证年文件中保存，再清空月文件，供下个月输入凭证。

输入日期	类型	凭证号	科目代码	借方金额	贷方金额	附件	摘要
2009-01-06	现收	010001	1001	32,500.00		1	提现
2009-01-06	现收	010001	100201		32,500.00	1	提现
2009-01-01	银付	010001	1002	10,000.00		1	支付商业汇票
2009-01-01	银付	010001	100201		10,000.00	1	支付商业汇票
2009-01-01	银付	010002	100201		175,500.00	1	购入原材料
2009-01-01	银付	010002	1201	150,000.00		1	购入原材料
2009-01-01	银付	010002	2121	25,500.00		1	购入原材料
2009-01-01	银付	010003	100201		40,000.00	1	预付购买原材料
2009-01-01	银付	010003	1151	40,000.00		1	预付购买原材料
2009-01-01	银付	010004	100201		101,000.00	1	购入设备
2009-01-01	银付	010004	1602	101,000.00		1	购入设备
2009-01-01	银付	010005	100201		150,000.00	1	支付仓库工程款
2009-01-01	银付	010005	160501	150,000.00		1	支付仓库工程款

图 5-1-3 凭证在数据库文件中的形式

（三）凭证输入中的细节

1. 凭证类别

一般在初始化时就应确定本账套的凭证类型。常用的有四类：第一类是把凭证分为现收、现付、银收、银付、转账五种；第二类是把凭证分为收款、付款、转账三种；第三类是把凭证分为现金、银行、转账三种；第四类不分类型，统称记账凭证。如果用户还有其他凭证类型，只需在初始化时设置，确定后，输入凭证时在"类型"框下拉列表中就显示出你所设定的类型供选择。凭证类型确定后，就不能改变。

2. 凭证号的不同处理方式

在凭证输入时，凭证号一般都是自动产生的，不需要输入。在初始化时，如果设为分类编号,则不同类型的凭证都有各自的凭证号,如现收和现付凭证都从一号凭证开始编号;如果设为不分类编号,则所有凭证统一编号,即没有两张相同号码的凭证,软件根据输入先后编号。

由于凭证号自动产生,当发现凭证有错删除后,会出现缺号的情况。一般软件有填补空缺的功能,即所有后面的凭证号都自动减一。

凭证号能不能在连续的凭证中间增加呢?有两种情况:一种情况是,软件不能插入,万一漏输凭证的话就不能插入其中,只能放在最后。如果是当天的凭证问题不大,如果不是当天的凭证,放在最后就会出现日期在前的凭证,凭证号反而大的问题,这就是软件本身的缺点。另一种情况是,软件能增加并且还能修改凭证号,即所有凭证号能跟着递增或递减,这样的软件就能克服以上的缺憾,但容易出现重号与漏号的弊端。

二、凭证审核

(一)审核和制单是否允许同一人

一般来说,审核和制单不允许同一人。如果是同一人,一方面,不符合会计制度;另一方面,审核时不容易找出错误。目前软件有两种情况:一种情况是,软件必须两个人进行操作,但实际情况是有的单位较小,人手不够,或者会电脑操作的只有一个人,为了能使用软件,只得弄虚作假,即同一个人用两个操作员、两个密码分别登录进入审核与制单。另一种情况是,软件允许审核与制单由一个人完成,它可以满足人手不够单位的需要。例如,"会计之星"软件初始化时,不设立财务主管,就允许一人完成审核与制单;设立财务主管时,就必须有两人完成审核与制单。这样的设置,反而不易出现弄虚作假的现象。

(二)审核标记的作用

凭证输入到凭证文件后,不能立即登账,必须经过审核,即再与手工记账凭证核对,或与原始凭证核对正确无误后才可以登账,这是为了保证输入的正确性。凭证一旦审核,软件就自动做一个审核标记。有了审核标记,就表示该凭证可以登账了,否则若要登账,就会提示用户,该凭证还未审核。一般审核标记是做在审核字段上的。凭证文件中专门设置一个审核字段,如果该字段中空白,表示还未审核,该字段中有审核人名或者"√"符号表示已经审核。图5-1-4是凭证文件中的审核标记。

借方外币金额	贷方外币金额	往来	部门	现流	输入	审核	记账	
					ABC	sss	√	
					ABC	sss	√	
					ABC	sss	√	
					ABC	sss	√	
					ABC	sss	√	
					ABC	sss	√	
					ABC	sss	√	
					ABC	sss	√	
					ABC	sss	√	
					ABC	sss	√	
					ABC	sss	√	
					ABC	sss	√	
					ABC	sss	√	

图 5 - 1 - 4　凭证文件中的审核标记

三、凭证查询

凭证文件的作用有两个：一是提供登账；二是提供查询。当用户要查某一张凭证时，就可以打开凭证文件去查找。但由于凭证量很多，用户直接查找很困难，就可以让电脑根据查询条件自动查找。

（一）查询条件介绍

查询条件实际上就是用户对需查询的凭证所能提供的线索。一般来说，用户提供的查询条件越少，满足条件的凭证就越多；反之，查询条件越多，则满足条件的凭证就越少。比如，查询条件是某一天，则所有这一天的凭证都满足条件；如果查询条件是某一天，但要求借方金额是 5 000 元以上，那么满足这两个条件的凭证就少得多了。

当用户需要查询凭证时，一般财务软件都会先显示一个查询条件对话框，供用户输入查询条件。这个对话框把所有的查询条件都列出，图 5-1-5 是"会计之星"财务软件中的"凭证选择"对话框。该对话框中所需输入的内容都是查询条件，用户只要输入其中一部分就能找到满足条件的凭证。各种软件的"凭证选择"对话框大同小异，现把常用的选择内容作一介绍。"凭证类型"框中单击"▼"可显示全部凭证类型，用户只要选择其中一种。"摘要含有"框中输入摘要中的一部分即可。

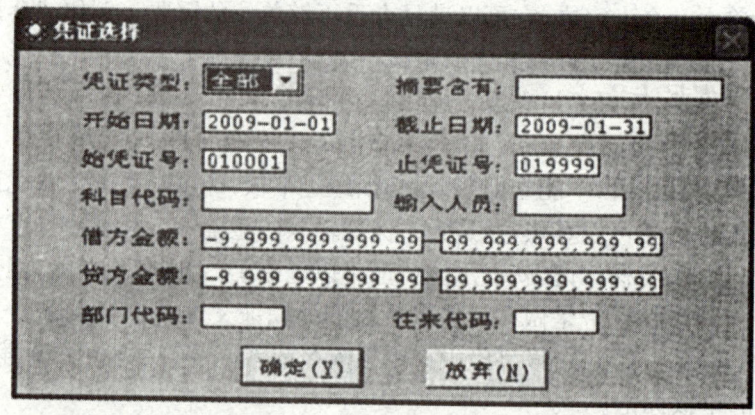

图 5-1-5 "凭证选择"对话框

"开始日期"框和"截止日期"框可以只输其中之一，也可以两个都输。如果两个都输，当然是指日期介于两者之间的凭证。如果只输前者，表示该日期以后的所有凭证（包括该日）；如果只输后者，则表示该日期之前的所有凭证。如果只查某一天的凭证，则须前后都输这一天。"始凭证号"框和"止凭证号"框也可以只输其中之一或者两者都输，方法与日期的输法相同。"科目代码"框中既可输借方科目代码，也可输贷方科目代码，只要凭证中含有该科目（不管借贷），都能查到。"输入人员"框中键入输入人员的名字（一般用代码表示，这在"操作人员管理"中设置），"借方金额"框和"贷方金额"框的输法与日期的输法相同。所有这些条件可以输入任意一个，不必全输。但条件输得越少，满足条件的凭证就越多。比如只输一个开始日期，则找到所有该日期以后的凭证可能有数百张，用户还得从找到的凭证中用肉眼去查找所需凭证，这就失去了电脑查询的意义。因此，用户尽可能多地给出条件，这样找到的凭证可以少一些，方便用户从中选择。

（二）如何实现模糊查询

模糊查询就是用户在输入条件时对某些内容不能确定，又希望能尽快找到凭证。比如摘要为"购买厂部办公用品"，查询时不能记得全部内容；又比如借方金额只记得大于1 000元，不记得正确数据，等等。这些都属于模糊查询。由于查询条件不能清楚地记得，可能出现两种情况：要么找不到，要么满足条件的凭证太多。比如借方金额实际小于1 000元，用户输入大于1 000元，就找不到所需的凭证；比如用户只记得日期是某日之后的，输入该条件，往往满足该日之后的凭证有很多。因此，要实现模糊查询，既要能找到，又要满足条件的凭证不要太多，这样再从中挑选就比较方便。

一般来说，用户在输入查询条件时应注意以下几点：首先，像凭证类型、日期、输入人员等这些内容不要作为单一的查询条件，因为满足这些条件的凭证往往很多，最好附加一些其他条件，这样满足条件的凭证可以大大减少。其次，像凭证号、借方金额、贷方金额最好能给出范围，比如金额最好两个输入框中都输入，这就表示一个范围，这样满足条件的凭证就不会太多，当然范围不要太大。至于摘要，一般情况下用户不可能一字不差地记得摘要内容。比如摘要为"购买厂部办公用品"，若输入"厂部办公用品"、"办公用品"等都能找到，当然找到的凭证不是唯一的，而是所有包含该子串的凭证，用户再从中挑选。但若输入"买办公用品"、"购买用品"等非子串，则有的软件能找到，有的软件不能找到。只要试几个查询，就可以知道你使用的财务软件能否实现非子串的查询。若不能实现非子串的查询，在输入摘要时一定要小心，尽量输入子串，如上例中在"购买"和"办公用品"之间不记得有没有其他文字时，就只输"办公用品"作为查询条件，当然输的文字越少，满足条件的凭证就越多。如果你的软件能实现非子串的查询，应注意不能输摘要中不存在的字，如上例中若输入"买办公室用品"就不能找到，因为"室"字在原摘要中不存在。

四、凭证修改

所谓凭证修改，是指凭证输入到凭证库后，发现凭证有错，就需对已输入的凭证进行修改。由于修改后不留痕迹，为了确保数据安全，不能让所有的人都能修改，只有凭证的输入者才有权修改凭证。修改凭证有以下三种情况。

1. 在凭证审核中发现凭证有错

一般来说，凭证输入和凭证审核是由两个人进行的，当审核人员发现凭证有错，是无权修改凭证的，必须交输入者修改，然后再由审核者审核。通过审核的凭证，软件就自动做审核标记。

2. 在审核后发现凭证有错

因为做过审核标记的凭证是不能修改的，所以这时可先由审核者取消该凭证的审核，再由输入者修改。

3. 已经记账的凭证发现有错

记账后的凭证作了记账标记，发现有错就不能修改，这时若要修改就需要制作一张冲销凭证。冲销凭证的作用就是抵销错误凭证，然后再输入正确凭证。冲销凭证的借、贷科目与错误凭证相同，只是金额用负数表示。

五、样板凭证（常用凭证、模板凭证）

（一）什么是样板凭证

在输入凭证的过程中经常遇到一些凭证，它们有相同的分录，为了避免重复输入相同分录的麻烦,我们可以把这种凭证设置为样板,以后碰到这样的凭证,只要选中该样板就能实现输入。比如,在输入时经常遇到这样的凭证:

借:银行存款

　　贷:主营业务收入

　　　　应交税费

我们可以把该凭证生成为样板,其中金额可以包含也可以不包含。以后输入时遇到上述凭证,就不必输入,只需选中该样板就能实现输入。样板凭证只要设置一次,就一直可以使用。用户可以不断设置各种各样的样板凭证,所有样板凭证都存放在样板凭证库中。

（二）如何设置样板凭证

设置样板凭证一般有两种方法:其一,在凭证输入(如用友软件)或凭证审核时(如"会计之星");其二,在样板凭证库中输入样板,即摘要、借贷方的会计科目或金额。具体方法见各种软件的介绍。

（三）利用样板凭证实现输入的原理

利用样板凭证实现输入的原理很简单,就是把样板凭证从样板库中取出,让它显示在输入界面上,供用户确认或者修改(如果样板凭证不包括金额,还需输入金额;如果包括金额,往往需要修改,因为金额完全相同的可能性较小)。用户一旦确认,该样板凭证就作为新输入的凭证进入凭证文件库。注意,样板凭证从库中取出显示在输入界面上,并没有从样板凭证库中消失,而是永远保存在样板凭证库中(除非删除),因此样板凭证一旦设置,可以长期使用。

六、冲销凭证

（一）冲销凭证的作用

冲销凭证就是用来抵销错误凭证的凭证,当一张错误凭证已经记账,不能再修改这张凭证时,就可以利用冲销凭证来抵销它,然后再输入正确凭证。

例如,错误凭证为:

借:应付账款　　　　　　　　　　　　　　　　　　　　　　　7 567.00

　　贷:银行存款　　　　　　　　　　　　　　　　　　　　　　7 567.00

冲销凭证就是:

借:应付账款　　　　　　　　　　　　　　　　　　　　　　－7 567.00

　　贷:银行存款　　　　　　　　　　　　　　　　　　　　　－7 567.00

在会计电算化中,冲销凭证是由计算机自动生成的。

（二）制作冲销凭证的关键——明确错误凭证的类型和编号

要让计算机自动生成冲销凭证,就必须告诉计算机错误凭证的类型和编号。计算机是根据凭证的类型和编号来找到凭证的,因此,用户必须先查到错误凭证的类型和编号,才能让计算机自动生成冲销凭证。

（三）冲销凭证的生成

一般财务软件生成冲销凭证都很方便,只要执行"冲销凭证"命令,再输入错误凭证的类型和编号,即可自动生成冲销凭证,并把冲销凭证存入凭证库。

例如，在"会计之星"财务软件的"输入凭证"界面上（见图5-1-1），左下方有一个"冲销凭证"按钮，单击该按钮，就会出现"冲销已记账凭证"对话框（见图5-1-6），再输入错误凭证的类型和编号，单击"确定"按钮，即可自动生成冲销凭证，并出现在"输入凭证"界面上。为了防止遗漏，用户应立即输入该正确凭证。

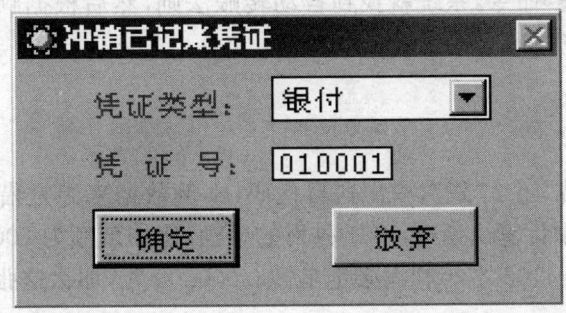

图5-1-6 "冲销已记账凭证"对话框

七、自动转账凭证

（一）自动转账凭证的作用

每个月总有一些固定的经济业务需要作转账凭证。由于这些转账凭证涉及的分录内容稳定，仅仅是金额的变化。为了方便用户，会计软件都提供了自动转账的功能。有了自动转账的功能，用户只需一次性设置好所有的转账法则，以后每个月都可以让它自动生成转账凭证，不仅分录自动产生，而且金额也能根据已有的凭证自动计算产生，这样给用户带来极大方便。

（二）如何设置自动转账法则

1. 必须明确欲自动转账凭证的分录

例如，结转销售收入到本年利润，分录如下：

借：主营业务收入
　　贷：本年利润

2. 必须明确是借方科目的金额（发生额或余额）结转到贷方还是贷方科目的金额（发生额或余额）结转到借方

上例的分录中，是主营业务收入的净额转入本年利润，所以是借方科目的金额结转到贷方。

3. 结转的是某一科目的金额（发生额或余额）的一定比例

例如，所得税费用是净利润的25%，那么，就要用数学表达式来表示，具体方法见各软件的介绍。

4. 设置自动转账法则时应注意的两点

（1）注意转账法则的先后次序，因为有些业务之间在时间上有逻辑顺序的要求。例如，必须先将损益类账户余额结转到"本年利润"账户后，才可以结转所得税费用。因此，必须先编制结转损益类账户的自动转账法则，然后才可以编制结转所得税费用的法则。否则，自动生成的凭证的金额将出错，或者无法生成自动转账凭证。

（2）如果要结转某一账户的所有下级科目余额时（如管理费用的下级科目），你不需要一个个地罗列下级科目,只需输入上级科目的科目代码即可。

(三)生成自动转账凭证的原理

转账凭证是如何自动生成的,它们生成的原理是什么呢? 以下分两个方面来介绍。

1. 没有数学表达式的自动转账

一旦执行"自动转账"命令,系统就找到自动转账法则,然后根据顺序的先后进行。例如,欲产生下面的自动转账凭证:

借:6001 主营业务收入
　　贷:4103 本年利润

根据数据来源是"借"还是"贷",取出科目代码,本例数据来源是借方科目,则取出科目代码 6001,然后在凭证库中计算出所有 6001 科目的余额,比如余额为 200 000.00 元。根据借贷平衡原理,贷方科目——4103 本年利润必定是 200 000.00 元,那么这张转账凭证肯定是:

借:6001 主营业务收入　　　　　　　　　　　　　　　　　　　200 000.00
　　贷:4103 本年利润　　　　　　　　　　　　　　　　　　　　　　200 000.00

如果某一张凭证有两个以上的分录组成,如何取数呢?

借:4103 本年利润
　　贷:6601 销售费用
借:4103 本年利润
　　贷:6602 管理费用
借:4103 本年利润
　　贷:6603 财务费用

先根据第一个分录,确定数据来源为贷方科目,先计算出贷方科目的本期余额,假如为 5 000.00 元,则第一个分录的金额为:

借:4103 本年利润　　　　　　　　　　　　　　　　　　　　　　5 000.00
　　贷:6601 销售费用　　　　　　　　　　　　　　　　　　　　　　5 000.00

同样,根据第二个分录计算出贷方科目 6602 的本期余额,假如是 4 000.00 元,则第二个分录的金额为:

借:4103 本年利润　　　　　　　　　　　　　　　　　　　　　　4 000.00
　　贷:6602 管理费用　　　　　　　　　　　　　　　　　　　　　　4 000.00

同样,第三个分录计算出贷方科目 6603 的本期余额为 6 000.00 元,则第三个分录的金额为:

借:4103 本年利润　　　　　　　　　　　　　　　　　　　　　　6 000.00
　　贷:6603 财务费用　　　　　　　　　　　　　　　　　　　　　　6 000.00

由于这三个分录是属于同一张凭证的,可以合并为:

借:4103 本年利润　　　　　　　　　　　　　　　　　　　　　　15 000.00
　　贷:6601 销售费用　　　　　　　　　　　　　　　　　　　　　　5 000.00
　　　　6602 管理费用　　　　　　　　　　　　　　　　　　　　　　4 000.00
　　　　6603 财务费用　　　　　　　　　　　　　　　　　　　　　　6 000.00

2. 有数学表达式的自动转账

有数学表达式,就不再根据借贷科目来计算金额,而是根据数学表达式来计算金额。
具体方法见各软件的介绍。

八、期末调汇如何产生自动转账凭证

(一)为什么要进行汇兑损益调整

涉及外币的凭证记账后,到月末如果外币的汇率发生变化,而这些已记账的凭证是根据当时的汇率折算为人民币的,显然根据变化了的汇率,这些已记账的凭证就会产生一定的汇兑差异。同样,在科目设置时,外币科目的余额也是根据期初的汇率转换成人民币后输入的,当汇率发生变化后,这些余额也会发生汇兑差异。为了纠正这些汇兑差异就必须进行汇兑损益调整。汇兑损益调整,实质上就是根据汇率的变化,系统自动生成汇兑损益调整的转账凭证,这类转账凭证就纠正了由于汇率的变化产生的汇兑差异。

(二)调整前必须完成的事项

要生成汇兑损益调整的转账凭证,事先应完成若干项工作。

1. 必须已经设定了汇兑损益科目

该科目就是汇兑损益调整转账凭证分录中的一个科目。比如该科目为财务费用——汇兑损益,科目代码为660302。当然科目表中也必须有此科目,如果没有则需在科目设置时设置。

2. 在科目设置时需指明有外币核算的科目

具体说,有外币核算的科目需指明是何币种,是否需要月末调整(或每日调整、年末调整)汇率。

3. 设置月初汇率

图5-1-7是"设置汇率"窗口,该窗口既可以设置币种,也可以设置汇率,图中有4种外币,其中美元的月初汇率是8.33,图中的8.66是调整后的汇率。

外币代码	外币名称	汇率
USD	美元	8.6600
JPY	百日元	7.7712
ILT	百里拉	0.4945
HKD	港币	1.2000

图5-1-7　"设置汇率"窗口

4. 输入外币凭证,并且都已经记账

外币凭证是指有外币科目的凭证,这些凭证必须输入并且已经记账,如果没有记账就不能进行汇兑损益调整。

(三)汇兑损益调整的原理

现以"会计之星"软件为例来说明。要生成汇兑损益调整的转账凭证,必须求出汇率调整后外币科目产生的汇兑差异。汇兑差异＝(外币科目的期初余额＋所有该科目的借方发生额－所有该科目的贷方发生额)×(调整后的汇率－调整前的汇率)，公式中的金额都是外币，运算结果为人民币。有了该差异，汇兑损益凭证就可以生成了。那么该凭证的借方科目、贷方科目如何设置呢？不管差异是正数还是负数，借、贷方科目是固定不变的：借方总是汇兑科目，即前面提到的660302(财务费用——汇兑损益)，贷方总是涉及的外币科目，即前面提到的100202(银行存款——中行)。现举例如下：

外币科目100202的期初余额为：20 064.78美元，两张涉及该科目的凭证为：

(1) 银付：

　　借：1601 固定资产(26 015.37美元)　　　　　　　　　　　　216 708.03
　　贷：100202 银行存款——中行(26 015.37美元)　　　　　　　216 708.03

(2) 银收：

　　借：100202 银行存款——中行(15 000美元)　　　　　　　　124 950.00
　　贷：1122 应收账款(15 000美元)　　　　　　　　　　　　　124 950.00

以上两张凭证的人民币金额是根据期初汇率8.33求出的，如果期末汇率调整为8.66，那么根据以上的公式可得出差异：

(20 064.78＋15 000－26 015.37)×(8.66－8.33)＝9 049.41×0.33＝2 986.29(人民币元)

那么该汇兑损益凭证为：

　　借：660302 财务费用——汇兑损益　　　　　　　　　　　　　－2 986.29
　　贷：100202 银行存款——中行　　　　　　　　　　　　　　　－2 986.29

该凭证相当于：

　　借：100202 银行存款——中行　　　　　　　　　　　　　　　2 986.29
　　贷：660302 财务费用——汇兑损益　　　　　　　　　　　　　2 986.29

这是因为借、贷科目固定，所以金额变负值。如果汇率调低0.33元，计算出的误差为－2 986.29元，那么该汇兑损益凭证为：

　　借：660302 财务费用——汇兑损益　　　　　　　　　　　　　2 986.29
　　贷：100202 银行存款——中行　　　　　　　　　　　　　　　2 986.29

另外，如果涉及外币的科目有两个以上，那么每个科目都应按照以上公式分别计算差异。有两个外币科目就按科目生成两张汇兑损益凭证，有三个外币科目就生成三张，以此类推。

九、凭证登账后凭证数据库的变化

凭证登账后，凭证并没有从数据库中消失，而是一张不少地保留着，这样可供日后查阅凭证。但是为了避免重复登账，已经登账的凭证与没有登账的凭证应有所区别，因此在已经登账的凭证中就需要做上记账标记。一般在凭证库中设置一个"记账"字段，一旦凭证记账，系统就自动在该凭证的"记账"字段上打一个"√"或其他标志，如图5-1-8所示，未记账的凭证在该字段上是空白的。

借方外币金额	贷方外币金额	在笼	部门	现派	输△	审核	记账	
					ABC	sss	√	
					ABC	sss	√	
					ABC	ss8	√	
					ABC	sss	√	
					ABC	sss	√	
					ABC	sss	√	
					ABC	sss	√	
					ABC	sss	√	
					ABC	sss	√	
					ABC	sss	√	
					ABC	sss	√	
					ABC	sss	√	
					ABC	sss	√	

图 5-1-8　凭证记账后"记账"字段上打一个"√"标志

第二节　账　簿　处　理

一、记账后财务软件做了什么操作

凭证输入经过审核没有错误后,就可以记账了。只要执行"记账"命令,不管有多少张凭证,一刹那工夫就提示记账完毕,这是因为,计算机的运行速度太快了,实际上做了大量工作,用人工做可能需要几天。财务软件根据每张凭证中的不同科目分别登入日记账、明细账和总分类账,既不能漏登一笔,也不能重复多登一笔。

二、结账后财务软件做了什么操作

结账分为月末结账和年末结账两种。

（一）月末结账

一个月业务完成后,要开始下个月的业务前必须月末结账。结账时,系统计算出各科目的借、贷发生额和期末余额,并逐级汇总到总账科目。把期末余额作为下个月的期初余额放入各个账户文件中,结账后就可以查询本月的账簿,也可以编制本月的会计报表了。

注意:月末结账后,表示本月的账务工作已经结束,不能再输入和修改当月的凭证了,因此,结账前必须确认本月的凭证已经全部输入并记账,还需用试算平衡复核期末余额,确认没有错误后再结账。

（二）年末结账

12个月份的账务经过月末结账后,就可以进行年末结账了。年末结账系统主要做三件事:

（1）计算出各个科目的年累计借、贷方发生额和年末余额,并逐级汇总到总账科目。

（2）本年的凭证、总账和明细账保存到历史数据库中。

（3）清空本年的凭证、总账、明细账的各种数据库,作为下一年的各种数据库,并把各账户本年的年末余额转到下一年的期初余额(即转入清空后的数据库中)。实际上就是年末结账后系统进入的初始化状态,这与第一次使用软件时的初始化有所不同。第一次使用软件时的年初余额是由用户输入的,可以修改,而年末结账后进入的初始化的期初余额是从上一年的年末余额转入的,不需修改。

三、反记账与反结账

反记账就是凭证记账后,回到记账前的状态;反结账当然就是回到结账前的状态。

(一)为何大部分软件均有此功能

用户有时在记账以后,发现许多凭证有错,如果用冲销凭证修改,由于数量多,很麻烦,用反记账后直接修改方便多了;也有时,在记账以后发现漏输一些凭证,如果不输就会出现业务发生在前而凭证号在后的情况,用反记账就可以避免这种情况发生,等等。

反结账有时也需要,比如结账后发现有业务遗漏或数据有问题等等,都必须在反结账时才能解决问题,因为结账后是不允许修改凭证与输入凭证的。

尽管我们不提倡用反结账和反记账,但有时出于无奈而不得不用它。因此,大部分软件均备有此功能。

(二)经常操作会有何后果

不管是反记账还是反结账都是在出于无奈的情况下使用的,可以不用尽量不用。顾名思义,反记账、反结账就是要把凭证库、账簿恢复到记账、结账以前的状态,这就必须对凭证文件和所有账簿文件进行大量的修改和删除工作,偶尔使用一两次问题不大,经常使用可能会损坏文件,导致数据错误或丢失。因此,千万不要经常使用。

(三)计算机进行了哪些操作

反记账,计算机实际上做了两件事:一是撤销当月所登的账簿,包括所有的日记账、明细账和总账,即在这些数据库文件中把当月账簿记录全部删除;二是在凭证文件库中把当月凭证的记账标记消去,表示这些凭证还没有记账。

反结账分为月反结账和年反结账。

月反结账,计算机做了两件事:一是把所有日记账、明细账和总分类账中已经结算出的当月借、贷发生额和期末余额删去,使这些账文件恢复到结账前的状态;二是把下个月的期初余额取消,因为每个账文件一般要存放1年的账,并按月的先后次序存放到账文件中。取消期初余额就是把每个账文件下个月的期初余额删去。

年反结账,计算机做了三件事:一是取消年初余额,即把每个账文件1月份的年初余额删去,变为空文件;二是把本年一年的账从历史数据库放回到各个账文件中去;三是把各个账文件中已经结出的借、贷方累计发生额和年末余额删去。

四、账簿的种类、格式及数据存放方式

(一)账簿的种类和格式

账簿的格式各个软件有所不同。有的软件除了提供固定的账簿格式外,还允许用户自定义,这样就能满足各种不同用户的要求。一般软件提供的固定格式有这样五种:三栏式明细账、数量金额式明细账、外币金额式明细账、多栏式明细账和总分类账。

日记账也是以明细账的形式存放,只不过日记账有日小计,而且日记账只有现金和银行存

款两种,所以一般软件日记账就不单独设立账文件了。也就是说,现金和银行存款以明细账的形式存在,当需查阅其日记账时就在明细账的基础上加上日小计即可。

（二）账簿的数据存放方式

账簿在计算机中是以二维表格的形式存放的。以 VFP 为例,在 VFP 中,一张二维表格就是一个数据表文件,一本账簿就对应一个数据表文件。在 VFP 中,一个表文件最多可有 10 亿条记录,一条记录就是表格中的一行。拿明细账来说,手工登一行账目就是一条记录,也就是说明细账最多可以有 10 亿行账目。前面我们讲到一般软件提供五种固定格式的账簿,那么,在计算机中我们只要建立五个数据表文件,每个表文件对应一种格式的账簿。比如,三栏式明细账就是一个数据表文件,也就是所有的三栏式明细账都放在一个数据表文件中,因为一个表文件最多可放 10 亿行,所以足够了。

或许有人说,一个表文件可存放 10 亿行,五种格式的账簿就建立一个表文件行吗? 不行,必须建立五个表文件。因为格式不同,也就是表格的栏目名称不同,栏目多少不同,在表文件中也就是字段名不同,字段多少不同,只建立一个表文件是无法实现的。

五、如何查询账簿数据

（一）查询总账科目发生额及余额

图 5-2-1 就是查询总账科目发生额及余额的窗口

科目代码	年初金额	借方累计金额	贷方累计金额	期末金额	借贷	科目名称
1001	771.52			771.52	借	库存现金
1002	1,405,528.48			1,405,528.48	借	银行存款
100201	1,050,066.98			1,050,066.98	借	银行存款——工行
100202	355,461.50			355,461.50	借	银行存款——交行
1012					借	其他货币资金
1101	15,000.00			15,000.00	借	交易性金融资产
1121	246,000.00			246,000.00	借	应收票据
1122	300,000.00			300,000.00	借	应收账款
112201					借	应收账款——东方
112202					借	应收账款——永久
112203	300,000.00			300,000.00	借	应收账款——新中贸易
1231	900.00			900.00	贷	坏账准备
1123	100,000.00			100,000.00	借	预付账款

图 5-2-1　查询总账科目发生额及余额

财务软件要查询总账科目发生额和余额是非常方便的。用户只要输入"查询条件",如所有一级科目代码,就能显示总账科目的发生额和余额。

（二）查明细科目的发生额和余额

和总账科目一样,查明细科目的发生额和余额十分方便,只要执行查阅明细账命令就可实现。由于明细账有四种格式,即三栏式、数量金额式、外币金额式和多栏式,因此,首先应明确你要查询的明细账属于哪一种,若有外币核算的就应查外币金额式,若有数量核算的就应查数量金额式,若有下级科目的应查多栏式,若没有下级科目的就查三栏式。单击"账簿管理"主菜单中的四种明细账格式之一,会出现"选择条件"对话框,用户输入账簿日期和科目代码,单击"确定"后就能显示出该科目明细账的发生额和余额。图 5-2-2 是应交税费三栏式明细账。

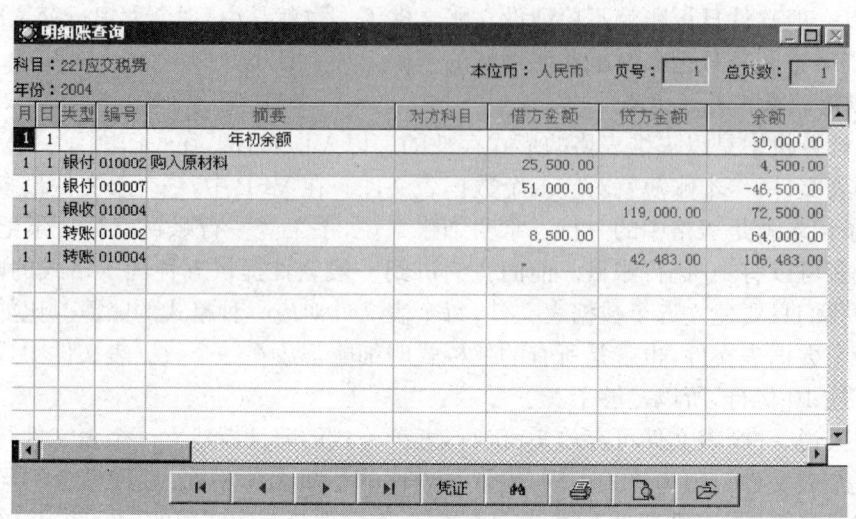

图5-2-2 应交税费三栏式明细账

（三）仅查发生额

有时用户只想知道各科目的借、贷方发生金额，就可以查阅科目汇总表。在财务软件中只要执行"科目汇总"命令，会出现"汇总条件"对话框，然后根据需要输入汇总条件，比如起止日期、起止凭证号和凭证类型等，再单击"确定"，就显示所需的科目汇总表。图5-2-3是科目汇总表的一般形式。

科目代码	借方发生金额	贷方发生金额	借方数量	贷方数量	借方外币	贷方外币	科目名称
1001	32,500.00						库存现金
1002	1,236,300.00	860,500.00					银行存款
1101		15,000.00					交易性金融资产
1122	292,383.00						应收账款
1123	40,000.00	58,500.00					预付账款
1401	500,000.00	200,000.00					材料采购
1403	200,000.00						原材料
1601	1,223,000.00	200,000.00					固定资产
1602	180,000.00						累计折旧
1606	121,500.00	20,500.00					固定资产清理
1605	300,000.00	1,223,000.00					在建工程
2201	10,000.00						应付票据

图5-2-3 科目汇总表的一般形式

第六章 会计报表处理

第一节 会计报表简介

在财务软件中,出于对报表编制灵活性等方面的考虑,一般将报表的处理从账务处理子系统中分离出来,形成独立的通用报表子系统,以便满足不同用户对信息的多种需要。本章将从通用会计报表系统设计原理的分析入手,介绍会计报表编制的电算化原理及方法。作为会计报表编制前的准备工作,本节将介绍会计报表的基本内容、基本结构及其手工编制原理。

一、会计报表的基本内容

所谓会计报表,是指以一定的指标体系,综合反映会计主体某一特定日期财务状况,以及某一特定时期经营成果和现金流动情况的书面文件。它是以账簿记录为主要依据,经加工、汇总形成,是会计核算的最终成果,也是传递会计信息的主要手段与渠道。

会计报表可以根据需要,按照不同的标准进行分类。例如,按编报时间的不同,一般可分为月报表、中期报表和年度报表。按编制单位的不同,可分为个别报表、汇总报表和合并报表。按服务对象的不同,可分为内部报表和外部报表,这也是最常见的分类方法。其中,内部报表是指为企业内部经营管理需要而编制的报表,其格式、体系和编报时间根据企业需要而定,因此随意性较大;而外部报表则是为了满足企业外部各有关方面对企业信息的需求而编制的,为便于分析比较,其格式、内容都有统一的规定。因此,为了使说明更具有广泛性和通用性,本章所采用的例子一般都是具有固定格式和内容的外部报表。

二、会计报表的基本结构

以资产负债表为例,一张完整的资产负债表应包括:报表的标题、报表的编制单位、报表的编制时间、报表的正文及报表的附注等,示例如表6-1-1所示。

三、会计报表的手工编制原理

会计报表数据是对账簿数据的进一步加工和处理的结果,根据"表从账出"的原理,会计报表上大多数项目的数据是来源于账簿记录。除此之外,也有些报表项目是根据本表或其他报表中的项目计算出来的,或是根据某些原始凭证等计算得到。下面以资产负债表为例,对其编制方法做一简单说明。

资产负债表的期末数主要有两种填列方法:直接填列法和分析计算填列法。

表 6-1-1

资产负债表(简表)

表头 编表单位:××公司				200×年12月31日				单位:元	描述信息

资 产	行次	年初数	期末数	负债和所有者权益	行次	年初数	期末数	结构信息
流动资产:				流动负债:				
货币资金	1	1 164 142	757 815	短期借款	61	—		
短期投资	2	—		应付票据	62			
应收票据	3	380 908	203 352	应付账款	63	1 965 219	2 127 647	
(单元格)		(单元格)	(单元格)	(单元格)		(单元格)	(单元格)	
存货	10	1 079 156	1 298 541	应付股利	67	165 534	—	
……		……	……	……		……	……	
流动资产合计	30	5 696 689	6 288 286	其他应交款	69			
长期投资合计	33			流动负债合计	80	2 221 155	2 291 052	
……		……	……	……		……	……	
固定资产净值	41	124 227	102 850	股本	92	1 406 850	1 406 850	
无形资产及其他资产:				资本公积	95	243 796	243 796	
……		……	……					
递延税款借项	55	—	—	股东权益合计	98	3 599 761	4 100 084	
资 产 合 计	60	5 820 917	6 391 137	负债和所有者权益合计	99	5 820 917	6 391 137	数据信息

表尾 补充资料:1. 已贴现的商业承兑汇票_____元;　　　　　　　　　　　　　　描述信息
　　　　　 2. 融资租入固定资产原价_____。

(一)直接填列法

直接填列法是指根据总账科目或明细科目的期末余额直接填列资产负债表项目的期末数的填列方法。资产负债表的大部分项目可以采用这一方法,如固定资产原价、其他应收款、应付工资、应交税金、应付利润、实收资本、短期借款、盈余公积等项目。

(二)分析计算填列法

分析计算填列法是指将总账科目和明细科目的余额,按照资产负债表的项目内容进行分析、计算,然后才能填列资产负债表项目的期末数的填列方法。该种方法具体又可分为两种:

(1) 根据若干总账科目的期末余额分析、计算填列。例如,货币资金项目根据库存现金、银行存款等总账科目的余额计算填列等。

(2) 根据若干明细科目的期末余额分析、计算填列。例如,应收账款项目的填列,该项目根据应收账款明细科目的借方余额与应付账款明细科目的借方余额合计填列。

第二节　财务软件中的报表编制原理

一、目标分析

无论是在手工还是在财务软件中,会计报表编制的目的和基本要求都是一致的。但是随着编制技术的进步,其在处理过程、处理效率和最终体现形式上将会不可避免地发生一些改变,这就需要对会计报表编制目的和要求作出进一步的分析,以明确财务软件中报表系统最终所需达到的目标。

（一）需求的多样性

实际工作中,会计报表的种类繁多、格式各异。会计报表的使用者更是包括企业内外部的各种利益团体,如企业外部的银行、投资者、债权人、政府机关、其他组织和企业内部的管理当局等。其使用者在对报表格式、内容、报送时间等方面的要求也随着其使用目标的不同而大相径庭。因此,通用报表系统的基本目标是要尽可能地满足各种用户的不同需要。

（二）形式的通用性和编制的灵活性

在财务软件的报表系统中不可能为所有用户预先准备好满足其要求的各种报表。为满足各种用户对报表的不同需要,该系统应当提供灵活的报表生成机制,以确保其通用性。灵活的报表生成机制通常是指由软件提供一定的功能,使用户能够根据自己的需要方便地编制报表。

（三）数据的共享性和处理的自动化

会计报表是根据报表使用者的要求,对财务数据的一种集中性、综合性的反映。其数据通常来源于财务系统中的各种账、证、表。在会计信息系统中,报表数据的来源也是如此。不同的是对这些账、证、表数据的保存和组织方法发生了改变。由于数据库及其管理软件的使用,使得对财务数据的处理和利用更加有效率。通用报表系统应当充分而有效地利用这些数据,使得报表的数据更加丰富,使得报表的编制更为简单。另外,在建立了管理信息系统的企业中,通用报表子系统还应当充分考虑到与其他管理系统数据的共享,以实现数据的最有效的利用。

（四）数据的合法性和逻辑性

会计数据是一种具有特殊使用目的的经济数据,数据的真实、准确与否对使用者的决策将会产生至关重要的影响。因此,对于会计数据的加工和报告,有关的法律、法规都有相应的规范和要求。通用报表系统在制作报表时必须充分考虑到有关法律、法规的要求,以确保产生数据的真实和准确。有的会计报表需要对外报告,其编制方法、格式、内容、报送时间等都有一定的要求,通用报表系统在制作报表时也必须考虑这些要求。此外,为保证信息的正确性和可靠性,通用报表系统还应当对数据的生成和修改加以必要的限制,以有效地防止系统数据遭受非法的篡改。

二、报表构成分析

为了更好地理解通用报表子系统,需要对各种报表的结构作出分析,找到不同报表之间的共同特征,并对其进行更进一步的分析和归纳,从中发现决定报表结构和内容的基本要素。通常,对报表构成的划分有以下两种。

1. 将会计报表分为:表头、表结构、表体和表尾

如表6-1-1中所示。这是一种较为传统的划分方法,在许多以FoxPro等数据库管理软件为开发工具的教材中经常可以见到。

（1）表头和表尾:是指描述报表基本情况和说明性信息的部分。包括报表名称、报表编号、编制单位、编表人等以及其他对报表进行说明性描述的补充资料。

（2）表结构:是指用来形成报表整体框架及决定报表数据构成的部分。主要包括各栏目及其名称。在表6-1-1所示的资产负债表中,结构部分从左到右依次为:资产、行次、年初数、期末数、负债和所有者权益、行次、年初数和期末数,这些栏目的性质决定了资产负债表中

数据的构成。

（3）表体：是指报表中的各项数据（包括文字），是报表的主体部分。

对一张报表来说，当表头、表结构、表体和表尾等基本要素确定之后，报表的基本框架就已经确定了。这种通过对不同属性的部分进行分类描述的方法来建立的报表系统具有很大的灵活性。在大多数实际运用中，当用户对报表的需求发生某些变化时，只需分别对以上几项要素的内容加以修改，就能立即得到自己所需要的报表。

2. 会计报表按内容分为：文字、数值和格式

随着 EXCEL 等电子表格软件的日益普及以及其在财务工作中越来越广泛的应用，很多软件开发商也受到启发，开始直接在 EXCEL 等电子表格软件的基础上开发报表系统或是以该类软件为蓝本开发报表系统。因此，对会计报表的基本构成要素的划分自然也随软件特点的不同而发生了改变。在这种开发方式下，可以将任何会计报表都视为一张二维表，将纵横相交的区域定义为"单元格"，会计报表则是由若干"单元格"组成的集合。每个单元格都可以用二维坐标(x,y)的形式来表示。每个单元格都是由格式和内容所组成，单元格的内容又有两种类型，即文字和数值。例如，在表 6-1-1 所示的报表中，(2,1)表示的第 2 行第 1 列的单元格，其值为"货币资金"，可表示为(2,1)="货币资金"；同样，(2,3)="1164142"。

三、报表取数原理分析

无论采用上述哪一种分类方法，其最需要解决的问题都是如何正确而方便地获取用户所需要的报表数据。单元格中的数据可以直接通过键盘输入，也可以由软件自动获取。对于文字内容（包括固定数字，即常数），可以通过键盘输入的方式解决；而对于数值，如果都由用户通过键盘输入，这显然不符合财务软件的设计初衷。实际上，大多数财务软件都提供了一定的函数公式，让用户通过取数公式完成对报表数据的输入。

（一）报表函数计算公式构成

根据前一节的分析可以看出，绝大多数报表项目都能根据相应的公式计算得到。例如，前述资产负债表中，单元格(2,4)"货币资金"项目的期末数可表示为：

×公司 200×年"货币资金"项目的期末数＝×公司账套 200×年×月×日"库存现金"总账期末余额＋"银行存款"总账期末余额＋"其他货币资金"总账期末余额。

分析以上计算公式，可以发现报表项目数据的计算由以下几种要素构成：

（1）账套名：总公司账套、分公司账套……

（2）账户名称：库存现金、银行存款、其他货币资金、短期投资……

（3）账户类型：总账、明细账、日记账、外币账、数量账……

（4）时间：200×年度、200×年×月×日……

（5）数据类型：借方余额、贷方余额、借方累计发生额、贷方累计发生额……

（6）运算符：＋、－、×、÷……

（7）常数：33％、17％……

（二）报表数据来源

在上述 7 种要素中，账户名称和账户类型共同构成了对数据来源的定义。虽然大多数报表项目的数据直接或间接来源于账簿，但会计账簿并非报表数据的唯一来源。实际上，在应用财务软件编制报表的环境下，如何发掘更多的数据源，更好地实现数据共享是非常

值得研究和探讨的。一般认为,报表数据的来源主要有几种形式:① 来自账簿的余额、发生额;② 来自报表本身的其他单元格或其他的报表项目;③ 从软件中的其他子系统或其他软件中获取。

首先,会计报表是对日常会计核算成果的综合和汇总反映,而会计账簿则是记录这一核算成果的载体,因此,报表数据来源于会计账簿就显得顺理成章。通常情况下,编制报表时所需要的数据类型是各账户的余额和发生额。如前例中所提到的资产负债表中的货币资金项目,可以由"库存现金"、"银行存款"和"其他货币资金"总账的期末余额计算获得;而利润表中的管理费用等项目则等于"管理费用"账户的本期发生额。但是如果财务软件中只提供这两种类型的数据供用户使用的话,是远远不能满足实际工作需要的。对于某些较为特殊的问题,用户可能需要用到更多、更全面的数据。例如,有的公司在编制内部销售报告(或所得税申报表)时需要将"主营业务收入"和"销售退回"两个项目分别反映。其中"主营业务收入"应以本期主营业务收入的总额(该账户的贷方合计)填列反映,而销售退回的金额(该账户的借方合计)则在后一个项目中反映。但是,有的软件仅提供给用户直接从账簿中获取汇总发生额的功能,这种将本期借、贷方发生额汇总后再提供给用户的取数方式是不能满足上述对收入总额和净额分别反映的要求。再如,有的用户在编制内部报表时需要分别获得本期投入的工程建设总成本(记入"在建工程"账户的借方)、本期调拨转出工程项目的总成本(以红字记入"在建工程"账户的借方)以及本期完工转出的工程总成本(从"在建工程"账户的贷方转出)。对于用户的这一要求,就需要财务软件不但能按一定的会计期间提供借、贷方发生额,还要能按借、贷方数据的不同性质提供更进一步的明细。而对于那些在设计数据来源时考虑不周,不能提供用户需要的明细数据的软件,则可能对于上述问题束手无策,或者即使能通过其他途径解决也会使报表的过程定义变得非常麻烦。

其次,除了从账簿中获取数据外,有的报表数据可以根据同一张表的其他项目计算得到,还有的也可以根据其他报表的某些项目计算得出。例如,在现行的多步式利润表中,"主营业务利润"是根据本表的"主营业务收入"减"主营业务成本"和"营业税金及附加"项目计算得到的。其他如"营业利润"、"利润总额"、"净利润"等项目也都是根据本表的其他项目逐步计算得到的。因此,在考虑数据来源时,报表本身的数据是不能被忽视的。同时,还应当注意的是,可以成为数据来源的不仅仅是本报表,其他报表同样也可以为本表的计算提供数据支持。例如,在企业采用表结法的情况下,资产负债表中"未分配利润"项目的期末数,可以根据利润表中的"净利润"及利润分配等项目的金额计算填列。所以,应在数据来源里加入从报表项目中取数这一途径。这样的话,报表函数的计算公式中除了以上 7 类要素外,至少还应考虑以下要素:

(1) 报表:01(资产负债表)、02(利润表)……

(2) 单元格:行、列……

最后,如果从企业整体信息共享、充分发挥资源效率的角度来看,上述数据来源还是不够的。对于较为完整的财务软件而言,一般包括账务处理子系统、报表子系统以及会计核算子系统。根据不同的管理需要,可选的核算子系统有:工资核算、固定资产核算、存货核算、往来核算等 7、8 个相对独立的模块。这些核算子系统和账务处理子系统都存在数据上的联系,如可以在对固定资产进行管理的同时将有关数据传送到账务系统中自动生成计提折旧的分录。从某种意义上来说,报表系统从账簿中获取的数据实际上是来源于核算系统。因此,如果能将核算系统作为数据来源的话,报表系统将可以更加直接、准确地获取数据,在编出更为丰富、详细的财务报告的同时,还可以降低系统数据采集和处理的成本。推而广之,从企业整体的管理而言,财务软件通常是作为管理信息系统中的一个子系统而存在,与之并存的还有销售管理系统、采购管理系统、人事管理系统。这些系统中同样也蕴涵着丰富的信息资源。如果能将取数来源扩大到这些系统中,那么报表系统功能将不仅限于提供财务报告,还能提供管理需要的各种非财务报告。

(三) 计算时间的确定

通常而言,会计报表可以分为时点报表和时期报表。前者通常是反映某一时点上企业经济资源的状况,如资产负债表;后者通常是反映某一时期内企业的经营业绩,如利润表。与之相对应,在考虑报表函数的取数来源时,就应同时考虑以时间因素、以一定的时点或时期作为约束取数范围的变量。同时,为了更进一步地方便报表的编制者,还有的软件将时间因素分为绝对数和相对数。这样,在定义报表取数函数时,可以在某一绝对时间的基础上,以本期、上期等相对时间的概念来描述取数的范围。这一改变的好处是使得用户在定义好一张报表的公式后,当计算时间发生改变时,不需要修改所有函数的时间。用户可以在确定基期的情况下,将所有报表函数中的时间变量都定义为相对时间。当报表的计算时间发生变化后,用户只需要调整基期的时间就可以达到对整张报表中所有函数的计算时间进行调整的目的。这种使报表可以在一次定义后反复使用的设置方法,不但提高了工作效率,而且方便了用户。因此,很多软件都采用这种对时间变量的描述方法,并专门设置了时间函数来方便用户调整基期的时间。

四、报表数据的处理与组织

(一) 数据流程图

根据上述对通用报表系统的目的和取数原理的分析,可知其数据处理的一般流程,报表的数据流程图,如图 6-2-1 所示。

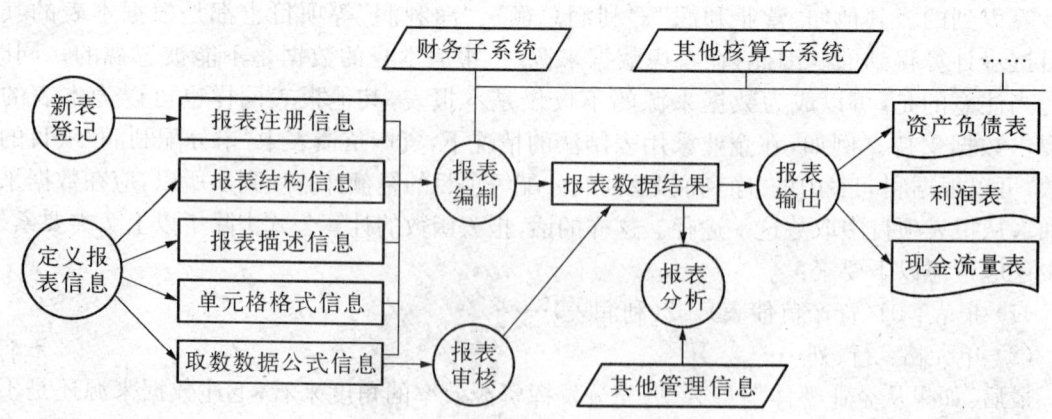

图 6-2-1　报表的数据流程图

(二) 功能结构图

根据以上特点,通用报表子系统需解决的主要问题是帮助用户定义报表结构、取数来源和计算报表项目数据,由此就可以编制和输出不同用户所需的各类报表。因此,通用报表子系统的主要功能应包括：报表的建立、报表结构定义、单元格格式定义、报表数据的计算取得,以及报表的汇总、修改、查询、打印、审核等功能。报表功能结构图,如图6-2-2所示。

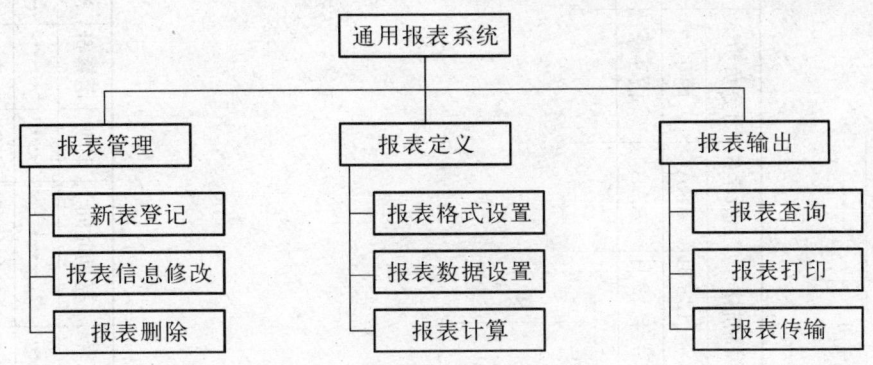

图6-2-2 报表功能结构图

（三）数据组织及其相互关系

为了满足上述通用报表系统的要求,必须要有适当的数据组织作为基础。一般包括以下几种：

（1）报表注册文件：汇总保存各种报表的登记信息以便于对报表进行管理,如报表编号、报表名称、报表类型、计算顺序（表间取数）以及其他需要注册的报表属性。

（2）报表结构文件：分别保存各报表的有关结构内容的文件,如各项目信息（列）、行次等。

（3）报表描述文件：保存各报表的有关描述信息,如报表标题、编制单位、货币单位、表尾附注中的说明和解释信息等。

（4）单元格格式文件：描述每一单元格的具体格式,如字体、字号等。

（5）取数公式文件：保存报表各有关项目的数据计算公式。

（6）数据结果文件：存放报表中的有关文字和根据公式计算出的数值结果。

数据组组织关系图（见图6-2-3）。

第三节 自定义会计报表

一、自定义原理

自定义,顾名思义就是指由用户根据需要对报表的项目、数据计算公式、取数来源、报表格式等所作出的规定。自定义功能的设置,使得会计报表子系统的通用性成为可能。由于每个单位的具体情况大相径庭,科目设置的情况也大不一样,具体的账簿形式也有很大区别,因此,企图通过一成不变的固定公式对会计报表数据的来源加以定义,是不可能的。而自定义功能提供给用户的是根据具体情况加以设置的功能,给用户提供了灵活而方便的操作。

会计报表数据的自定义,与非法对数据的修改是有本质区别的。从理论上讲,自定义功能是指软件提供给用户自行定义会计报表的数据是从哪里获得、如何计算以及数据之间相互关

1. 报表注册文件（报表的基本信息）

内部编号	报表编号	报表名称	报表类型	计算周期	报送时间	计算顺序	……
00001	会工 01 号	资产负债表	对外	每月	12 月 31 日	优先 2	……
00002	会工 02 号	利润表	对外	每月	12 月 31 日	优先 1	……

2. 报表结构描述文件

列	行	名称	类型	宽度	……
第 1 列	全部	资产	文字	20	……
第 2 列	全部	行次	文字	2	……
第 3 列	全部	年初数	数值	20	……
……					

3. 报表描述信息文件（报表上的描述信息）

报表标题	编制单位	货币单位	编制人	编制时间	上级单位	财务负责人	附注
资产负债表	ABC 公司	人民币	甲乙	2004－12－31	AAA	丙丁	（略）
利润表	ABC 公司	人民币	甲乙	2004 年 12 月	AAA	丙丁	（略）
……							

4. 单元格格式文件

位置	对齐方式	数值格式	小数	上边框	……
2,4	右对齐	千分位	2 位	1.5 磅线	……
……					

5. 报表计算公式文件（取数来源）

位置	账户名	账户类型	数据类型	账套	基期时间	时期	运算符	常数
2,4	101	总账	期末余额	1	200×/12/31	本期	＋	1
2,4	102							
……								

6. 报表数据结果文件（显示结果）

编制单位：ABC 公司

资产	行次	年初数	期末数	……
货币资金	……	××××	……	……
……				

资产负债表

200×年 12 月 31 日

单位：元

负债和所有者权益	行次	年初数	期末数	……
短期借款	……	××××	757 815	……
……				

图 6－2－3　数据组织关系图

系的功能。因此，自定义功能是规范数据的计算过程与取数来源，报表上显示的数据则是其计算结果。如果这一计算结果有错误的话，通常说明计算公式或数据来源有错误。而一些不恰当的或非法的数据修改，则往往只重结果，不看原因。通常这些修改都是直接针对报表数据进行修改，仅仅改变显示结果。这些做法都没有找到错误的根源，是一种治标不治本的措施。在自定义报表中，如果确有错误，应当首先分析取数公式和数据来源，在查明原因后，通过调整相应的取数公式或者数据来源达到更正差错的目的。实际上，为防止用户对数据的非法篡改，有关会计电算化制度规定，对于计算机根据电算化系统内的各种凭证和账簿数据所生成的各种报表数据，不应当提供给用户直接修改此报表数据的功能。

　　虽然自定义功能为用户提供了极大的方便，但同时也对报表的正确处理带来了一些隐患。例如，有些用户可能会因为对会计知识或财务软件知识的理解出现偏差，发生公式定义错误的情况；而另一些用户则可能会利用自定义功能蓄意进行一些错误的公式定义，以达到各种不可告人的目的。因此，如何对报表自定义公式的合法性及数据之间的勾稽关系进行检查和控制，是会计电算化内部控制中不容忽视的问题。

二、自定义举例

　　下面将以几种较为常见的通用报表系统为例，对会计报表的自定义功能加以说明。关于具体的报表编制，请见第八～第十章。

　　（一）金蝶 2000 财务核算软件

　　在报表处理窗口，单击"自定义报表"按钮进入报表设置窗口，新建报表或选择相应的报表。打开报表定义菜单和选择具体报表，如图 6-3-1 和图 6-3-2 所示。

图 6-3-1　打开报表定义菜单

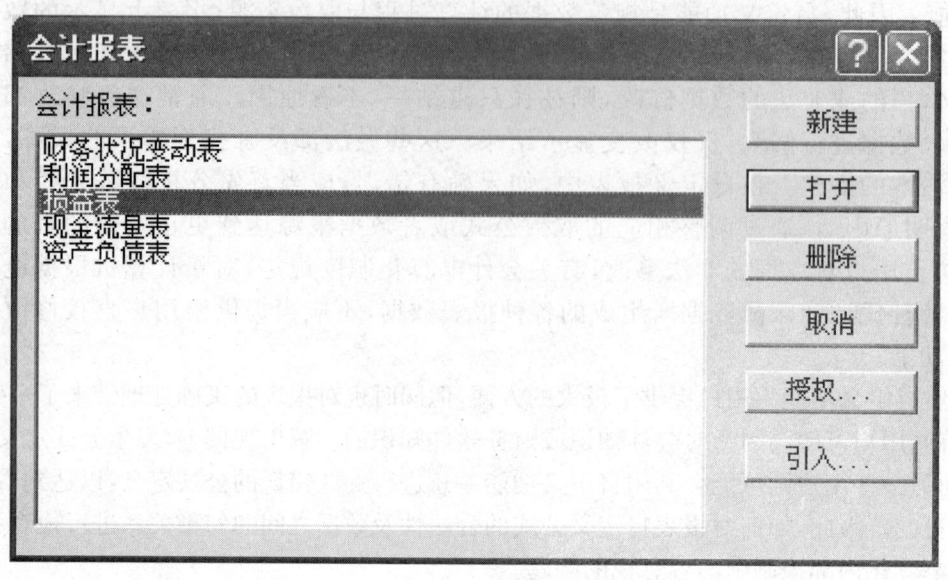

图 6-3-2　选择具体报表

进入选定的报表后，利用自定义报表设置功能编辑报表。该功能允许用户自由设置该报表的内容及格式。在相应的位置设置报表项目的格式和内容(屏幕可示部分为当前报表的表体格式及内容，表头及表尾在其他菜单中设置)。打开利润表，如图 6-3-3 所示。

	A	B	C	D
1	项　　目	行次	本月数	本年累计数
2	一，产品销售收入	1		
3	减：产品销售成本	2		
4	产品销售费用	3		
5	产品销售税金及附加	4		
6	二，产品销售利润	7		
7	加：其他业务利润	9		
8	减：管理费用	10		
9	财务费用	11		
10	三，营业利润	14		
11	加：投资收益	15		
12	补贴收入	16		
13	营业外收入	17		
14	减：营业外支出	18		
15	加：以前年度损益调整	20		
16	四，利润总额	25		
17	减：所得税	26		
18	五，净利润	30		

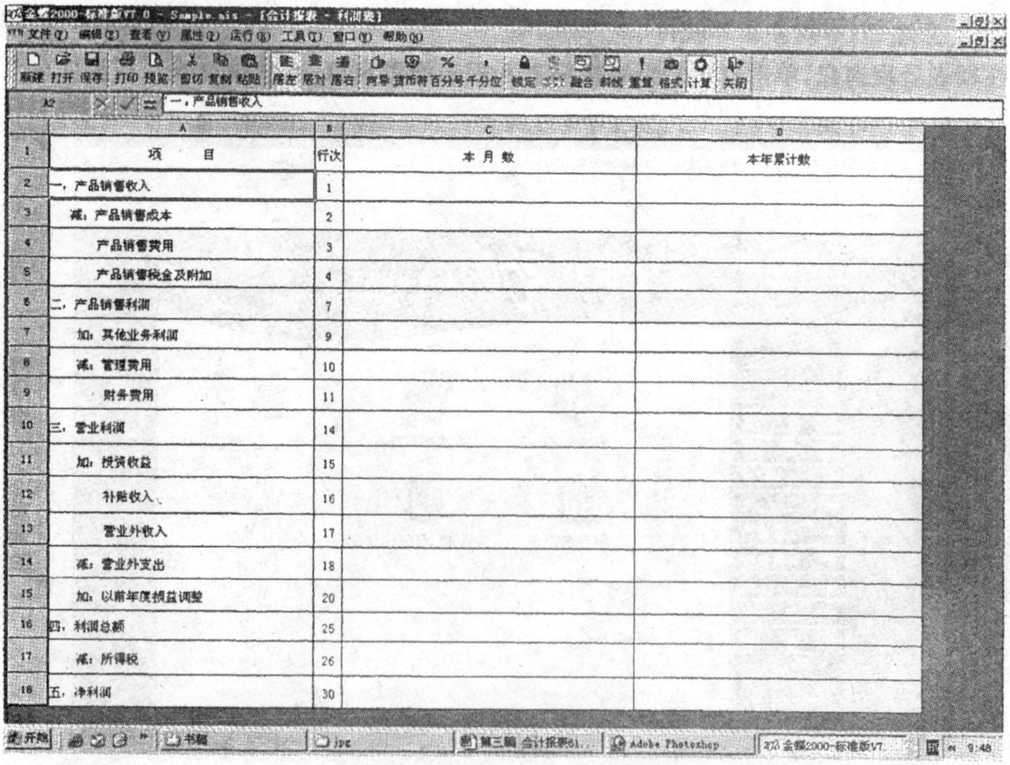

图 6-3-3　打开利润表

利用公式向导完成对报表计算公式的定义。报表公式定义和报表公式定义完成，分别如图 6－3－4 和图 6－3－5 所示。

图 6－3－4　报表公式定义

	A	B	C	D
1	项　　目	行次	本 月 数	本年累计数
2	一、产品销售收入	1	=<501>.SY	=<501>.SL
3	减：产品销售成本	2	=<502>.SY	=<502>.SL
4	产品销售费用	3	=<503>.SY	=<503>.SL
5	产品销售税金及附加	4	=<504>.SY	=<504>.SL
6	二、产品销售利润	7	=C2-C3-C4-C5	=D2-D3-D4-D5
7	加：其他业务利润	9	=<511>.SY-<512>.SY	=<511>.SL-<512>.SL
8	减：管理费用	10	=<521>.SY	=<521>.SL
9	财务费用	11	=<522>.SY	=<522>.SL
10	三、营业利润	14	=C6+C7-C8-C9	=D6+D7-D8-D9
11	加：投资收益	15	=<531>.SY	=<531>.SL
12	补贴收入	16	=<532>.SY	=<532>.SL
13	营业外收入	17	=<541>.SY	=<541>.SL
14	减：营业外支出	18	=<542>.SY	=<542>.SL
15	加：以前年度损益调整	20	=<560>.SY	=<560>.SL
16	四、利润总额	25	=SUM(C10:C15)-2*C14	=SUM(D10:D15)-2*D14
17	减：所得税	26	=<550>.SY	=<550>.SL
18	五、净利润	30	=C16-C17	=D16-D17

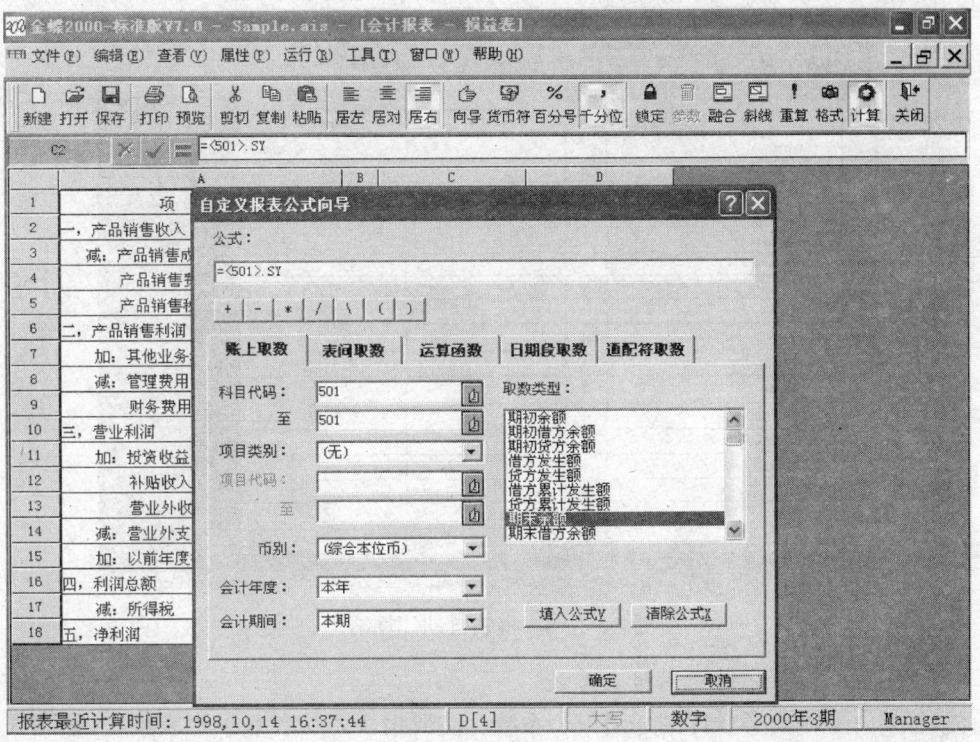

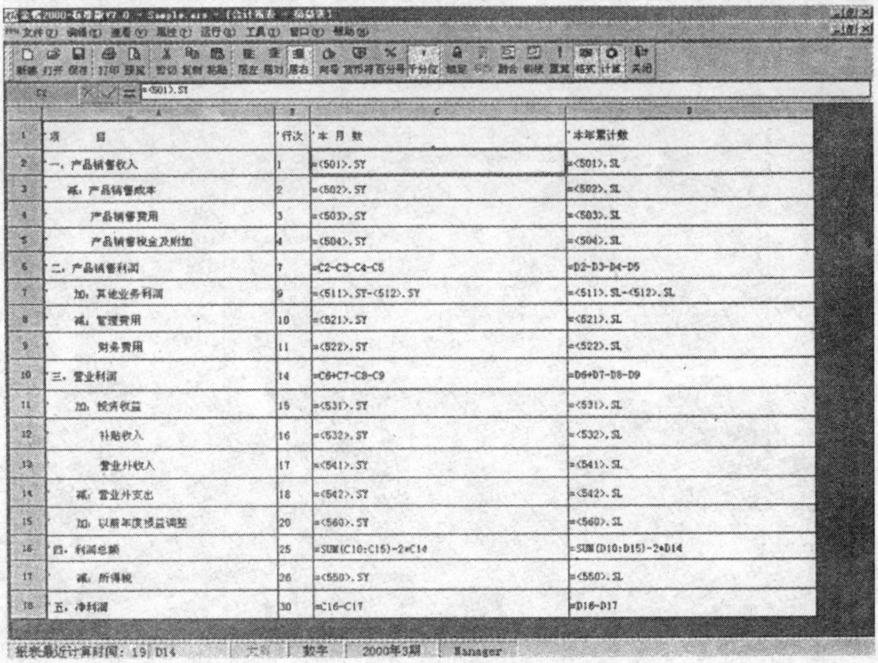

图 6－3－5　报表公式定义完成

最后,利用报表的自动计算功能对报表数据进行重新计算。报表自动计算结果,如图6-3-6所示。

	A	B	C	D
1	项 目	次	本月数	本年累计数
2	一、产品销售收入	1	90,000.00	1,845,000.00
3	减:产品销售成本	2.		1,135,395.00
4	产品销售费用	3	64,800.00	74,800.00
5	产品销售税金及附加	4		2,125.00
6	二、产品销售利润	7	25,200.00	632,680.00
7	加:其他业务利润	9		
8	减:管理费用	10	26,382.43	314,738.96
9	财务费用	11		27,700.00
10	三、营业利润	14	-1,182.43	290,241.04
11	加:投资收益	15		
12	补贴收入	16		
13	营业外收入	17		41,305.50
14	减:营业外支出	18		15,305.56
15	加:以前年度损益调整	20		
16	四、利润总额	25	-1,182.43	316,241.04
17	减:所得税	26		
18	五、净利润	30	-1,182.43	316,241.04

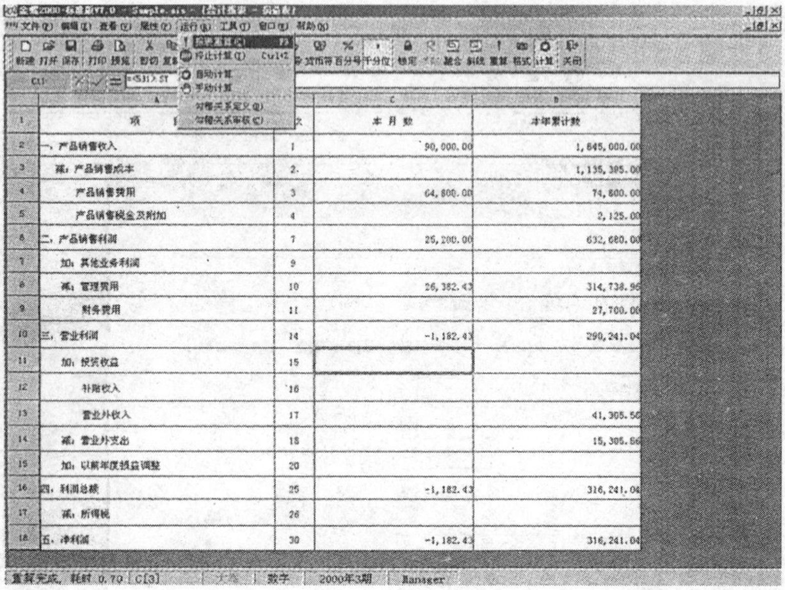

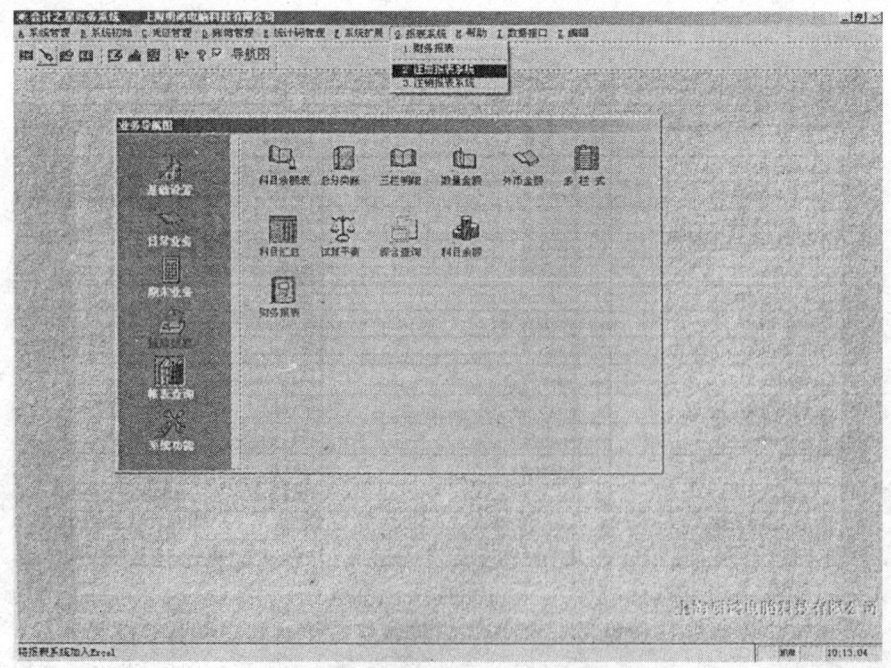

图6-3-6 报表自动计算结果

(二) 以Excel为基础的通用报表系统

首先,注册并登录财务软件的通用报表系统。注册报表系统和登录报表系统,如图6-3-7和图6-3-8所示。

图6-3-7 注册报表系统

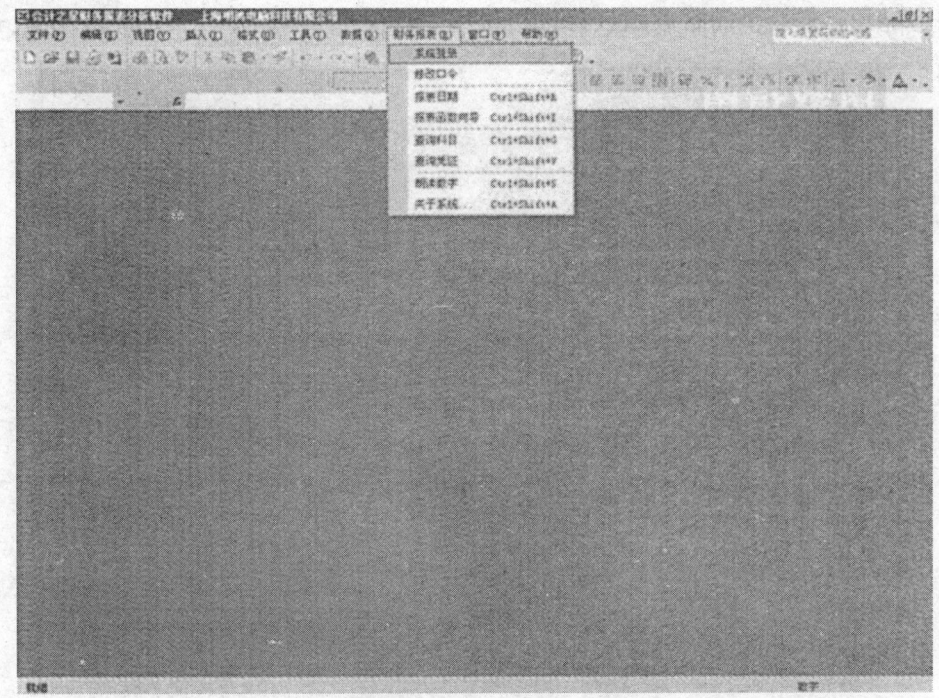

图 6-3-8　登录报表系统

其次,输入或通过模板生成一张会计报表。用模板生成一张资产负债表,如图 6-3-9 所示。

资　产　负　债　表

会工01表

上海明鸿公司,演示账套　　2004年 01月01 日　　单位：万元

资　产	行次	年初数	期末数	资　产	行次	年初数	期末数
流动资产				流动负债			
货币资金	1	0.00	0.00	短期借款	46	0.00	0.00
短期投资	2	0.00	0.00	应付票据	47	0.00	0.00
应收票据	3	0.00	0.00	应付账款	48	0.00	0.00
应收账款	4	0.00	0.00	预收账款	49	0.00	0.00
减：坏账准备	5	0.00	0.00	其他应付款	50	0.00	0.00
应收账款净额	6	0.00	0.00	应付工资	51	0.00	0.00
预付账款	7	0.00	0.00	应付福利款	52	0.00	0.00
其他应收款	8	0.00	0.00	未交税金	53	0.00	0.00
存货	9	0.00	0.00	未付利润	54	0.00	0.00
待摊费用	10	0.00	0.00	其他未交款	55	0.00	0.00
待处理流动资产净损失	11			预提费用	56	0.00	0.00
一年内到期的长期债券投资	12			待扣税金	57		
其他流动资产	13			一年内到期的长期负债	58		
流动资产合计	20	0.00	0.00	其他流动负债	59		
长期投资：				流动负债合计	65	0.00	0.00
长期投资	21	0.00	0.00				
固定投资：				长期负债：			
固定资产原价	24	0.00	0.00	长期借款	66	0.00	0.00
减：累计折旧	25	0.00	0.00	应付债卷	67	0.00	0.00
固定资产净值	26	0.00	0.00	长期应付款	68	0.00	0.00
固定资产清理	27			其他长期负债	75		
在建工程	28	0.00	0.00	长期负债合计	76	0.00	0.00
待处理固定资产净损失	29			所有者权益：			
固定资产合计	35	0.00	0.00	实收资本	78	0.00	0.00
无形及递延资产：				资本公积	79	0.00	0.00
无形资产	36	0.00	0.00	盈余公积	80	0.00	0.00
递延资产	37	0.00	0.00	未分配利润	81	0.00	0.00
无形及递延资产合计	40	0.00	0.00	所有者权益合计	85	0.00	0.00

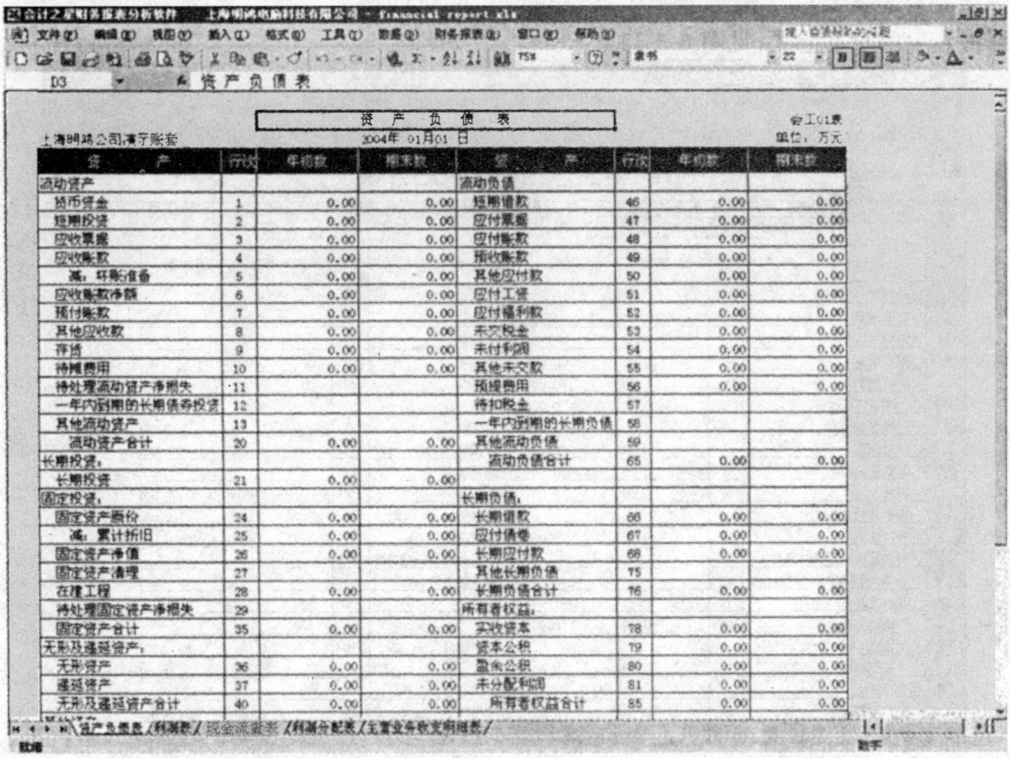

图 6-3-9　用模板生成一张资产负债表

再次,利用软件提供的财务函数,在相应的单元格进行公式定义。选择财务函数,如图6-3-10所示。

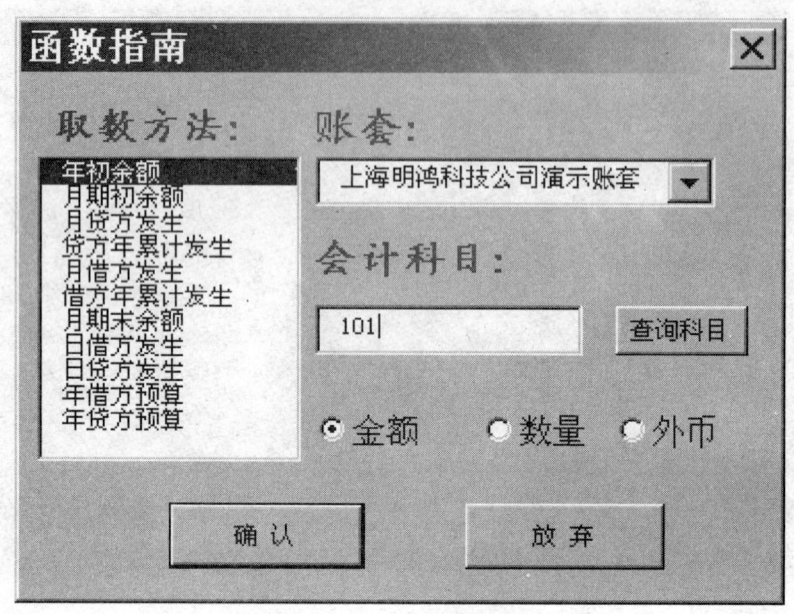

图6-3-10 选择财务函数

重复上述步骤,完成整张报表的自定义工作,然后,输入报表日期,让软件以此为基期自动计算报表中的全部公式。报表公式定义,如图6-3-11所示。

图6-3-11 报表公式定义

最后,输入报表计算日期(即基期),让软件按此日期取数,并自动计算整张报表的数据。确定报表计算日期,如图 6-3-12 所示。

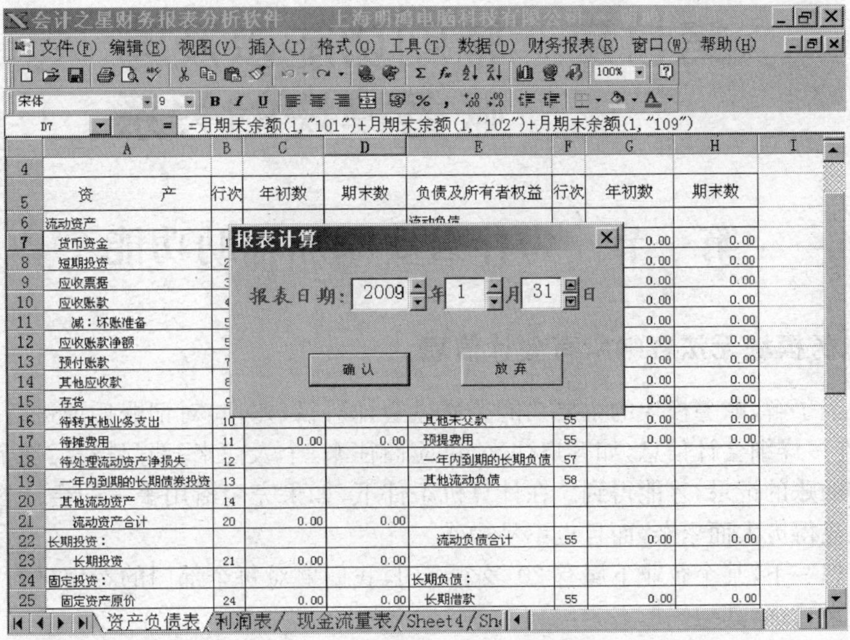

图 6-3-12　确定报表计算日期

最终,完成报表自定义。报表自定义计算结果,如图 6-3-13 所示。

图 6-3-13　报表自定义计算结果

第七章　辅助功能以及与账务模块的关系

第一节　为什么要添加辅助功能

一、账务模块无法容纳所有会计信息

我们已经了解，账务模块的主要功能是通过会计科目（账户）对记账凭证进行处理。在手工条件下，许多详细会计信息，如客户往来、供应商往来、个人往来、部门核算、现金流量等等，都要通过辅助账的记录，才能得到。在计算机条件下，如果完全沿用手工的会计科目设置，科目体系不但显得庞大而繁杂，而且也不易操作。

可以设想一下，某个企业下属有 20 多个部门，我们要对每个部门的费用进行管理。如果用科目设置来管理，其编码形态为：

A 部门
　差旅费
　通讯费
　书报费
　水电费
　工资及福利费
　修理费
　其他费用
B 部门
　差旅费
　通讯费
　书报费
　水电费
　工资及福利费
　修理费
　其他费用
C 部门
　　⋮
D 部门
　　⋮

庞大而繁杂编码让人无法忍受。

可以再设想一下，某个企业有几十个客户，每个月有十多次的往来款项，往来时间已达十来年。如果我们根据某张发票号码要核销某一笔往来款，在手工条件下，是很费事的，在计算机条件下，如果不启用辅助功能，也很困难。此外，要对几十个客户进行账龄分析，不借助于辅助功能，要完成这项工作，其难度也可想而知。

总而言之，辅助功能可以帮助我们减少信息的冗余度，以较少的编码容纳较多的信息（如部门编码的问题）；辅助功能还可以帮助我们在有限的凭证要素之外，容纳更多的信息（如往来管理、固定资产管理、现金流量管理等）。

二、辅助功能模块有其特殊作用

（一）固定资产模块

对一个大型企业而言，不可能在科目设置中，把大量的固定资产信息一项一项地（添加、减少、增值、减值等等）输入；此外，也不可能把折旧信息（折旧率、折旧率的变动等等）一项一项地输入。要对每一项固定资产进行详细登记，计算折旧额，只有依靠固定资产模块这一辅助功能。

（二）往来管理模块

对一个往来频繁的企业来说，要掌握往来单位的信用程度，至少要了解这个单位的概貌——法人代表、注册地址、银行账号、增值税号码等等，而这些信息无法在账务模块中输入。

此外，账务模块也无法进行账龄计算与分析。

（三）现金流量模块

掌握现金流量状况是现代企业管理的一个重要方面。

现金流量有 50 多个分析指标，账务模块无法一一表示，也只有借助专门的现金流量模块。

（四）项目、部门模块

项目、部门模块是一个公共模块，之所以称为"公共"，是因为它无法独立，它是提供给其他模块共享的模块。

例如，我们设立了 A、B、C、D、E 五个部门，在费用输入时，可以调用这五个部门，在固定资产输入时可以调用这五个部门，在工资输入时也可以调用这五个部门。总之，凡是要进行部门核算的地方都可以调用。

第二节　固定资产模块以及与账务模块的关系

一、固定资产核算对会计科目设置的要求

（一）固定资产科目的设置

固定资产科目的设置，原则上只需设置一级科目，固定资产的分类统计可以在固定资产模块中完成。但对大型企业来说，某些报表中必须反映固定资产大类的增减情况，为了使报表能从账务模块中取到这些数，则固定资产必须设置两级甚至三级科目。应该注意的是，固定资产明细科目的设置应该与固定资产的分类代码相一致（或前两级相一致），这样能使账务子系统中的固定资产各明细科目的余额与固定资产模块中的相同类别的固定资产的原始或重置价值

相等。一旦不等,也能很容易发现问题并找到问题发生的原因,及时纠正。

(二)累计折旧科目的设置

与固定资产的科目设置相似,仅设置一级科目是最简单的方法,并且能保证计提折旧凭证为多借一贷的形式,使每一笔分录对应关系明确。但固定资产报表中却无法取到账簿中的固定资产大类的折旧额,为解决这个问题,累计折旧必须设置两级甚至三级科目,一般而言,累计折旧的明细科目与固定资产的明细科目应该一致,而根据上面所述,固定资产的明细科目与固定资产的分类代码相一致,这样,我们就可以根据固定资产的分类代码把每一个固定资产的折旧额归到累计折旧相应的明细科目中,但产生的计提折旧凭证就势必为多借多贷形式,并且无法保证每一笔分录能够找到确切的对应关系。

二、固定资产增减与账务模块的连接

固定资产增减是指新增固定资产或其余额的增加或减少。

对新增固定资产,固定资产的基本信息必须进入固定资产卡片库,信息输入的入口有两个:一个是从固定资产模块中输入,适用单独使用固定资产模块的用户及软件初始化时使用;另一个入口是在凭证输入中进入,因为固定资产的增减最初是通过账务模块中的凭证输入进入系统的。在账务模块中,凭证输入的分录中含固定资产或累计折旧科目时,必须输入固定资产代码,若为新代码,则须输入固定资产卡片。

若凭证输入的分录中含固定资产或累计折旧科目时,输入固定资产代码为卡片库中已有的代码,则说明该凭证内容为调整固定资产余额或其折旧额,则应更新固定资产卡片库中相应固定资产的余额或累计折旧额。

三、计提折旧

计提折旧为计算机自动在固定资产模块中进行,一般一个月一次,计提折旧后在账务模块中将自动产生折旧凭证。

自动计算折旧的工作:其一是根据卡片库中各固定资产的余额,折旧变动库中固定资产的当前折旧率,以及使用状态库中该固定资产的使用状态计算折旧,并把计算得到的各固定资产的折旧额放入折旧库保存。其二是各固定资产按所属部门进行折旧额的部门汇总,再根据部门与科目的对应关系,在账务模块中按月产生计提折旧的转账凭证。

以账务模块为核心的固定资产核算的计算机实现方案总体结构,如图7-2-1所示。

四、确定部门代码及其分级

由于固定资产的归属部门是计提折旧的重要依据,是每一单个固定资产的重要信息,所以在输入固定资产卡片信息前必须设置好部门代码,这是使用固定资产核算模块的第一步。

部门代码与对应会计科目的设置:部门代码库的结构内容主要为部门代码、部门名称和部门对应科目。部门对应科目用于生成折旧凭证,如管理部门对应科目为管理费用中的折旧费;又如制造部门对应科目为制造费用中的折旧费。部门代码库的另一个作用是可以根据固定资产所属部门,对固定资产的有关数据按部门进行逐级统计。

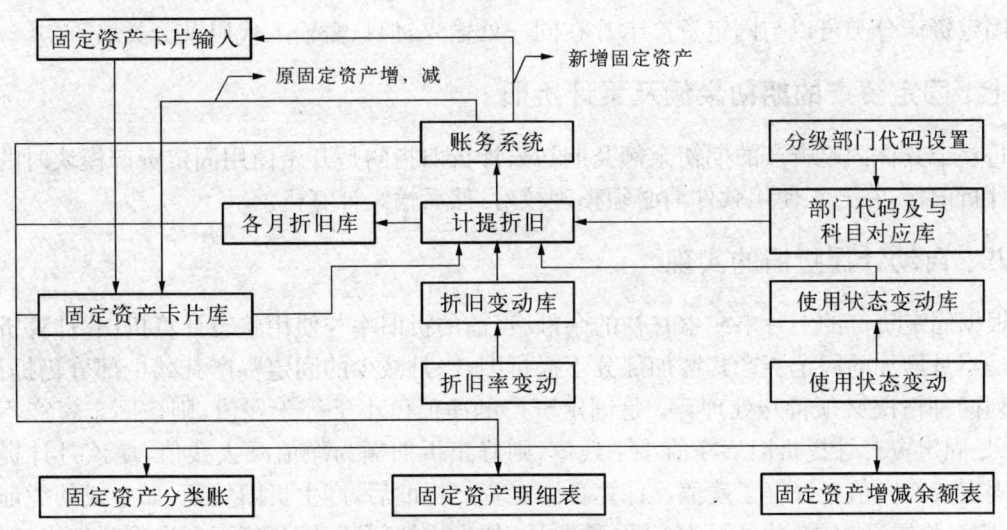

图 7-2-1 以账务模块为核心的固定资产模块的计算机实现方案总体结构

部门代码可以是类似会计科目的逐级代码，使用逐级代码可以把一个单位的各个部门分若干层次，以便于对各级部门的固定资产的余额、累计折旧额进行逐级统计。对于固定资产数量较多的大型企业，这种分级尤为必要。某企业的部门设置示意图，如图 7-2-2 所示。

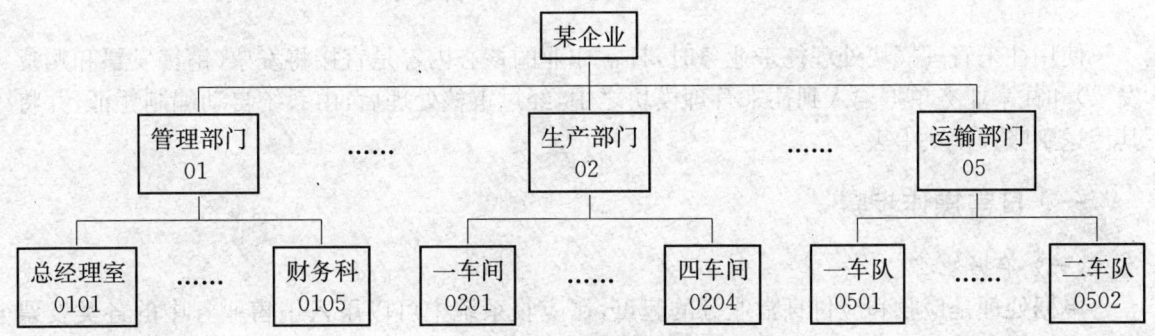

图 7-2-2 某企业的部门设置示意图

五、固定资产分类

固定资产应根据固定资产明细表的汇总要求进行分类，分类用逐级代码表示，如 01 为房屋及建筑物，02 为机器及生产设备，03 为运输及装卸机械等，房屋及建筑物中还可以分 0101 为办公楼，0102 为厂房等。必须为每一个固定资产指定一个分类。分类可以作为固定资产卡片上的一个属性，也可以和固定资产代码编在一起，最低级代码为具体的固定资产，其余代码则为固定资产的各级分类。

六、固定资产卡片

每一个固定资产卡片内容包括固定资产代码、名称、原值、单价、数量、计量单位、建造单位、型号、规格、存放地点、建造日期、所属部门、入账凭证号、当前使用状态、计提折旧方法、残值率和使用年限等。

固定资产分类可以与固定资产卡片在同一处输入,但只需输入代码及分类名称。

七、固定资产的期初余额及累计折旧

每一个具体固定资产的期初余额及期初累计折旧指的是开始使用固定资产模块时的余额和累计折旧额,在开工使用软件前必须整理核对,然后输入计算机。

八、自动计提折旧的实现

根据固定资产的上月末或本月初的余额、当前的折旧率与使用状态计算折旧,计算折旧的原则是当月增加的固定资产其增加部分不提折旧,当月减少的固定资产其减少部分仍提折旧。对下列两种情况必须特殊处理:一是固定资产的净值已小于等于残值,则该固定资产不提折旧;二是固定资产计提折旧后净值小于残值,则修正折旧额为净值减去残值,使该月计提折旧后该固定资产净值正好等于残值。计算各固定资产折旧后,产生折旧凭证,如生成的凭证尚未记账,应允许重新生成,并且不改变原凭证号。如生成的凭证已记账,不允许重新生成,软件系统将会提示用户:凭证已记账,不能再生成新凭证。

第三节   往来管理模块以及与账务模块的关系

使用往来管理模块处理往来业务时,日常作业的核心内容是直接将发票(销售发票和购货发票)和往来业务单据输入到往来管理模块之中,经过审核处理后,由系统自动编制凭证,并将其传送到账务模块中去。

一、日常操作步骤

(一)单据处理

单据处理是应收和应付日常业务的起点,在应收系统中可以录入销售业务中的各类发票及销售业务之外的应收单据,在应付系统中可以录入购货业务的发票及购货业务以外的应付单据。主要操作流程如下:

单据录入——单据审核——单据制单——单据查询

这里的单据录入是指未收到款项的单据录入或未支付款项的单据录入。制单是指根据审核后的业务单据由系统自动编制凭证的过程。

(二)单据结算

单据结算是指对已收到或已支付款项的单据进行的录入、核对与核销工作。其操作流程如下:

录入结算单据——单据的核对——单据的核销

这里的结算单据是指已交来应收款项的收款单和已办理应付款项的付款单。单据的核对是指将已达账项作上已结清的标记,核对分自动和手工两种方式。单据的核销是指对债权、债务已结清的业务进行删除以表示本业务彻底结清。

(三)票据管理

票据管理是指对银行承兑汇票和商业承兑汇票的管理。

（四）坏账处理

坏账处理包括坏账计提和坏账发生、收回处理。具体来说，在年末计提坏账准备之前要求用户首先选择坏账处理方法，软件通常会提供三种方法，即销售收入百分比法、应收账款余额百分比法和账龄分析法供用户选择。在坏账发生时，一般要求输入往来客户的名称、发生坏账的日期、业务员、部门等信息。而在处理坏账收回业务时，要求输入客户名称、收回坏账的日期、收回金额、业务员、部门、结算单据编号、款项币种等信息。

（五）转账处理

应收账款与其他类别的款项在特定情况下，需作特殊的冲抵业务，也是一种清欠业务，主要包括"预收冲应收"、"应收冲应付"、"红字单据冲抵正向单据"。"预收冲应收"操作主要适用于两种情形：一是由于合同或其他原因造成取得了对方单位的预收款，但对方单位却有应收款尚未支付给本单位；二是由于按合同规定支付给了对方单位预付款，需要将预收款与应付款对冲。"应收冲应付"操作主要适用于对方单位（客户或供应商）既有应收款，又发生了应付款的情形，此时可用应收款对冲应付款。"红字单据冲抵正向单据"一般是指对同一个客户的销售业务，应收款与退货之间可以用红字单据冲销正向单据来处理。

（六）凭证处理（制单）

凭证处理是指根据应收应付的原始单据，由计算机自动编制记账凭证的过程。

（七）统计分析

统计分析包括应收、应付的账龄分析等。

二、往来管理模块与账务模块的关系

（一）会计科目设置

会计科目设置时，只要我们明了账务模块与往来管理模块有密切的联系，就可以设置得很简单。

例如，某企业有 300 个客户，分别归属 10 个城市，那么，往来的科目设置如图 7-3-1 所示。

科　目　号	科　目　名　称	期　初　余　额	往　来　标　志
1122	应收账款	100 000 000.00	
112201	上　　海	5 000 000.00	✓
112202	北　　京	6 000 000.00	✓
112203	武　　汉	4 000 000.00	✓
			✓
			✓
112210	南　　京	2 000 000.00	✓

图 7-3-1　往来的科目设置

也就是说,只对 10 个城市作"往来标志",并输入 10 个城市和一级科目的期初余额,那么 300 个客户的详细内容怎么办呢?

(二)往来客户初始化

我们在往来管理模块中,找到往来客户初始化菜单,输入我们曾经在科目设置时作过"往来标志"的科目代码,如 112201——应收账款——上海,然后就可以对上海的客户作编号并输入某客户的详细资料,如单位名称、欠款余额、地址、电话号码、银行账号、税号等。

(三)往来管理的日常操作

1. 增加新的类别

沿上例,如果某个客户不在上例的 10 个城市中,我们可以在科目设置中新增一个城市,其代码为 112211,并作好往来标志。

2. 增加新的客户

凡是新的客户都在"往来客户初始化"的菜单中增加,要特别注意的是,客户代码要顺序添加,否则查找困难。

3. 往来款项的输入

初始化结束之后,等于为每一个客户建立了一本"往来账",我们只要输入该客户的编号及与它对应的会计科目代码,就能找到这本账,并输入往来款项。往来账的形式,如图 7-3-2 所示。

	往来初始化						✕
科目: 应收账款-上海				客户: 华联商城			
发生日期	核销号	类型	凭证号	摘要	借方金额	贷方金额	
2010-02-12		转账		应收账款	20,000.00		
2010-03-01		银收		收款		20,000.00	

首记录　上记录　下记录　尾记录　新增(N)　删除(D)　　　退出

图 7-3-2　往来账的形式

4. 往来款项余额的计算

往来款项输入之后,其余额同时计算。如果我们要求汇总,往来管理模块可以逐级向上计算,得到汇总数据;沿上例,我们可以得到某个城市的往来款项的余额,或者整个应收账款的余额。

第 三 部 分

财务软件具体应用

第八章　会计之星财务软件

第一节　概　　述

一、软件介绍

（一）"会计之星"财务软件 2000 版的一般特点

"会计之星"财务软件 2000 版是由国内最早开发生产商品化会计电算化软件、具有相当的经验和开发力量的上海明鸿电脑科技有限公司推出的最新版本的商品化会计电算化软件。此软件由中国著名会计电算化专家、上海立信会计学院教授励景源先生主持设计，经上海市财政局评审通过并推荐，应用于全国各行各业，深受用户好评。其主要有以下特点：

（1）通用灵活，适应性强：可以定义科目的级次和每级科目代码的长度；可以自由设置科目；可以定义会计报表的格式和编表方式。

（2）操作方便，易学易用：账、证、表格式符合会计人员习惯，与手工格式一致；全屏幕编辑；随时可提供帮助信息（在线帮助）；随时提供辅助计算器。同时，系统也提供了许多便捷手段，以减少用户输入工作，如自动转账能帮助你快速实现账项调整，自动汇兑损益调整等等。

（3）安全可靠：提供多种检错措施，有效防止凭证输入及其他操作失误。功能安排符合内部牵制原则；使用密码及权限防止越权操作；操作过程系统自动记录，保留了审计线索。

（4）系统采用标准的复式借贷记账法：输入凭证后，通过计算机记账能自动产生各种明细账、总账。账务系统和报表系统结合成一个系统。一套账务软件可同时为多个独立核算单位服务（最多可达 999 个单位）。

（二）"会计之星"财务软件 2000 版特殊功能

提供了自定义统计码功能。设置自定义统计码，可以方便地对各种业务实施统计，与报表系统结合就可以制作出任意的具有统计性质的报表。而插件管理，可以将系统由部门级财务软件扩展成企业级的财务软件管理系统。其模块化的设计，使软件扩展具有极大的灵活性，能够适应各种需求。

（三）三个版本

单用户版、网络版、大型数据库三个版本，可以向各种规模、不同需求的企事业单位提供各种服务。

二、软件的安装

（一）软件运行环境

（1）单用户版：

硬件：IBM/PC 及兼容机，最低配置：CPU586，内存 16 M;标准配置：CPU586 以上，内存

32 M 以上,显示模式为 800×600,256 色以上。

打印机:支持 Windows 的所有打印机。

软件:32 位中文 Windows98/2000/NT/XP。报表系统要求 EXCEL97 以上版本。

(2)网络版运行环境为:Novell NetWare、WindowsNT。

(3)大型数据库版:支持 SQL SERVER6.5 和 7.0,也可以移植到 ORACLE、SYBASE 等。

(二)安装方法

将"会计之星"财务软件安装盘插入光驱,打开光盘中 cw2000 安装盘的文件夹,并运行其根目录下的 Setup 程序。按照提示进行操作:接受许可协议、选择安装目录后,软件即会自动安装完成。完成后在 Windows 开始——程序菜单中会增加"会计之星"程序组,在桌面上会自动增加"会计之星"的快捷方式。

运行"开始"——"程序"中"会计之星"或双击桌面上"会计之星"的快捷方式即可进入"会计之星"财务系统。

第二节　账套的建立

一、界面

"会计之星"财务软件是一个在 Windows 操作系统上运行的 32 位软件,具有 Windows 程序的标准界面。进入系统后,可以立刻看见系统的主窗口,如图 8-2-1 所示。

图 8-2-1　系统的主窗口

请注意以下内容:

(1)本窗口的标题栏里是软件的名称及"明鸿公司"字样,之下是菜单栏。

(2)本系统使用的是 Windows 标准的弹出式菜单,单击任何一个主菜单,将弹出子菜单,单击每个子菜单,可以执行特定任务。

(3)菜单栏下是工具栏,系统将一些常用的菜单功能制作成按钮,排列在工具栏内,方便用户使用。若忘记了某按钮的功能,只需将鼠标放在该按钮上,稍等片刻,将出现提示。

(4)窗口最下方是系统的状态栏,是除了对话框之外最常用的系统提示区,所有的菜单提示即系统提示都在此简略显示。

二、导航图

导航图是系统为了让用户尽快了解系统的运行流程而设置的。单击工具栏中导航图多选框,出现"√"打开导航图,再次单击则关闭。导航图,如图8-2-2所示。

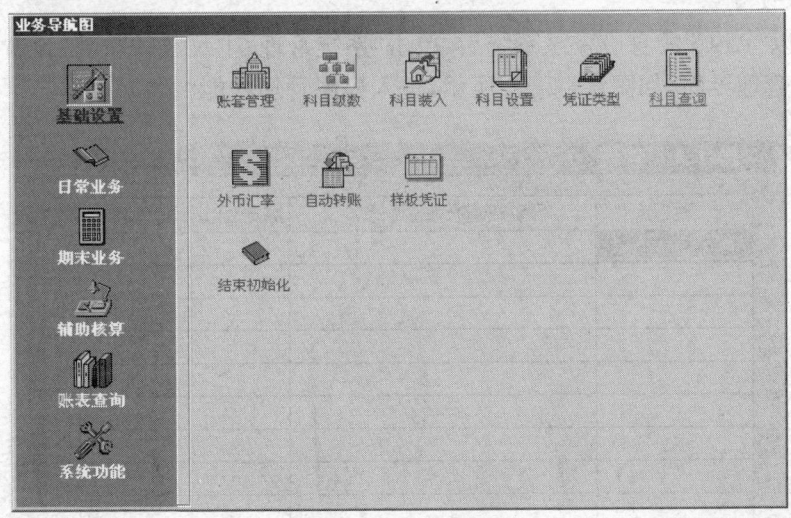

图8-2-2 导航图

导航图将系统的功能归为四类:基本设置、日常业务、账表查询、系统功能。每一类所涉及的功能,按流程予以排列,具有一定的提示作用。每一个功能均已制作成按钮,用户可以完全脱离菜单,通过单击按钮,可以随时调用所需的功能。当然,流程图本身只有提示功能,其中的功能可以任意调用,没有任何顺序的限制。

三、人员权限

您每次进入系统时,系统都会显示登录对话框,如图8-2-3所示。

图8-2-3 登录对话框

（一）进入系统

请按以下顺序操作：

（1）日期为进入系统的日期，无需输入，由系统自动生成。

（2）在操作员项中，用户可以单击下拉箭头，打开操作员列表，选中所需名字，然后回车。

（3）将光标停在进入口令输入框中，输入口令，出现一组"＊"号。这主要是出于保密的考虑。

请注意

当您首次进入系统或者一个新账套时，系统将自动生成一个名为"ABC"的操作员，他的口令也为"ABC"，您可以借用这个身份完成登录，进入系统，再予以修改。

（二）权限设置

（1）当您以"ABC"的身份登录系统后，单击"系统管理"主菜单的"权限设置"子菜单，系统显示操作人员管理界面，如图8-2-4所示，进入权限管理功能。

图8-2-4　操作人员管理界面

（2）对话框的下方有四个按钮，分别是：新增、权限、删除、退出。

• 新增：新增人员时，光标自动停在姓名栏中，请输入新员工的姓名或工号，最长可输入8个字母和数字，或者4个汉字。新员工的口令默认为"ABC"（注意：已有员工的姓名也可以如此修改，更改后，请回车，以便系统确认）。

• 权限：选中某员工，按"权限"按钮，显示权限列表对话框，如图8-2-5所示，进入该员工的权限设置功能。在对话框的左侧是所有权限的列表，为未选功能，对话框的右侧是该员工所具有的权限列表，为已选功能。若要添加某项权限，则双击左侧列表的权限，它会自动移到右侧列表；若要删除某项权限，则双击右侧列表的权限，它会自动移到左侧列表。若要选中或取消所有权限，则可以利用对话框中的"全选"或"全不选"按钮来切换。

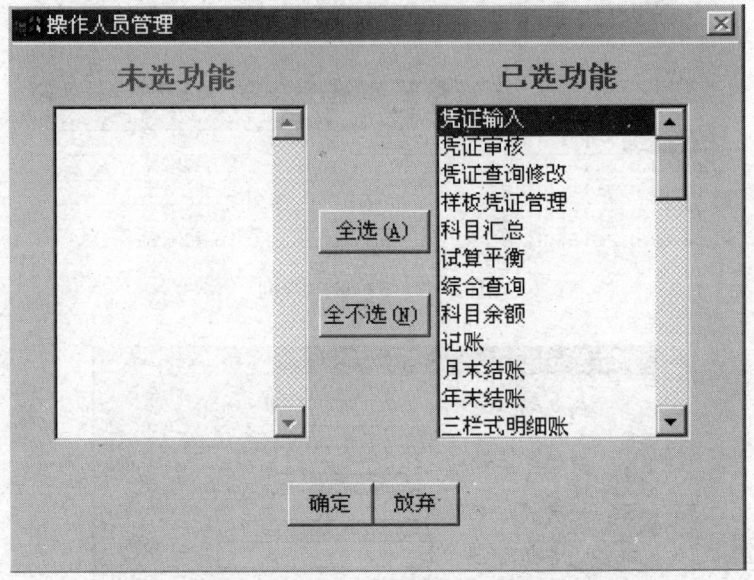

图 8-2-5　权限列表对话框

（三）口令设置

单击"系统管理"主菜单的"口令设置"子菜单，打开修改口令对话框，按提示输入原口令和新口令，确定即可。

请注意

（1）记住新口令的英文字母的大小写，因为一旦系统设置为"对口令大小写敏感"，而您在登录时又不能想起口令的大小写，您将无法进入系统。

（2）建议用户定期更新自己的口令，以防他人盗用您的口令。

（3）本功能只供当前用户修改自己的口令，不能修改别人的口令，也不能在非登录状态之下修改自己的口令。

（四）重新登录

有时，当前操作员可能因为某种原因要在不退出系统的情况下暂时离开计算机。如果此时有人进行操作，系统将认为接下去的操作者就是原操作员，并将使用该操作员的名字及权限进行记录。出于信息安全以及会计分工上的考虑，系统提供了"重新登录"功能。当操作员要暂时离开计算机但不退出系统时，可以使用本功能。

单击"系统管理"主菜单的"重新登录"子菜单，打开登录对话框，如图 8-2-3 所示。如果不能输入正确的口令，则不能关闭对话框进行下一步操作；若直接关闭对话框将导致退出系统。这样，就可以将非法用户拒之门外了。

（五）日志查询

（1）单击"系统管理"主菜单的"日志查询"子菜单，进入日志查询界面，如图 8-2-6 所示。选择功能菜单：按设置日期查询记录、删除记录。

（2）单击"按设置日期查询记录"子菜单，打开日志查询检索方式对话框，如图 8-2-7 所示。可以看见三种检索方式：按日期、按操作员、按操作内容。用户可以单独使用一种或使用多种方式筛选记录。

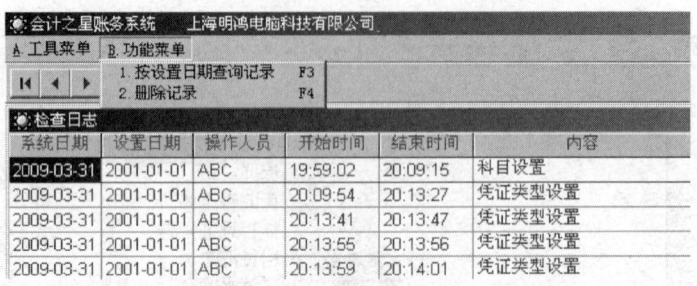

图8-2-6　日志查询

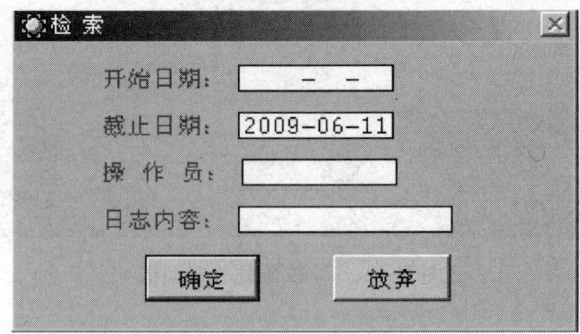

图8-2-7　日志查询检索方式对话框

（3）单击"删除"子菜单，打开清理日志记录对话框，提示"欲清除多少天前记录"，在输入框中输入天数，选择确定，设定的天数前的记录就被删除了。当然，本系统在此仅为您提供按时间删除的功能，因为如按人员、内容等方式删除显然不合理。

四、账套

（一）新账套建立的步骤

（1）单击"系统管理"主菜单的"账套管理"子菜单或单击导航图中"账套管理"按钮，进入账套管理对话框，如图8-2-8所示。对话框的中央是系统的所有账套的列表，下方是功能按钮。

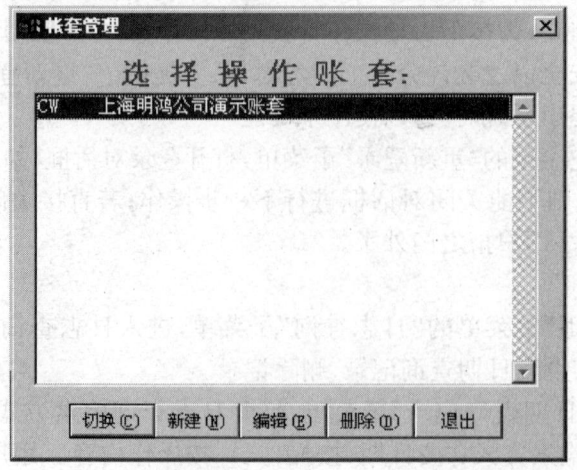

图8-2-8　账套管理对话框

（2）单击"新建"按钮，出现会计制度设置对话框，如图8-2-9所示。

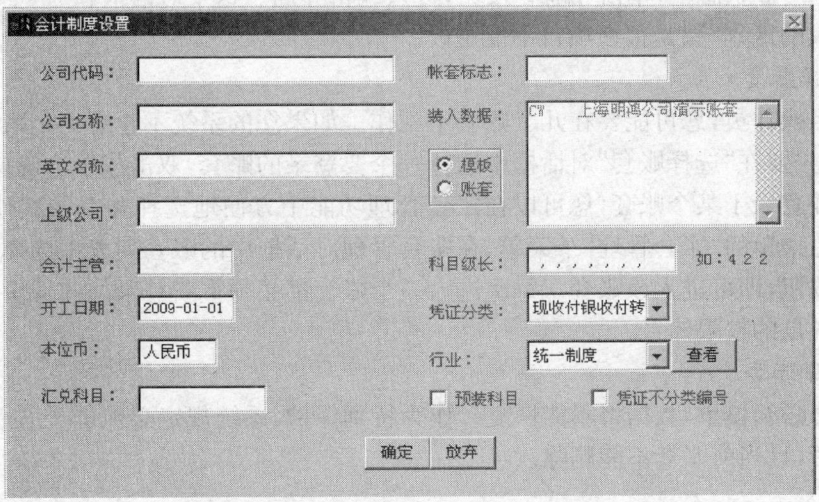

图8-2-9　会计制度设置对话框

第一，输入公司代码、公司名称、英文名称、上级公司及会计主管姓名。

第二，输入账套标志：账套标志即账套代码，一般为公司名称的拼音缩写，在新建账套时不能为空。

第三，确定开工日期：默认为系统日期，您应该把它改为本账套的实际开工日期。请注意：① 账套的实际开工日期必须是某月的1号，若不慎输错，系统将自动修改为1号。② 教学版财务软件所有的账套只允许同一年份。

第四，确定记账本位币：系统默认为人民币，根据需要可以修改为其他货币。

第五，确定汇兑科目：由于本系统可以自动生成调整汇兑凭证，但系统并不知使用哪个科目来调整汇兑损益，所以在此应输入科目号。若此时还未整理好科目表，可暂不输入，待以后使用账套编辑功能添加。

第六，确定以何种方式装入数据：这个功能旨在方便用户制作科目表。它有两种方式：按行业装入数据和按账套装入数据。欲按行业装入数据时，请选择模板项目，然后在行业下拉菜单中选中合适的行业，系统将把该行业的一级会计科目装入科目表，系统一共提供了16个行业的科目模板；如果是按账套装入数据，那么系统将为您复制指定账套的科目到新账套。

第七，确定科目级长：基于国家会计制度，一级科目的长度必须是3或4，科目级长的设定应与会计制度对所属行业的规定相一致，如果输入错误，系统将出现提示。由于输入空间的限制，任何一级的科目级长不能超过9。

第八，确认凭证分类：系统为您准备了四种类型的凭证划分方法：① 记账；② 收、付、转；③ 现、银、转；④ 现收、现付、银收、银付、转账。并将第④种类型设为默认值。当然，您在"凭证类型设置"功能内，也可以选择"自定义选项"进行设置。

第九，确认所属行业，同时可利用"查看"按钮查询所属行业的科目及科目代码。

第十，确定是否预装科目。

第十一，选择凭证是否分类编号。

（二）编辑账套

如图8-2-8状态下，单击"编辑"按钮，进入编辑界面。这个对话框和上一节的新建对话框没有什么大的区别，只是很多项目不能更改。

（三）选择账套

作为一名操作员，您可能要在几个账套中工作。如果您的系统不止有一个账套，每次启动系统后，您首先要在"选择账套"对话框中选择一个要登录的账套，双击或单击确认。如果您已经启动系统并登录于某个账套，您可以在账套管理功能中方便地选择并登录其他账套。单击"系统管理"主菜单的"账套管理"子菜单，在账套管理对话框中的账套列表中选择账套，双击或者按"确认"按钮，即可进入该账套。每次进入一个账套都必须重新登录您的身份，因为每个账套都有一套各自的权限体系。

（四）删除账套

删除账套必须慎重，数据将不能恢复！作为特别保护，系统规定必须位于第一个账套才能删除其他账套，且当前账套不能删除。

第三节　系统的初始化设置

一、科目设置

（一）设置科目级数

如果对新建账套中定义的科目级长不满意，而又无法在其中更改，可以使用"设置科目级数"功能修改。单击"系统初始"主菜单的"设置科目级数"子菜单或直接单击导航图中的"科目级数"按钮，进入设置科目代码长度界面。然后直接使用方向键移动光标，更改级数，直至满意为止。设置科目代码长度，如图8-3-1所示。

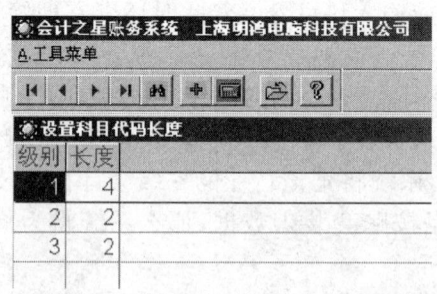

图8-3-1　设置科目级数及长度

请注意

（1）科目级数更改后，账套管理中的"科目级长"项将自动相应变化。

（2）设置科目级数必须在科目表中还未输入任何科目时才可以使用，否则只能浏览。

（3）设置科目代码长度时要求没有其他人使用本软件(网络版)。

（4）如果只是查看科目代码长度，可点击账套管理中的"编辑"按钮。

（二）设置科目

（1）科目设置应完成以下六个方面的工作：

输入科目号

输入科目名

确定科目（账户）的借贷方向

确定科目（账户）的期初金额

确定哪些科目（账户）需要设定外币或数量账簿，并输入对应的外币金额或数量

确定哪些科目需要进行辅助核算（往来、部门、现流）

（2）由于科目设置的输入工作相当繁琐，为此"会计之星"财务软件提供了以下几种方法，由用户选择：

第一，若用户在新建账套时已选"预装科目"选项，并确定了所属行业，则科目表中存在此行业的标准科目号和科目名。

第二，若用户在新建账套时未选中"预装科目"选项，则可以使用"科目预装"功能从行业模板或者已有账套中复制一套科目号和科目名，然后在此基础上进行修改和扩充。另外，还可从已有账套中复制科目表及金额。

步骤：

单击"系统初始"主菜单的"科目装入"子菜单，打开"预装科目"对话框，如图8-3-2所示。

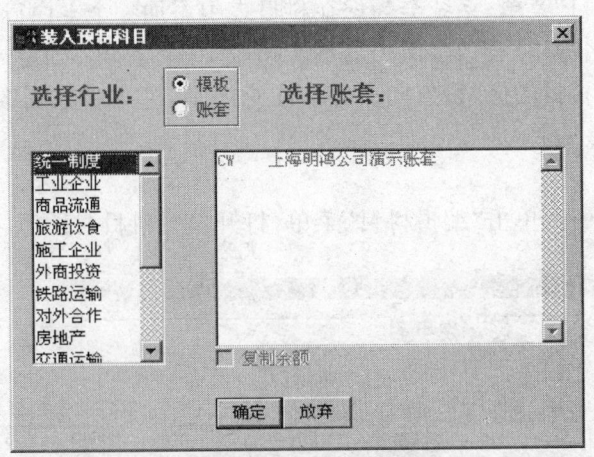

图8-3-2　"预装科目"对话框

先选择行业或账套，再进一步选择行业模板或已有账套，若选择账套，还需判断是否复制金额，然后确定，系统即可自动将科目导入本账套了。

第三，若上述两项功能均未选择，只能单击"系统初始"主菜单的"科目设置"子菜单，进入会计科目设置界面，如图8-3-3进行输入。

打开菜单栏中的功能菜单，可以看见许多与科目编辑有关的子菜单，这些菜单分为三类11个：

科目表编辑类：　　a. 增加同级科目　　b. 增加下级科目

　　　　　　　　　c. 克隆科目　　　　d. 按科目查询

　　　　　　　　　e. 删除科目　　　　f. 编辑科目

特种账簿设置类：　a. 设置数量账簿　　b. 设置外币账簿

科目表测试类：　　a. 上下级核对　　　b. 试算平衡　　　c. 余额核对

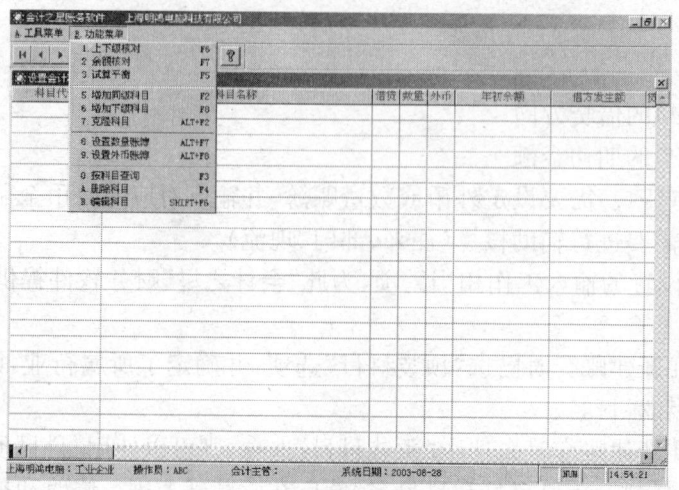

图 8-3-3　会计科目设置界面

（三）科目的编辑

1. 增加同级科目

单击"增加同级科目"菜单，系统会为您在科目表中添加一个空白行，您可以直接在那一行里填入科目号。科目名称用户自定，但长度不能超过 40 个字符。确定方向时，只要在"科目借贷方向"栏按空格切换科目的借、贷方向。应该注意的是，绝大多数明细科目必须和总账科目借、贷方向相同。

2. 编辑科目

在科目表中选中某行，单击"编辑科目"菜单，打开设置科目对话框，如图 8-3-4 所示。

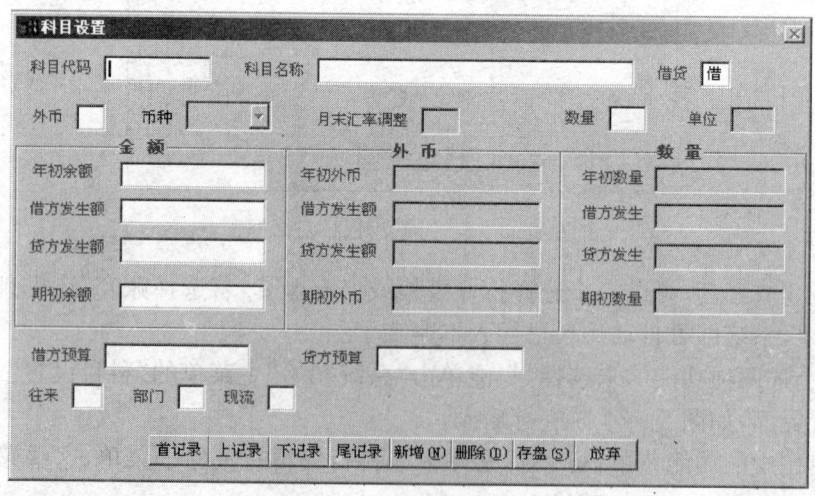

图 8-3-4　设置科目对话框

以上两种方式均可以实现科目的添加、修改以及数量、外币账户等关于科目的大部分设置。但它有一个缺点，就是每一个科目的所有信息必须手工输入，无法使用软件提供的简便功能。

3. 增加下级科目和克隆科目

为了减少输入量，方便用户，"会计之星"财务软件提供了"增加下级科目"和"克隆科目"功能菜单,这两个菜单是专门用于添加下级科目的,并且都只能添加科目的代码和名称,不会自动添加金额。不同之处在于,增加下级科目菜单每次只能添加一个下级科目,而克隆科目顾名思义是可以成批复制已有的下级科目。

例如,1401 材料采购与 1403 原材料下级科目很类似,现有 140101 材料采购——甲材料、140102 材料采购——乙材料、140103 材料采购——丙材料,欲对 1403 原材料增加相同的下级明细科目,可用以下两种方法:

(1) 利用"增加下级科目"子菜单:选中 1403 原材料,单击"增加下级科目"菜单,系统将自动添加 140301,默认科目名为"原材料——",在此处添加"甲材料"即可。利用"增加下级科目"菜单,如图 8-3-5 所示。

1403	原材料	借
140301	原材料——甲材料	借
140302	原材料——乙材料	借
140303	原材料——丙材料	借
1411	周转材料	借

图 8-3-5 利用"增加下级科目"菜单

再重复两次以上操作,系统将顺次增加 140302 原材料——乙材料、140303 原材料——丙材料。

(2) 利用"克隆科目"子菜单:

选中 1401 科目,单击"克隆科目"菜单,出现克隆科目对话框,如图 8-3-6 所示。

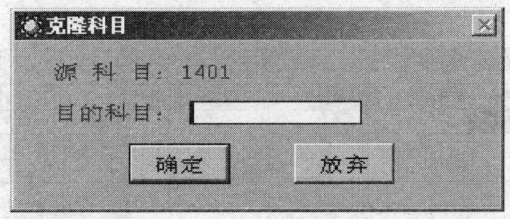

图 8-3-6 克隆科目对话框

在"目的科目"输入框中输入科目号 1403,确定。系统会按照 1401 科目相同的排列规则,建立 1403 科目的下级科目。

小技巧

在会计电算化中,各科目实际由科目号来区别,科目名主要起提示作用。可以按照您默认的命名方法,一旦遇到一个四级科目,科目名将长得无法全部显示,这时可以予以简化。简化时先确定一个命名的规则,既便于命名,又便于识别。

4. 查询科目

单击"系统初始"主菜单的"科目查询"子菜单,系统显示科目查询对话框,如图 8-3-7 所示。

输入此对话框时请注意以下事项:

(1) "开始科目"与"截止科目"标志了查询的范围,若仅查询一个科目,可以在开始与截止

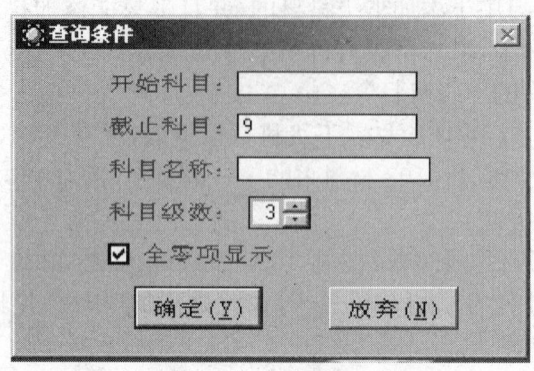

图8-3-7 科目查询对话框

输入框中输入相同的科目代码。

(2) 如果您对科目代码不熟悉,可以将科目名称的全部或者部分输入,系统将显示所有含输入部分的科目。

(3) 如果使用系统的默认值,保持开始科目与科目名称空白,直接单击"确定"按钮,系统将显示所有科目。

(四) 设置明细账簿格式

明细账簿格式分四种:三栏式、多栏式、数量金额式、外币金额式。在本系统中可以方便地完成设置明细账簿格式任务。在科目表中有两列:数量和外币。如果要将某账户设置为数量金额式,只要把光标停在该科目的数量一栏中,按空格键,即打上一个"∨"。如果这时候您单击"功能菜单"的"设置数量账簿"子菜单,打开"数量年初余额设置"窗口,您会看见所设置的科目出现在列表中,如图8-3-8所示。

科目代码	年初数量	数量借方发生	数量贷方发生	期初数量	单位	科目名称
1221						包装物

首记录　上记录　下记录　尾记录　退出

图8-3-8 设置明细账格式

只要输入以上信息即可。用同样的方法,可将任何科目设置为外币金额式。多栏式账格式不用设置,只要某科目下有明细,该科目即可为多栏式账。

(五) 账户数据输入

设置好科目后,可以输入年初余额(包括数量、外币),如不是1月份开始使用电算化系统,应设置年初到开工日的各科目借贷方累计发生额、期初余额(包括数量和外币)等。本位币金额直接在列表中输入,如果有数量、外币账户,按 Alt＋F7 进入数量设置窗口,输入数量计量单位;按 Alt＋F8 进入外币设置窗口,输入外币币种。如果,您希望减少输入量,可以按以下方法简化输入:

(1)可以只输入年初余额、借方累计、贷方累计、期初余额四列中的任意三列,然后单击"功能菜单"中的"余额核对"子菜单,系统会自动按如下公式:

$$期初余额＝年初余额±借方累计∓贷方累计$$

将另一列自动计算出来。

(2)可以只输入最下级科目的年初余额、借贷方累计发生额、期初余额,通过执行"功能菜单"中的"上下级核对"子菜单,由计算机向上汇总,自动算出直至一级科目的数字。

(3)设置所有的数量金额式或者外币金额式账户,然后分别在"数量设置"窗口或者"外币设置"窗口中一起输入年初余额、借贷方发生额、期初余额等信息。也可以在科目编辑对话框中单个账户输入,两者等价,可以随意选择。

(4)在外币账簿设置中有一栏称为"调汇",只有选中了即打"√",自动汇兑损益调整时,系统才将该账户纳入调整范围。

(六)科目表的数据测试

账户的余额输入非常容易出错,数据越多,错误概率越高。为了保证初始化工作的准确性,系统为您提供了三种不同的校验方式:上下级核对、余额核对和试算平衡。

1. 上下级核对

单击"功能菜单"的"上下级核对"子菜单,系统即开始校验,如果出错,系统将提示第一个出错的上级科目并指明是年初余额、借贷方发生额、期初余额中哪一项出错。科目表的上下级核对,如图 8-3-9 所示。

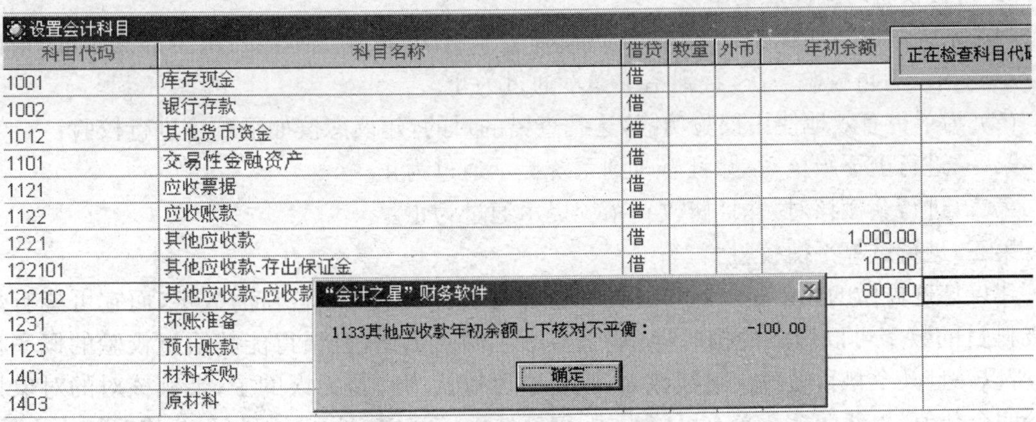

图 8-3-9　科目表的上下级核对

2. 余额核对

检查年初余额、借贷发生额、期初余额的关系。单击"功能菜单"的"余额核对"子菜单,系统即开始校验。如果出错,系统将提示第一个出错的科目。

3. 试算平衡

会计原理要求一级科目余额的借贷方合计数相等。单击"功能菜单"的"试算平衡"子菜单,系统即开始对全部年初、期初余额试算平衡校验。如不平衡,系统提示两者差额。科目表的试算平衡,如图8-3-10所示。

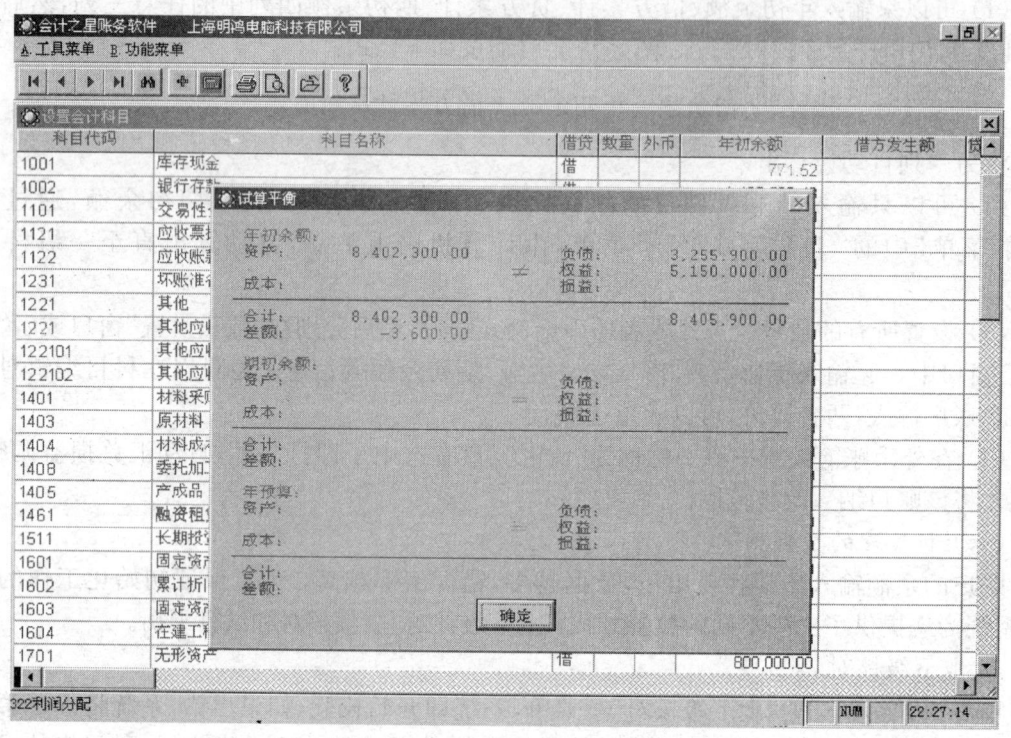

图8-3-10　科目表的试算平衡

4. 科目校验时应注意的事项

(1) 系统每次只能提示一个错误,如果有多个错误,系统是不能一次全部提示的,请修改已提示的错误后再校验一次,直到系统提示通过为止。

(2) 为了更有效地使用校验功能,达到查错的目的,建议您按如下顺序进行校验:

第一,进行上下级核对,并且修改到系统提示通过为止。

第二,进行余额核对,并且修改到系统提示通过为止。

第三,进行试算平衡校验。

建议您这样做的原因是:上下级核对的对象只有一个上级科目的数字,而它可能有数个下级科目的数字可以做它的校验码,这么多数字同时出错,且错得能够通过校验的概率相当低,所以一旦某个科目通过上下级核对,则基本可以认为它是无误的了;余额核对的对象只有一行四个数值,虽然四个数都有可能出错,但系统能够帮您定位出错科目,要修改较为方便;试算平衡可能是整个校验过程中最难通过的,因为它校验的对象是整个余额表,可能有几百个数字,甚至有上千个数字,而每一个数字都有可能错的,也正因为如此,系统无法为您定位,必须由用户自己逐个检查。如果您使用了上述的策略,那么至少可以确认那些有下级科目的账户可以不纳入检查的范围。

（七）年中增加科目

此功能菜单方便用户在结束初始化后仍能增加科目。单击"功能菜单"中的"年中增加科目"子菜单或者按 SHIFT＋F6 键，打开"科目设置"对话框，如图 8-3-11 所示。输入科目代码，系统将按照科目号的第一数字自动判别科目的方向。系统认可的数字是 1～6，一旦超过，系统将无法判别其性质。其余各输入项的性质与科目设置中含义一致，在此不作重复说明。

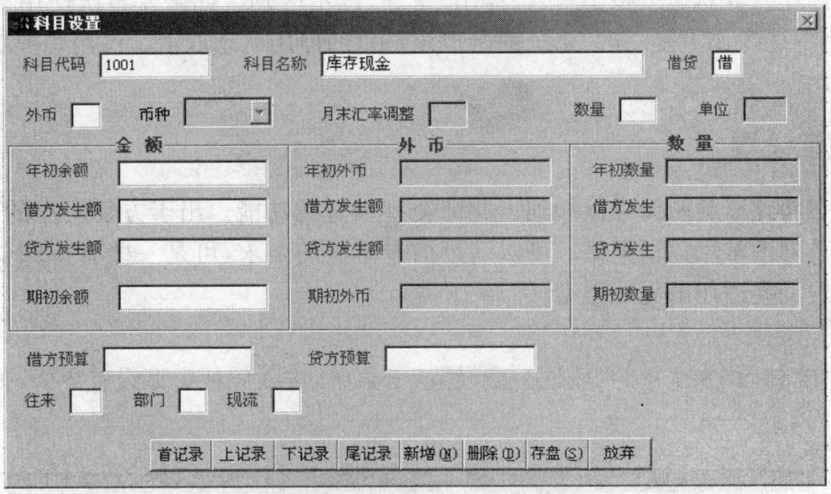

图 8-3-11 年中增加科目

（八）上级科目转入

此功能仅在结束初始化后使用。在实际工作中，经常会因为单位业务的变化，而要求增加新的下级科目。例如，过去单位只在甲银行开户，所以只需要设立一个"1002 银行存款"账户即可。随着业务变化，单位又在乙银行开户。这时候，要求在"1002 银行存款"下开设"100201 银行存款——甲银行"、"100202 银行存款——乙银行"两个明细账户，以便分别核算甲、乙两家银行的存款。实际上，调整账户后的"100201 银行存款——甲银行"核算的所有内容就是过去"1002 银行存款"账户核算的内容。所以"会计之星"财务软件在开设账户时就自动将所有"1002 银行存款"的业务全部划转到"100201 银行存款——甲银行"中了。

操作步骤如下：

承上例，单击功能菜单的"年中增加科目"子菜单或者按 SHIFT＋F6 键，打开科目设置对话框。直接在科目代码输入框输入 100201，科目名称中输入"银行存款——甲银行"，其他项目同科目设置。确定后系统将自动完成如下两个操作：

（1）将"1002 银行存款"科目的期初数据全部复制到"100201 银行存款——甲银行"的期初数据，以保持期初数的正确性。

（2）将所有过去的记账凭证（包括登账的和未登账的）中的"1002 银行存款"科目修改为"100201 银行存款——甲银行"，以保持发生额的正确性。

完成"100201 银行存款——甲银行"科目的添加后，按相同的方式添加"100202 银行存款——乙银行"。

（九）年中科目停用

在实际使用过程中,用户可能会发现部分会计科目不再使用,为防止误使用这类科目,系统提供了年中科目停用功能,一旦某科目被设为停用,那么它就如同消失了一样,在以后的所有工作中,系统均不认可该科目,但科目本身及其余额和发生额是保留的,仅仅是不能使用该科目。

将光标停在要求停用的科目上,单击"功能菜单"的"停用"切换子菜单或者按 F7 键,系统提示该科目停用并在状态一栏中写入"停用"字样,以示区别。如果要再次使用某个已停用的科目,只需将上述操作重复一次,系统就会把该科目的停用状态取消。停用切换功能仅在初始化后可以使用。

二、凭证设置

相信您在新建账套时已经接触到了凭证类型设置的功能。出于方便用户的目的,我们已预定义了一系列的常用凭证类型。可以满足很多单位的要求,可是一些有特殊要求的单位就需要自己设置一些适用的凭证类型。

1. 定义凭证类型

单击"系统初始"主菜单的"凭证类型设置"子菜单,进入凭证类型设置界面,如图 8-3-12 所示。

类型	必有科目	借方必有	贷方必有	必无科目	借方必无
记账					

图 8-3-12　凭证类型设置界面

2. 凭证类型及"必有/必无"科目的设置

这个功能不一定要在初始化时进行。如果在会计制度设计后还想修改凭证类型设置,选择"设置凭证类型"。"必有/必无"科目的设置,如图 8-3-13 所示。

类型	必有科目	借方必有	贷方必有	必无科目	借方必无	贷方必无	凭证	外币凭证
现收	1001	1001						
现付	1001		1001					
银收	1002	1002						
银付	1002		1002					
转账				1001；1002	1001；1002	1001；1002		

图 8-3-13　"必有/必无"科目的设置

除了可设置在输入凭证时使用的凭证类型外,还可设置该类凭证必有、借方必有、贷方必有、借方必无、贷方必无的科目。比如,您将凭证设为现收、现付、银收、银付、币收、币付、转账,那么现付类凭证可以作如下设置:贷方必有:"1001";借方必无:"1001"。如有多个必有、必无的科目,科目代码之间用";"连接。这样,输入凭证时系统将根据设置进行校验,如图 8-3-14 所示,以防止非法凭证的录入。

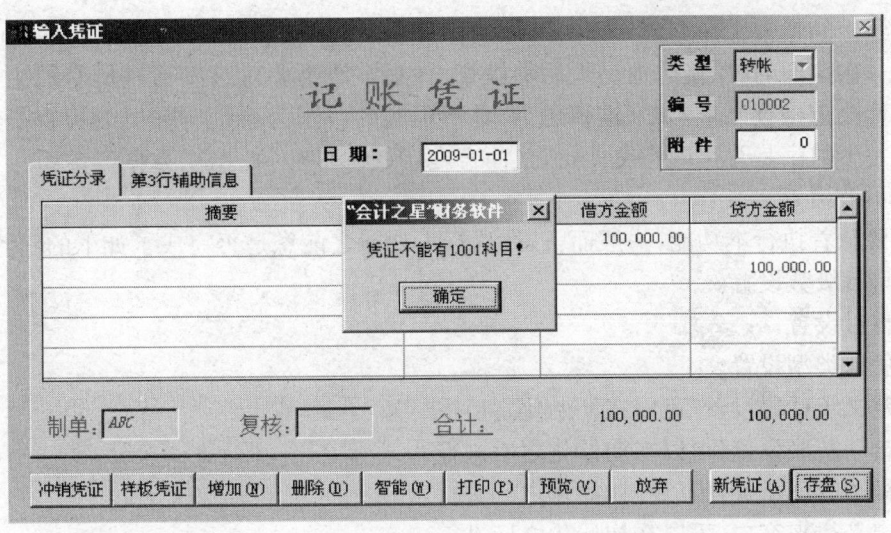

图 8-3-14 输入凭证时系统将根据设置进行校验

三、外币汇率管理

如果您的业务中涉及外币,那么您可以方便地在此确定所涉及的外币和它的汇率。单击"系统初始"主菜单的"外币汇率管理"子菜单,进入设置汇率界面,如图 8-3-15 所示。

图 8-3-15 设置汇率界面

在设置时请注意以下步骤:

(1) 单击"功能菜单",选择"新增记录"菜单,下方的表格内会出现一条空白记录。无论您的业务涉及哪个国家,都可以把那个国家的货币符号输进去,系统将一视同仁地认可,如同系统默认的外币一样,然后输入它的名称、汇率即可。

(2) 删除某货币时,只需选中某个货币,单击"删除菜单"即可。

(3) 在每次希望调整外币汇率时,同样进入到本功能,只需将要调整的那个外币的汇率输入到汇率一栏即可。

(4) 新汇率应该是中间汇率,即(买入价+卖出价)÷2。这一点在状态栏里有提示。

四、结束初始化

做到这一步时,初始化工作应该是已经大功告成了。本功能就像一道分界线,将艰苦的准备工作与轻松的日常工作划分开来。为了确保准备工作的准确性,本功能再次将对整个初始化工作做一次全面的、严格的也是最后的检查。但是,请不要对这次检查抱有幻想,认为不管什么错误都会被检查出来,如果这样想,那是不现实的。因为系统对数据的检查是逻辑检查,不可能对每个数字是否正确作出评价,换而言之,系统只能对数据与数据的关系作检查,而数据本身并不被检查。

请不要急着执行本功能,一般而言,在执行本功能之前您是否完成了如下的任务:

(1) 科目级数设置。

(2) 科目设置。

(3) 凭证类型设置。

(4) 定义统计码设置(可以在初始化之后进行)。

(5) 自动转账设置(可以在初始化之后进行)。

(6) 样本凭证设置(可以在初始化之后进行)。

(7) 定义往来客户(可以在初始化之后进行)。

(8) 定义现金流量表统计项目(可以在初始化之后进行)。

(9) 定义部门核算。

只有在完成了这些事后,才能够使用到"会计之星"财务软件账务系统的全部功能。以上这些工作有些已经在前面的章节中介绍过了,如:(1)~(3);而另一些工作还没有介绍过,我们将在以后的章节中介绍。

请单击"系统初始"主菜单的"结束初始化"子菜单,提示开工日期,确定后即执行结束初始化,系统开始检查数据。如果有任何逻辑错误,则结束初始化不成功,并提示错误,相信按提示可以很容易地找到错误,予以修改。不过,每次只提示一个错误,再一次执行本功能将提示下一个错误,以此类推,直到所有错误都被改正,系统才会提示通过。

请注意

在结束初始化之后,以下功能将不能再执行,所以执行本功能("结束初始化"功能)要慎重:

(1) 科目级数设置。

(2) 科目设置。

第四节 凭 证 管 理

一、输入凭证

凭证输入功能是系统最常用的功能,所有会计分录都在此输入,是整个账务系统数据的主要入口。单击"凭证管理"主菜单的"输入凭证"子菜单,打开输入凭证窗口,如图 8-4-1 所示。

"输入凭证"画面与手工输入记账凭证形式大体相同。进入"输入凭证",屏幕显示凭证类型、凭证编号、附件数、凭证日期等凭证的要素。在窗口下方有以下按钮:"冲销凭证"、"样板凭证"、"增加"、"删除"、"智能"、"打印"、"预览"、"放弃"、"新凭证"和"存盘",这是操作本窗口的功能按钮。在窗口的中央是主要信息的输入区。

(一) 凭证基本要素的输入

在窗口的上部的栏头有凭证的一些要素:类型、编号、附件和日期。

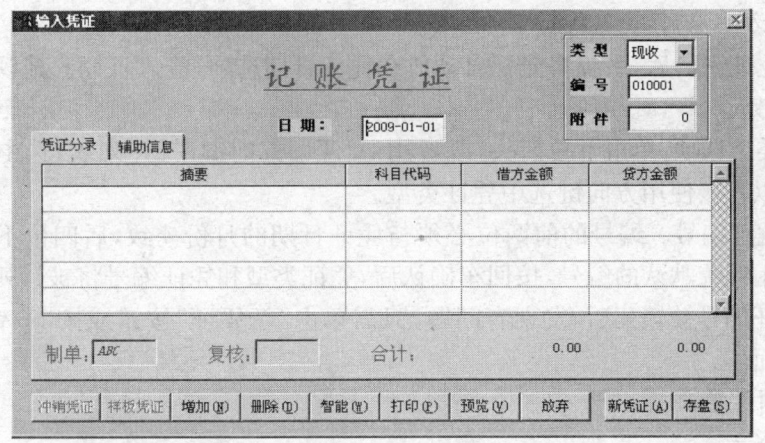

图 8-4-1 输入凭证窗口

（1）类型，在"系统初始化"模块中可自行设置。

（2）编号，系统遵循如下规则：月份＋编号。月份占 2 位，从 01～12；编号占 4 位，从 0001～9999，每月最多可有 9 999 张，即使大中型企业也足够使用。例如，凭证编号为090007，则意味着这张凭证是本类型凭证在当年 9 月份输入的第 7 张凭证。您可以修改编号，但建议采用系统自动编号，以加快输入速度，并且可以保证编号不重复、不遗漏。

（3）附件，是指附在记账凭证后面的原始凭证的张数。

（4）日期即为系统登录日期（假设作凭证的日期和登录日期同月份），可根据用户实际情况进行修改，但输入的日期必须在登录日期之后。

（二）凭证分录和辅助信息的输入

在窗口的中央是输入会计分录及其辅助信息的标签对话框，是主要信息的输入区。标签共两个选项：一是凭证分录，二是辅助信息。

（1）凭证分录标签，它的内容就如同一张普通凭证，有摘要、科目、金额、金额合计、制单人、复核等项目。输入凭证时就类似手工填写。

（2）辅助信息标签，如图 8-4-2 所示。

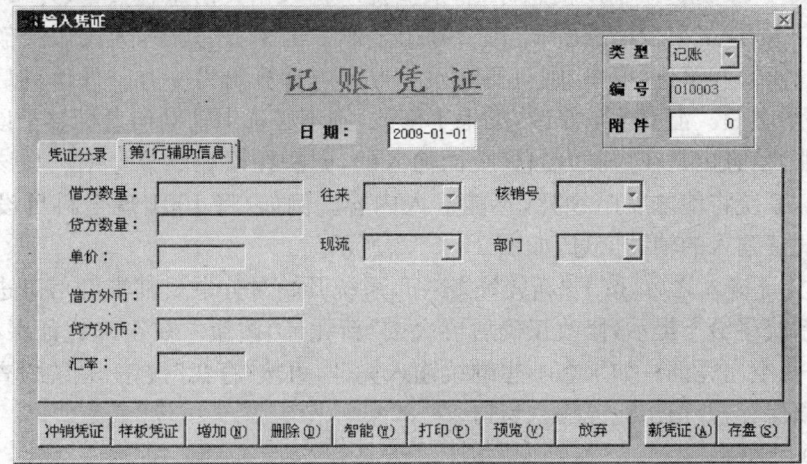

图 8-4-2 辅助信息

（三）操作方法

（1）进入凭证窗口后，系统将光标自动放在凭证日期选项，输入日期。建议使用系统默认的日期，回车确定。

（2）凭证类型选项，单击下拉箭头，或者用 ALT＋方向键，打开列表，选中合适的凭证类型。当然也可以直接使用方向键选中凭证类型。

（3）输入凭证编号。编号的前两位必须与凭证日期的月份一致，后四位不能与已有凭证相同。建议使用系统默认的编号，按回车确认后，凭证类型和凭证编号将被锁死。如果输入的凭证类型或凭证编号被锁死后，发现有问题，只需单击"新凭证"按钮或按 F6 键，系统将恢复空白的窗口界面。

（4）输入附件数。

（5）输入分录。

输入分录时，请注意以下规定：

第一，系统自动开辟分录的第一行。摘要最多可输入 40 个英文字母和数字，或 20 个中文字，快速输入摘要依赖使用的汉字系统。

第二，由于科目较多，输入时可能较麻烦，系统提供了两种方法：① 如果熟悉科目代码，可以直接输入完整的代码；② 如果不很熟悉科目的代码，可以按回车键，系统会提供下拉选择。例如输入代码 20，按回车，系统跳到所有 20 开头的代码的科目中的第一个，用户可以用 ↑↓ 和 Pgup 和 Pgdn 检索，直到找到正确代码。

第三，余额和发生额最大金额：99,999,999,999.99，即最高百亿位。

第四，输入摘要、科目、金额后按回车键，光标跳到第二行。以此类推，无论您的凭证有多少行，系统一律认可。对一借一贷、一借多贷、多借多贷系统都会支持。

第五，可以随时按下 F8 键或单击"智能"按钮，系统将按凭证借、贷累计金额平衡的原则自动填入未输入金额。

（6）在输入凭证时，发现记录有错，可以选中该行记录，按 F4 键或单击凭证下方"删除"字样，予以删除。

（7）辅助信息。如果当前业务涉及数量或者外币，请将光标停在数量或外币科目的那一行，单击选中或按 F3 键选中辅助信息标签，根据提示输入相关信息。数量（外币）的计算公式为人民币金额＝数量×单价（人民币金额＝外币金额×汇率）。其中，人民币金额是一定要输入的，而数量（外币）和单价（汇率）则只要输入一方即可计算出另一方。外币科目会自动按现有汇率计算外币金额。汇率可以修改，如果不修改，则不必选中辅助信息标签予以输入。统计业务码（辅助账）信息也是在"辅助信息"页面输入的，方法在以后章节介绍。与该科目无关的辅助信息项，系统将使之变暗锁死，不能输入内容。例如，将 1001 现金科目设置为外币科目，外币业务凭证输入的辅助信息，如图 8－4－3 所示。

（8）结束凭证输入之后，按下"新凭证"按钮，系统开始对分录及其辅助信息进行检验。倘若凭证有错，系统将给予提示，修改正确后再次按"新凭证"按钮。在正确凭证保存妥当之后，窗口会显示一张空白凭证。如果您不想继续输入凭证，可按"存盘"按钮，系统检查凭证并通过后，将凭证予以保存，并退出凭证输入窗口。

（四）凭证打印

在窗口下方的功能按钮组中有"打印"和"预览"两个按钮，用于当前凭证的打印。"打印"

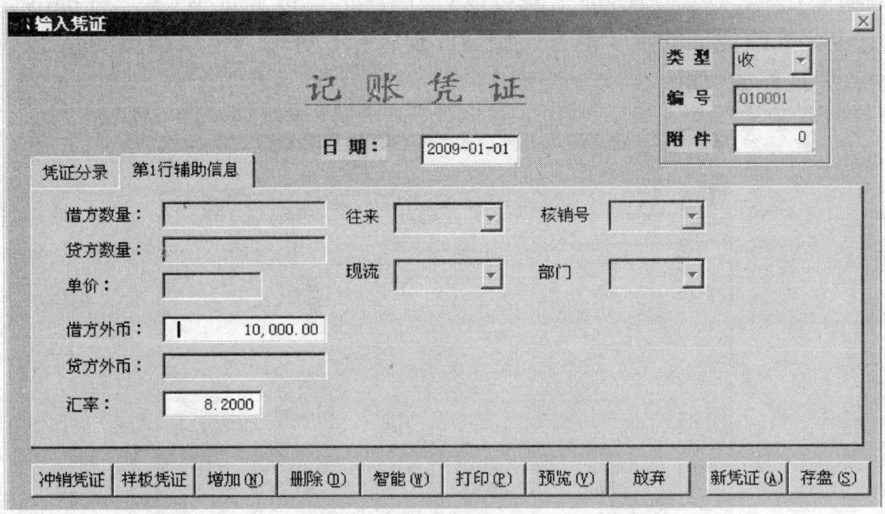

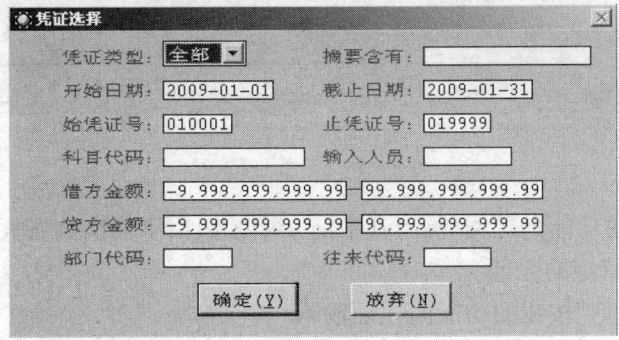

图8-4-3 外币业务凭证输入的辅助信息

按钮用于在正式打印前,预先浏览一下打印结果,以避免浪费时间。"预览"将所有的要打印的凭证依序放入其中,以后一起打印。

退出凭证输入窗口,单击"凭证管理"主菜单看见有"打印记账凭证"和"打印外币凭证"两个子菜单。由于本位币凭证与外币凭证的格式不同,事实上系统设置了两个打印队列,分别存放本位币凭证与外币凭证。想打印哪种凭证就单击哪个子菜单。

二、凭证查询和修改

单击"凭证管理"主菜单的"查询修改凭证"子菜单,系统提示凭证选择对话框,您可以按凭证种类、按凭证编号、按凭证日期将查询范围缩小,单击"确定"。凭证查询和修改,如图8-4-4所示。本系统中将凭证查询与修改功能放在一起,一旦发现错误可以立刻予以修改,节省时间。

图8-4-4 凭证查询和修改

(一)查询修改凭证

1. 方法

单击"查询修改凭证"子菜单或按F7键,系统打开查询、修改凭证窗口,如图8-4-5所示,在查询凭证界面里,您可能不习惯直接浏览凭证的列表,或者认为要查看凭证的辅助信息必须使用滚动条,感觉不太方便,那么就可以打开查询、修改凭证窗口,以标准的凭证格式查看。同时,它也是修改凭证的唯一地方。您会发现它和凭证输入窗口相当接近,仅仅有以下功能按钮不同。凭证修改,如图8-4-6所示。

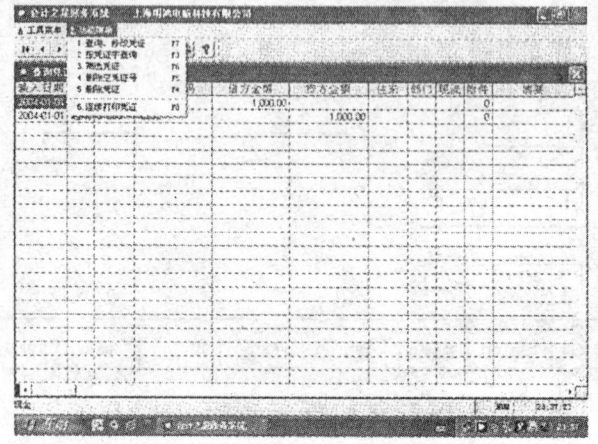

图8-4-5 显示凭证查询结果

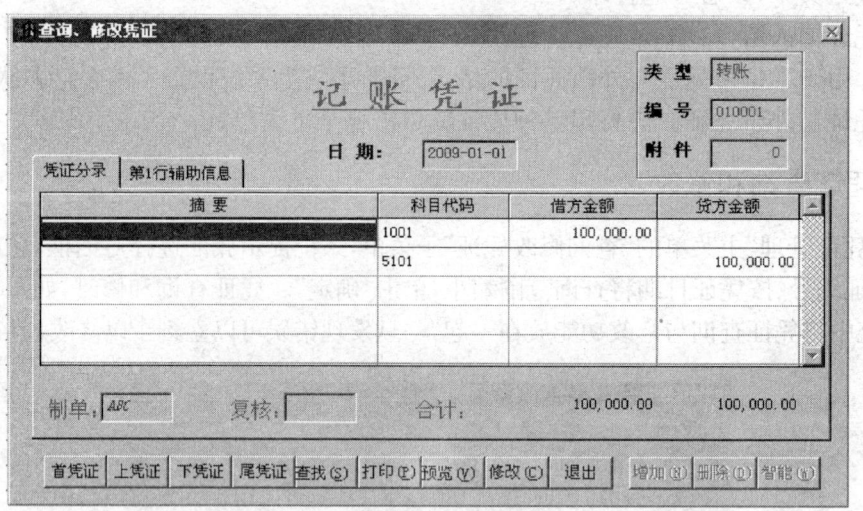

图8-4-6 凭证修改

(1) 前5个按钮的功能是翻阅凭证,其中前4个按钮用于依次翻看凭证,而"查找"按钮可以帮助您方便地找到特定的凭证。

(2) "打印"和"预览"按钮的功能同凭证输入。

(3) 为防止误修改,必须单击"修改"按钮,将凭证从浏览状态切换到修改状态,才可以予以修改。进入修改状态后,按钮字样变为"保存",修改完毕后必须单击"保存"按钮方可确认存盘,并回到浏览状态。如果不想修改了,按"退出"按钮,也可回到浏览状态。

2. 凭证修改的规则

如已记账,只能作红字凭证冲销;如已复核但未记账,必须先请复核人员取消复核才能使用本功能修改。

（二）删除凭证

（1）在日常工作中,输错凭证是在所难免的,而其中的一些凭证即使是修改也无法解决问题时,必须将它删除。

两种操作方法:

第一,单击"查询修改凭证"子菜单或按 F7 键,系统打开查询、修改凭证窗口;单击"修改"按钮,转入修改状态;单击"删除"按钮,系统提示"确认删除记录吗?"此时按"是"按钮即可。

第二,按 F4 或选择"功能菜单"中的"删除凭证"子菜单,系统提示"确认删除这张凭证吗?"这时按"确认"按钮即可。

（2）一个问题:会计学原理要求凭证编号必须是连续的。而删除一张凭证后,它所属的编号就被跳过了,在凭证输入时成了一个空号,怎么办呢?

方法 1：将此空号补上一张凭证。

方法 2：将此后的所有凭证的编号减 1,将空号删除。请单击功能菜单的"删除空凭证号"子菜单,即可将所有的空号删除。

（3）有空号时不能记账,系统将提示第一个空号。

三、凭证审核

为保证会计信息的正确性,要求凭证审核后才可以记账,本系统也提供了这项功能。单击"凭证管理"主菜单的"审核凭证",打开复核凭证窗口。同样,它与凭证输入窗口也很类似。复核凭证窗口,如图 8-4-7 所示。

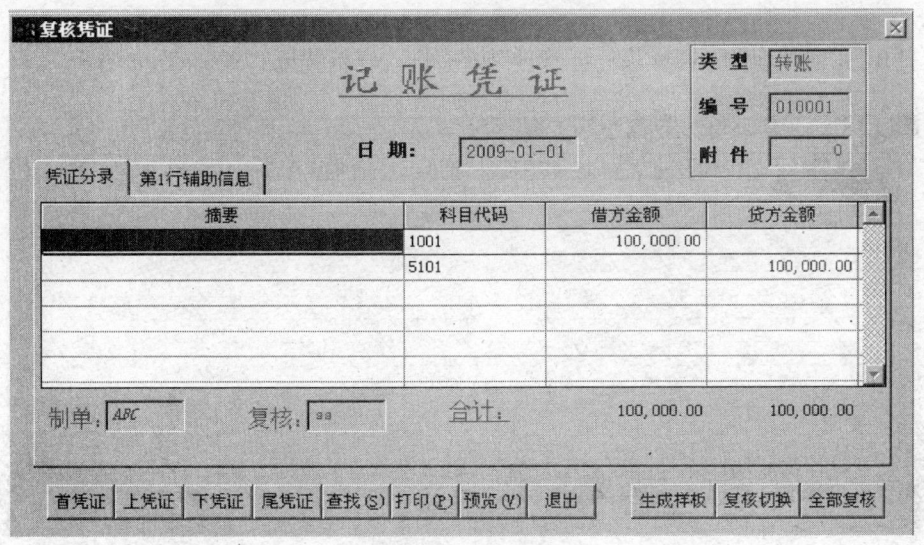

图 8-4-7 复核凭证窗口

在窗口的右下角有一个"复核切换"按钮,当您单击它后,凭证的复核一栏即签上您的名字,再单击一次则取消。请注意:本系统不允许输入人员复核自己制单的凭证。但在财务软件输入工作仅由一人完成的时候,可以将会计主管人员的姓名在账套设置中删除,系统允许输入人员和审核人员为同一人。

四、特殊凭证的处理

（一）样板凭证

1. 生成样板凭证

方法一：

（1）打开"复核凭证"窗口，将光标停留在欲作为样板的凭证上，单击"生成样板"按钮，系统打开生成样板凭证对话框，如图8-4-8所示。

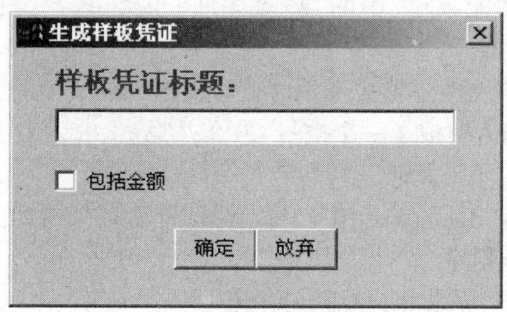

图8-4-8　生成样板凭证对话框

（2）为该分录取名，名称最长由38个字符（英文字母和数字）或19个汉字组成。

（3）如果分录的金额固定，选中样板凭证标题的下方的复选框"包括金额"，生成的样板凭证中除摘要、科目外还会包括金额；如果分录的金额不固定，无须选择"包括金额"，生成的样板凭证中仅有摘要和科目。

方法二：

（1）打开"凭证管理"中的"样板凭证管理"按钮，进入样板凭证管理窗口，如图8-4-9所示。

图8-4-9　样板凭证管理窗口

（2）输入以上相应内容，存盘退出即可。

2. 使用样板凭证

（1）在凭证输入窗口中，选择样板凭证的类型，按回车键使光标到"摘要"处，然后单击"样板凭证"按钮，打开选择样板凭证对话框，如图8-4-10所示。

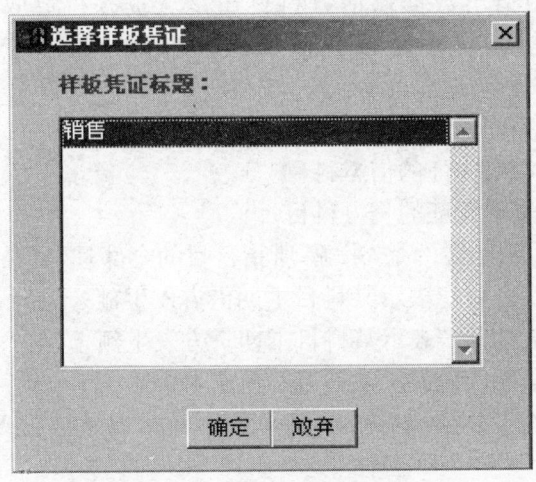

图 8-4-10 选择样板凭证对话框

（2）选中样板凭证，单击确定，系统即按照样板生成凭证。

（二）冲销凭证（适用于错误凭证已经登账，不能直接修改的情况）

（1）查询错误凭证的凭证类型及凭证编号。

（2）打开"凭证输入"窗口，单击"冲销凭证"按钮，系统弹出"冲销已记账凭证"对话框，输入错误凭证的类型及凭证编号，确定，系统自动生成冲销凭证。

（3）为防止遗漏，在做完冲销凭证之后，立即将正确的凭证输入电脑。另外，生成的冲销凭证也需要审核与记账。

注：在凭证输入窗口下使用"样板凭证"或"冲销凭证"时，只有当光标到达"摘要"行，"样板凭证"和"冲销凭证"的按钮才会由暗淡变亮，变为可选。

（三）自动转账凭证

1. 设置自动转账法则

（1）单击"系统初始"主菜单的"设置自动转账"子菜单，进入设置自动转账公式，如图8-4-11所示。

图 8-4-11 设置自动转账公式

（2）批次：自动转账凭证的生成序号，与实际凭证号无关，同一张凭证的批次应当相同。

(3)来源：在此列中指出数据从借方科目还是从贷方科目取过来，按空格键切换借贷方向。为明确对应关系，自动转账凭证功能只支持一借一贷、一借多贷、一贷多借分录。

(4)摘要：自动转账凭证的摘要。

(5)借方科目：自动转账凭证的借方科目。

(6)贷方科目：自动转账凭证的贷方科目。

(7)金额公式：空，表示结转的是"来源"所指科目的全部月末余额

　　　　　　　"D(某科目)"表示某科目本期借方发生额

　　　　　　　"C(某科目)"表示某科目本期贷方发生额

　　　　　　　"L(某科目)"表示某科目本期期末余额

如果是部分结转，可在上述公式后乘以相应比例，也可以是常数或算术运算表达式。

2.请注意以下事项

(1)在设置自动转账法则时，要注意转账法则的先后顺序。即应按照会计业务处理的一般程序和业务之间在时间上的逻辑顺序进行编辑。例如，先编制结转损益类账户的自动转账法则，再编制结转所得税的法则。

(2)欲结转某一账户的所有下级科目余额时，无需逐个罗列，只需在借方科目或贷方科目处输入上级科目的科目代码即可。

(3)如果某自动转账分录的金额并非来源于此分录中的借方或贷方，而是来源于第三方，则"来源"选项不起作用。例如，作计提所得税分录时，其金额与分录的借、贷科目均无联系，而是来自4103本年利润的本期期末余额的25%，此时"来源"处无论是"借"、"贷"都不起作用。

3.生成自动转账凭证

单击"账簿管理"主菜单的"自动转账"子菜单，系统将自动生成的转账凭证放在已有转账凭证最后。

4.生成自动转账凭证时应注意的事项

(1)可以选择全部生成自动转账凭证，或按批次逐次生成自动转账凭证。

(2)若在转账后发现错误，只需再重复一次自动转账功能，系统就会把上一次生成的凭证删除。然后对自动转账法则进行修改，再生成一次即可得到正确结果。

(3)如果想第二次生成自动转账凭证时，不删除第一次生成的凭证，只需将前一次的自动转账凭证记账。

(4)生成的自动转账凭证由系统自动审核，产生"机制"的审核标志，此标志不可更改。

(四)汇兑损益调整

1.汇兑损益调整的前提条件

(1)在账套管理中，汇兑损益科目已经设置。

(2)在科目表中，相关科目已设置为月末汇兑损益科目。

(3)初始化工作已结束。

(4)相关凭证已经全部审核、记账。

2.方法

(1)在"账套管理"中设置汇兑损益科目，如图8-4-12所示。

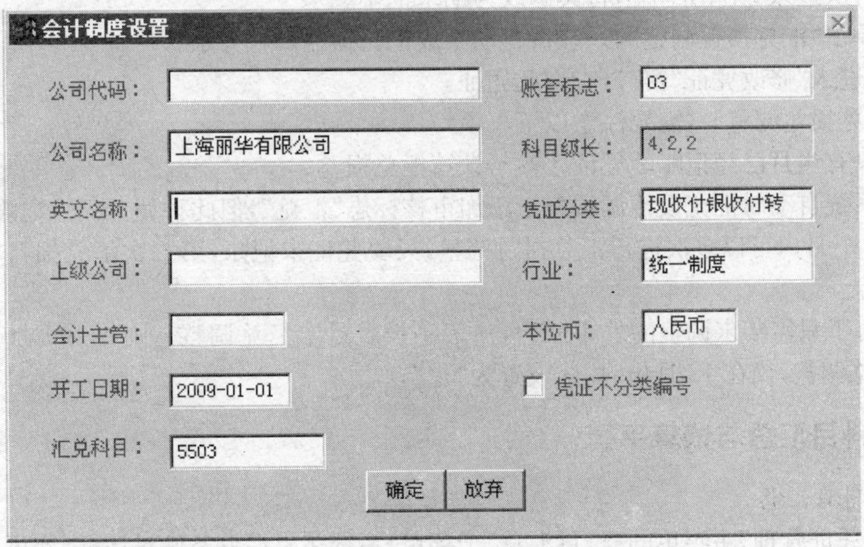

图 8-4-12 在"账套管理"中设置汇兑损益科目

（2）在科目设置中的科目表中，设置相关科目为外币科目，同时选择"编辑科目"子菜单进入科目设置窗口，将其设置为月末汇兑损益科目，如图 8-4-13 所示。

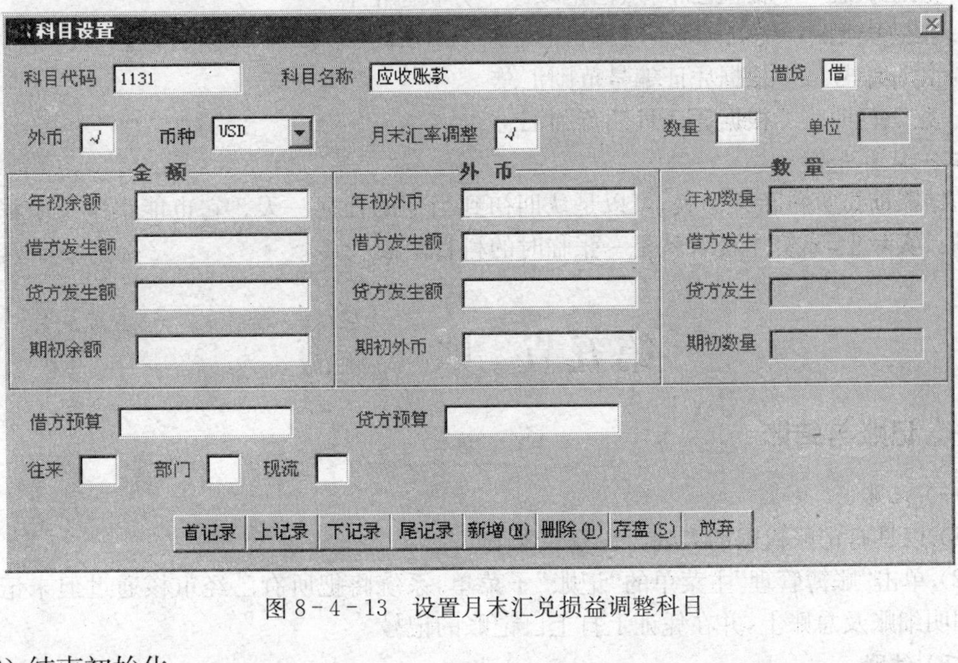

图 8-4-13 设置月末汇兑损益调整科目

（3）结束初始化。

（4）进入"外币汇率"，将外币汇率改为当日市场汇率或所需要的其他汇率。

（5）输入凭证，并在辅助信息中查看借、贷方外币金额和汇率是否正确，请注意凭证输入中的金额为记账本位币金额，外币金额根据汇率折算得到。

（6）依次输入凭证，若与前张凭证所涉及的汇率不一致，则在"外币汇率"中进行修改。

（7）将相关凭证审核、记账。

（8）再次进入"外币汇率"，将其修改为期末汇率。

（9）单击"汇兑损益调整"，系统将自动生成汇兑损益调整分录。

（10）进入"修改凭证"窗口，查询此凭证。

3. 汇兑损益调整时，需要注意以下事项

（1）只有当月已经记账的凭证才参与计算汇兑损益。

（2）系统自动对汇兑损益调整分录添加审核标志"汇兑"，但此种凭证仍需记账。

（3）1个月内可以多次进行汇兑损益调整，只要凭证未记账，第二次汇兑损益调整将删除前次的分录。

（4）对于只需年末调整的外币账户，一般不设置月末汇兑调整。则1～11月份不要设置为月末汇兑调整，仅在12月份时，才设置为"是"。

五、科目汇总与试算平衡

（一）科目汇总

单击"凭证管理"主菜单的"科目汇总"子菜单，系统跳出汇总条件对话框，您可用以下筛选条件灵活确定汇总的范围：

- 科目代码　　不输入代码则代表汇总全部科目
- 凭证类型　　根据某一类型或全部类型汇总
- 凭证状态　　根据已审核、已记账或不分状态汇总
- 汇总类型　　总账，即一级科目的汇总表；明细，就对最低级科目汇总
- 凭证编号　　根据凭证编号范围汇总
- 凭证日期　　根据凭证日期范围汇总

（二）试算平衡

在结账前试算科目余额表，可以是从期初到当期的任何一天。它也能集中反映账户某日的余额。实际上，试算平衡表就是一张临时的科目余额表。

第五节　账　　簿

一、记账与结账

（一）记账

（1）以具有记账权限的人的身份登录账套。

（2）单击"账簿管理"主菜单的"记账"子菜单，系统将把所有已经审核通过但未记账的凭证登到明细账及总账上，并在凭证上打上已记账的记号。

（二）结账

结账分两种：每月末结账与每年末结账，系统也相应的提供了月结账和年结账两个菜单。

1. 月结账

（1）月末结账的前提条件：

第一，本月业务已经完成。

第二，所有的凭证都已记账。

第三,结账前,已经使用试算平衡复核期末余额,并确认无误。

第四,在网络版本上,要求结账时没有人在输入数据。

(2)月末结账的步骤:

第一,以具有结账权限的员工的身份登录账套(一般为会计主管)。

第二,单击"账簿管理"主菜单的"月末结账"子菜单。

(3)月末结账的结果:

第一,"月末结账"后,表示本月的财务工作结束,因此不能再输入、修改当月凭证。

第二,系统计算出各科目的发生额和期末余额,并逐级汇总至总账科目。

第三,结账后,可以查询本月的账簿和编制本月的会计报表。

2. 年结账

(1)年末结账的前提条件:必须已结完12个月的账。

(2)年末结账的步骤:

第一,以具有"年末结账"权限的员工的身份登录账套(一般为会计主管)。

第二,单击"账簿管理"主菜单的"年末结账"子菜单。

(3)年末结账的结果:

第一,系统将本年总账及明细账数据保存到历史数据库中并清空上年账簿数据库。

第二,系统将本年期末余额转到下一年期初余额。

第三,用户可进行初始化,再次调整科目,但经过年末结账进入的初始化和第一次使用软件系统时初始化略有不同,用户对总账科目余额慎作修改。

二、账簿

(一)打开账簿

"会计之星"财务软件为您提供了各种格式账簿的显示方式,以适应各种需要。一共有五种格式:三栏式明细账、数量金额式账、外币金额式账、多栏式明细账和总分类账,分别对应"账簿管理"主菜单下的五个子菜单。单击它们后,启动对应的账簿格式。不过,在打开账簿窗口之前,您必须先提示系统,您要翻阅哪本账簿。系统会给出一个账簿查询对话框,输入科目号即可,如图8-5-1所示。这些对话框因账簿格式不同而不同,主要是为了向用户提供更多的服务。

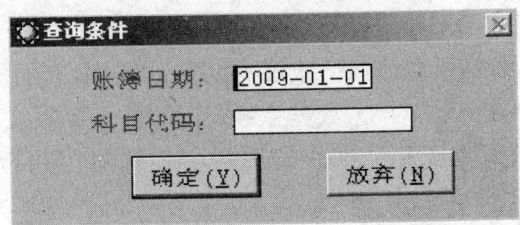

图8-5-1　账簿查询对话框

在手工记账中,查询账簿时只能查询所有的数据,不可能对数据预先进行筛选,而在会计电算化中,则可以方便地完成这样的任务,以上的对话框就为用户提供了数据预选功能,只要输入想要的数据的要求,系统自动完成数据预选。如果不需要使用该功能,则只需输入科目代码,其余各项使用系统的默认值即可。有些对话框实际并不提供数据预选功能,这主要是因为实务中不必使用数据预选功能。

(二)查询账簿

为适应用户习惯,本系统的账簿在显示、打印输出时和手工格式一样有页的概念。窗口就如同手工时的账页,使用定位按钮可以前后翻阅。当然,您也可以单击"搜索"按钮,打开查询对话框。账簿的"链式"查询方式,如图 8-5-2 所示。在账目较多时,它可以帮助您按页数或日期,翻到账簿适当的位置。

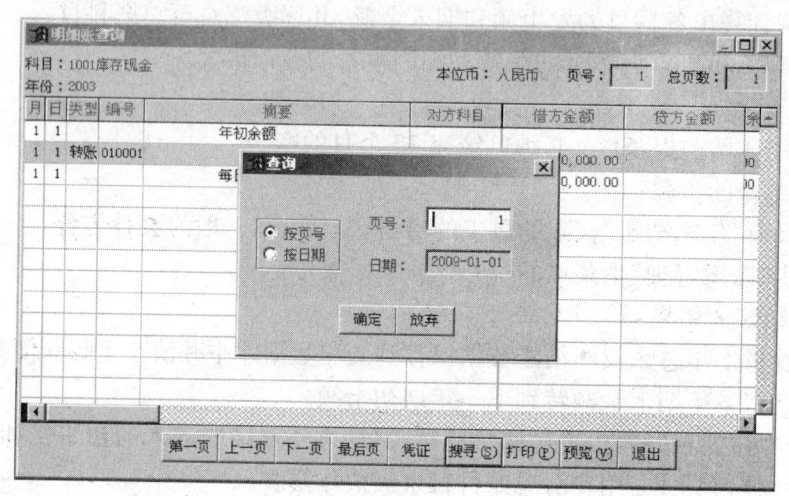

图 8-5-2 账簿的"链式"查询方式

本系统提供了一个很大的便利,利用它提供的从总账→明细账→记账凭证→原始凭证的"链式"查询方式,在翻阅账簿时,可以立刻调出记账凭证。只需单击"凭证"按钮,系统即打开当前光标所在行的凭证,凭证的显示方式和输入时的界面一致。这样一来,查账工作将变得十分便利。而在凭证浏览窗口内的"原始凭证"按钮将为您打开当前凭证的原始凭证。当然,此处的原始凭证是指管理信息系统其他模块所生成的电子记录,而非一般意义上的原始凭证。所以,是否能够打开原始凭证取决于是否有其他管理信息系统联结在会计信息系统上,并向本系统输出过机制原始凭证。

1. 三栏式明细账

在本系统显示的三栏式明细账,包括现金日记账和银行日记账,所有的明细账和日记账每笔均都结出余额,所以明细账和日记账格式没有明显的区别,它们的格式和手工记账时的一样,只是日记账有"每日小计"栏。对于"数量金额式"和"外币金额式"的科目,如要以三栏式查询,则最好通过菜单中的"查询三栏式明细账"模块,而通过"科目余额表"模块查询操作较复杂。

2. 数量金额式账

如果一个没有下级科目的科目,在科目设置时账簿格式设置为支持"数量",则就能查询其数量金额式明细账。本系统显示的数量金额式明细账格式和手工记账时的大致一样,区别仅在于每笔账都计算数量和金额余额,所以在产成品等明细账中通过记账即可用加权移动平均法计算出成本。

3. 外币金额式账

如果一个没有下级科目的科目，在科目设置时账簿格式设置为支持“外币”，则能查询其外币金额式明细账。本系统显示的外币金额式明细账和手工记账时的大致一样，区别仅在于每笔账都计算本位币和外币余额。

4. 多栏式明细账

本系统的一个特色就是任意一个有下级科目的科目都能查询其多栏式明细账，而不是只有预先设定的科目才能查询。这样，用户既能够输出三栏式又能够输出多栏式，这是手工记账方式不可能做到的。本系统显示的多栏式明细账和手工记账时的一样。

5. 三栏式总账

在记账后，可以查询任意一段时期（包括前几年）的总分类账。一般来说，在会计信息系统中，科目余额表的作用比总分类账大。

三、科目余额表

1. 科目余额表格式和内容

在结账后可以查询已结账月份（包括前几年）的科目余额表。科目余额表内容包括期初余额、借方发生额、贷方发生额和期末余额，可以只显示总账科目内容，也可显示所有各级科目的内容，科目余额表，如图 8－5－3 所示。

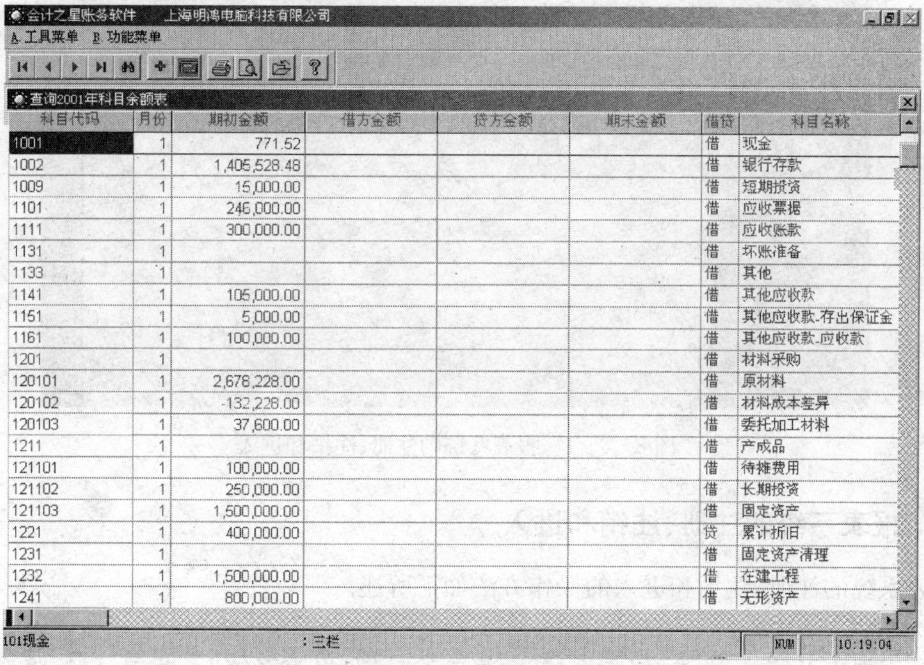

科目代码	月份	期初金额	借方金额	贷方金额	期末金额	借贷	科目名称
1001	1	771.52				借	现金
1002	1	1,405,528.48				借	银行存款
1009	1	15,000.00				借	短期投资
1101	1	246,000.00				借	应收票据
1111	1	300,000.00				借	应收账款
1131	1					借	坏账准备
1133	1					借	其他
1141	1	105,000.00				借	其他应收款
1151	1	5,000.00				借	其他应收款-存出保证金
1161	1	100,000.00				借	其他应收款-应收款
1201	1					借	材料采购
120101	1	2,678,228.00				借	原材料
120102	1	-132,228.00				借	材料成本差异
120103	1	37,600.00				借	委托加工材料
1211	1					借	产成品
121101	1	100,000.00				借	待摊费用
121102	1	250,000.00				借	长期投资
121103	1	1,500,000.00				借	固定资产
1221	1	400,000.00				贷	累计折旧
1231	1					借	固定资产清理
1232	1	1,500,000.00				借	在建工程
1241	1	800,000.00				借	无形资产

图 8－5－3 科目余额表

2. “链式”查询方式

本系统提供了从总账→明细账→凭证的“链式”查询方式，只需在查看总账科目余额表时按 F7，系统即显示光标所在行的明细账，再进一步，在查看明细账时显示光标处明细账记录所属的凭证。此功能对于查账等工作将提供相当的便利。同时，利用 Ctrl＋Pgup、Ctrl＋Pgdn

可转到上一月或下一月,从而能对各月科目余额表快速查询。

科目余额表是以列表的方式显示的,快速翻动记录可以用键盘和鼠标实现。键盘操作:上下箭头上下移动一条记录,Pgdn 下翻一页,Pgup 上翻一页,F9 第一条记录,F10 最后一条记录。利用鼠标也能实现快速移动记录:每个列表右边都有滚动条,在滚动条上,按鼠标左键可上下移动记录,也可拖动滚动条上的记录标记,更快速地移动记录。本操作适合所有的查询列表,包括明细账、科目查询等。"会计之星"财务软件的操作,单用键盘能完成所有输入和查询,单用鼠标能完成所有查询。

第六节　报 表 系 统

报表系统包括三个菜单:① 财务报表;② 注册报表系统;③ 注销报表系统。

"会计之星"财务软件的报表系统与其他财务软件有所不同,它是以加载宏的形式将Excel升级为报表系统,考虑到速度的因素,并非永久地把 Excel 变成报表系统,而是做到随时用,随时升级,用完了再恢复。为此,系统提供了相应的菜单:报表系统的注册、注销和进入,如图8-6-1所示。

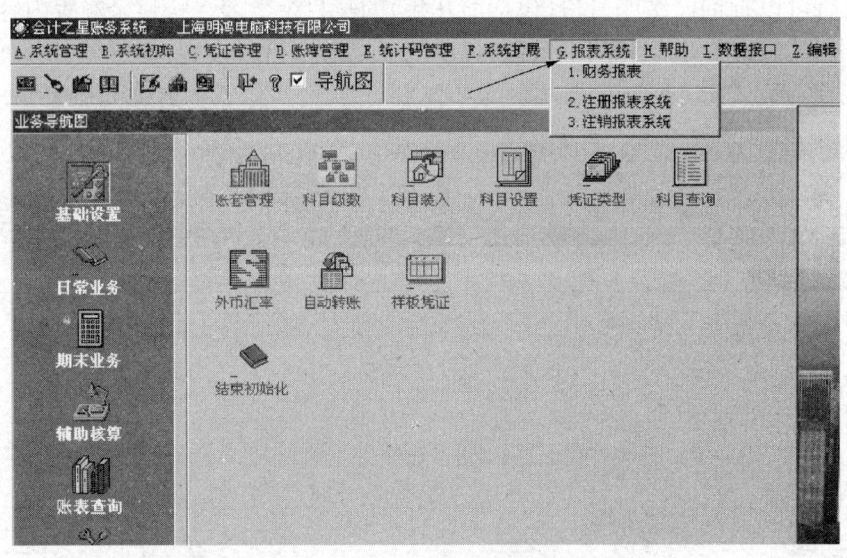

图 8-6-1　报表系统的注册、注销和进入

一、报表系统的注册、注销和进入

报表系统的注册、注销和进入的操作方法如下所述。

1. 注册

在使用报表系统前,单击"报表系统"主菜单的"注册报表系统"子菜单,鼠标将变成沙漏,提示用户等待,此时,系统开始将宏程序加入 Excel 中。因为报表系统的规模较大,请用户耐心等待,直至鼠标恢复为箭头,系统给出注册报表完毕的提示。

2. 使用

注册成功后,单击"报表系统"主菜单的"财务报表"子菜单,"会计之星"财务软件将启动 Excel,如图 8-6-2 所示。

图 8-6-2　财务软件启动 Excel

3. 注销

不使用报表系统时，单击"报表系统"主菜单的"注销报表系统"子菜单，鼠标将变成沙漏，提示用户等待。此时，系统开始将宏程序从 Excel 中卸下，把 Excel 恢复原样。

二、一般报表的制作

（1）"财务报表"菜单，如图 8-6-3 所示。

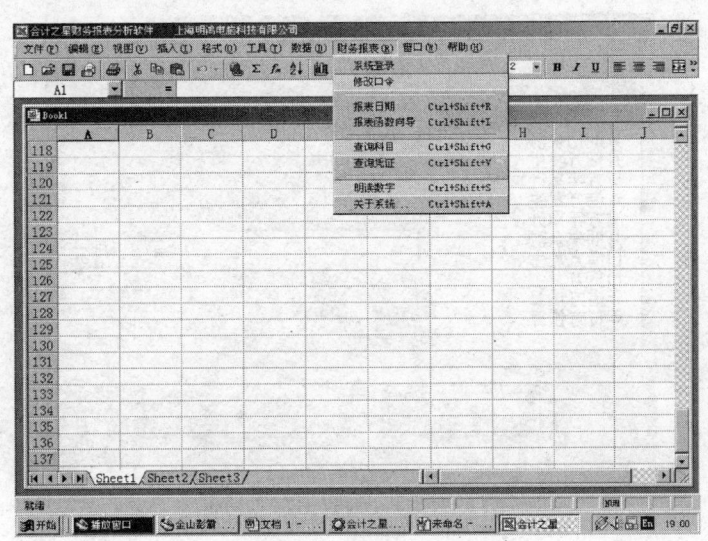

图 8-6-3　"财务报表"菜单

第一，登录系统。

• 作用：控制无生成报表权限的操作员进入报表系统。另外，没有成功登录之前，"会计之星"财务软件定义的所有函数的返回值将都是 0。而且，大部分自定义菜单无效，无法使用。

• 方法：单击"财务报表"主菜单的"系统登录"子菜单，打开系统登录对话框，输入正确口令（ABC），单击"确定"按钮即可。

第二，修改口令。

• 方法：单击"财务报表"主菜单的"修改口令"子菜单，打开修改口令对话框，输入原口令及新口令，单击"确定"按钮即可。

第三，报表日期。

· 作用：由于一个报表可以使用于不同的时间段，所以每次生成报表时，应该向系统声明一下时间，令系统按新的时间重新取数计算。否则，系统将使用上一次的结果。

· 方法：单击"报表日期"子菜单，打开对话框。报表日期对话框，如图8-6-4所示。

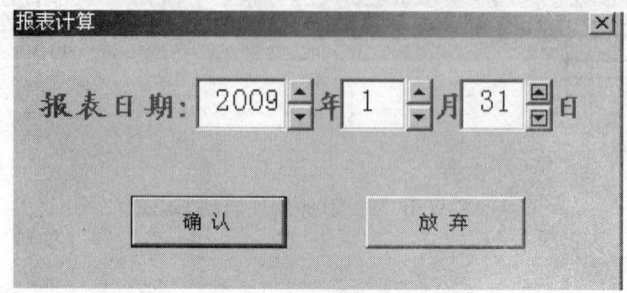

图8-6-4 报表日期对话框

第四，报表函数向导。

· 作用：本系统提供此功能，可供用户利用自定义函数从账簿中取数，制作报表。

· 方法：单击"报表函数向导"子菜单，打开函数指南对话框，如图8-6-5所示。

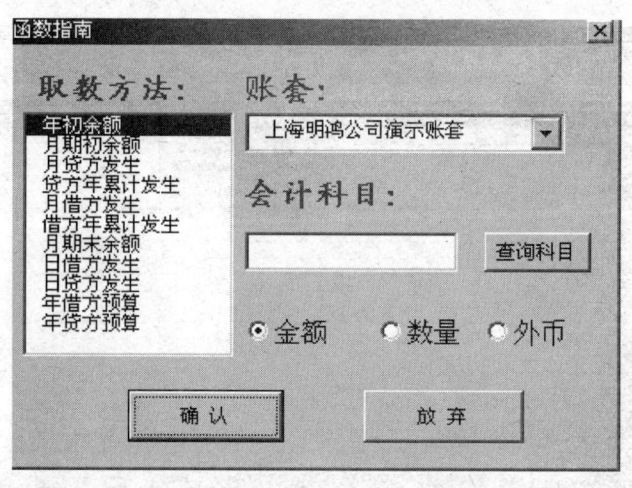

图8-6-5 函数指南对话框

请注意以下参数：

· 账套：指此次取数所属的账套。

· 取数方法：指此次所取数据在账簿中的位置。

· 会计科目：为方便用户使用，请单击右边的"查询科目"按钮，可打开科目查询窗口，如图8-6-6所示。

· 金额、数量、外币：只能选择其一。

第五，查询科目：用户在报表制作时，可随时打开科目查询窗口，如图8-6-6所示。

(2)例题：编制工业企业利润表。

请按以下步骤操作：

第一，注册并启动"会计之星"财务报表系统，并进行系统登录。

第二，新建报表。

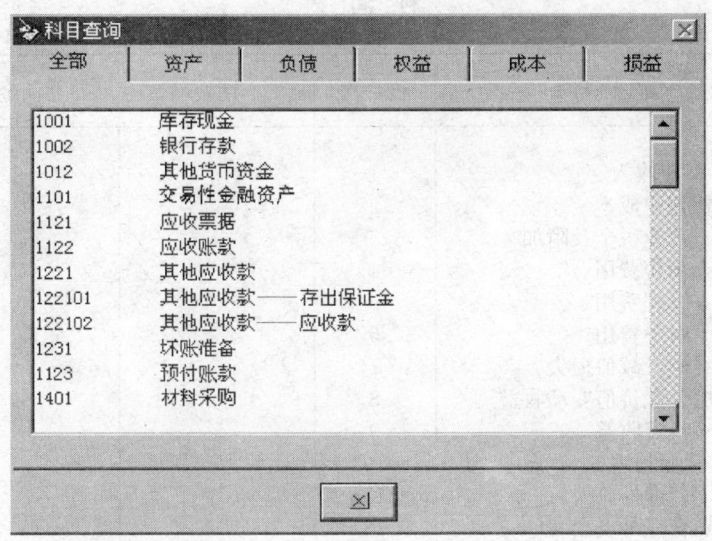

图 8-6-6　打开科目查询窗口

　　首先,单击文件主菜单中的新建子菜单或按 Ctrl＋N,打开新建对话框。请注意:不要使用工具栏中的"新建"按钮,否则会绕过新建对话框。

　　其次,在新建对话框中选择电子方案表格标签,并选中工业企业财务报表图标,如图8-6-7所示。

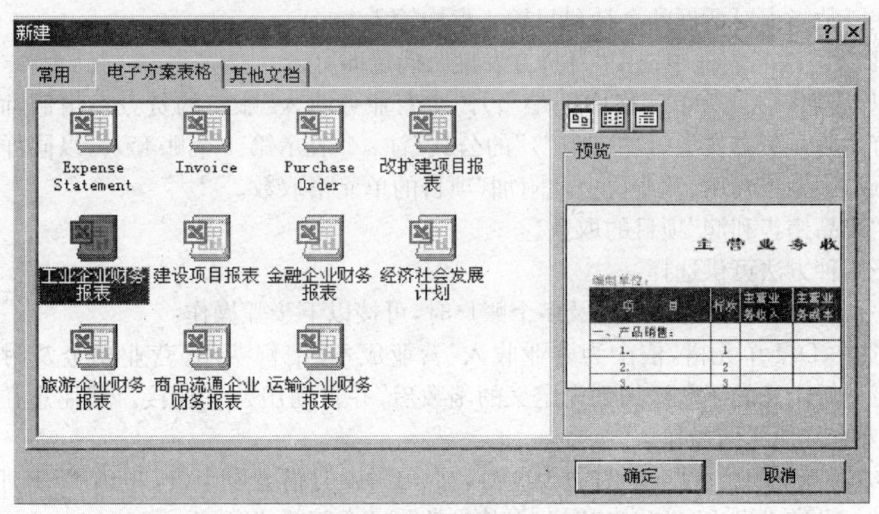

图 8-6-7　选中工业企业财务报表图标

　　按"确定"按钮,打开报表工作簿。选中其中的利润表标签,打开标准格式的利润表,如图8-6-8所示。

　　第三,为"产品销售收入"项目的"本月数"定义取数公式。

　　• 选中 D7 单元格,单击"财务报表"主菜单的"报表函数向导"子菜单,打开函数指南对话框。

　　• 选中该报表所在的账套。

利 润 表　　　　　会企 02 表

编报单位：　　　　　　年　月　　　　　　　　单位:元

项　　目	行　次	本期金额	上期金额
一、营业收入	1		
减:营业成本	2		
营业税金及附加	3		
销售费用	4		
管理费用	5		
财务费用	6		
资产减值损失	7		
加:公允价值变动收益	8		
投资收益	9		
二、营业利润	10		
加:营业外收入	11		
减:营业外支出	12		
三、利润总额	13		
减:所得税费用	14		
四、净利润	15		

图 8-6-8　打开标准格式的利润表

- 单击"查询科目"按钮,打开科目查询窗口,双击"6001 主营业务收入"科目,关闭窗口;或者直接在函数指南对话框的会计科目输入框中输入 6001。
- 在取数方法列表框中选中"月贷方发生",确定即可。

进行以上操作后,D7 单元格中即是当月"主营业务收入"账户的贷方发生额,而在 Excel 编辑栏中有:"＝月贷方发生(1,"6001")"的公式(注:1 表示第 1 个账套)。以同样的方法为"主营业务成本、销售费用、营业税金及附加"项目的单元格取数。

第四,"产品销售利润"项目的取数。

有以下两种方法可供选择:

方法一:当一个项目的取数涉及多个账户时,可按以下步骤操作:

首先,选中 D11 单元格,依次为营业收入、营业成本、销售费用、营业税金及附加定义函数。系统将把后定义的函数添加到先定义的函数后,并自动用"＋"连接。请注意在定义函数时,中间不要有其他任何操作。

其次,编辑栏中的公式"＝月贷方发生(1,"6001")＋月借方发生(1,"6401")＋月借方发生(1,"6601")＋月借方发生(1,"6403")",将其中的"＋"全部改成"－"。

方法二:直接用 Excel 的功能。选中 D11 单元格,在编辑栏中输入"＝D7－SUM(D8:D10)"。

第五,确定报表单位。

- 选中 B5 单元格,单击"插入"主菜单的"函数"子菜单,打开粘贴函数对话框,在函数分类列表中选择用户定义项;在函数名列表中选中"报表单位"函数,如图 8-6-9 所示。
- 然后确定。系统会要求输入账套编号,此编号即本系统所有账套的排列序号。输入账套编号,如图 8-6-10 所示。

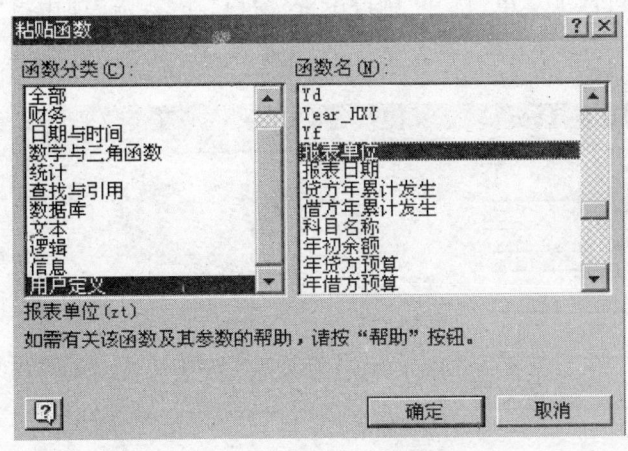

图 8-6-9 打开粘贴函数对话框

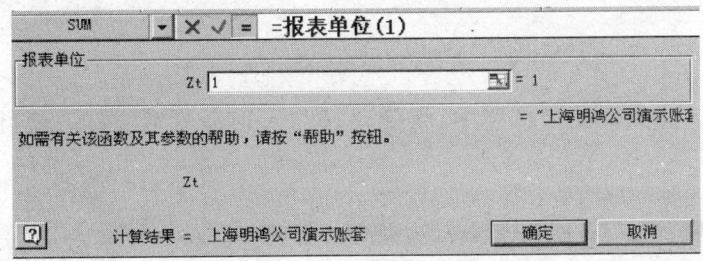

图 8-6-10 输入账套编号

确定之后,系统在 B5 单元格自动添加本账套的全称。

第六,确定报表时间。

选中 C5 单元格,单击"插入"主菜单的"函数"子菜单,打开粘贴函数对话框,在函数分类列表中选择"用户定义"项,然后在函数名列表中选中"报表时间"函数,确定即可。

"报表时间"函数取得的日期默认为系统日期。如果要更改日期,只需单击"财务报表"主菜单的"报表日期"子菜单,进行相应修改,然后确定。

第七,以后再次进入报表系统,查询已完成的报表时,均需"系统登录"且需修改"报表时间"为欲查询报表的时间。否则,返回值为 0。

(3)例题:编制现金流量表。

第一,在科目设置时,请先定义科目的现金流量属性,即在"设置科目"窗口中的科目相应的"现流"栏中打"√"。在科目设置时先定义科目的现金、流量属性,如图 8-6-11 所示。

贷方发生额	期初余额	借方预算	贷方预算	往来	部门	现流	下级	平衡	分类
									负债
									负债
						√			负债
									负债
									负债
									负债

图 8-6-11 在科目设置时先定义科目的现金流量属性

亦可单击"编辑科目"子菜单,打开"科目设置"窗口,在"现流"项中打"√",如图 8-6-12 所示。

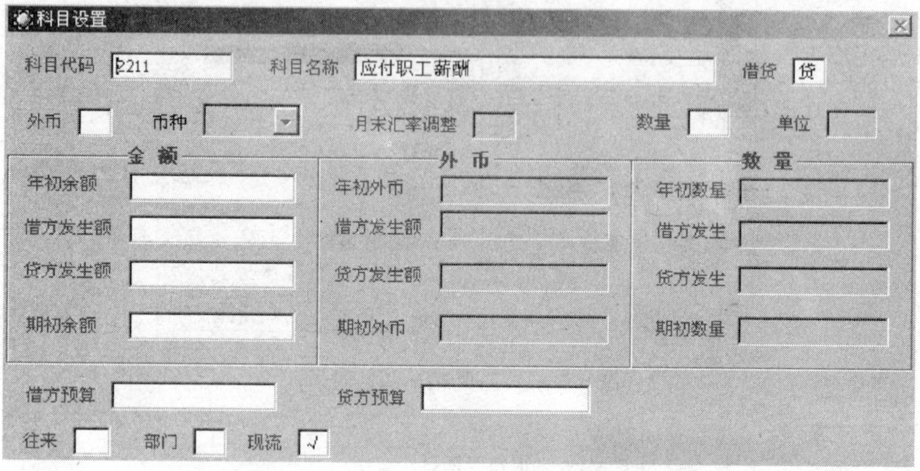

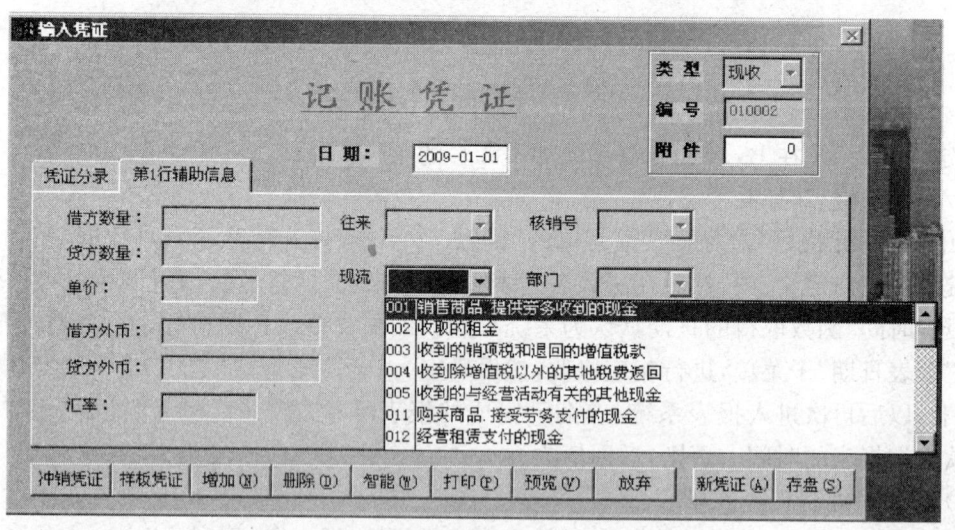

图 8-6-12 在"编辑科目"的"现流"项中打"√"

第二,在输入凭证的辅助信息栏中,将此科目归入现金流量的某一项目,如图 8-6-13 所示。

图 8-6-13 将此科目归入现金流量的某一项目

第三,在报表编辑栏中输入公式:

＝函数名称(账套号,科目号,年,月,日,"现流＝'xxx'")

其中:

- 函数名称:月借方发生、月贷方发生、年初余额、月期末余额等。
- 账套号:账套排列的顺序号。
- 科目号:科目代码。
- 年、月、日:当年、当月、当日均以 0 表示

上一年、月、日均以-1表示

下一年、月、日均以1表示

其他以此类推

- "现流='xxx'"：xxx为现金流量代码。

例如，"支付给职工以及为职工支付的现金"，其现金流量代码为013。

请注意：所有的符号均为西文标点符号。

例如，2211应付职工薪酬科目在现金流量表中属于"支付给职工以及为职工支付的现金"，其公式应编辑为：=月借方发生额(1,2211,0,0,0,"现流='013'")。

第四，输入现金流量表所有项目的计算公式。

除以上步骤外，其他操作同例2中利润表的编制，在此不再赘述。

（4）动态报表的制作。动态取数功能实现的关键，是财务函数的时间参数对相对数的支持。例如，欲取上一日的现金收入情况，可以使用函数"日借方发生"，并将它的时间参数改为-1。系统重新计算时，会自动取出上一日的现金日借方发生额。

方法：

第一，利用报表函数向导确定取数方法、账套和科目。

第二，回到Excel中，单击编辑栏前的"="按钮，Excel打开"日借方发生"函数的参数对话框，共有四个参数，如图8-6-14所示。

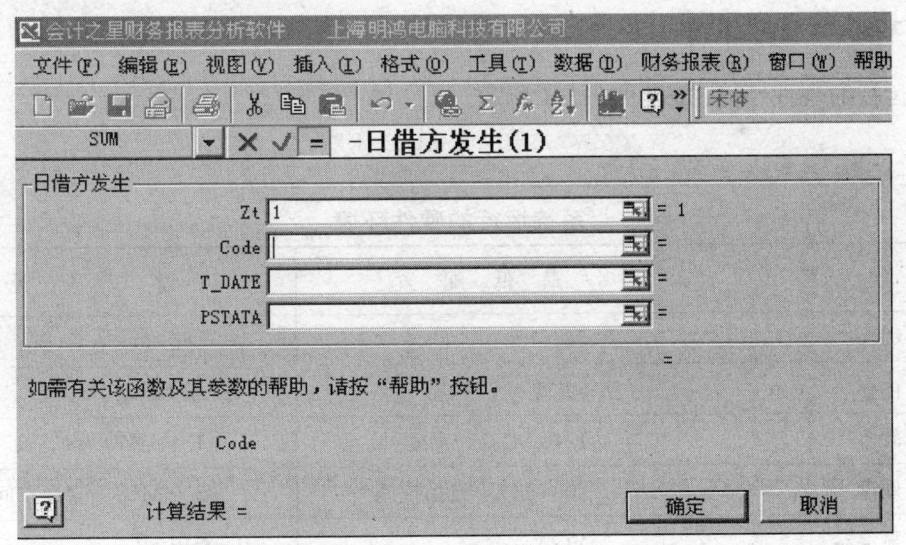

图8-6-14 函数的参数对话框

意义如下：

zt：账套号

code：科目代码

T-DATE：日期。正整数代表日期，负数代表前几天，不填则默认为当天。

前两个参数可以利用报表函数向导确定，T-DATE要求使用Excel的函数功能手工输入。

第三，单击"财务报表"主菜单的"报表日期"子菜单，打开时间对话框，输入时间，确定。系统将重新取数，并显示出来。

第九章 金蝶财务软件

第一节 系统的运行环境与安装运行

金蝶财务软件是由金蝶国际软件集团有限公司开发并销售的财务软件。金蝶 2000 财务软件标准版 7.0 定位于小型企业的财务核算和财务管理,是以单机应用为主的通用软件。它高度集成了任何企事业单位都必须的账务处理、报表处理、往来管理、项目管理、工资管理、固定资产管理和财务分析等功能模块,在软件的集成度、会计管理功能、安全性、通用性、操作的方便性、用户界面、与世界优秀软件的接口等方面均有巨大突破。它不仅继承了以前版本的各种优点,而且融合了众多特版的功能,实现了用户权限管理与账套捆绑、实现了单机版与网络版的合二为一、优化了系统的效率并采用真正的 Beta 测试,在各方面均达到了以前版本所未有的高度。本章即以"金蝶 2000 标准版 7.0"来讲述其操作过程。

一、系统的运行环境

系统运行的硬件环境,如表 9-1-1 所示。

表 9-1-1

系统运行的硬件环境

硬 件	最 低 配 置	建 议 配 置
CPU	586/100	586/266
内存	32 M	64 M
软驱	1.44 M	1.44 M
硬盘	200 M 以上自由空间	500 M 以上自由空间
显示器	VGA	SVGA
显示卡	VGA 卡	真彩 VGA 卡
鼠标键盘	各种类型鼠标键盘	各种类型鼠标键盘
打印机	各种类型打印机	各种类型打印机

二、系统的安装与运行

1. 安装方法

点击"开始"菜单选择"运行……"项,然后在命令行输入"光盘盘符:\SETUP. EXE",最后根据安装提示完成其所有软件的安装。

2. 运行"金蝶 2000"

（1）装完后，在桌面的点击"金蝶 2000 标准版 V 7.0"图标或者点击"开始"菜单→程序→"金蝶 2000 标准财务软件"→"金蝶 2000 标准版 V 7.0"后即可出现系统登录界面，如图 9-1-1 所示。

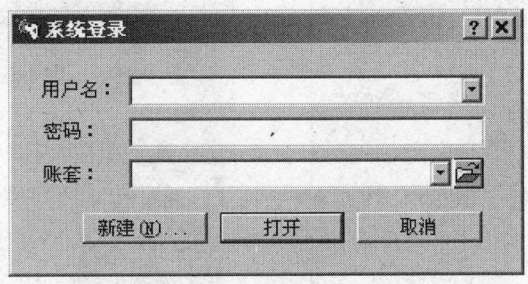

图 9-1-1　系统登录界面

（2）由于我们是第一次使用，所以点击登录界面中的"新建"按钮，缺省的用户名为"Manager"可以在下拉菜单中找到，而其口令缺省时为空。

第二节　系统初始化

在前面的章节中，我们已经知道了系统初始化是电算化工作的一个重要环节，它与手工会计中的建账工作有着相似之处，但是作为电算化工作而言，这里所有的设置都是在计算机上进行的，它是软件在正常使用前必做的一项工作。关于初始化过程中所牵涉的一些专用名词，如账套、科目级数、会计期间等，由于在前面的章节中已经有过叙述，在此不一一介绍了。

一、账套的建立与设定

新账套的建立：点击"新建"按钮或者在"文件"→"新建账套"，出现新建账套对话框，如图 9-2-1 所示。

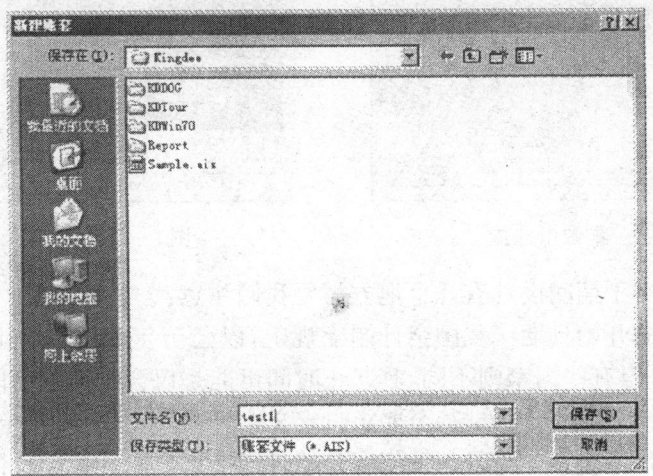

图 9-2-1　新建账套对话框

在文件名栏中输入账套文件的文件主名,如 test1,该账套的扩展名默认为 AIS,是金蝶软件的特有文件扩展名。请记住所输入的账套文件名,这是以后打开该账套的标识。

输入文件主名后,点击"保存"按钮,接下来我们所要做的就是对账套的一些基本参数进行相应的设置。账套名称和行业选择,如图 9-2-2 和图 9-2-3 所示。

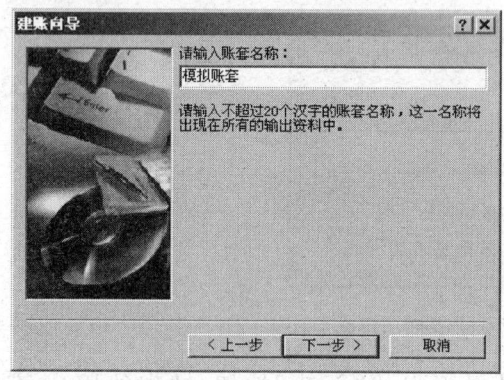

图 9-2-2　账套名称

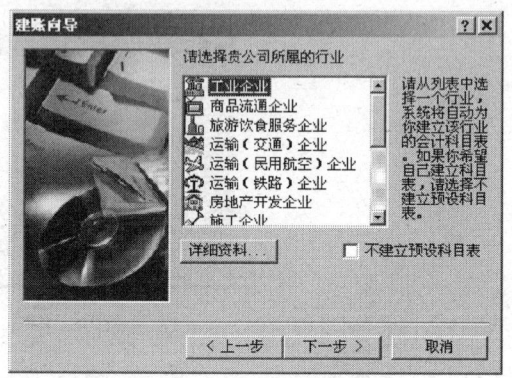

图 9-2-3　行业选择

首先,我们要输入一个账套名称,如"模拟账套"。

然后,选择本企业的行业类型,因为我们知道各行各业本身的财务制度、业务处理各方面有着很大的差异,因此,选择与本企业相应的行业类型很重要。在本章中我们以一般工业企业为例。

随后,是本位币的选择以及科目级长的设定。本位币选择和科目级长设定,如图 9-2-4 和图 9-2-5 所示。进行完"科目级长"的设定后,点击"下一步"进入到"期间设定",如图 9-2-6 所示。

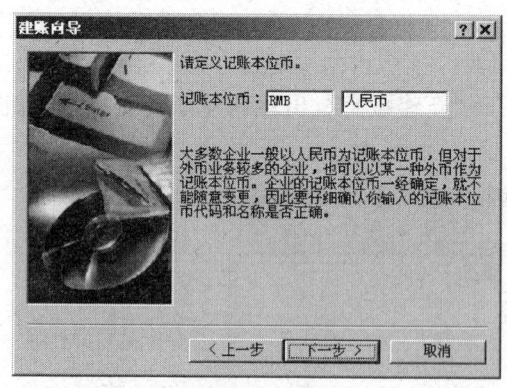

图 9-2-4　本位币选择

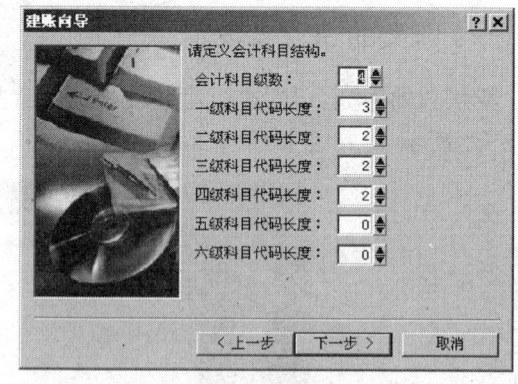

图 9-2-5　科目级长设定

在金蝶软件中,对于期间设置有几个地方需要我们注意:

第一,会计年度的开始日期。我国会计制度规定,以公历年度作为企业的会计年度,自然月份作为会计分期。但有些国家则不同,其起止时间可能是议会开会的时间或宗教节日等,有的还按四周为一个会计期间来划分,甚至要求自定义会计期间,对要求自定义会计期间界定方式的单位,需注意会计年末日期是否与下年度开始日期衔接。因此,在会计期间界定方式选择中,要认真处理,按照实际进行选择。否则这里一旦选错将会使日常业务无法正确处理,而必

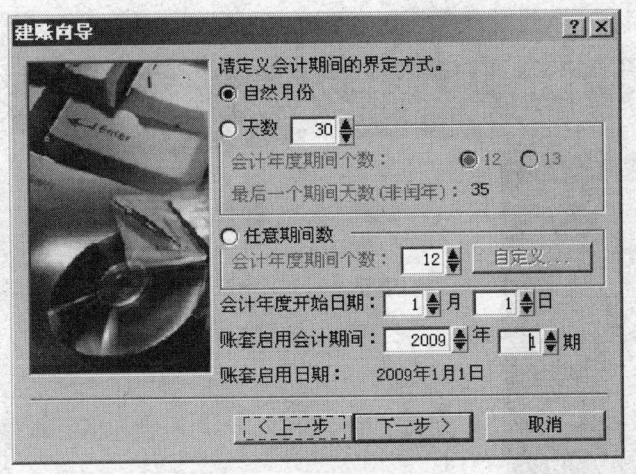

图 9 - 2 - 6 期间设定对话框

须重建账套。

第二,账套的启用会计期间。我们在前一章的"会计之星"财务软件的系统初始化中曾经提到年初开工和年中开工两种不同的开工方式。在金蝶 7.0 中,同样有着相应的功能。由于账套有不同的启用日期,因此,在不同的启用日期下在初始数据录入上有着极大的差异(具体操作上的不同我们将在后面的操作中进行介绍)。账套启用期间是指用户开始使用金蝶财务软件的那一个期间,通俗地讲,就是用户开始输入数据的那一个年月时间。账套启用期间应注意与会计年度开始日期区别开,这两个概念一个是标明账务数据由电脑开始处理的期间,而另一个则是账务处理进行年结的标志。另外,还要注意将账套启用期间和当前机内日期区别开,系统在输入账套启用期间时一般是默认当前机内日期的,多数情况下这两者是不同的。

在完成了"期间设定"后,我们按照软件的提示,点击"完成"按钮,完成整个新账套的建立和设定工作,接下来的就是软件的系统参数设置。

二、系统设置

(一)人员与权限的设置

在财务软件中,由于计算机本身无法正确识别操作人员的身份,因此,人员权限的管理在财务软件中成为一个重要的模块。我们知道,一个企业的财务会计人员,在企业内部管理制度的约束下,有着极其严格的岗位分工,不允许存在越权的行为和操作,所以,在系统初始化工作中,为每一位操作人员在财务软件中建立相应的身份代码(ID)和相应的权限就显得非常重要和迫切了,让我们先来看看金蝶 7.0 是如何管理人员的。

第一步 在新建账套的时候,我们是以一个 ID 为"Manager"的员工进入系统的。系统初始化主界面,如图 9 - 2 - 7 所示。在图 9 - 2 - 7 的右下角,我们可以看到当前操作员的身份。

(请注意:在金蝶 7.0 中 Manager 不仅仅是一个缺省的用户,它也具有相当于系统管理员的权限,所以在人员权限全部设置完毕后,我们可以删除这个员工,或者是修改这个员工的密码,因为如果存在着这样一位超级用户的话,对一个企业正在运行的财务系统本身是一个严重的威胁或者这么个漏洞可以称为"软肋",由于他的权限相当大,因此,所能造成的影响也相当严重,在这里,笔者强调一定要对这个用户进行相应的管理措施。)

图 9-2-7　系统初始化主界面

金蝶财务软件提供了许多十分安全可靠的手段,对账套及数据进行有效的保护。除了对账套数据进行保密以外,还建立了完善的权限管理机制。金蝶财务软件中的权限管理是按照分组授权进行管理的。系统开始默认一个"系统管理员组"和一个"缺省组",只有"系统管理员组"的操作员才可以对其他用户进行授权、增加和删除用户、过账和反过账。

系统管理员组的操作员在执行用户授权后出现用户授权窗口。在这个窗口中共有两组设置:一是用户组设置,一是用户设置。

用户组设置:

用户组设置这一组功能主要用于对用户组进行设置和管理,提供了新增、修改、删除三项功能,可对用户组进行增加、删除等项处理。

用户设置:

用户设置提供了新增、改组、删除、授权四项功能,主要用于对操作人员进行。

第二步　我们来试着先增加一个员工。点击"工具"菜单,选择"用户管理"选项,其界面,如图 9-2-8 所示。当然当前的用户还是"Manager",我们先在"用户设置"框中点击"新增",弹出新增用户对话框,如图 9-2-9 所示。先选择用户组,输入相应的用户名和安全码,如"输入员"和"123456"等等,然后点击"确定"按钮,人员"输入员"就建立完毕。

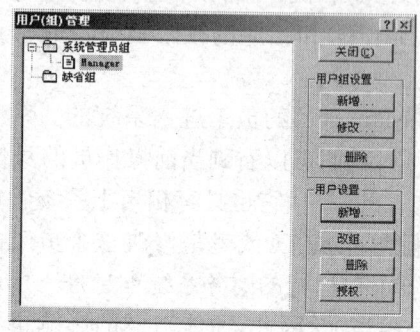

图 9-2-8　用户管理

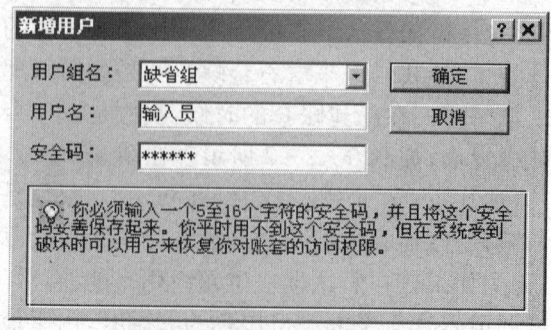

图 9-2-9　新增用户

　　但是,我们的工作还没有完,我们必须对每一位新建立的员工 ID 进行相应的权限设定。权限分配对话框,如图 9-2-10 所示。特别要注意的是对人员授权时所赋予的权限范围。

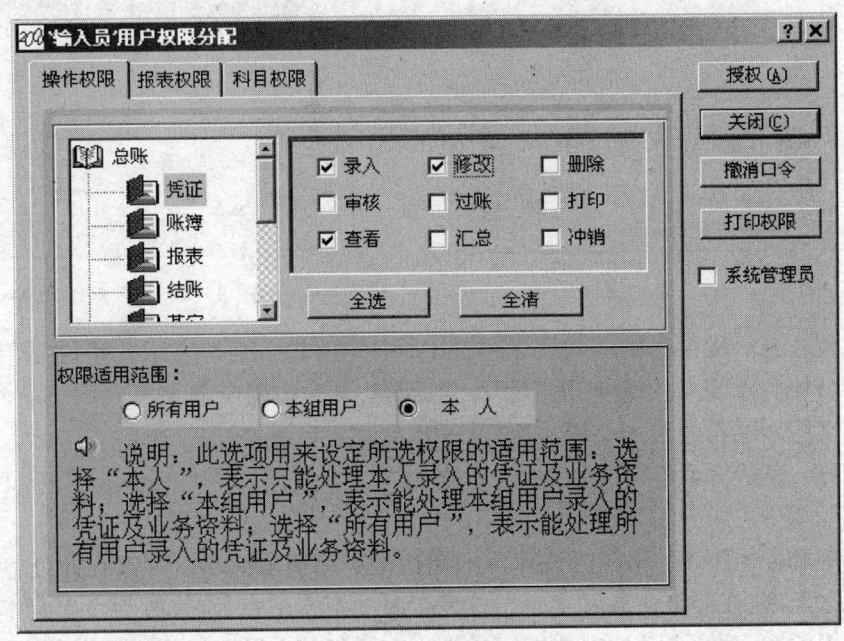

图 9-2-10　权限分配对话框

　　本人:只能查看和处理自己所经办的业务。例如,在查询凭证时,就只能查到本人录入的凭证。不是自己录制的凭证则无法查看到,也就无法修改和审核。

　　本组用户:只能查看和处理本组用户经办的业务。例如,某用户的授权范围选择为本组用户,权限设置为“审核”,则他只能审核本组用户所作的凭证,对超出范围的凭证不能审核。

　　所有用户:选择此范围则可以处理所有用户经办的业务,不论这些业务是属于哪个用户组的处理范围。

　　在左面的滚动栏里,我们可以选择相应的操作内容,然后在右面多选框中选择该员工相应的权限。当然,在对员工所进行的权限分配时,要严格按照企业内部管理制度,完成后点击“授权”按钮,一个新建的员工身份就设定完毕了。

　　第三步　更换操作员。我们在日常的业务处理过程中,少不了要更换相应的员工来进行相应的操作,如输入员由于没有审核凭证的权限,必须更换成另一个具有审核权限的员工来进行凭证的审核,因此,更换当前的操作员的方法有两种:

　　(1)双击状态栏右下角中的用户名处,在系统登录窗口中选择其他的操作员,更换。

　　(2)点击“文件”菜单,选择“更换操作员”选项,即可进入系统登录窗口,更换其他的操作员。

　　(二)币种设置

　　在会计之家初始设置窗口或维护窗口中,单击“币别”按钮即可弹出货币设置窗口。窗口中第一行是记账本位币,只能修改货币名称,货币的代码则不允许修改。单击“增加”按钮,系统弹出增加货币窗口,可以在这个窗口中增加货币,同时还可输入某期间的期初汇率及期末汇率。币别管理和新增币种,如图 9-2-11 和图 9-2-12 所示。

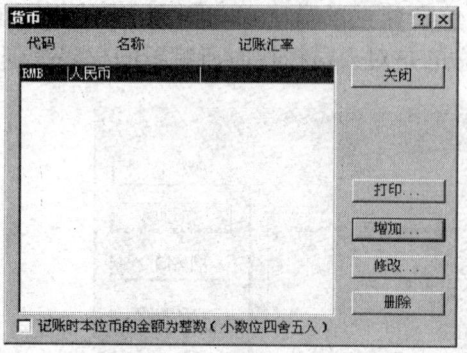

图9-2-11 币别管理

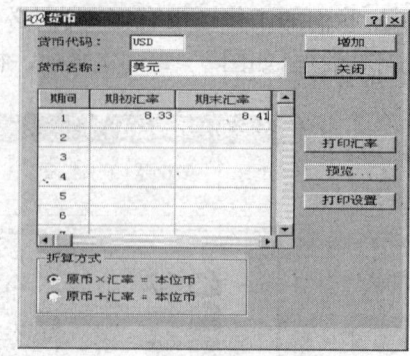

图9-2-12 新增币种

货币代码：表示货币币别的代码，金蝶7.0中使用3个字符表示。建议使用一般惯例编码，如RMB、HKD、USD。不要使用"＄"符号，因为该符号在自定义报表中已有特殊含义，如果使用自定义报表的符号可能会遇到麻烦。

货币名称：表示货币币别的名称，本系统允许最多使用10个字符(即5个汉字)，如人民币、港币、美元等等。

期初汇率和期末汇率：记账时该外币的期初汇率和期末汇率。可以在此处输入本期期初汇率作为记账汇率，在经济业务发生时想按发生时的汇率记账，则修改为发生时汇率即可。期末调整汇兑损益时，系统自动按对应期间的期末汇率折算，并调整汇兑损益额度。

折算公式：金蝶7.0中可供选择的汇率折算方法有直接汇率法和间接汇率法两种。

直接汇率法：原币金额×汇率＝本位币金额

间接汇率法：原币金额÷汇率＝本位币金额

增加完毕后，单击"确定"按钮，保存新增加的货币资料，即可完成增加工作。

（三）会计科目设置

1. 会计科目的设置方式

在金蝶7.0中会计科目设置的方式有三种：

（1）系统预置：新建账套时，可以选择装入预置账套，那么，系统将自动根据已经选择好的行业类型加装其标准的一级科目表。会计科目对话框，如图9-2-13所示。

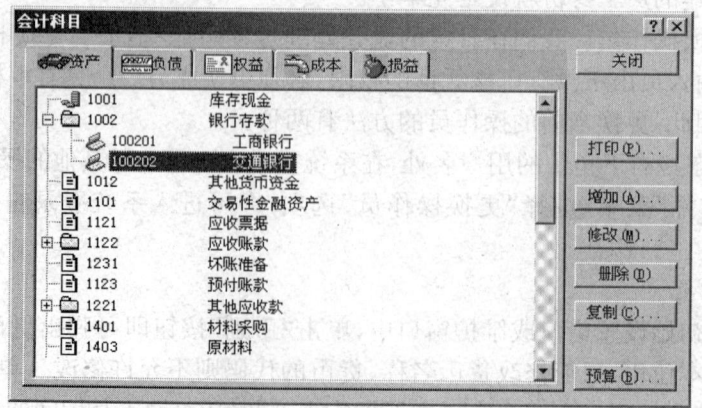

图9-2-13 会计科目对话框

（2）手工输入：如果选择"不建立预设科目表"选项的话,则所有的科目都由用户自行设定。

（3）外部导入：外部导入作为一种特殊的科目设置,特别适用于多个子公司并列在多重账套中的运用,由于多个子公司,可能在业务范围上相同,导致其财务核算上和处理流程上也有一定的相似之处。在这种环境中,我们可以将一套已经建立完毕的科目表,保存下来,然后在另一套账套中予以导入,所形成的科目表系统与原先的一模一样,这样在原有基础上再进行针对性的修改,可以大大减轻工作的强度。

但是,由于企业的差异性,往往在进行会计科目设置的时候,采取的都是（1）+（2）的方法,两者相结合,使得企业能够很快地建立起自己的科目表。在本章中,会计科目设置采用的就是上述方法。

2. 会计科目设置的操作方法

在图9-2-7中点击"会计科目"图标,出现如图9-2-13所示的会计科目对话框,在金蝶7.0中对于会计科目的操作主要有六种：浏览、增加、修改、删除、复制、打印。

（1）浏览,参见图9-2-13。在会计科目对话框中,我们可以看到金蝶7.0将所有的科目按会计科目属性分成了五大类,即资产类科目、负债类科目、权益类科目、成本类科目、损益类科目。通过五个标签卡,我们可以看到相同科目属性的科目被编排在同一张标签中。在下方的滚动栏中,可以看到相应的一级科目。金蝶7.0采用类似Windows资源管理器的方式用"+"来表示该科目有下级明细科目,我们可以通过点击"+"展开明细科目,也可以点击"-"来折叠明细科目。如果科目代码前面没有"+"则说明该科目属于最底层科目。

（2）科目的增加。在金蝶7.0中,对于新增一个科目,我们只要在"会计科目"对话框中选择右侧"新增"按钮,则出现如图9-2-14所示的新增科目对话框。

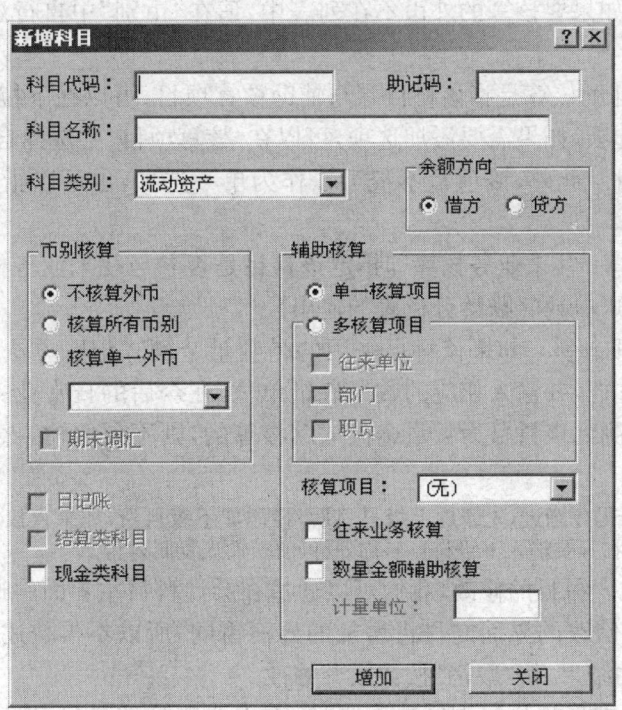

图9-2-14　新增科目对话框

在新增科目对话框中有以下几个要素：

- 科目代码：会计科目编码允许的最大长度为 15 个字符，一般都是数字，如"101""10201"等等。

- 科目名称：科目名称是指该科目代码所对应的科目的文字标识，一般是汉字和字符，最长可达 40 个字符。

- 助记码：助记码是指帮助记忆会计科目的编码，允许的长度为 8 个字符。助记码往往是该科目的汉语拼音的缩写或者是相应的英语单词等，在使用中，特别是输入科目时，方便我们在日常记不住科目对应的科目代码时，可以通过助记码来提高输入的速度。

- 科目类别：科目类别是指对于该科目的属性的划分。根据会计准则，在金蝶 7.0 中把所有的科目划分成资产、负债、权益、成本、损益五大种类，在五大类中又划分出下列 13 小类：流动资产、长期资产、流动负债、长期负债、所有者权益、成本、营业收入、营业成本及税金、期间费用、其他收益、其他损失、以前年度损益调整和所得税。在新增科目的时候，我们可以根据科目的属性，进一步细分。

- 余额方向：余额方向是指该科目的余额默认方向。科目余额方向基本固定，但是有些双重性质科目的余额方向的设定将直接影响到今后的核算工作，如"材料成本差异"。

- 币别核算：币别核算即指定该科目的核算的币别种类。在金蝶 7.0 中分成三种形式供用户选择：

不核算外币：该科目只核算本位币，不进行任何一种外币核算。

核算所有外币：所有可能牵涉的外币中发生的各种外币均加以核算。

核算单一外币：只对账套中的某一种外币进行核算工作，如果选中该选项，必须在下拉列表中选择一种外币；如果要核算的外币不在列表中，请在"币别"中自行添加该种外币，方法详见前面"币种设置"。

- 辅助核算：辅助核算是指该科目参与辅助核算项目，可以在下拉列表中选择到"往来、部门、职员"等三种选项，如果需要添加选项，可以在"核算项目"中选择自定义添加本企业需用的其他辅助核算项目。此外，该项目不仅可以作为单一选项，也可以指定该项目为多种辅助选项。

- 往来业务核算：往来业务核算即指定该科目是否参与往来业务核算的属性，此选项将影响到《往来业务对账单》和《账龄分析表的输出》。

- 数量金额辅助核算：如果该科目采用的是数量金额式记账方法（如原材料、产成品等等），可以选中该复选框，并输入相应的数量计量单位，在今后的日常业务处理中，特别是凭证输入时，如果系统检测到该科目为数量金额辅助核算的，则不仅要输入金额，还需输入相应的数量。

注：科目增加时，需循序渐进，先添加上级科目后，再添加下级科目，如果直接添加下级科目，系统会报错；在添加下级科目时，在只要输入下级科目名称即可，便于输入复制科目。

（3）科目的修改。科目的修改，我们可以通过在会计科目主界面中选择按钮"修改"，进入修改界面，由于科目修改的界面与科目增加的界面雷同，所以不再赘述，修改完毕后点击"确定"按钮，保存修改的结果，按"取消"按钮放弃修改。

（4）科目删除。在会计科目浏览界面中的，选中要删除的科目，然后点击"删除"按钮，出现提示对话框"是否确认删除'×××'科目？"，选择"是"确认删除即可。

（5）复制科目。在设置科目的时候，我们经常会碰到这样的问题：一个科目拥有大量的下级科目,甚至下级科目下还有再下级科目。另一个科目的下级科目与某一科目相仿,那是不是要设置两遍了呢(如 5101 制造费用和 6602 管理费用下的下级科目就有很多相似之处)? 在金蝶 7.0 中,设计者为用户设计了一种解决出现上述问题的方法——复制科目。

制造费用和管理费用,如图 9-2-15 和图 9-2-16 所示,5101 制造费用下有三个下级科目,而 6602 管理费用下无任何下级科目,现在我们就来进行科目复制:

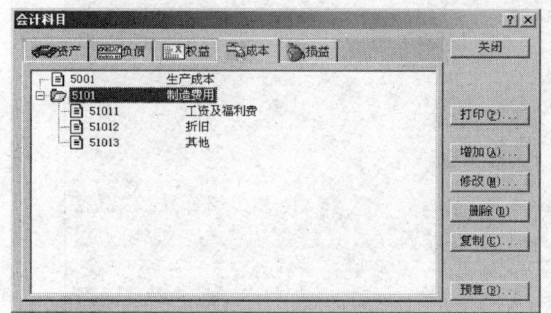

图 9-2-15　制造费用

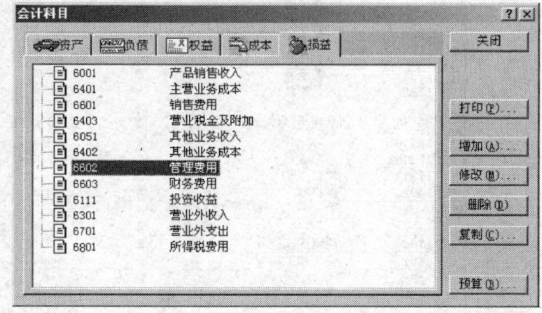

图 9-2-16　管理费用

第一步,在"会计科目"对话框中,选择"成本"标签,找到"5101 制造费用",将光标停留在要复制的下级科目的上一级科目,在这里即选中"5101 制造费用"。

第二步,点击"复制"按钮,在出现的如图 9-2-17 所示的科目复制对话框中的目的科目代码栏中输入被复制的科目代码(这里应该输入"6602"),用户可以进一步选择复制科目的级数,然后确认,出现提示框"系统成功复制了 3 个科目",说明该操作完成。

第三步,查看如图 9-2-18 所示的"损益"标签中的"6602 管理费用"科目,我们看到,"6602 管理费用"科目下的 3 个下级科目的名称、科目代码的顺序,均与"5101 制造费用"的下级科目一致。

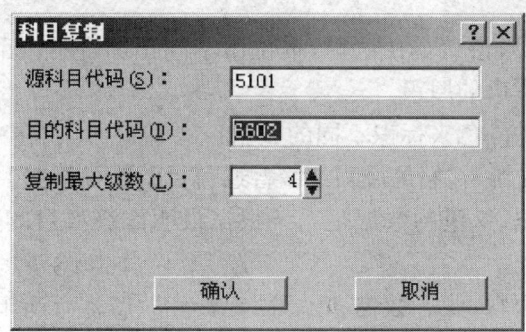

图 9-2-17　科目复制对话框

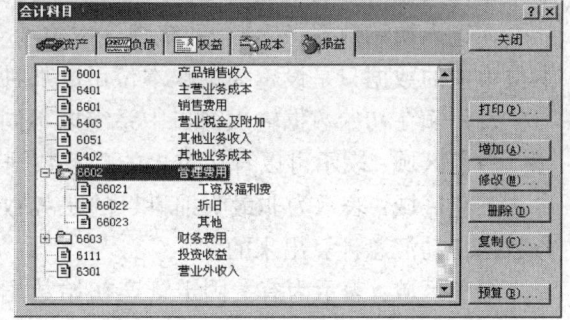

图 9-2-18　复制科目后的管理费用

（四）期初数据的输入

在图 9-2-7 中点击"初始数据"图标,即可进行初始数据的输入工作。初始数据输入界面,如图 9-2-19 所示(年初开工和年中开工的初始数据输入略有不同,本章仅以年初开工举例说明,本例中,银行存款——交通银行、应收账款——东方为外币科目,币种为美元,期初汇率为 8.33)。

该界面主要包括输入功能的下拉列表框(预设有本位币、外币、综合本位币、数量、试算平

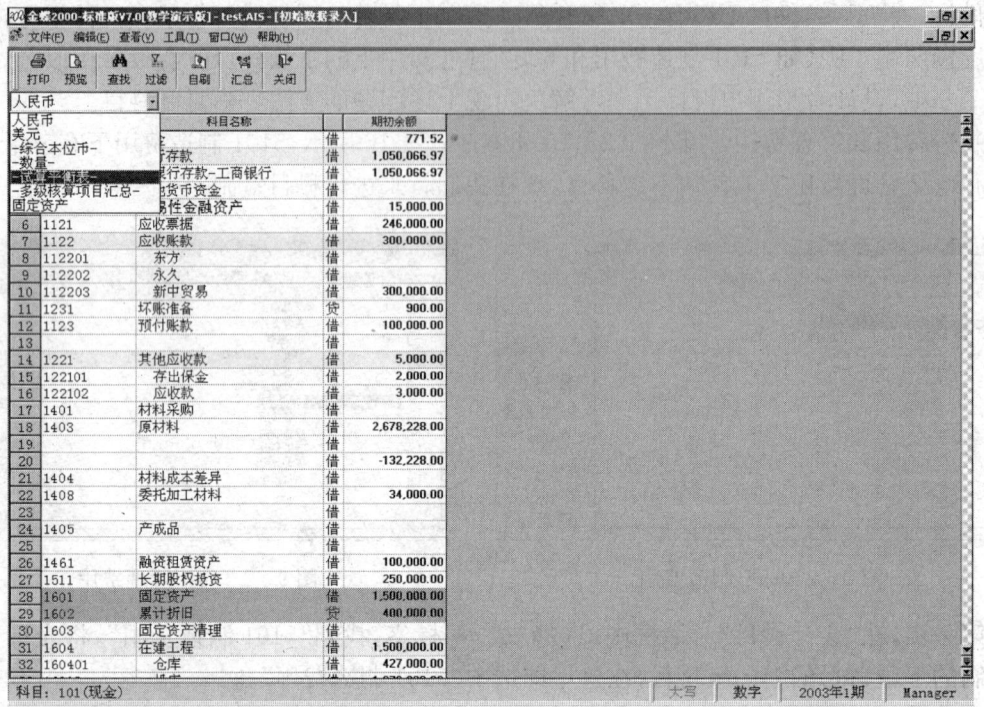

图 9-2-19　初始数据输入界面

衡表、多级核算项目汇总、固定资产 7 大选项功能)和数据输入区域等。

在金蝶 7.0 的初始数据输入过程中,一般分成以下几个步骤。

1. 只以本位币核算的科目余额

在初始数据输入窗口中,所能录入的内容主要包括:期初余额、累计借方、累计贷方以及本年累计损益实际发生额四项。

在进入初始数据录入时,系统默认本位币录入窗口。在这里,本位币不同于综合本位币,本位币中的数据只是设定为记账本位币的那种货币的原币。

发生额在初始数据输入窗口中系统以不同的颜色来标识不同的数据:

白色区域:表示可以直接录入的账务数据资料,它们是最明细级普通科目的账务数据。

黄色区域:表示为非最明细科目的账务数据,这里的数据是系统根据最明细级科目的账务数据自动汇总计算出来的。

绿色区域:表示为有关固定资产初始数据资料,业务数据涉及"固定资产"和"累计折旧"两个科目,其中的数据由固定资产卡片数据处理产生。

淡蓝色区域:表示为有关存货业务的账务数据资料,存货的账务数据是根据有关存货明细资料汇总生成,在此处不能直接输入存货的账务数据。

灰色区域:表示所对应的科目不能使用该项数据,数据无法录入。

2. 外币核算的科目余额

如果要输入外币核算的科目余额时,不仅要输入本位币数据,同时,还需输入相应的外币金额和汇率。首先,点击左上角的输入下拉列表框,选择美元选项,出现外币金额输入对话框,如图 9-2-20 所示。

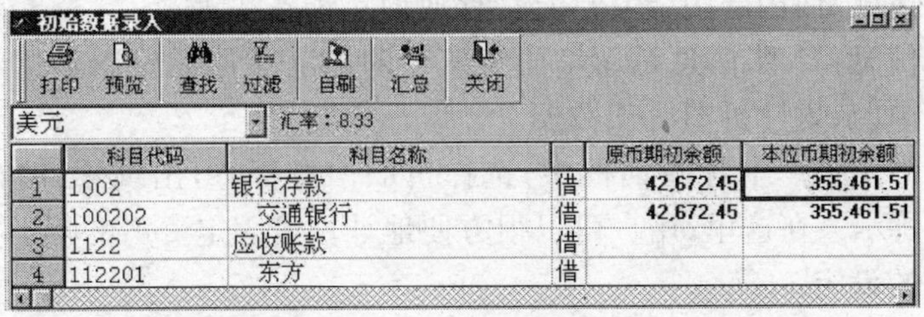

图 9-2-20 外币金额输入对话框

然后在该对话框中的原币期初余额与本位币期初余额均可输入金额,在输入完原币金额后,系统会根据预设的汇率自动将原币折算为本位币。在这时,系统也允许修改折算后的本位币数值。系统会将输入的各个币种的折合本位币汇总为综合本位币进行试算平衡。输入完毕后,点击上方"关闭"按钮。

3. 输入固定资产类科目的余额

在输入固定资产类科目的余额时,我们需要设置相应的一些属性。点击输入功能下拉列表框,选择"固定资产"选项,再点击"新增"按钮,出现固定资产卡片对话框,如图 9-2-21 所示。

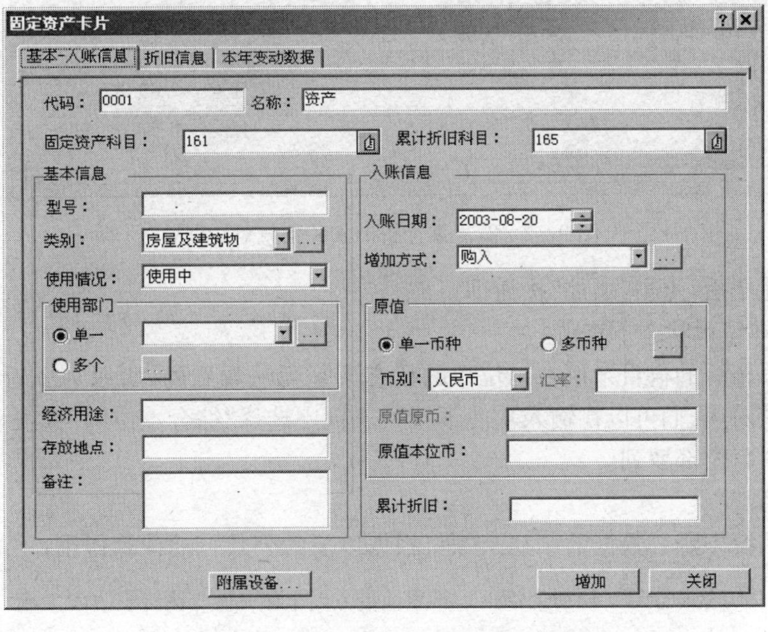

图 9-2-21 固定资产卡片对话框

固定资产卡片基本入账信息内容包括固定资产的代码、名称、基本信息、入账信息等项内容。

固定资产代码:固定资产代码一般为数字或字符,其最大长度为 20 个字符。注意:固定资产编码一经确定不可修改。

固定资产名称:固定资产名称一般为汉字或字符,最大长度为 40 个字符位。

固定资产基本信息:基本信息包含了固定资产的一些最基本的信息资料,包括固定资产的型号、类别、使用情况、使用部门、经济用途、存放地点和备注等。

　　固定资产入账信息：入账信息是新增固定资产时的有关原始资料数据，主要包括入账日期、增加方式、入账原值、累计折旧等项数据。

　　在金蝶7.0的固定资产卡片对话框中，选择折旧信息标签，出现累计折旧相关信息对话框，如图9-2-22所示。在这里，用户可以很方便地计算该固定资产的折旧数据，并且根据自身的特点进行相应的设定。

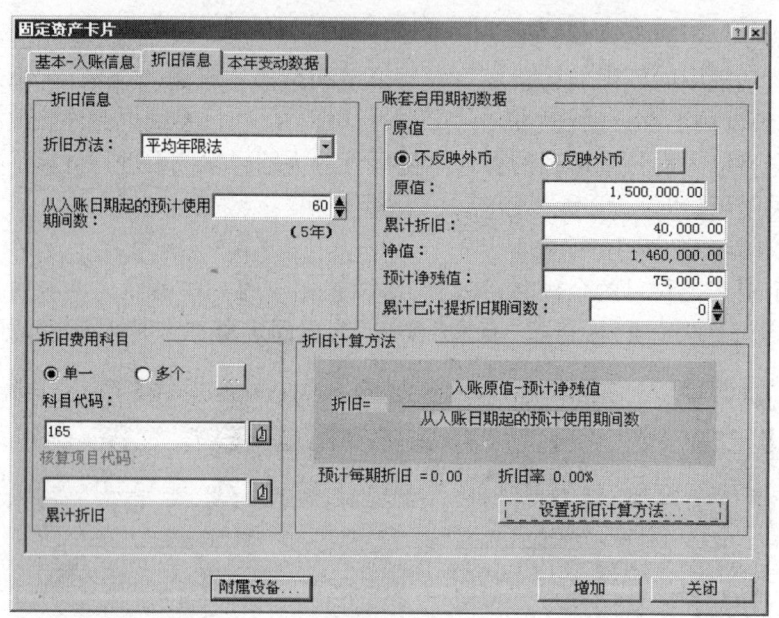

图 9-2-22　累计折旧相关信息对话框

全部输入完毕后，点击"增加"按钮即可。

　　4. 在综合本位币状态下查看

　　由于以外币核算的科目余额在本位币的状态下是无法看到的，所以为了看清所有的科目余额以便用户核对，我们可以在输入功能下拉列表框中选择"综合本位币"选项，则所有的一级科目及其明细科目全部罗列。

　　5. 试算平衡表

　　金蝶7.0系统中账套数据的年初余额将根据以下的公式自动计算得出：

$$借方年初余额＝期初余额＋本年累计借方发生额－本年累计贷方发生额$$

$$贷方年初余额＝期初余额＋本年累计贷方发生额－本年累计借方发生额$$

　　如果是年初开工，则公式为：

$$借方年初余额＝期初余额$$

$$贷方年初余额＝期初余额$$

　　用户只能输入最明细级科目的有关期初余额、累计借方、累计贷方数据。对于上级科目数据，系统会自动进行汇总计算。

　　全部数据输入完毕后，我们必须对整个初始数据的输入进行相应的校验，在输入功能下拉列表框中选择"试算平衡表"选项后,系统将自动进行试算平衡。如果不平衡的话,系统会提示"试算不平衡"信息,此时,用户应检查已输入的期初余额,并进行修改,直至平衡为止。

（五）账套选项设置

在正式启用账套之前,我们将对账套进行最后的一些设置,点击"账套选项"图标,出现凭证类型设置,如图 9 - 2 - 23 所示。

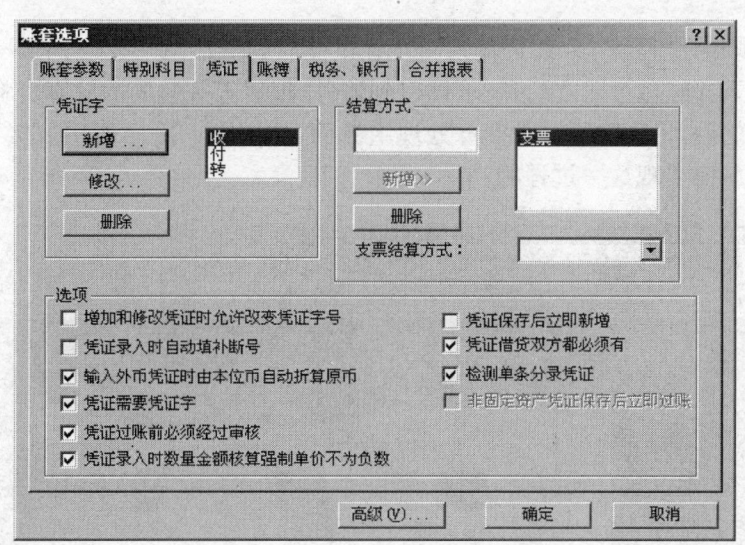

图 9 - 2 - 23　凭证类型设置

然后我们点击凭证标签,对凭证的类型进行设定。在缺省状态下,对于凭证类型分为"收、付、转"三类。在左上角的凭证字处,有"新增"、"修改"、"删除"三项功能供用户选择,我们可以轻易地把它改为"现收"、"现付"、"银收"、"银付"、"转账"五类凭证。至于账套选项中的其他功能,这里不再一一细述了。

（六）启用账套

初始化处理中的最后一项工作就是启用账套。启用账套就是将初始化工作中所输入的数据进行处理和转化,将其转变为账务日常处理所需的格式,为日常处理提供初始数据来源。这里必须注意的是:一旦启用账套,就意味着关闭初始化界面,这一过程是不可逆的。启用账套之后任何初始化资料都不能修改,因此,在完成初始化工作之后,应该再仔细检查一下初始化数据,确保无误后再启用账套。

在"会计之家"初始设置窗口中,单击"启用账套"图标,系统就会进入启用账套处理。

单击"继续"按钮进行关闭初始化和启用新账套工作。在这里系统会提示用户做好初始账套的数据备份工作。

这时,将已格式化的磁盘放入 A:驱动器中,单击"确认"按钮。接下来,根据系统提示完成初始数据的备份工作。接着系统就会开始执行启用账套工作,并会在窗口中显示完成启用账套工作的百分比。

启用账套时,系统会自动进行总账数据的平衡校验以及固定资产数据与总账数据勾稽正确的检查。只有在各种关系全部校验完毕之后,系统才能完成启用账套工作。如果在启用账套过程中发现校验关系不正确,系统会出现提示信息,提示用户修改有关错误,在修改完成之后再重新执行"启用账套"功能。

启用账套全部工作完成后，系统会给出提示，表示启用账套工作已顺利完成，单击"完成"按钮，就可以进行日常账务处理工作了。

第三节　日常业务处理

日常业务处理的过程就是：凭证输入→凭证审核→凭证汇总→凭证记账→凭证查询的流程。只要凭证输入并经过过账之后，就可以得到账务、报表等一整套的核算资料。

在启用账套之后，出现的是日常业务处理主界面，如图9-3-1所示。接下来，我们就来看看金蝶7.0是如何实现这一过程的。

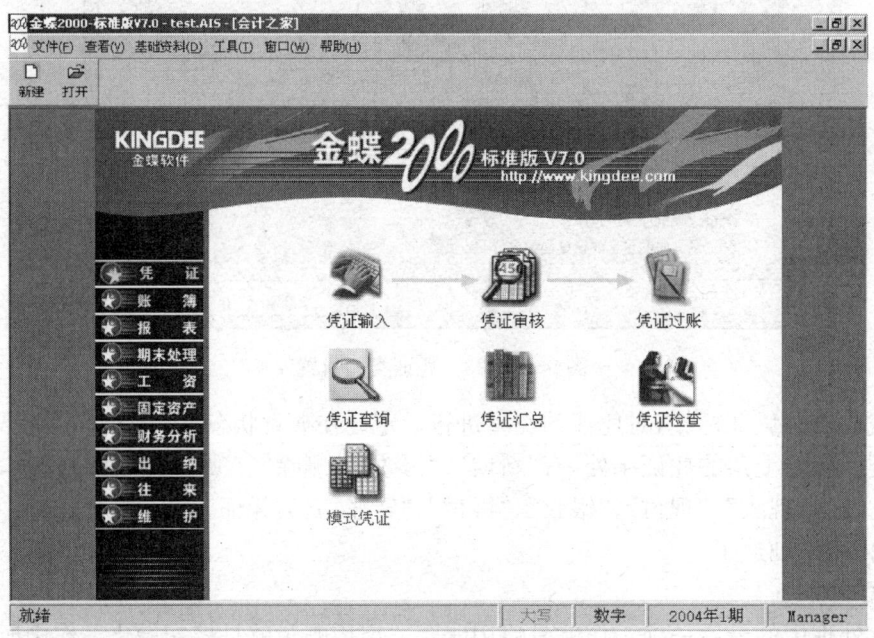

图9-3-1　日常业务处理主界面

一、会计凭证的输入

在日常业务处理主界面的左边是各种不同业务的选择，选择第一项"凭证"，然后点击"凭证输入"图标，出现凭证输入界面，如图9-3-2所示。

在金蝶7.0的凭证输入界面中，提供了一种仿真的凭证输入环境。在界面的上方有很多快捷按钮可以方便用户的操作，当然快捷按钮上所有的操作都可以通过点击菜单栏中的选项来进行，对于凭证界面中有几个要素需要注意：

• 制单日期：系统会自动给出上一次录入的最后一张凭证的日期，可以修改。凭证录入的日期若在当前的会计期间之前，则系统不允许输入；但允许输入本期以后的任意期间的记账凭证，在过账时系统只处理本期的记账凭证，以后期间的凭证不作处理。

• 顺序号：系统按录入凭证的先后顺序自动给出，可以修改。在凭证排序时可选择按顺序号排序。

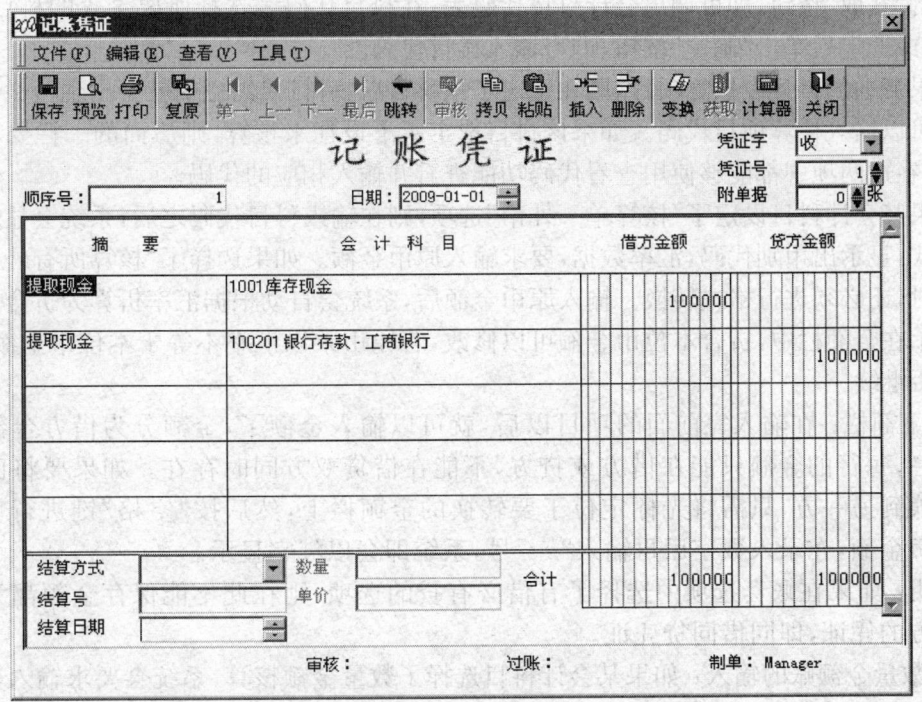

图 9-3-2 凭证输入界面

• 凭证字：在凭证字输入窗口中用下拉按钮可调出在账套选项中已经设定的凭证字，从中选择一个凭证字，如果在账套选项中选定了凭证不需要凭证字选项，则窗口中没有该选项。

• 凭证号：系统会自动给出凭证号，并按照当期同类凭证的最大号自动加 1 给出。可以修改此凭证号，但修改的凭证号不能与当前已有的凭证重号；如果重号，系统会发出警告，重号凭证不能够存盘。

注：账套选项中有一选项"增加和修改凭证时，允许改变凭证字号选项"，不选择的话则当前窗口是暗淡的，无法选择及修改凭证号；反之，则用户可以自由的进行选择。

• 摘要：在输入凭证摘要时，如果每一行都输入了摘要，在记账时按科目同一行的摘要内容记账，如果未输入摘要，则在记账时，系统会自动按第一条记录中的摘要记账。为了提高凭证录入的速度，系统提供了两种快速复制摘要的功能，在下一行中按"."可复制上一条摘要，按"//"可复制第一条摘要。同时，系统还设计了摘要库，在录入凭证过程中，当光标定位于摘要栏时，按 F7 或单击"获取"按钮，即可调出凭证摘要库。选择所需的摘要即可，在这个窗口中，还可以新增、删除或引入摘要。选定了要录入的摘要，单击"确定"按钮即可将该项摘要复制到记账凭证中去。

说明：凭证第一行必须输入摘要，否则不能存盘。

• 会计科目：录入会计科目代码，在科目栏中录入会计科目的方法有多种。如果记得会计科目代码，则可以直接录入，在录入过程中状态栏会随时动态提示代码所对应的科目名称，如果输入完代码后，状态栏中没有科目名称显示，则说明输入的代码有错误，如果在科目设置中定义了助记码，则可以在此处直接输入助记码，系统会根据助记码查到所需要的科目，最简便的方法是用系统提供的查看代码功能，当光标定位于会计科目栏时，按 F7 键或用鼠标单击窗口中的"获取"按钮,即可调出会计科目代码表,在科目代码表选择所要录入的科目,双击鼠标左键,或选定后单击"确定"按钮,即可输入科目代码。

如果所选的科目设核算项目,则在选定了该科目后,科目代码栏中就会出现两栏。前面的一栏中可以输入核算项目代码。如果该科目选定了下设往来核算,则后面的一栏要求输入业务编号,在这两项中都能够使用查看代码功能查看并输入相应的代码。

如果某会计科目设定了"核算单一外币"选项,则在输入科目代码之后,系统会显示出外币输入格式,显示出币别代码,汇率数据,要求输入原币金额。如果选择了"核算所有外币",在输入外币时,还必须进行格式转换。输入原币金额后,系统会自动根据汇率折算为折合本位币金额并显示在金额栏中,折合本位币金额可以修改,若原币乘以汇率不等于本位币金额,系统会提示是否继续。

• 金额栏:在输入完前面的项目以后,就可以输入金额了,金额分为借方金额和贷方金额两栏,每行的金额只能在借方或贷方,不能在借贷双方同时存在。如果要将已录入的金额转换到另一方,只需将光标定位于要转换的金额栏上,然后按"空格"键进行切换。若要输入负金额,在录入数字后再输入"一"号,系统即会以红字显示。

说明:如果在账套选项中选择了有借必有贷的选项,则在此不能保存金额都为借方或都为贷方的凭证,即同借同贷凭证。

• 数量金额账的输入:如果某会计科目选择了数量金额核算,系统会要求输入数量和单价,系统会检验数量单价的乘积是否与原币金额相等,如不相等,系统会提示是否继续。

如果选择"是",则按输入的金额保存;若选择"否",则系统要求修改相应项目,以使金额=数量×单价。

在输入了借方及贷方金额后,系统会自动将借方金额和贷方金额合计数分别显示在合计栏中,只有借贷方合计栏数值相等,记账凭证才能存盘。凭证录入完毕后,单击"存盘"按钮,系统即可保存所录入的凭证,系统会显示空白凭证等待继续录入凭证。待凭证都录入完毕,要结束凭证录入时可从菜单中选择"退出"按钮或单击工具条中"退出"按钮即返回会计之家窗口。

• 其他一些特殊的功能:

(1)由金额、数量自动计算出单价。在凭证录入、修改窗口中,如果凭证分录中的会计科目为数量金额核算属性,则系统除了可由数量、单价计算出金额外,还可以由数量、金额自动计算出单价。

(2)由本位币、汇率计算出原币金额。在凭证录入、修改窗口中,如果凭证分录中的会计科目为核算所有币别或单一外币属性,则系统除了保持原来的由汇率、原币计算出金额外,还可以由汇率、金额计算出原币金额。

(3)凭证保存后凭证号自动更新。当新增凭证时,系统将自动更新该类凭证的凭证号,用户可以进行修改。同时,当凭证保存后的新凭证录入界面,系统提示:"上一张凭证保存为 M 字,第 N 号",其中 M 为凭证字,N 为凭证号。

(4)科目预警。当在凭证输入或凭证修改时,如果录入或修改的分录与凭证相关控制有冲突时,系统即时报警提示,系统所控制及相关提示如下:

• 凭证第一行摘要为空时。

• 记账凭证的日期为空或在账套当前期间之前。

- 凭证号重复。
- 科目不存在或不是一个最底层科目。
- 无该科目的使用权限。
- 不能直接使用固定资产科目。
- 核算项目不存在。
- 往来业务编号为空或存在单引号。
- 币别不存在。
- 某科目不允许该货币核算。
- 货币汇率必须为正数。

以上相关警告或提示均在同一分录输入并按回车键之后。

二、凭证查询、修改、审核、删除

1. 多重组合条件的过滤系统

系统提供了完善的凭证查询过滤条件功能,当单击凭证查询时,系统弹出记账凭证过滤窗口,如图9-3-3所示(当系统进入会计序时簿后,选择编辑菜单的"过滤"选项,或单击工具条中的按钮,系统会弹出同样的记账凭证过滤窗口,过滤效果同重新进入凭证查询效果一样)。

在图9-3-3中,我们可以看到,在金蝶7.0的凭证查询界面中采用的是组合条件的查询方式,所有的条件都可以让用户自由组合,这也是如今财务软件中所经常采用的一种查询方式。如何组合条件,在本书中就不再赘述。

图9-3-3 凭证查询中的凭证过滤

但是,金蝶7.0在这个界面中还有一个特色,就是所要查询的凭证范围的确定。

凭证范围:过滤凭证的范围有两组选项:一组是未过账、已过账、全部;另一组是未审核、已审核、全部,每组中选定一个范围选项。

上述条件设定完毕之后,单击"确定"按钮,系统会将满足条件的凭证全部过滤出来,显示在会计分录序时簿中。此时,就可以对过滤出的凭证进行成批审核、成批销章、修改、删除等项操作。

2. 会计分录序时簿

会计分录序时簿实质上是按要求查询得到的结果。金蝶7.0在会计分录序时簿界面中采用了灵活多变的形式,可以根据不同用户所具有的不同权限对查询得到的结果进行不同的操作。在图9-3-4和图9-3-5中,我们可以清楚地看到作为"输入员"和"审核员"看到的凭证查询的结果一致,但是,通过仔细观察快捷按钮栏上的按钮,就会发现各自的不同之处源于用户本身不同的权限设置。会计分录序时簿中,系统默认的是当期未过账的凭证,序时簿中凭证默认为不排序,按录入的顺序排列。在此窗口中,可以查看各种范围的会计分录序时簿,在序时簿的右上方的会计期间窗口中,可以选择不同会计期间的会计分录序时簿来浏览。

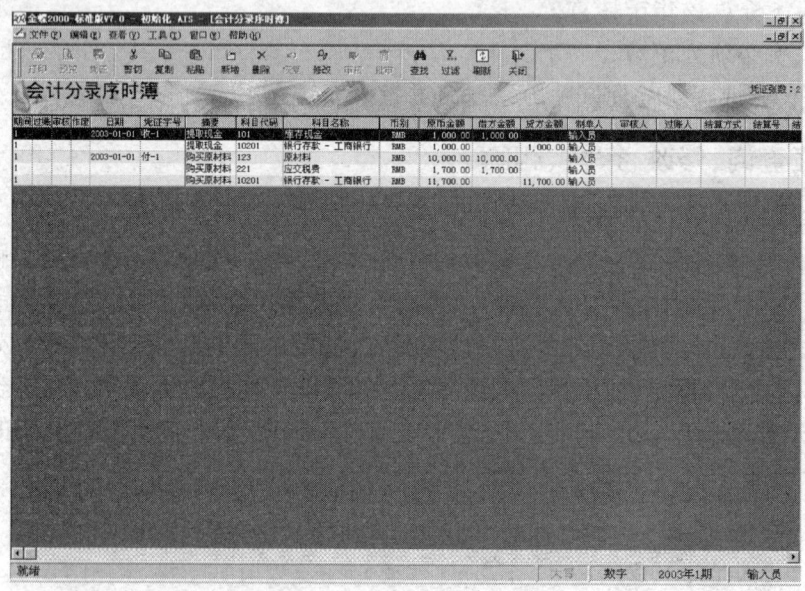

图9-3-4　输入员的查询结果

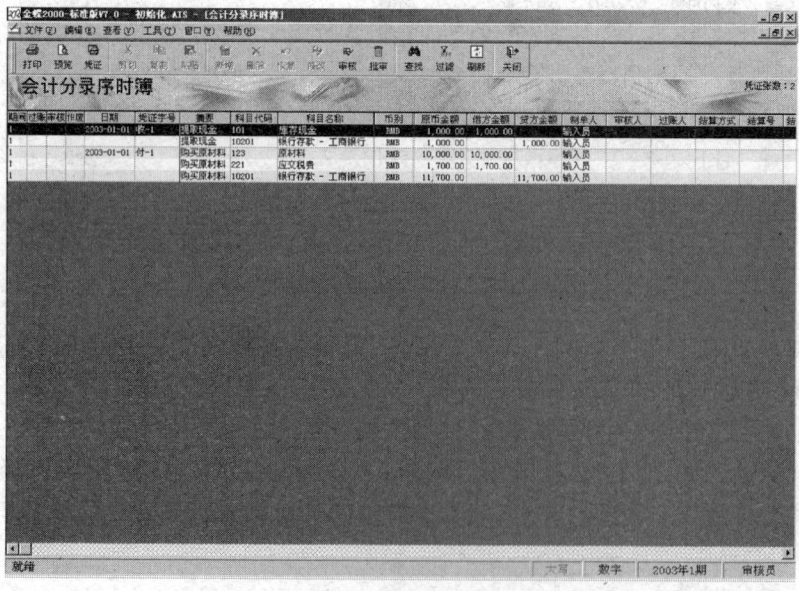

图9-3-5　审核员的查询结果

在会计分录序时簿中,界面中还可以做打印序时簿、引出序时簿、作废凭证恢复、打印凭证。其中,作废凭证恢复指的是在凭证会计分录序时簿中,可以使用编辑菜单中的"恢复已删除凭证"选项对分录有作废标志"X"的凭证进行恢复。

3. 凭证的修改

前提条件:凭证未过账、未审核、当前的操作员具有相应的权限。

在会计分录序时簿的界面中选择要修改的凭证,点击快捷按钮栏上的"修改"按钮,弹出类似图9-3-2凭证输入界面,用户即可根据本身的需要进行相应的修改工作。但是,在凭证修改的过程中凭证字与凭证号是不能修改的。如果两个输入员A和B,A输入的凭证由B修改后,制单就变成B,这一点在凭证查询的过程中要加以注意。

4. 凭证的审核

前提条件:凭证未过账、未审核、当前的操作员具有相应的权限,凭证的制单与审核不得为同一操作员。

关于凭证的审核,金蝶7.0中与其他财务软件一样提供了两种不同的审核方式:单张审核和成批审核。两种审核方式各有利弊,在日常的工作中,一般情况下,我们还是主张采用单张审核的方式,这样可以仔细的审核。单张凭证审核和凭证成批审核界面,分别如图9-3-6和9-3-7所示。

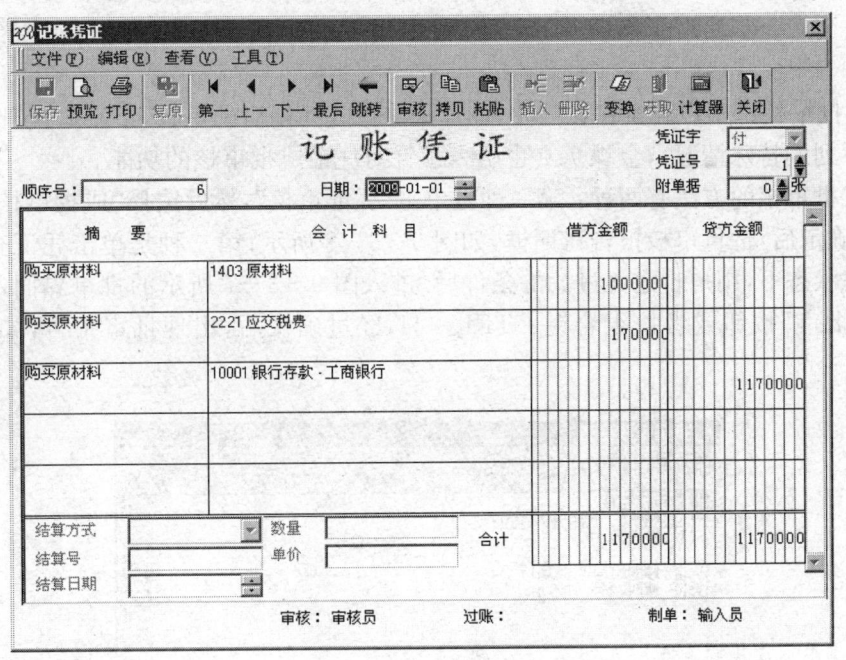

图9-3-6 单张凭证审核界面

(1)单张审核。对录入的凭证进行审核,光带定位于需要审核的凭证上,然后在文件菜单中选择"审核"选项,或者在工具条中单击相应按钮,系统即进入记账凭证窗口,在此窗口中可以对记账凭证审核。此窗口中的项目不能修改,只能查看。查看完毕后可以对此张凭证审核并签章,按下"审核"按钮即表示审核通过。

可以利用记录移动器对多张凭证进行审核。如果记账凭证已经过审核,则在按下

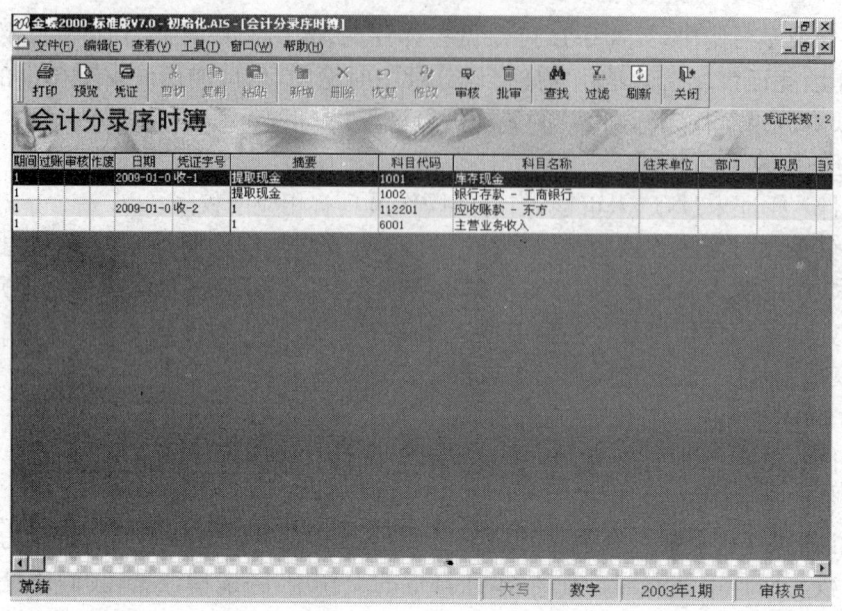

图 9-3-7　凭证成批审核界面

按钮后会消除原审核签章,该凭证即变为未经审核状态。要修改已审核过的记账凭证时,必须先销章,然后才能修改。审核与制单人不能为同一操作员,否则系统拒绝审核签章。

(2)成批审核。用户确实存在需要(如反记账修改凭证后的审核,不小心全部销章已审核凭证等一系列的特殊情况),金蝶 7.0 也引入了针对凭证成批审核的功能。

进入成批审核的方法有两种:第一种是单击"凭证审核",然后选择"成批审核",进入凭证过滤状态,确定后,批量审核报告对话框,如图 9-3-8 所示;第二种是单击凭证查询,系统进入凭证过滤状态下,用户自定义过滤的条件后,进入图 9-3-7 所示的批审界面,选择快捷按钮栏处的"批审"按钮或者按组合键 CTRL+H,经过确认后,出现批审报告,如图 9-3-8 所示。

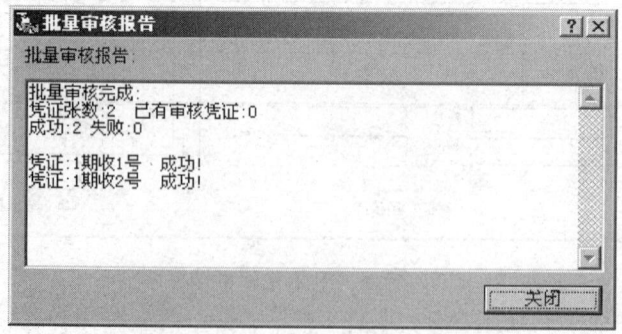

图 9-3-8　批量审核报告对话框

(3)审核的撤销。所谓审核的撤销,是指对凭证审核后的反操作。审核在金蝶 7.0 中称为凭证的销章。

单张凭证销章操作步骤为:先点击"凭证查询",输入销章凭证的相关条件,找到该凭证后,点击"审核"按钮或者按下 F3,可以取消原来的审核。

所有凭证销章操作步骤为:先点击"凭证查询",在凭证查询界面的下方选择"已审核"和"未过账"(过账后的凭证只有取消过账后方能销章,否则操作无法进行),列出所有已经审核但未过账的凭证,然后在"会计分录序时簿"界面中点击"编辑"菜单,选择"成批销章"或者按下组合键 CTRL+U,出现成批销章确认对话框,如图 9-3-9 所示。确认后,即可取消凭证的审核。

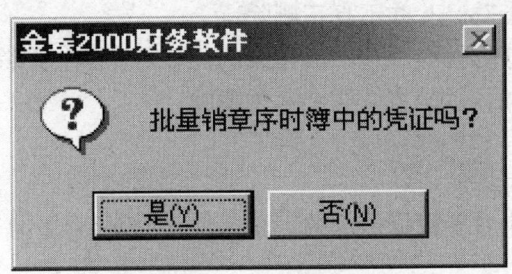

图 9-3-9 成批销章确认对话框

5. 凭证的冲销

在会计分录序时簿中选中要冲销的已过账凭证,从编辑菜单中选择"冲销",系统即自动生成一张与原凭证相同的红字凭证,对该凭证进行过账操作,即可对原账目进行冲销。

在这里,提请大家注意:

• 该张凭证同样需要审核、过账后才起作用,不然在某些账簿查询中无法证实。

• 该张凭证的摘要处会自动注明"冲××××年×月×日××字×××号凭证",以此表明是×××号凭证的冲销凭证。冲销凭证界面,如图 9-3-10 所示。

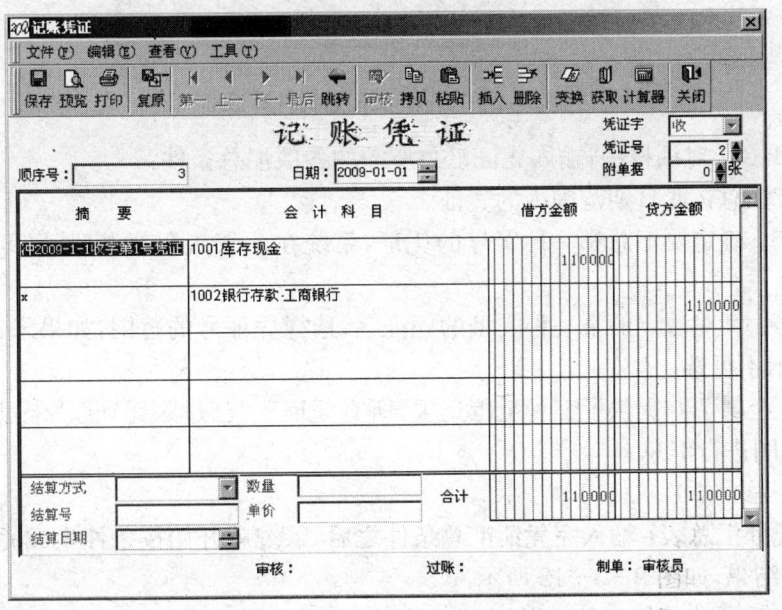

图 9-3-10 冲销凭证界面

6. 凭证的删除

前提条件：凭证未过账、未审核。

删除不需要的凭证，我们只需通过"凭证查询"找到相应的凭证，选择编辑菜单中的"删除"功能项或单击工具条中相应的按钮，系统会提示是否确认删除该张凭证。确实要删除时单击"是"，不要删除时单击"否"。

如果删除的凭证是本类凭证的最后一张，则系统会直接将它从序时簿中完全删除。否则，系统只对该凭证加注"作废"标记，并不真正删除。

要想真正删除该张记账凭证，可选中已作废的凭证再次执行删除功能，系统会提示是否要真正删除该张凭证。确定后，系统将该凭证永久删除。

三、凭证的汇总

所谓凭证的汇总，是指对于根据指定的汇总条件，生成科目汇总表。

1. 汇总条件

在凭证处理窗口中单击"凭证汇总"按钮，即可弹出凭证汇总条件输入窗口。凭证汇总条件对话框，如图 9 - 3 - 11 所示。

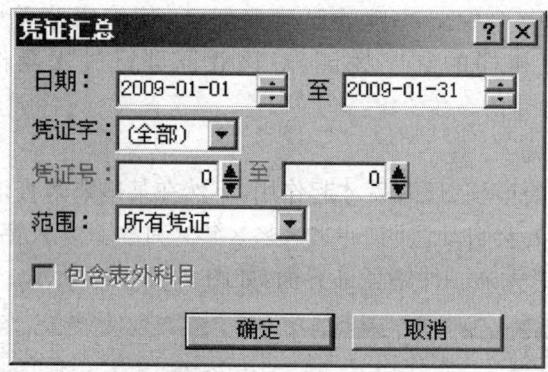

图 9 - 3 - 11　凭证汇总条件对话框

在图 9 - 3 - 11 对话框中，输入凭证汇总所需的各项汇总条件：

• 日期：汇总在此日期范围内的凭证。

• 凭证字：确定要汇总哪一种字号的凭证，系统在此默认全部类型，也可以通过使用下拉按钮指定。

• 凭证号：针对选定的某一种类型的凭证字，选择凭证号的范围，如果未选凭证字，则为灰色显示，表示不可选。

• 范围：金蝶 7.0 提供了三种范围选项"所有凭证"、"已过账凭证"、"未过账凭证"，可以选择不同的范围进行汇总。

2. 凭证汇总

• 浏览凭证汇总表：输入完凭证汇总条件之后，系统就开始按条件生成凭证汇总表。凭证汇总表查询结果，如图 9 - 3 - 12 所示。

在此窗口中，用光标键和滚动条可以对凭证汇总表（科目汇总表）进行浏览、查看。

系统即弹出汇总条件输入窗口，可改变凭证汇总条件，重新生成凭证汇总表。

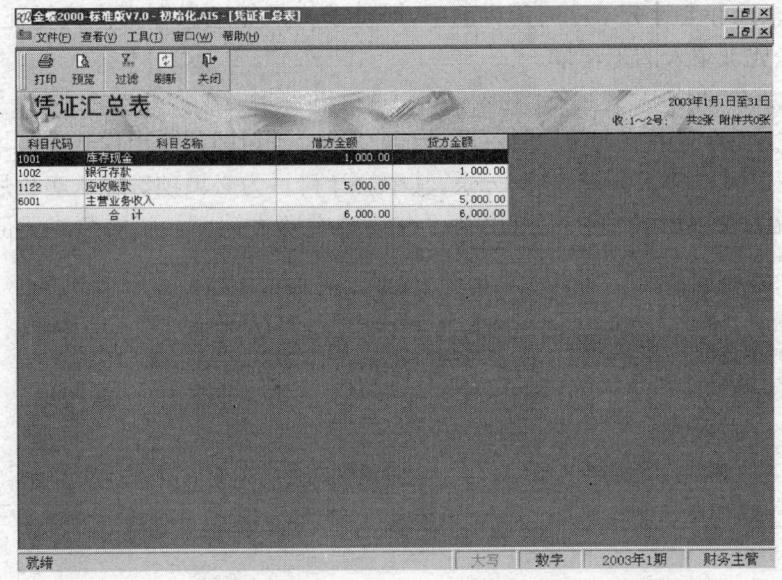

图 9-3-12 凭证汇总表查询结果

四、凭证的检查

凭证检查是系统针对输入凭证的合理、合法性检查的简称。

其检查范围及标准有：

- 是否按照账套选项设定的条件。
- 是否遵循基本的凭证输入原则，如借贷不平衡等。
- 用户自行设定的检查条件。
- 凭证字所许可的会计科目范围等等。

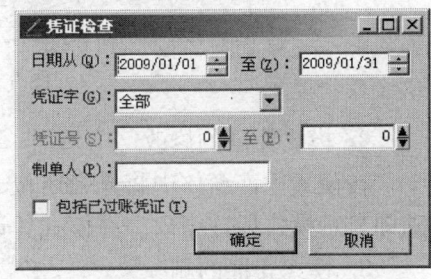

如图 9-3-13 在会计凭证输入完成后，我们随时可以检查凭证，单击"凭证检查"按钮即可弹出凭证检查条件窗口，当输入相应的条件后，系统自动检查当前的凭证，并显示检查结果，如图 9-3-14 所示。

图 9-3-13 凭证检查条件对话框

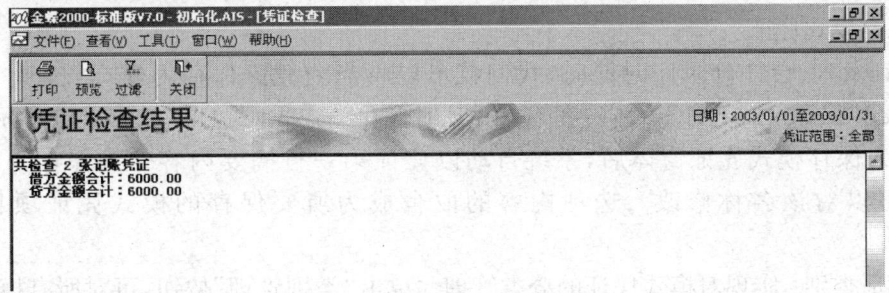

图 9-3-14 凭证查询结果

五、模式凭证

在前面一章中，我们学习过"会计之星"的样板凭证，在金蝶 7.0 中称之为"模式凭证"。金蝶 7.0 在凭证录入和会计分录序时簿界面中,提供了将某凭证保存为模式凭证和调入模式凭证的功能,减轻凭证录入的工作量。

1. 模式凭证的新增

在"会计之家"界面中点击"模式凭证",点击"增加"按钮即刻弹出模式凭证增加输入窗口,在此界面中,我们可以插入分录、删除分录,其中会计科目为必填项。输入名称后,按"确认"按钮为保存并退出,按"新增"按钮不退出并可继续新增模式凭证。新增模式凭证对话框,如图 9-3-15 所示。

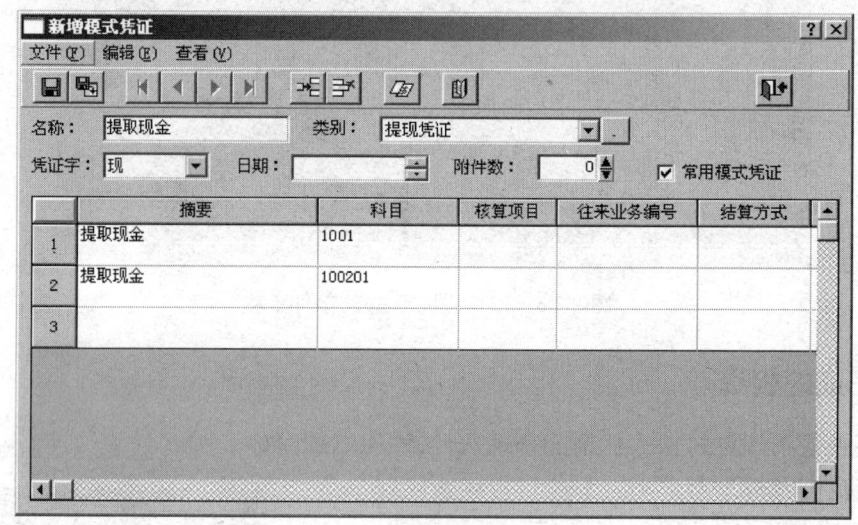

图 9-3-15　新增模式凭证对话框

2. 模式凭证的修改

在模式凭证窗体中将光带定位于要修改的模式凭证中,选择"修改"或双击鼠标左键,系统随即显示模式凭证窗口。在模式凭证窗口中,可以在此窗口中对模式凭证进行修改。

3. 模式凭证的删除

在模式凭证窗体中将光带定位于要删除的模式凭证中,选择"删除"即可实现对该模式凭证的删除。

4. 保存模式凭证

在凭证录入、会计分录序时簿时,我们就可以将当前凭证保存为模式凭证。按快捷键 Ctrl+S弹出"保存模式凭证"窗体。在输入凭证时保存模式凭证,如图 9-3-16 所示。

在进入保存模式凭证窗体后,系统自动以凭证第一行摘要内容作为保存为模式凭证的名称,可以对该名称修改。选项内容的取舍成为所要保存的模式凭证项目的基本要素。

• 凭证类别:实现对模式凭证的分类管理。单击"类别管理"按钮,可对所有模式凭证类别进行增加、修改、删除等操作。

• 常用模式凭证:表示选择该选项后,该模式凭证为常用的类型,否则,在模式凭证管理窗口中不选择为常用模式凭证后,系统将所有非常用模式凭证类型过滤不显示。

• 显示模式:对当前显示方式相互切换。

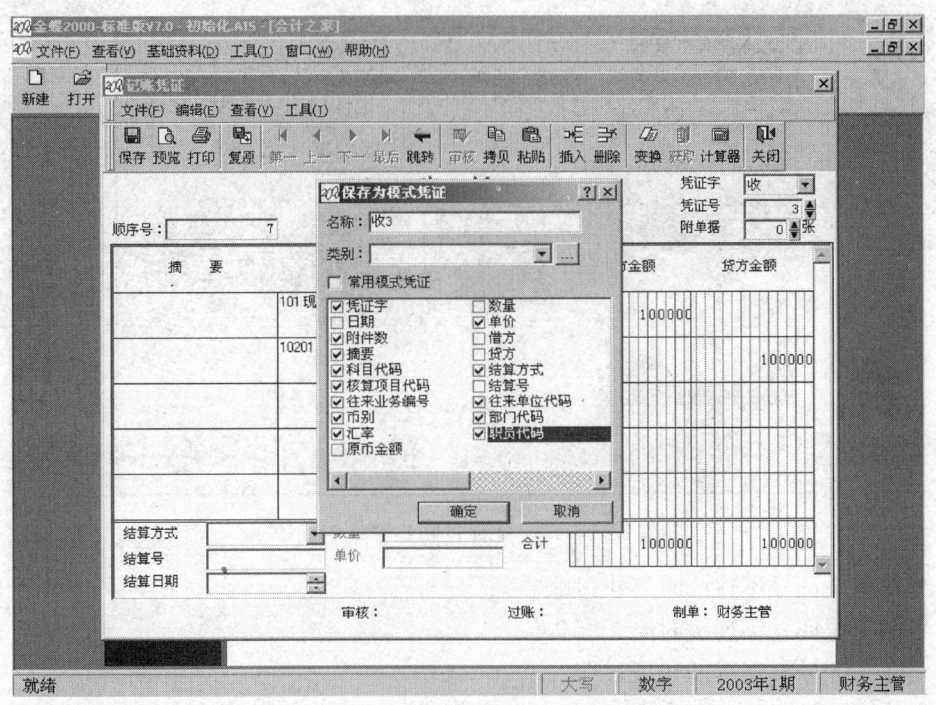

图 9-3-16 在输入凭证时保存模式凭证

六、凭证过账

在会计凭证输入完毕之后就可以开始过账了,尽管金蝶 7.0 在录入会计凭证时已经进行了较严格的检查工作。但在凭证过账时,系统还要进行更进一步的检查,以防止账务数据产生错误。

凭证过账:就是系统将已录入的记账凭证登记到相关的账簿中的过程。经过记账的凭证将不再允许修改,只能采取补充凭证或红字冲销凭证的方式进行更正。因此,在过账前应该对记账凭证的内容仔细审核,系统只能检验记账凭证中的数据关系错误,而无法检查业务逻辑关系。

系统在过账时,会根据在账套选项中是否选定了"过账前凭证必须经过审核"这一选项对凭证审核进行控制,如果选择了"过账前凭证必须经过审核"选项,则在过账时,系统会检查记账凭证是否经过审核。否则,系统不对凭证是否经过审核进行检查,直接过账。

凭证过账是一项十分简单的操作,我们可以在过账向导的带领下,轻松地完成过账操作,过账可分为以下几个步骤进行:

第一步,在凭证处理窗口中单击"凭证过账"按钮,系统出现提示信息窗口。凭证过账步骤一对话框,如图 9-3-17 所示。在窗口中,系统会提示在凭证过账之前需要完成的准备工作,如果还没有准备好,可以改变主意,按下"取消"按钮,停止过账。按下"前进"按钮,进入到凭证过账的第二个操作步骤。

第二步,对凭证号连续性处理的选择。系统在这里为了给用户灵活的操作提供方便,未对凭证号的连续性做严格的限制,而把控制权交给了用户自己。在这里可以针对用户对凭证号连续性的要求的高低来进行选择,系统在此处提供了四个选项供选择:

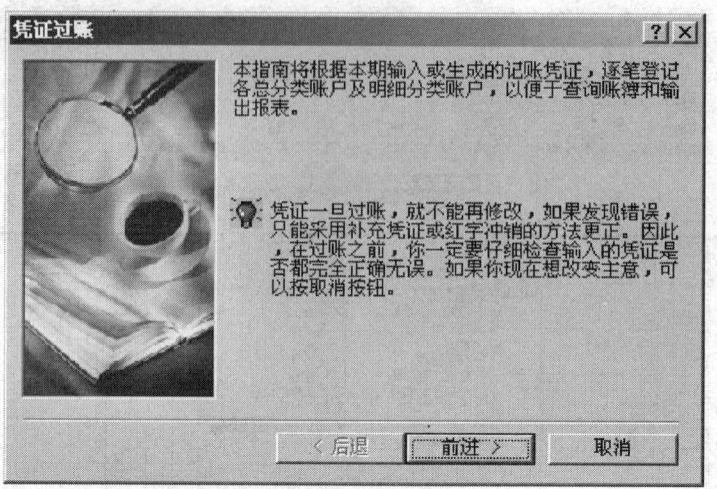

图 9-3-17　凭证过账步骤一对话框

- 当发现凭证号不连续时终止过账。
- 当发现凭证号不连续时给予警告。
- 允许凭证号不连续的凭证过账。
- 部分凭证过账。

凭证过账步骤二对话框,如图 9-3-18 所示。

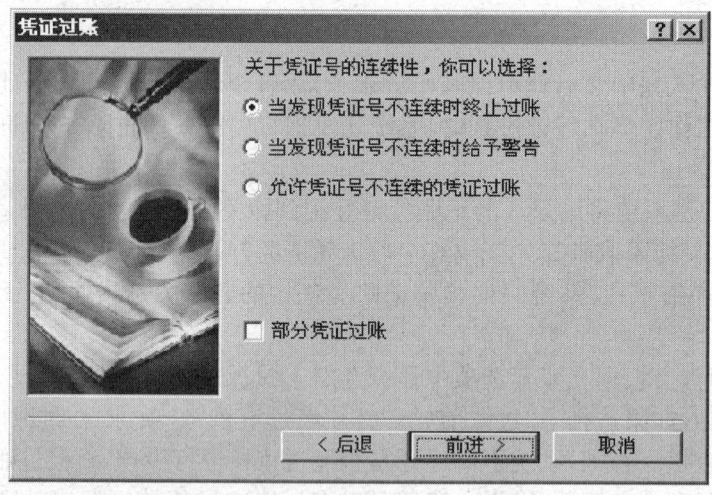

图 9-3-18　凭证过账步骤二对话框

部分凭证过账的功能含义如下:

金蝶 7.0 为了方便用户在账务处理过程中由于某种特殊需要,或操作员只处理自己的所辖范围的业务,系统提供部分凭证过账功能,这样一来,对其他操作员的业务处理可能带来许多便利的地方。

如果不选取"部分凭证过账"选项,则将所有当前期间的未过账的凭证进行过账,当选取"部分凭证过账"选项时(见图 9-3-19),系统即时弹出凭证需过账的过滤条件,此时输入相应的过滤条件并确认之后,按"前进"按钮,就进入了第三步操作过程。

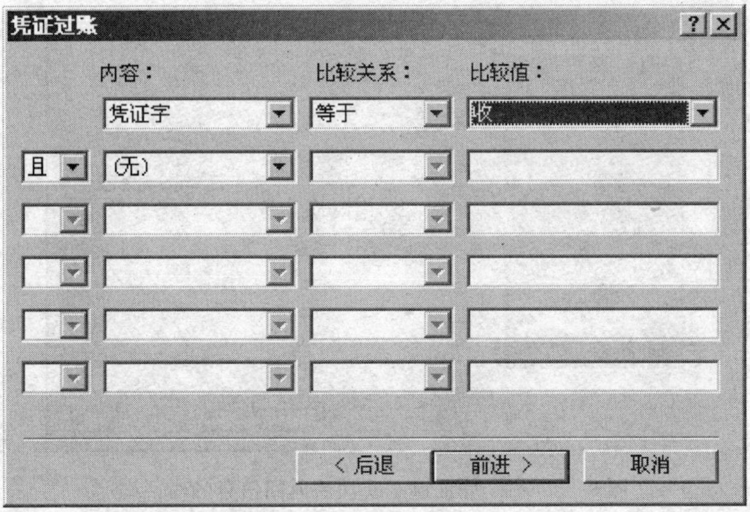

图 9 - 3 - 19　部分凭证过账时出现的过滤条件对话框

第三步，完成过账。凭证过账步骤三对话框，如图 9 - 3 - 20 所示。进入此窗口后，系统就要开始过账了，在过账之前系统最后一次询问，是否要过账处理？如果此时想改变主意还来得及，只要按下"取消"按钮即可放弃凭证过账。按下"完成"按钮，系统就开始过账，并显示出过账进度。

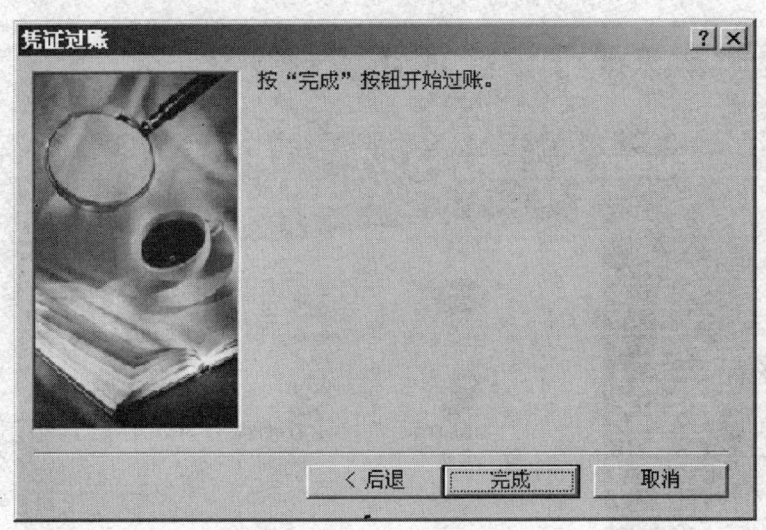

图 9 - 3 - 20　凭证过账步骤三对话框

在过账过程中，系统要对所有的记账凭证及业务资料的数据关系进行检查，一旦发现错误，系统会给出错误提示信息，并中止过账。在修正完错误之后重新过账。

第四步，显示过账凭证信息。在这个步骤中，系统将本次所过的凭证及各种业务资料的数量、金额等项内容显示在窗口中，为用户提供过账信息。凭证过账成功后返回信息的对话框，如图 9 - 3 - 21 所示。在看完过账信息之后，可以按下"完成"按钮，结束本次过账操作。

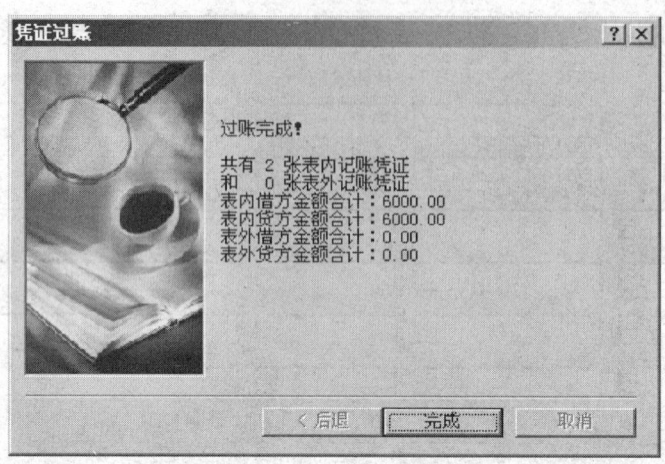

图 9 - 3 - 21　凭证过账成功后返回信息的对话框

第四节　账表数据查询

金蝶 7.0 提供了完整的账证一体化查询功能。还可以查询未过账凭证,使会计人员及时了解企业的财务状况。在本节中将详细说明它的操作流程。

如图 9 - 4 - 1 所示,在账簿查询窗口,可进行下列操作。

图 9 - 4 - 1　会计之家中"账簿"选项界面

- 总分类账查询。
- 明细账查询。包括:现金日记账、银行日记账、三栏式明细账。
- 多栏式账查询。

- 数量金额总账查询。
- 数量金额明细账查询。
- 核算项目分类总账查询。

一、总分类账

1. 总分类账查询条件范围设定

在账簿查询窗口中单击"总分类账"按钮,系统弹出总分类账查询条件对话框,如图9-4-2所示。

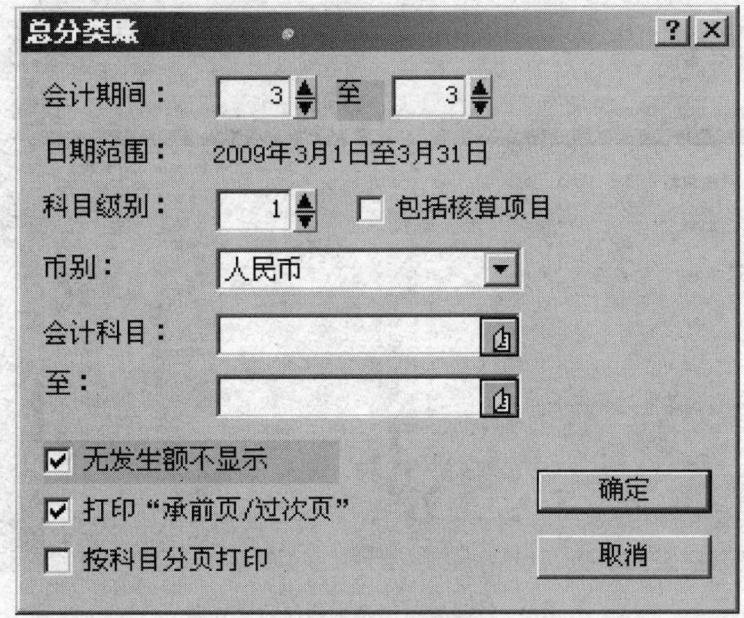

图9-4-2 总分类账查询条件对话框

其中各个选项参数如下:

- 会计期间:选择要查询的总分类账会计期间。
- 科目级别:选择要查询到哪一级会计科目的总账数据。
- 包括核算项目:若选择此选项,则在输出总账数据时,会将科目下设的核算项目数据一并输出。
- 币别:在这个选项中可以选择不同币别输出总账数据,系统提供了本位币、外币、综合本位币等币别选项。
- 无发生额不显示:若选择此项,则在输出总账时,对无发生额的记录不显示。

注:要注意区别本位币与综合本位币,在这里如果选择本位币,则输出的总分类账只是本位币的原币发生额,它不包括外币折合的本位币数额。

例如,假设记账本位币为"日元",如果在币别栏中选择了"日元",则在输出账簿时只输出有关日元的发生额,并不包括其他货币的发生额。

如果有时出现总账中查询的数值与试算平衡中查询科目的数值不一致时,可以看一下我们的选择是否是综合本位币。

• 打印“承前页/过次页”：若选择此复选项，则在最后打印输出总账账簿时，如果某页账簿不能一页打印完毕，接着打印下一页时，自动出现将上页余额过到下页。如果选取此项，则在打印预览或打印时在账页的表体前后将分别显示或打印“承前页”、“过次页”的字样。

• 会计科目范围：选择总分类账输出的会计科目范围，可以直接输入起始和终止的会计科目的代码，或用会计科目窗口边的“获取”按钮从会计科目代码表中获取科目代码。

在查询组合条件选择完毕后，点击“确定”按钮，系统将立即对符合条件的账簿数据结果显示在如图 9-4-3 所示的界面中。

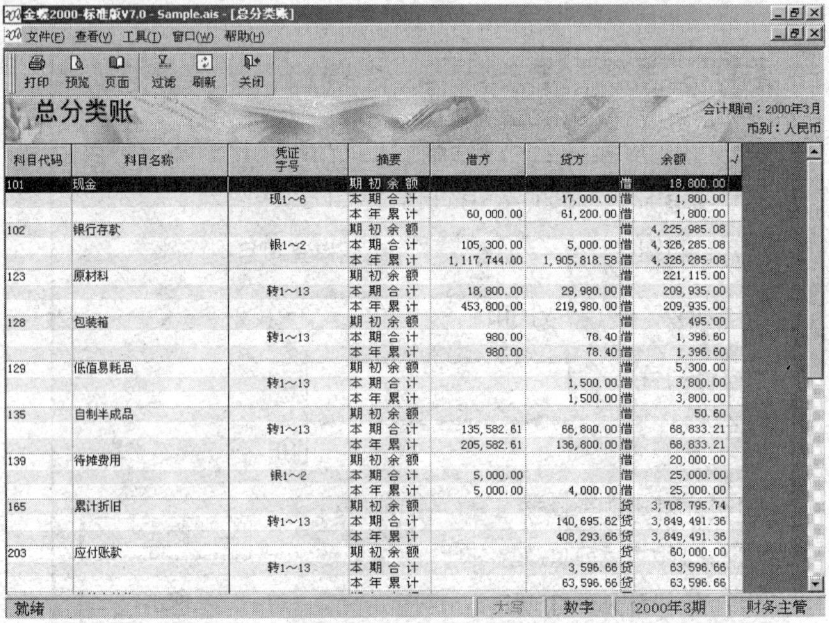

科目代码	科目名称	凭证字号	摘要	借方	贷方		余额
101	现金		期初余额			借	18,800.00
		现1~6	本期合计		17,000.00	借	1,800.00
			本年累计	60,000.00	61,200.00	借	1,800.00
102	银行存款		期初余额			借	4,225,985.08
		银1~2	本期合计	105,300.00	5,000.00	借	4,326,285.08
			本年累计	1,117,744.00	1,905,818.58	借	4,326,285.08
123	原材料		期初余额			借	221,115.00
		转1~13	本期合计	18,800.00	29,980.00	借	209,935.00
			本年累计	453,800.00	219,980.00	借	209,935.00
128	包装箱		期初余额			借	495.00
		转1~13	本期合计	980.00	78.40	借	1,396.60
			本年累计	980.00	78.40	借	1,396.60
129	低值易耗品		期初余额			借	5,300.00
		转1~13	本期合计		1,500.00	借	3,800.00
			本年累计		1,500.00	借	3,800.00
135	自制半成品		期初余额			借	50.60
		转1~13	本期合计	135,582.61	66,800.00	借	68,833.21
			本年累计	205,582.61	136,800.00	借	68,833.21
139	待摊费用		期初余额			借	20,000.00
		银1~2	本期合计	5,000.00		借	25,000.00
			本年累计	5,000.00	4,000.00	借	25,000.00
165	累计折旧		期初余额			贷	3,708,795.74
		转1~13	本期合计		140,695.62	贷	3,849,491.36
			本年累计		408,293.66	贷	3,849,491.36
203	应付账款		期初余额			贷	60,000.00
		转1~13	本期合计		3,596.66	贷	63,596.66
			本年累计		63,596.66	贷	63,596.66

图 9-4-3 总分类账查询结果界面

2. 总分类账簿的操作

在总分类账窗口，可以进行如下操作：

• 打印总分类账簿：单击工具条中“打印”按钮或从“文件”菜单中选择“打印”。

• 打印预览：单击工具条中“打印预览”按钮或从“文件”菜单中选择“打印预览”。对总分类账簿进行模拟显示。

• 重新输入查询条件：单击工具条中“过滤”按钮或从“查看”菜单中选择过滤，进入查询条件输入窗口，输入新的查询条件。

• 刷新屏幕：按 F9 键或从“查看”菜单中选择“刷新”。在多用户状态下，系统显示最新资料。

• 查询明细账：选中要查询明细账的科目，从“查看”菜单中选择“明细账”，即可查询该科目下的明细账从而实现凭证——账簿数据的一体化查询。

二、明细分类账

1. 明细分类账查询条件范围的设定

在账务处理窗口，单击“明细账”，系统弹出明细分类账查询对话框，如图 9-4-4，在此窗

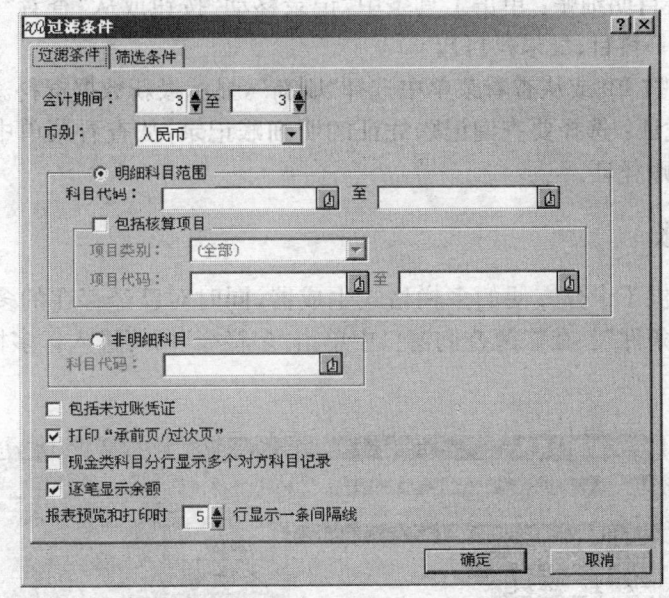

图 9-4-4　"明细分类账"查询条件对话框

口中设定明细账查询的条件及范围。

其中各个选项参数如下：

• 会计期间：选择明细分类账输出的会计期间范围。

• 币别：选择输出哪一种币别的明细分类账数据，在这里除可以选择已设定好的外币币别之外，系统还提供了"所有币别"、"所有币别多栏式"两种选项，"所有币别"输出的明细账目是将普通单一币别三栏账中增加了"币别"、"汇率"、"原币金额"三个栏目，将每一笔业务的三项数据都填列出来。

• "所有币别多栏式"：则将所有货币的币别都同时列示在"借方金额"，"贷方金额"和"余额"三栏内。

• 科目代码的范围：查询明细账时科目代码的起止范围。

• 项目类别：选择要输出哪一种核算项目类别的明细账数据，系统默认为"全部"。

• 项目代码范围：选定的核算项目类别中核算项目的范围。

• 非明细科目：在选定明细账输出时，不按照明细科目的方式输出，而是将明细科目中发生的业务全部在一级科目反映。

• 包括未过账凭证：如果选取此项，则在输出明细账时，将未过账的凭证也一同包含在明细账中输出。

注：该选项的功能是将未过账凭证当作已记账凭证一样参与明细账的运算，这只是一个模拟的运算结果。对于用户而言确实非常方便，但也容易为会计信息失真问题埋下隐患，所以该选项应慎用。

2. 明细分类账簿的操作

在明细分类账窗口，可进行如下操作：

• 打印及打印预览：与总分类账中打印及打印预览相同。

• 重新输入查询条件：单击工具条中"过滤"按钮或从"查看"菜单中选择过滤，进入查询条件输入窗口。

- 查询其他科目明细账：单击工具条中"记录移动"按钮或从"查看"菜单中选择第一科目(或上一科目、下一科目、最末科目)。
- 刷新显示：按F9或从查看菜单中选择"刷新"，显示最新数据资料。
- 查询记账凭证：选择要查询记账凭证的明细账记录，从查看菜单中选择"记账凭证"，即可查询相应的记账凭证。

三、多栏式账

系统为用户提供了十分方便的多栏格式生成器，同时对已经存在的多栏账，系统还提供"查询条件"、"过滤条件"。在账簿查询窗口中单击"多栏账"即可进入。多栏式明细账设置，如图9-4-5所示。

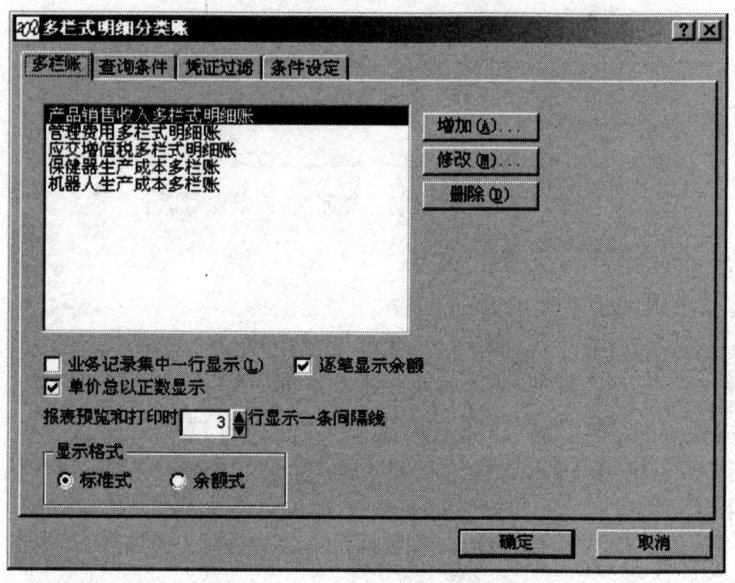

图9-4-5　多栏式明细账设置

1. 增加、修改、删除多栏式账

如图9-4-5，在该窗口，用户可以单击"增加"、"修改"按钮进入编辑多栏式账窗口，也可以单击"删除"按钮删除多栏式账。

(1)增加多栏式明细账格式。在多栏式明细分类账窗口，单击"增加"按钮，即弹出多栏账格式设置窗口，在图9-4-6窗口中，就可以设置所需科目的多栏式明细账格式。

相应的参数特点：

- 多栏账科目：在此处输入需要设置多栏账格式的会计科目代码，可以用"获取"按钮从会计科目表中获取会计科目代码，注意，此处所输入的会计科目代码必须为非最明细级科目代码，如果所输入的科目代码没有下级科目或核算项目，则系统无法生成多栏账格式。
- 科目代码：在此处输入"多栏账科目"下属的明细科目代码。
- 栏目名称：对应于科目代码，在多栏式明细账中输出的栏目名称，在输入科目代码后，系统会自动将代码对应的科目名称显示在栏目名称中，我们可以对该名称进行修改。

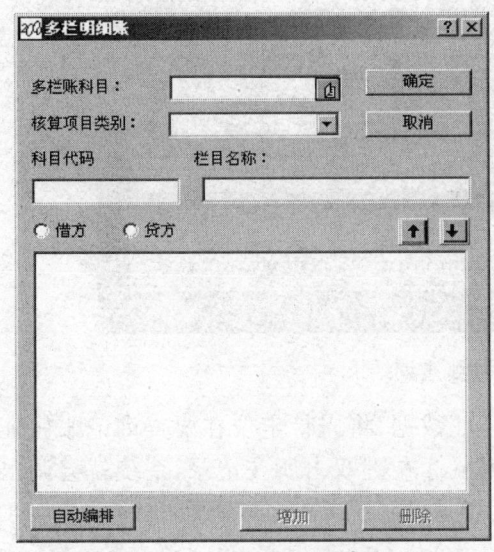

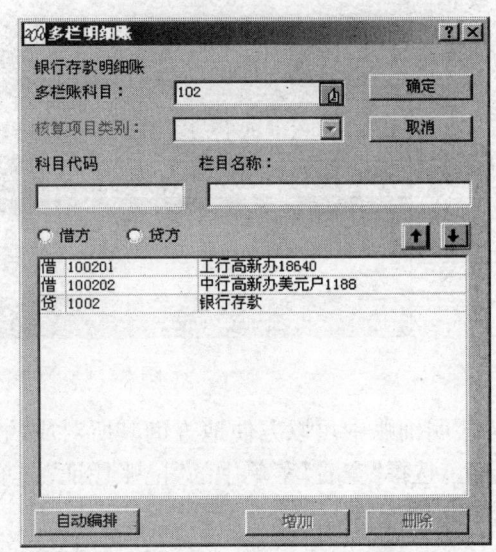

图9-4-6 新增多栏式账　　　　　　　图9-4-7 修改多栏账

- 借方、贷方选项：指明多栏式账以借方金额或贷方金额为主。例如,管理费用的多栏式账以借方金额为主,而主营业务收入则以贷方金额为主。

- 自动编排：为了提高多栏式明细账格式设定的速度,系统提供了"自动编排"功能,我们只需在"多栏账科目"中输入要设置多栏账的科目代码。然后按下"自动编排"按钮,系统即可自动将所选"多栏账科目"的下级明细科目自动按多栏账的格式进行编排,生成多栏账格式。对编排好的多栏账格式可以进行修改、删除等处理。

生成完毕后,单击"确定"按钮,系统提示输入保存多栏账的名称,然后单击"确认",系统即保存所生成的多栏式明细账格式。

（2）修改多栏式明细账格式。如果所生成的多栏账的格式不符合需要,可以修改多栏账的格式,在多栏式明细分类账窗口选定要修改的多栏账,然后单击"修改"即可弹出多栏账格式设置窗口,在此窗口中,可以对多栏账的格式进行修改,操作基本上与增加多栏账格式一致。修改多栏账,如图9-4-7所示。

（3）删除多栏式明细账格式。对于以后不再需要的多栏账格式,可以将其删除,在图9-4-5多栏式明细账设置窗口中选定要删除的多栏账格式,然后单击"删除"按钮,系统会发出提示信息,要求确认是否要删除。

2. 设定多栏账的查询条件

在多栏式明细分类账窗口,选择"查询条件"。例如,设定多栏账的期间范围,多栏账的货币币别,输出的多栏账中是否包括未过账凭证以及是否选取"打印'承前页/过次页'"等选项。

3. 多栏账的操作

设定完多栏账格式,选择好查询范围之后,单击"确认"按钮,系统即根据所设定的条件,生成多栏式明细账。多栏式明细账查询结果,如图9-4-8所示。

- 浏览：在多栏式明细账窗口,可以用光标移动键或滚动条来翻查当前明细账数据。

- 一体化查询：在多栏式明细账中,系统同样能够实现有关账表的一体化数据查询。在

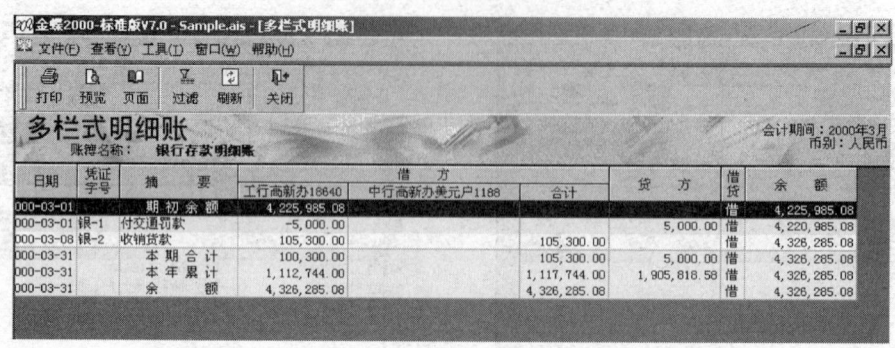

图 9-4-8　多栏式明细账查询结果

多栏式明细账中可以方便地查询其所对应的记账凭证数据,将光带定位在要查询记账凭证的记录上,选择"查看"菜单中的"记账凭证"选项,或用鼠标左键双击所在记录,系统就会调出所对应的记账凭证。

四、数量金额总账

数量金额总账用于查询有数量金额的会计科目。在该窗口中统计的数据都为已过账数据。

1. 数量金额总账的查询

数量金额总账的查询,如图 9-4-9 所示。

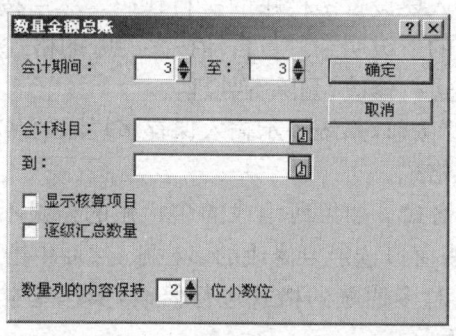

图 9-4-9　数量金额总账的查询

在账簿查询窗口中单击"数量金额总账"按钮,系统就弹出如图 9-4-9 数量金额总账的查询条件窗口。在此窗口中,选择数量金额总账查询的会计期间范围,以及要查询的会计科目代码,如果不输入会计科目代码,则表示要输出所有下设数量金额核算的会计科目的数量金额总账。

2. 数量金额总账的操作

* 浏览:在数量金额总账窗口,可以用光标移动键或滚动条来翻查当前记录。
* 数量金额总账的浏览,如图 9-4-10 所示。
* 一体化查询:在数量金额总账中,系统能够实现有关账表的一体化数据查询。在数量金额总账中可以方便地查询其所对应的明细账数据,将光带定位在要查询明细账的记录上,选择"查看"菜单中的"明细账"选项,或用鼠标左键双击所在记录,系统就会调出所对应的明细账。

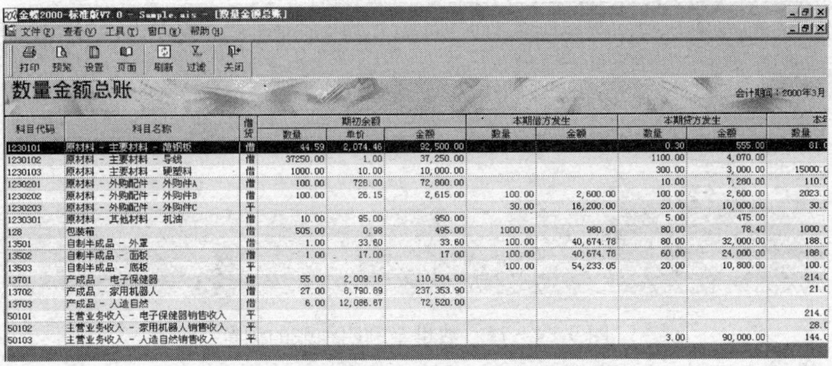

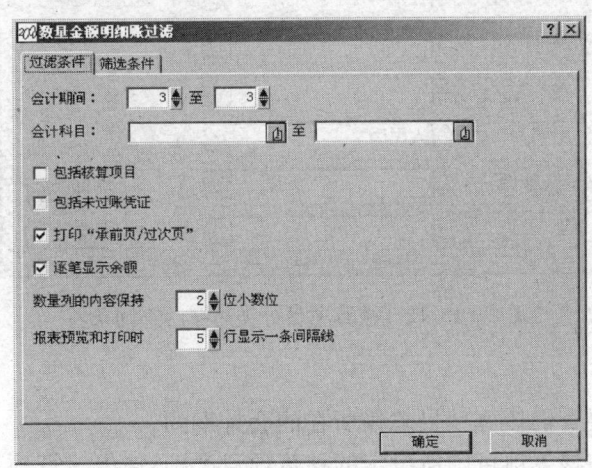

图 9-4-10 数量金额总账的浏览

五、数量金额明细账

数量金额明细账与数量金额总账不同之处在于该窗口中可以统计未过账数据。

1. 数量金额明细账的查询

在账簿查询窗口中单击"数量金额明细账",系统弹出查询条件设置窗口。在此窗口中选择数量金额明细账查询的会计期间,以及要查询的会计科目代码,如果不输入会计科目代码,则表示要输出所有下设数量金额核算的会计科目的数量金额明细账。选择是否包括未过账凭证。

• 数量金额明细账的查询,如图 9-4-11 所示。

图 9-4-11 数量金额明细账的查询

2. 数量金额明细账的操作

• 浏览:如图 9-4-12 所示,在数量金额明细账窗口,我们可以用光标移动键或滚动条来翻查当前明细账数据。

• 一体化查询:在数量金额明细账中,系统能够实现有关账表的一体化数据查询。在数量金额明细账中可以方便地查询其所对应的记账凭证数据,将光带定位在要查询记账凭证的记录上,选择"查看"菜单中的"记账凭证"选项,或用鼠标左键双击所在记录,系统就会调出所对应的记账凭证。

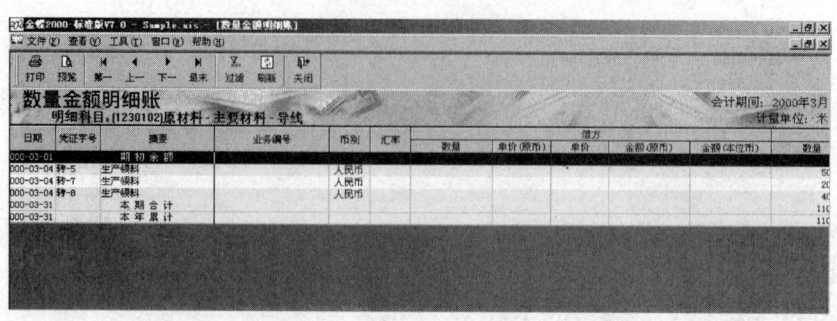

图 9-4-12　数量金额明细账的浏览

六、核算项目分类总账

1. 核算项目分类总账查询条件

在账簿处理窗口中单击"核算项目总账",系统即弹出核算项目总账输出条件选择窗口,如图 9-4-13 所示。在此窗口中,可以输入核算项目总账输出的各项数值,系统将根据所选定的条件生成核算项目总账。

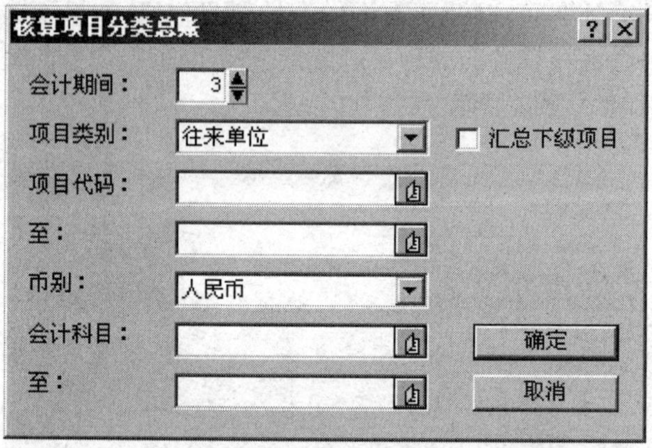

图 9-4-13　核算项目分类总账的查询条件

参数说明:

会计期间:选择要查询核算项目总账所在的会计期间。

项目类别:选择在核算项目中所设定的核算项目类别,输出核算项目总账时,每次只能选择一个核算项目类别。

项目代码范围:选择选定核算项目类别中的核算项目的范围。可以用项目代码框边的相应按钮弹出核算项目表进行获取。

币别:选择输出何种币别的核算项目总账。

会计科目范围:选择核算项目总账输出的会计科目的范围。

汇总下级项目:表示将下级项目进行分类汇总,其功能含义如下:

如果会计科目设置成多核算项目时,我们可根据图 9-4-13 所示的窗口选项,查看其在不同核算项目(诸如往来单位、部门、职员等)条件下,汇总下级项目的分类总账。

2. 核算项目分类总账的操作

• 浏览：在核算项目总账查询窗口中，如图 9-4-14 所示，可以用光标移动键或滚动条来翻查当前核算项目的总账数据。还可以利用记录移动器前后移动核算项目进行查看，可以选择"第一个项目"、"上一个项目"、"下一个项目"以及"最后项目"来切换核算项目。

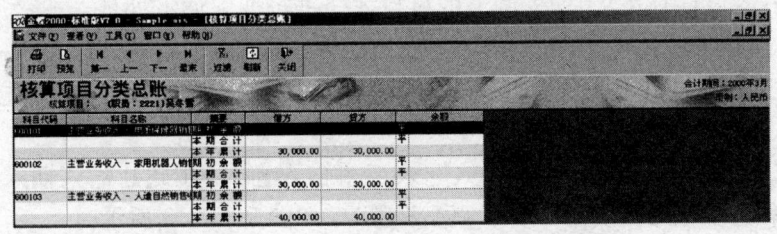

图 9-4-14　浏览核算项目分类总账

• 一体化查询：在核算项目总账中，系统同样能够实现有关账表的一体化数据查询。在核算项目总账中可以方便地查询其所对应科目的明细账账户数据，将光带定位在要查询明细账的科目范围内，选择"查看"菜单中的"明细账"选项，或用鼠标左键双击所在的科目，系统就会调出所对应的明细分类账，就可以在明细分类账窗口中对所调出的明细账进行查询及打印等项操作了。

第五节　期末处理

当前会计期间所有凭证均过账后，即可进行期末处理。期末处理，如图 9-5-1 所示，点击"会计之家"中的"期末处理"，关于期末处理包括以下几项工作：

• 期末调汇。
• 结转本期损益。
• 自动转账。
• 期末结账。

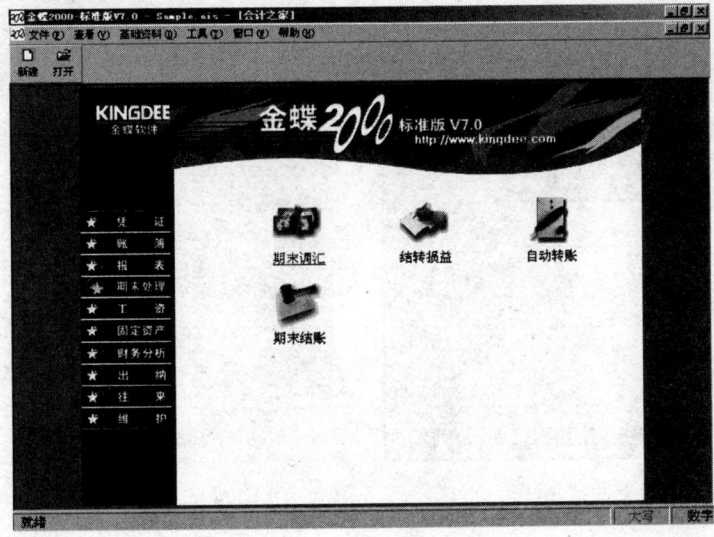

图 9-5-1　期末处理

一、期末调汇

期末调汇主要用于有外币核算的账户自动进行期末调汇,自动计算汇兑损益,生成汇兑损益凭证及期末汇率调整表。金蝶 7.0 在执行此功能时,是根据在会计科目中的科目属性来进行的,只有在会计科目中设定为期末调汇的科目才会进行期末调汇处理。

步骤一,在这里系统将说明期末调汇的工作内容等项信息。期末调汇步骤一,如图 9 - 5 - 2 所示。观看完毕之后,可单击"前进"按钮进入下一步操作,也可以按"取消"按钮,放弃期末调汇。

步骤二,按下"前进"按钮后,系统进入期末汇率输入窗口,在此处输入期末记账汇率。系统将根据此汇率来计算汇兑损益。期末调汇步骤二,如图 9 - 5 - 3 所示。

步骤三,输入完期末汇率之后,继续按下"前进"按钮,调汇向导就来到了汇兑损益科目代码输入窗口。

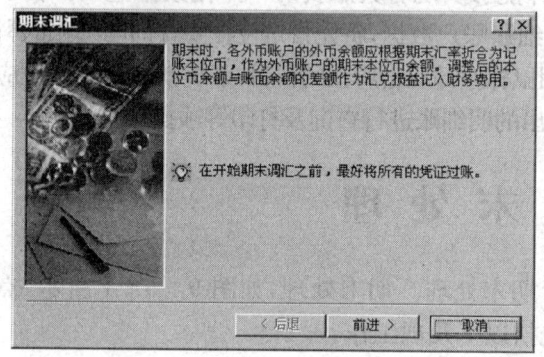

图 9 - 5 - 2 期末调汇步骤一

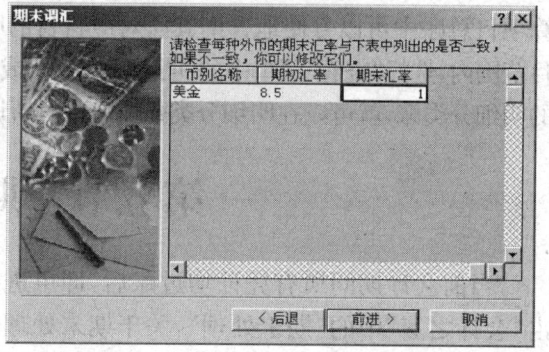

图 9 - 5 - 3 期末调汇步骤二

因为系统要根据调汇结果来自动生成汇兑损益的记账凭证,所以系统必须要知道汇兑损益结转的相应科目。在这里输入的汇兑损益科目必须是一个最明细级科目。期末调汇步骤三,如图 9 - 5 - 4 所示。

步骤四,输入了汇兑损益科目代码之后,按下"前进"按钮,系统就来到了记账凭证参数窗口。期末调汇步骤四,如图 9 - 5 - 5 所示。

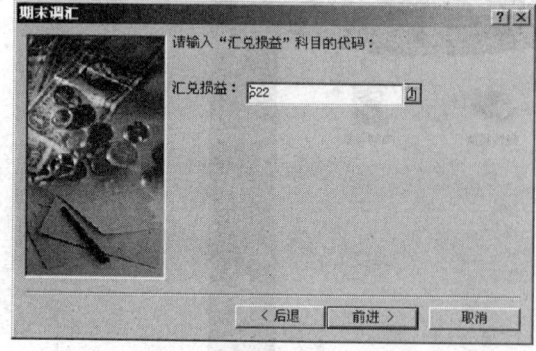

图 9 - 5 - 4 期末调汇步骤三

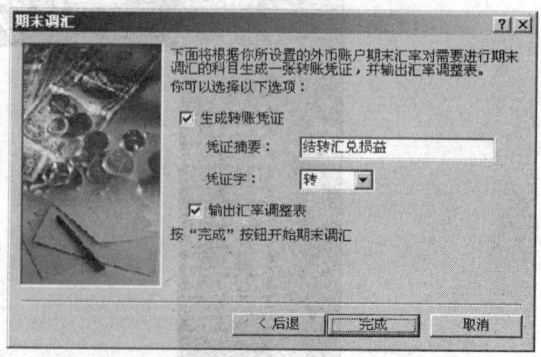

图 9 - 5 - 5 期末调汇步骤四

在此窗口中,系统提供了生成转账凭证和输出汇率调整表两个选项。

1. 生成转账凭证选项

选择生成转账凭证选项,则系统将根据调汇的情况,将期末调汇的结果直接生成记账凭证。选定生成记账凭证选项之后,要求输入凭证摘要的内容以及选定记账凭证的凭证字。生成调汇凭证的对话框,如图9-5-6所示。生成的凭证需要审核过账后才起作用,制单者为生成该凭证的当前操作员。

图9-5-6 生成调汇凭证的对话框

2. 输出汇率调整表选项

选择本选项之后,系统将期末调汇的结果生成汇率调整表,供查询或打印。

以上的各选项选择完毕之后,即可按下"完成"按钮开始期末调汇处理工作了。在计算完成期末调汇工作之后,系统会根据我们的选择生成转账凭证或汇率调整表,如图9-5-7所示。

图9-5-7 生成的汇率调整表

二、结转损益

使用此功能可以将所有损益类科目的本期余额全部自动转入本年利润科目,自动生成结转损益记账凭证。

这里需要注意的是,系统是按照在"会计科目"中选定的科目类别来进行自动结转损益工作的。只有在科目类别中设定为"损益类"的科目,余额才能进行自动结转。在日常账务处理中,损益类科目的余额在期末都要结转到本年利润科目中去。如果要结转本期损益,最好使用系统提供的"结转本期损益"功能,否则在输出有关损益类的会计报表时,会出现不正确的数据。

在结账处理窗口中,单击"结转本期损益"按钮,系统即进入结转本期损益向导。

步骤一,说明有关损益处理的过程,如果不想进行损益结转,可单击"取消"按钮,系统将放弃自动结转损益。按下"前进"按钮,系统就要求输入有关记账凭证参数。在此窗口中,要求输入要生成的记账凭证的凭证摘要和凭证所要采用的凭证字,结转损益步骤一、步骤二,分别如图9-5-8和图9-5-9所示。

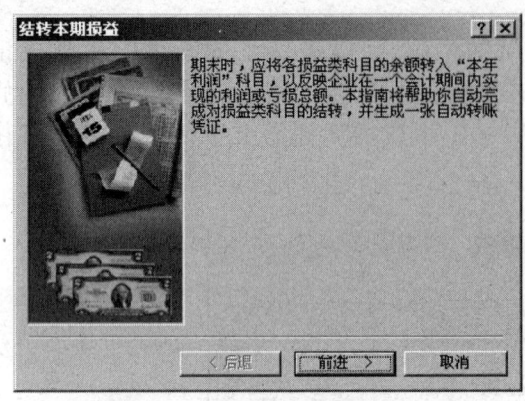

图9-5-8 结转损益步骤一

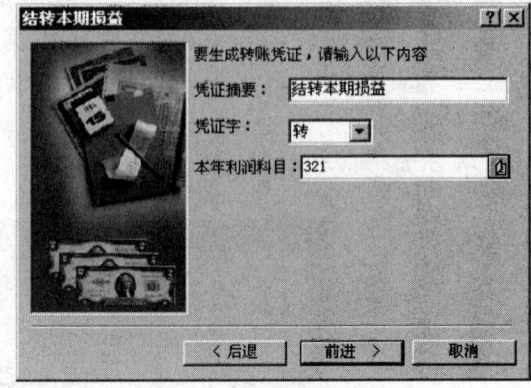

图9-5-9 结转损益步骤二

步骤二,输入了记账凭证的有关参数之后按下"前进"按钮,系统就完成了参数设置工作。这时系统进入开始结转损益窗口。

系统提示注意事项,应当将所有的凭证都过账之后再执行此功能,否则,结转的损益数额可能会不正确,如果不想此时结转损益,单击"取消"按钮即放弃自动结转损益处理。

单击"完成"按钮后,系统即开始进行期末损益结转处理,处理完毕后,提示生成一张转账凭证。确定后即完成结转损益工作,如图9-5-10和图9-5-11所示。

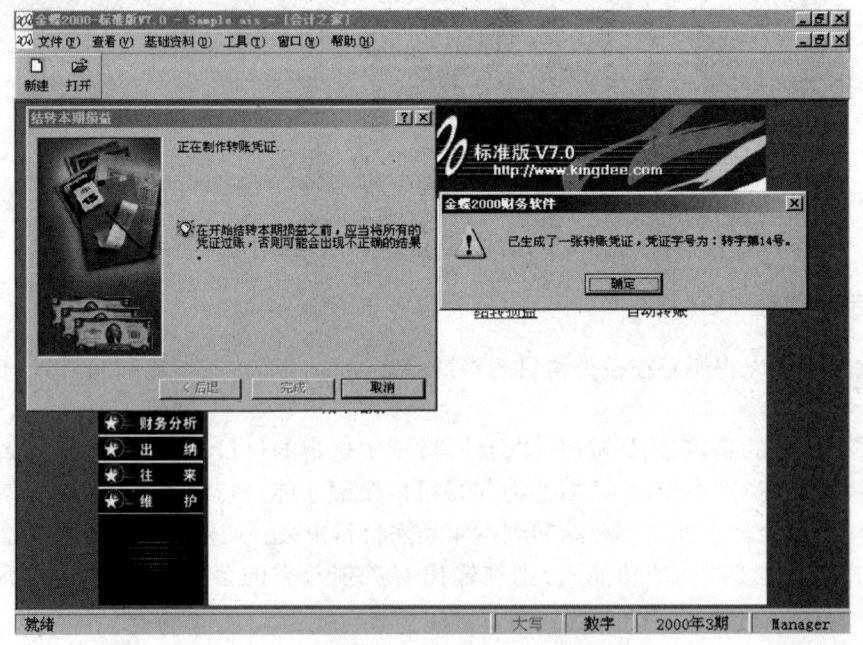

图9-5-10 结转损益步骤三、步骤四

三、自动转账

在期末处理窗口中,单击"自动转账"按钮,系统即弹出自动转账凭证设置窗口。在此窗口

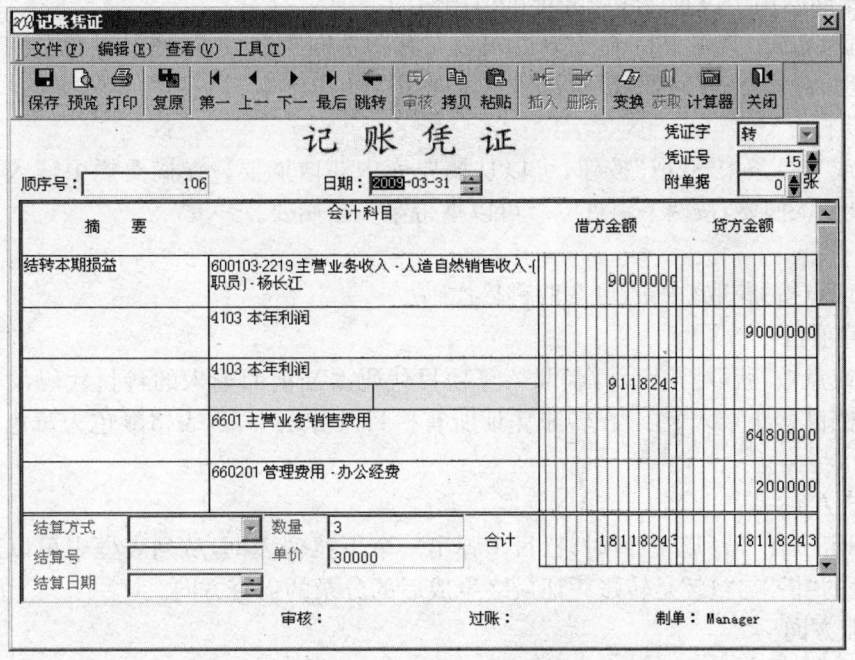

图 9-5-11　最后生成的结转损益转账凭证

中,可以增加、删除、修改自动转账凭证的凭证格式。可以生成指定格式的记账凭证,也可以生成全部设定格式的自动转账凭证,如图 9-5-12 所示。

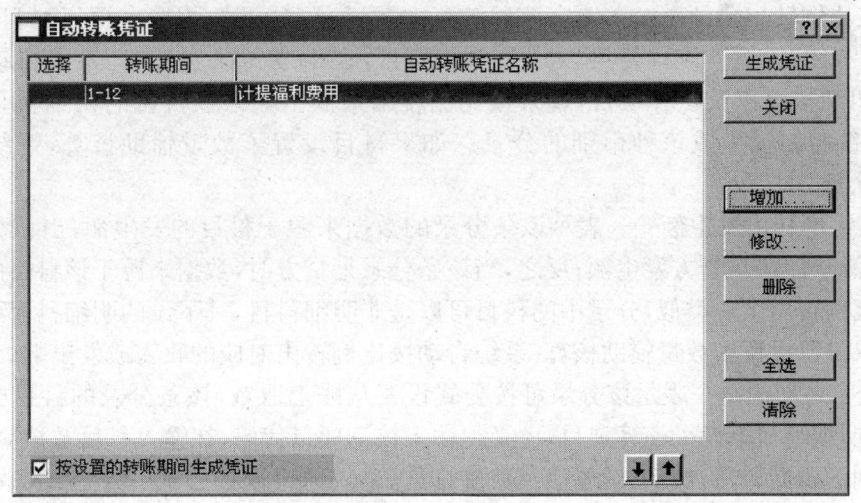

图 9-5-12　自动转账

（一）增加自动转账格式

单击窗口中的"增加"或"修改"按钮,系统出现自动转账凭证设置。

1．自动转账凭证的名称

自动转账凭证名称是转账凭证的标识,不同的转账凭证的名称不许重复,该名称可以修改。按 F7 或按工具条中"获取"按钮,可以从摘要中获取名称。

2. 转账期间用于设置该转账凭证的适用时间范围

按 F7 键或按工具条中"获取"按钮,可以对转账期间重新设置,通过对转账期间的不同设置,可以实现按月、季、年转账,以及按任意期间组合转账。

3. 摘要栏

按 F7 或工具条中"获取"按钮,可以从摘要库中获取摘要。在摘要栏中输入两个点".."可以携带上一条摘要,按两个斜杠"//"可以携带第一条摘要。

4. 科目栏

按 F7 或点按"获取"按钮,可获取科目代码。

5. 核算项目

按 F7 或点按"获取"按钮,可获取核算项目代码。当前面输入的科目代码没有下设核算项目时,该栏目禁止录入(注:在转账凭证所有栏目及分录中,当表格颜色为黄色时表示禁止录入)。

6. 借贷方向

当光标定位在"借/贷"栏目时,栏目中弹出一个下拉列表框,从列表框中可以选择"借"或"贷"。该处的"借"与"贷"是转账凭证最终生成后的分录的借贷方向。

7. 转账方向

转账方向表示自动转账凭证中数据的来源与去处,它分为转入、按比例转出余额、按比例转出发生额、按公式转出四种类型。

(1) 转入——表示数据的去处,转入分录中的科目必须为最明细科目,如果该科目有核算项目,还要输入核算项目代码。

(2) 按比例转出余额——在选定该种转账方式后,该分录的数据来源于科目的余额,并可以乘以一定的比例。该科目可以是非明细科目,在生成转账凭证时,系统自动搜索该科目下所有明细科目以及核算项目,逐条按比例转出余额。如果该科目的明细科目中有不同的币别,系统将自动生成该种币别的分录。如果科目设置了数量辅助核算,系统则按比例转出数量余额。

(3) 按比例转出发生额——表示该条分录的数据来源于科目的发生额,当该分录是借方时,数据来源于该科目贷方发生额;反之,当该条分录是贷方时,数据来源于该科目的借方发生额。与按比例转出余额类似,分录中的科目可以是非明细科目,其下设的明细科目可以有多种币别。如果科目设置了数量辅助核算,系统自动按比例转出对应的收入或发出数。

(4) 按公式转出——表示该分录可按公式设置从账上取数,该条分录的科目必须为最明细科目,如明细科目下设了核算项目,还必须输入核算项目代码,在输入科目及核算项目后,还须录入币别。根据科目是否下设外币及数量,可以录入原币取数公式、本位币取数公式、数量取数公式。公式设置可以按 F7 或点按工具条中"获取"按钮进入公式向导辅助输入,公式的语法与自定义报表完全相同,通过取数公式可取到账上任意的数据。另外,在公式中还可录入常数。

8. 包含本期未过账凭证

本选项用于确定转出数据中是否包含未过账凭证,不包含未过账凭证所取的数据只是已经过账后的数据,未过账数据不包含在内。包含未过账凭证所取的数据则是本期内已经录入的全部凭证数据。在实际使用时请注意这两种情况的不同。

9. 自动转账凭证复制

选择"文件"菜单中的"另存为",输入不同的名称后按"确定"按钮可以把当前的转账凭证另存为一个新的自动转账凭证,如图 9-5-13 所示。

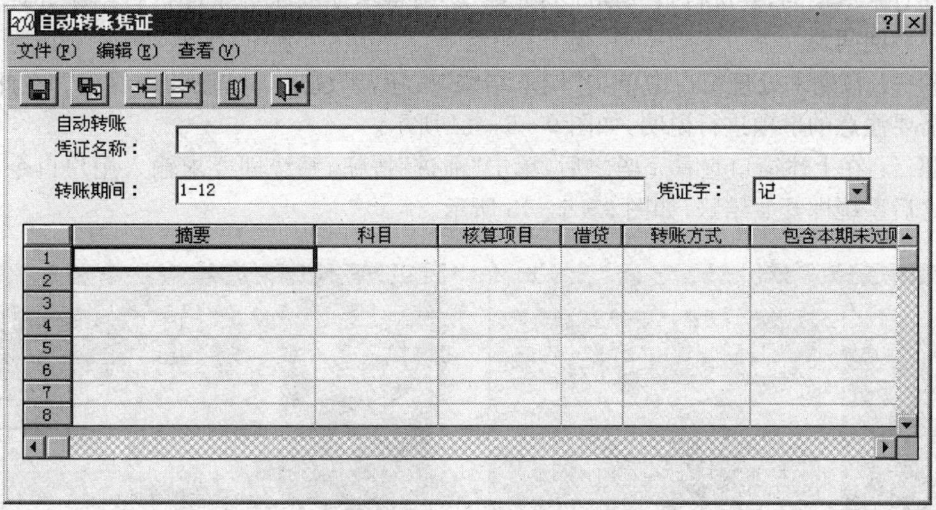

图 9-5-13 新增自动转账凭证界面

另外,一个自动转账凭证中最多只能设置一条转入分录,而且转出分录的借贷方向不能与转出分录借贷方向相同。如果转入分录中的科目下设了本位币、单一外币或所有币别,系统在生成转账凭证时,根据转入科目的币别以及转出科目的币别生成一条或多条转入相应币种的分录。即在凭证设置时,转入分录只能有一条,而生成凭证后,转入分录可能有多条。

(二)删除自动转账格式

若想删除不需要的自动转账凭证格式。可先选中要删除的凭证格式,然后单击"删除"按钮,系统提示是否确实要删除。

(三)修改自动转账格式

如果对已有的自动转账格式不满意,可对其进行修改。在自动转账凭证格式设置窗口中,单击"修改"按钮,即弹出自动转账凭证修改窗口,此窗口的操作基本上与自动转账凭证格式增加一致。

(四)生成自动转账凭证

自动转账凭证格式设置完毕之后,选择要生成的自动转账凭证格式,双击鼠标左键,在选择栏中会出现"*",依次选择要生成的凭证,参见图 9-5-12。

选择"按设置的转账期间生成凭证"选项后,系统还可以按照设置的期间对生成凭证进行控制,不在设置期间内的凭证,系统将不会生成凭证。

将要生成的自动转账凭证格式全部选择完毕后,选择"全部生成"按钮,则系统将所设定的所有的自动转账凭证格式,按照从上到下的顺序生成记账凭证。

生成完毕后,系统提示生成了多少张记账凭证,要求确认是否保存已生成的记账凭证。

所生成的凭证与普通凭证一致,可以在凭证处理功能中进行修改、审核及删除等项操作。

四、期末结账

在本期所有的会计业务全部处理完毕之后,就可以进行期末结账处理了。系统的数据处理都是针对于本期的,要进行下一期间的处理,必须将本期的账务全部进行结账处理,系统才能进入下一期间。

步骤一:在期末处理窗口中单击"期末结账"按钮,系统进入结账处理界面。在此窗口中系统对需要注意的事项进行说明,如图9-5-14所示。

步骤二:在上述窗口查看完毕之后,单击"前进"按钮,系统即要求输入用户口令,在确认了口令之后系统即开始结账,如图9-5-15所示。

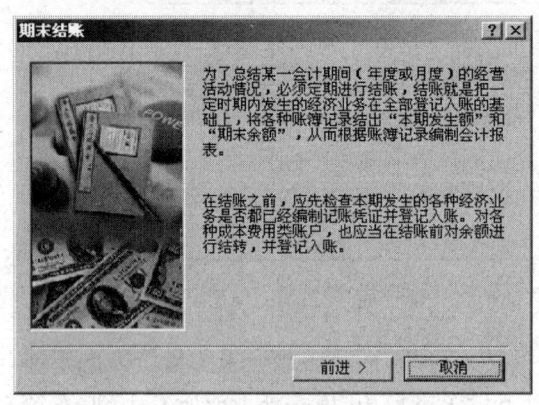 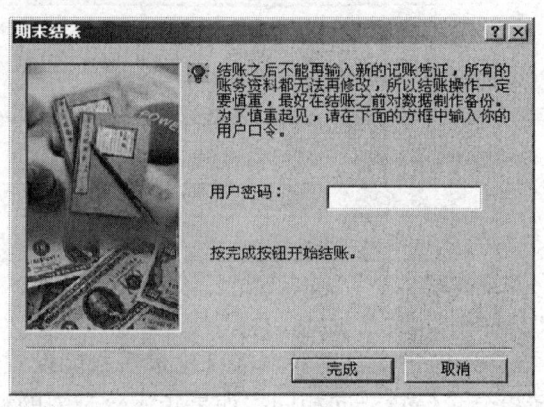

图9-5-14　期末结账步骤一　　　　图9-5-15　期末结账步骤二

系统在结账之前要对账务进行检查,必须将本期间的所有会计凭证及业务资料全部输入电脑并且过账之后才能结账。如果系统发现本期内还有未过账的记账凭证,系统会发出警告,然后中断结账。

系统在进行结账之前,还要检查"期末调汇"、"结转损益"以及"计提折旧"三项处理事项是否已经完成。如果其中有一件事项未完成,则系统会提示还有哪些事项没有完成,要求确认是否要继续结账。

在全部事项处理完毕后,系统开始结账。窗口中显示进度指示器,反映结账工作的进程。在结账过程中,如果想中止结账,可以单击"取消"按钮,系统会弹出提示窗口,询问是否要中断结账过程。

如果当前的会计期间是年度的最后一个会计期间,则此时结账是执行年结过程。年结操作上与日常结账没有什么区别,但年结的实际内容则完全不同于日常结账。

用户在执行年末结账时,系统会对本年利润科目是否有余额进行检查,如未结平,系统会给予提示。用户可以选择放弃年末结账,待结平本年利润后,再执行年末结账。

年结时,强制用户做系统备份。系统在年结账过程中,将所有的凭证及业务资料全部删除,只将有关账务数据的余额及发生额结入到下一年度。年数据结转到下一年度之后,是无法反结账的,因此在进行年结账时要特别慎重。进行年结后,所有的凭证及业务资料全部都被清除,只有账套备份中留有这些数据资料。必须要仔细保存好这些备份数据,以备查账时能恢复出来。

结账完成之后,系统进入下一个会计期间,并返回到结账处理窗口。

有关报表处理的内容,请阅读第六章的报表处理,本章不再重复。

第十章　用友财务软件

第一节　软件入门

用友财务软件(U8)是北京用友软件股份有限公司开发的全新财务软件。它由不同的模块组成，主要包括：总账系统、UFO报表、工资管理、资金管理、采购管理、采购计划、销售管理、库存管理、存货核算、财务分析、行业报表、固定资产、现金流量表等模块。第一次使用时的操作流程图，如图10-1-1所示。

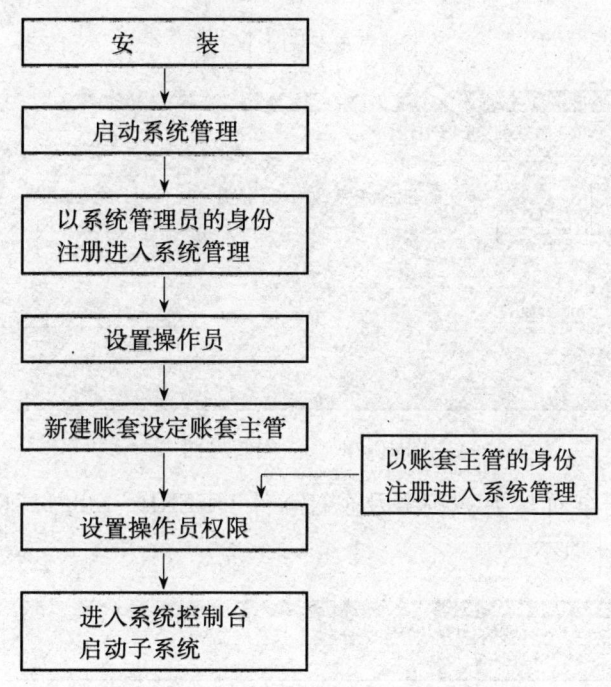

图10-1-1　第一次使用时的操作流程图

在本节中，我们以用友8.11为蓝本，主要介绍其总账模块的应用。由于财务软件的通用性，也为了避免重复前面章节的叙述，在本章中将用友软件与其他财务软件不同的地方，着重以示例的方式进行阐述。

一、软件的安装

打开"我的电脑"，点击软件安装文件"SETUP.EXE"，弹出安装主界面，如图10-1-2所示。点击"总账系统"→开始安装→选择软件安装的路径→点击安装图标，弹出安装界面，如图10-1-3所示。

图 10 - 1 - 2　安装主界面

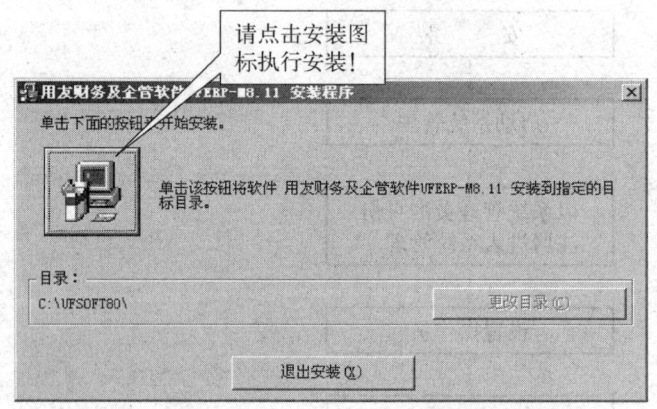

图 10 - 1 - 3　安装界面

安装完毕后,点击桌面上"用友财务及企管软件 UFERP - M8.11"快捷方式,出现用友的程序组,如图 10 - 1 - 4 所示。

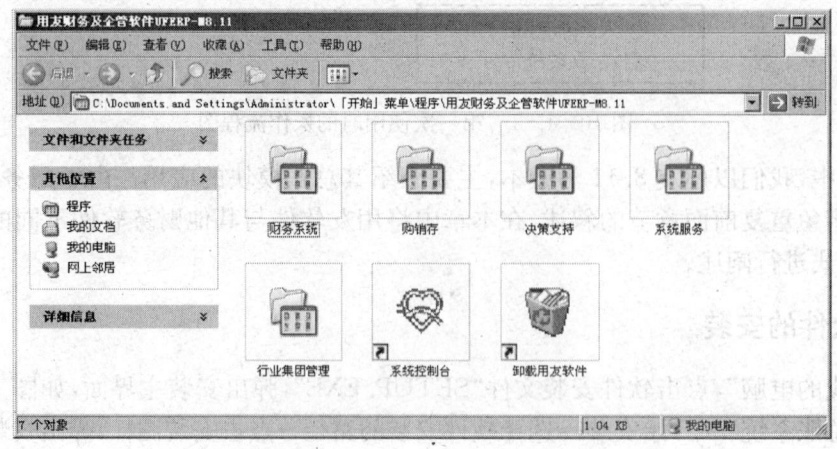

图 10 - 1 - 4　用友的程序组

至此,软件安装完毕。接下来,我们将启动用友 8.11。

二、软件的启动和系统管理

（一）启动系统管理

方法一：开始→程序→用友财务及企管软件 UFERP-M8.11→系统服务→系统管理,弹出系统管理界面,如图 10-1-5 所示。

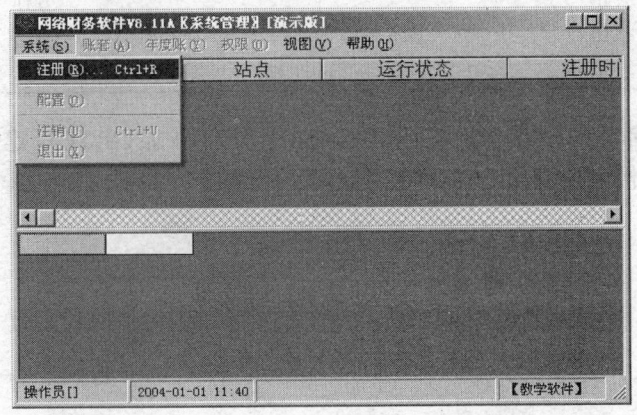

图 10-1-5 系统管理界面

方法二：点击桌面上"用友财务及企管软件 UFERP-M8.11"快捷方式,弹出图 10-1-4 窗口,再点击系统服务组→系统管理。

（二）系统管理的操作

系统管理是为了对用友企业级财务软件所属的各个产品进行统一的操作管理和数据维护,主要包括以下几方面的功能：

• 对账套的统一管理,包括建立、修改、引入和输出。

• 对账套中年度账的统一管理,包括建立、清空、引入、输出和结转上年数据。

• 对操作员及其权限的统一管理以及设立统一的安全机制,包括数据库的备份、功能列表和上机日志等。

1. 系统注册

在"系统管理"窗口中点击"系统"菜单→注册,默认用户为 ADMIN,密码为空,点击"确定"按钮,完成系统注册工作。

注：只有进行了系统注册后,才可以建立新的账套。

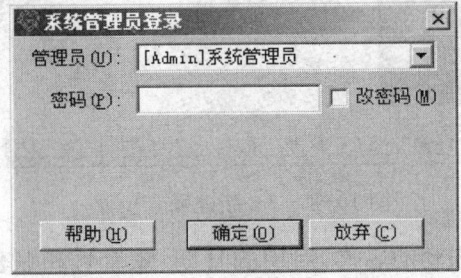

图 10-1-6 系统注册

2. 新建操作员

现在,我们要为该系统添加操作员资料,如表 10 - 1 - 1 所示。

表 10 - 1 - 1

添加操作员资料

名　　　　称	编　　　号
输入员	001
审核员	002
财务主管	003

在"系统管理"窗口中点击"权限"菜单→操作员→添加,出现新建操作员对话框,如图 10 - 1 - 7所示,输入相应内容,点击"确定"按钮后,新操作员即添加成功。

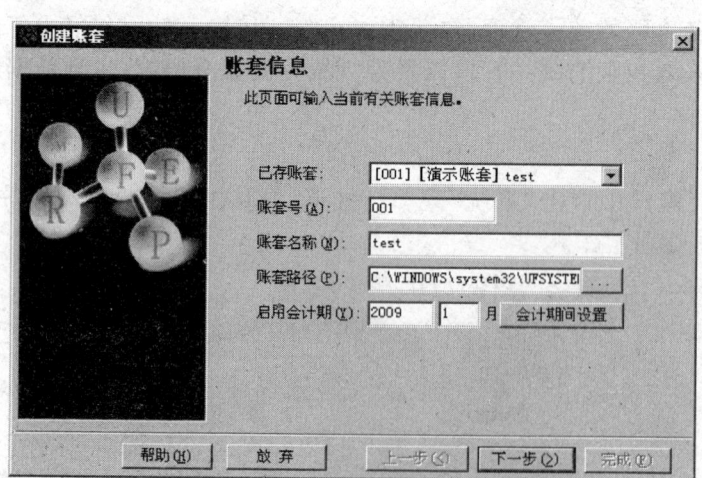

图 10 - 1 - 7　新建操作员对话框

3. 新建账套

建立了操作员后,接下来我们就来建立一个新的账套,这一步骤也是所有第一次使用用友 8.11 的用户所需要做的。

步骤一:在"系统管理"菜单中点击"账套"→建立,即弹出建账向导,如图 10 - 1 - 8 所示。

图 10 - 1 - 8　新建账套步骤一

在图 10 - 1 - 8 中输入账套的名称,启用的日期、账套号和账套路径由系统自动给出。点击"下一步"进入步骤二。

步骤二：参见图 10-1-9，输入企业基本信息，包括单位名称、单位简称、单位地址、法人代表、邮政编码、电话、传真、电子邮件、税号、备注。

注：除单位名称和单位简称为必填项外，其余各项可以省略。

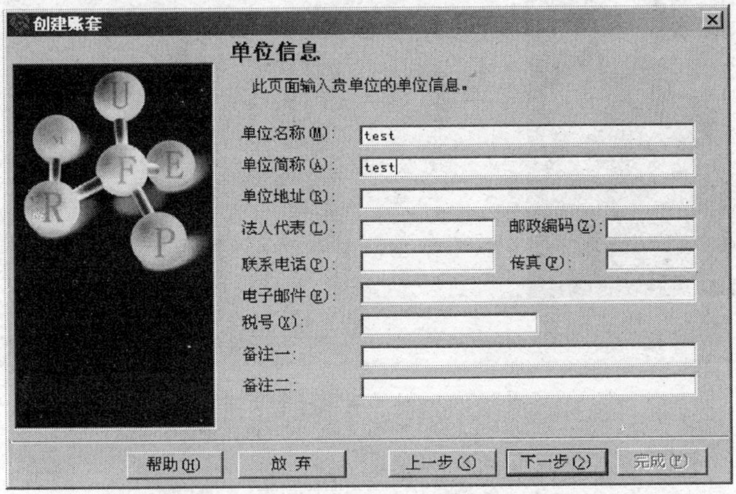

图 10-1-9　新建账套步骤二

步骤三：参见图 10-1-10。

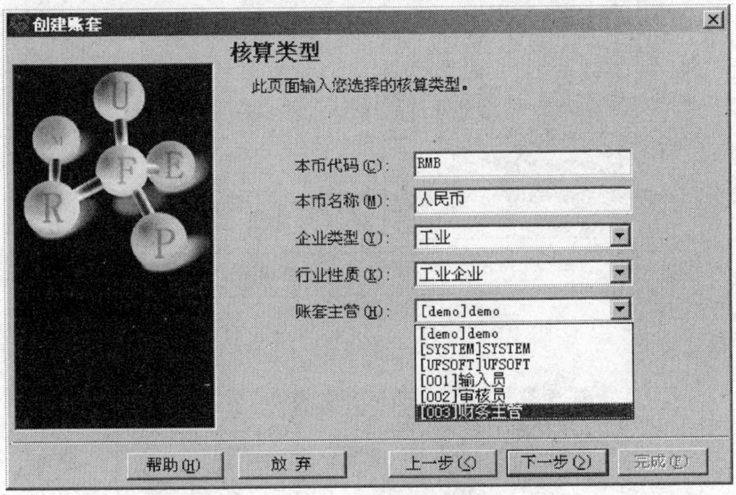

图 10-1-10　新建账套步骤三

在该窗口中选择记账本位币、企业类型，并且还需指定一个账套主管，如 003 财务主管，点击下一步进入步骤四。

步骤四：在"基础信息"设置中选择分类设置和外币核算设置，如图 10-1-11 所示，我们选择了具有外币核算项目，分类设置为空。

步骤五：在确认建立账套后，弹出定义科目级长对话框，如图 10-1-12 所示。

注：用友 8.11 科目级长的定义和其他财务软件不同，可以在该对话框中直接键入数字进行修改和设定。

确认完后，还要进行数据精度的定义，如图 10-1-13 所示。

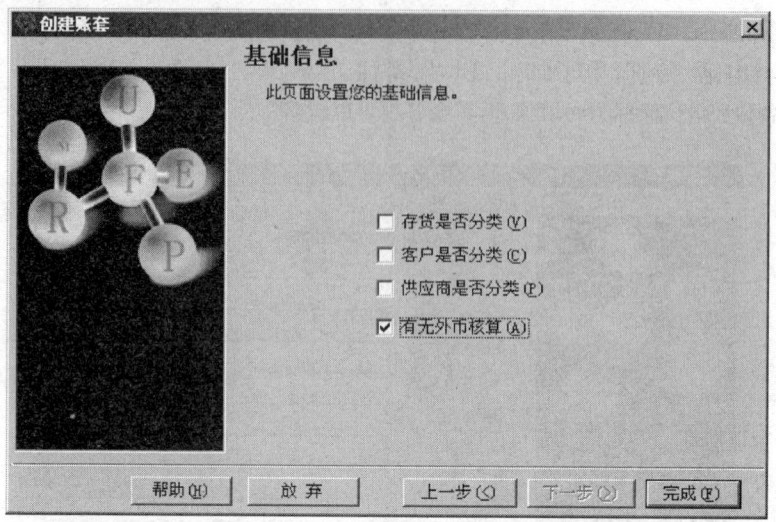

图 10-1-11 新建账套步骤四

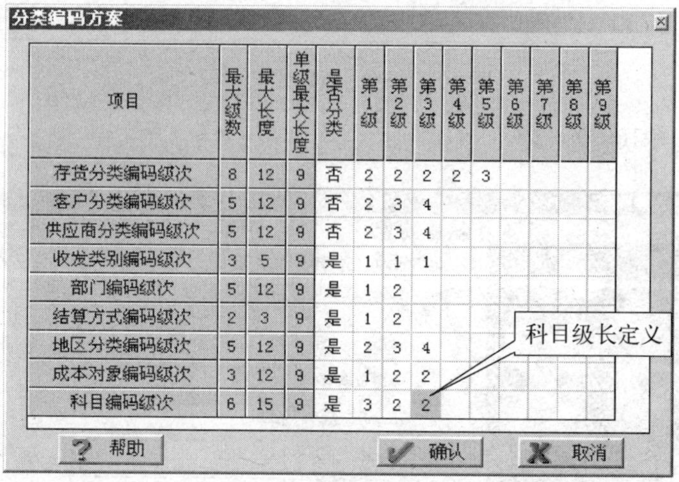

项目	最大级数	最大长度	单级最大长度	是否分类	第1级	第2级	第3级	第4级	第5级	第6级	第7级	第8级	第9级	
存货分类编码级次	8	12	9	否	2	2	2	2	3					
客户分类编码级次	5	12	9	否	2	3	4							
供应商分类编码级次	5	12	9	否	2	3	4							
收发类别编码级次	3	5	9	是	1	1	1							
部门编码级次	5	12	9	是	1	2								
结算方式编码级次	2	3	9	是	1	2								
地区分类编码级次	5	12	9	是	2	3	4							
成本对象编码级次	3	12	9	是	1	2	2							
科目编码级次	6	15	9	是	3	2	2							

科目级长定义

图 10-1-12 定义科目级长对话框

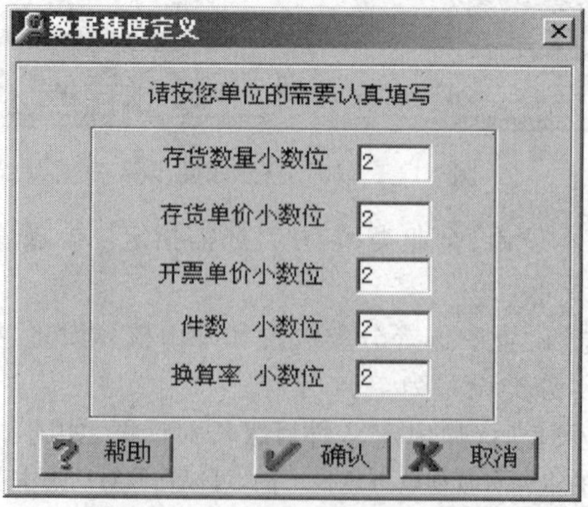

数据精度定义

请按您单位的需要认真填写

存货数量小数位 2
存货单价小数位 2
开票单价小数位 2
件数　小数位 2
换算率　小数位 2

图 10-1-13 数据小数位数的定义

最后点击"确定"按钮,新账套建立成功。接下来我们要对操作员在新账套中的权限进行分配。

4. 操作员权限的设置

在"系统管理"窗口中,点击"权限"→权限。现在让我们先来为财务主管设定权限:先选择相应的账套名称"test",然后在"账套主管"复选框前打"√",则自动出现账套主管的权限界面,如图 10-1-14 所示。

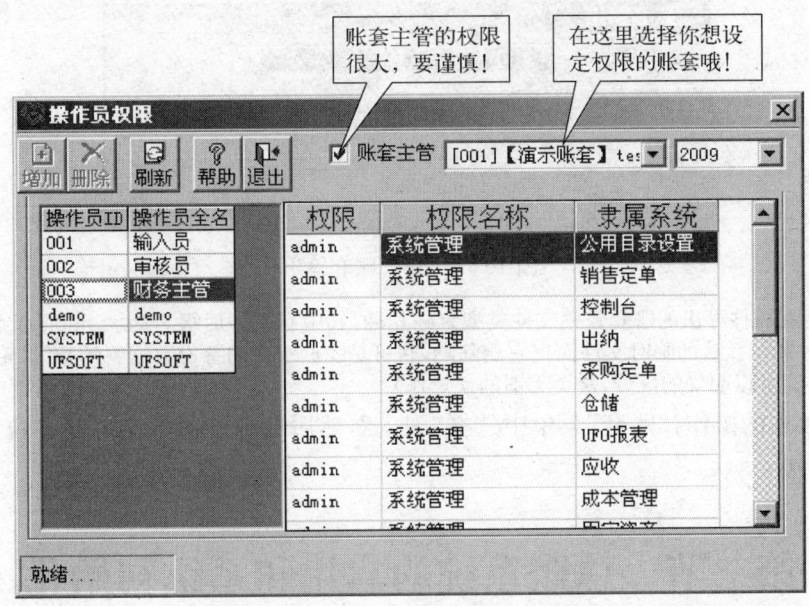

图 10-1-14 账套主管的权限界面

如果还要对其他普通操作员进行权限的分配,可以点击该窗口左上角的"增加"按钮,出现增加权限界面,如图 10-1-15 所示界面,先进行"产品分类的选择",然后对其明细权限进行相应的设置。

注:选择某项明细权限需要双击该项权限行中的"授权"处。

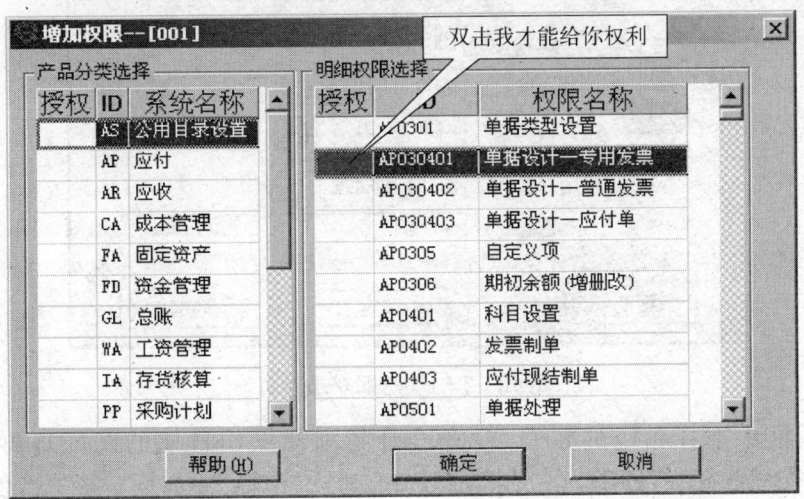

图 10-1-15 增加权限界面

注：删除操作员权限的方法也很简单，只需在图 10-1-14 对话框中，先选好要删除的权限，然后点击左上角的"删除"按钮即可，很简单吧！

账套数据的导出和导入

• 导出数据：在"系统管理"窗口中点击"账套"菜单，选择"输出"，选择需要导出的账套名称，如图 10-1-16 所示，再选择导出账套数据的路径位置即可。

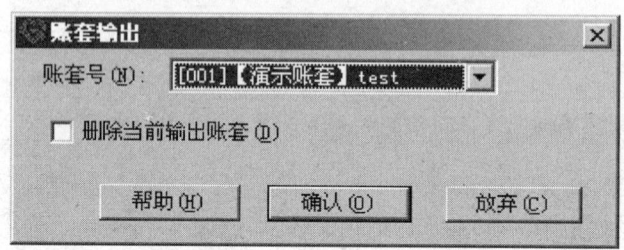

图 10-1-16 账套输出

注意：在用友软件导出的账套数据文件类型有好几种，其中有一种后缀名为 *.tmp的文件，千万不要以为它是 Windows 系统默认的临时文件而把它删除哟，它可是我们宝贵的备份数据啊(编者也希望用友公司能把数据文件的类型加以明确的区分，避免无谓的误操作)。

• 导入数据的操作："账套"菜单中选择"引入"，然后选择备份数据的路径位置，确认是否需要引入后即可。

第二节 总账系统的启用和系统初始化

一、总账的启用

双击桌面上用友软件的快捷方式，在窗口中点击"系统控制台"就会出现总账登录界面，如图 10-2-1 所示。

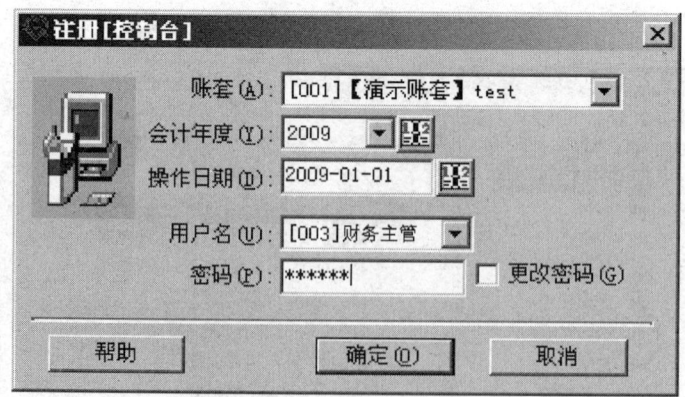

图 10-2-1 总账登录界面

在该对话框中选择相应的账套(注意会计年度和操作日期的匹配)，再以系统用户SYSTEM(缺省密码 SYSTEM)，点击"确定"按钮，进入"总账"主界面。第一次使用的总账界面，如图 10-2-2 所示。

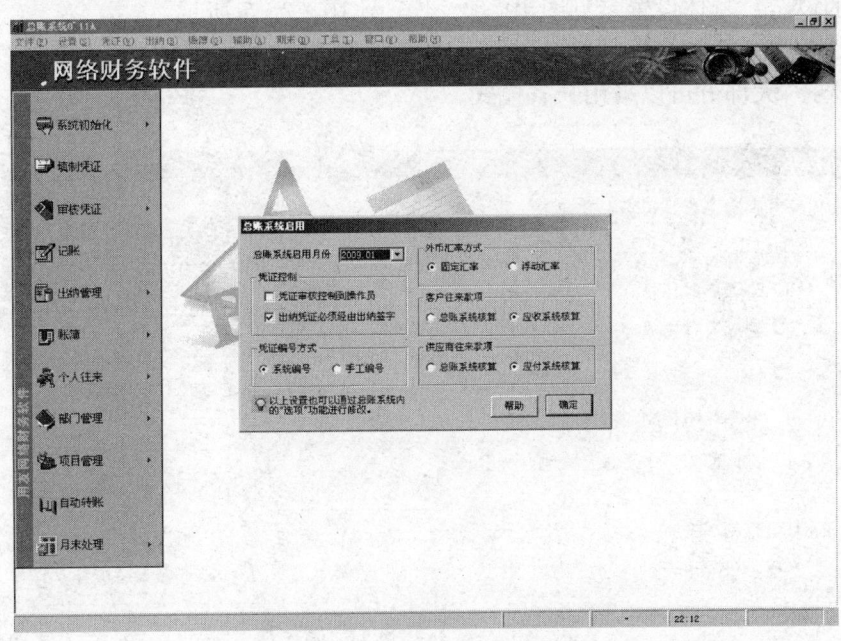

图 10-2-2　第一次使用的总账界面

　　进入主界面后,我们将看到"总账系统启用"对话框,如图 10-2-3 所示,点击"确定"按钮 (以上选项我们也可以在账套选项中进行相应选择)后,账套即自动启用。接下来,我们要进行 的是系统的初始化工作。

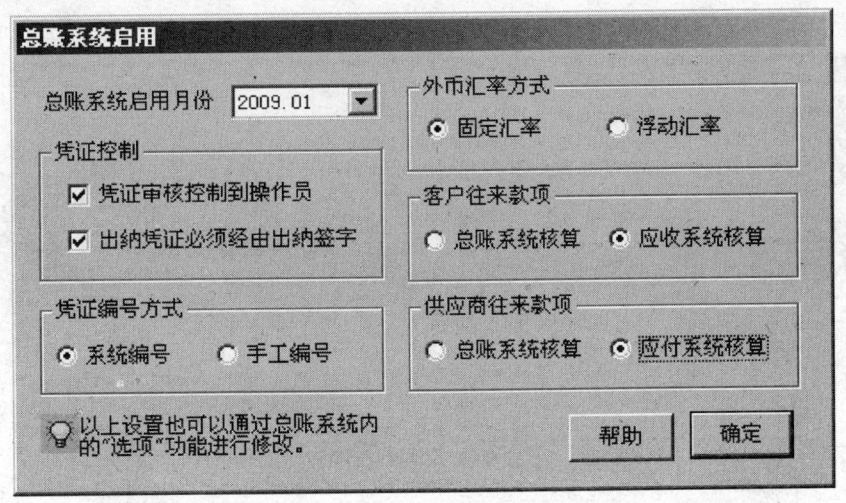

图 10-2-3　总账启用选项

二、系统初始化

(一)账套参数的设定

账套选项

点击"总账"中的"设置"菜单→选项,可以对凭证、账簿、会计日历、其他等四个标签中的内容进行相应的设定。具体设置参见图 10-2-4 至图 10-2-7 所示。

　　用友软件在账务系统参数设置模块的设计相当严谨复杂,一般用户只需要按照企业自身的特性加以选择,大部分可以采用缺省模式。

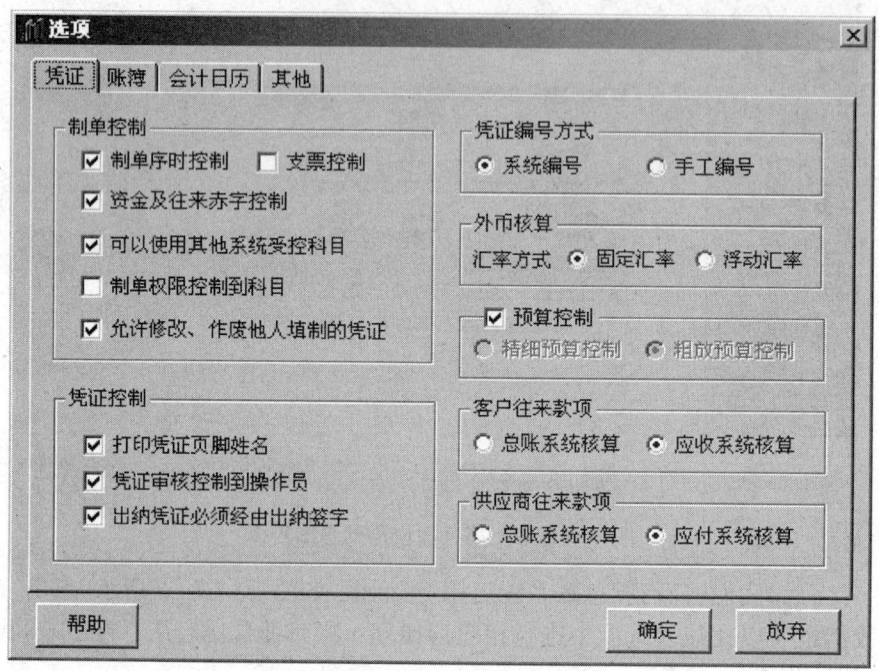

图 10-2-4　凭证的初始化

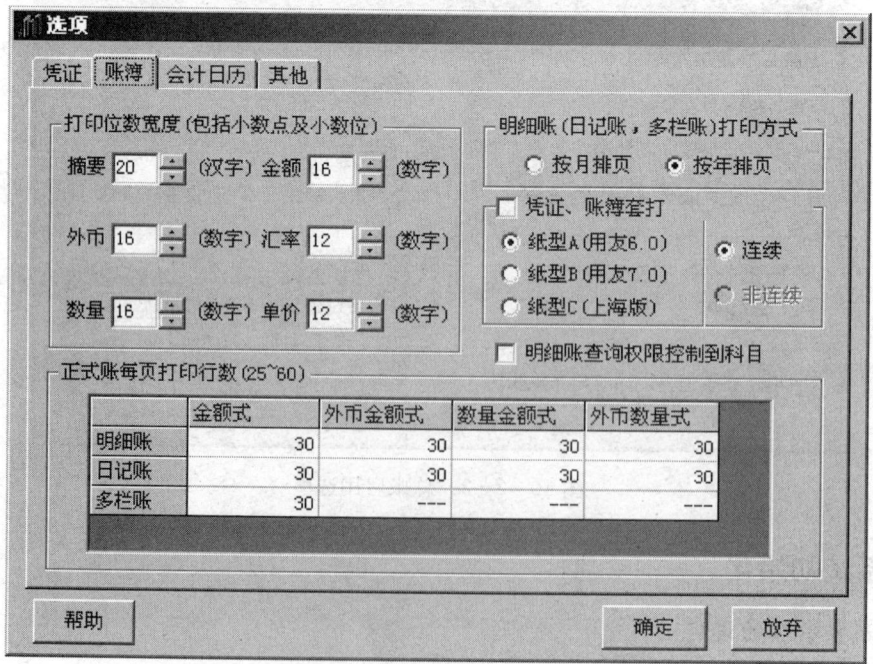

图 10-2-5　账簿的初始化

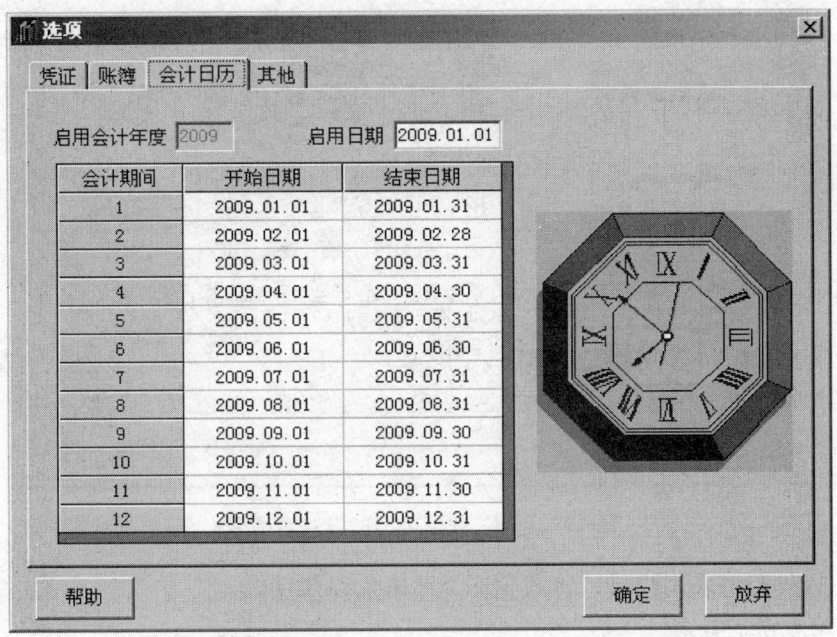

图 10-2-6 会计期间的初始化

本节中,系统账套启用的时间为 2009.1.1,共分成 12 个会计期间。

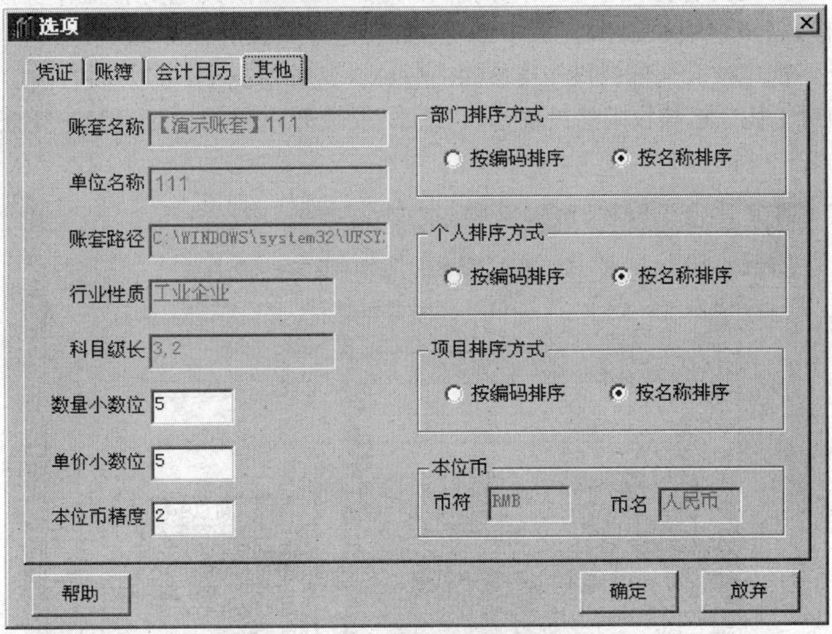

图 10-2-7 其他杂项的初始化

(二)凭证类型的设定

在"总账"主界面中选择"设置"菜单中的凭证类型,弹出凭证类型的设置对话框,如图 10-2-8所示。用友 8.11 根据会计原理预设了多种凭证类型供我们选择,如果不满意,可以自定义凭证的类型。

图 10-2-8 凭证类型的设置对话框

在本节中,我们将采用收、付、转的凭证类型来加以说明。

(三)明细权限的设置

和其他财务软件的设置略有不同,用友 8.11 在凭证审核、科目权限、制单科目权限的设置等方面可以进一步的细化,其中凭证审核权限的设置就是其凭证审核权限的一个补充。

一般说来,凡是拥有凭证审核权限的操作员都可以审核其他所有操作员填制的凭证,但是有些时候,希望审核权限作进一步细化,如只允许某操作员审核其本部门的操作员填制的凭证,而不能审核其他部门操作员填制的凭证。这种情况下,可以通过此功能进行设置。用友 8.11 中对于凭证审核权限的设置是在"总账"→设置→明细权限设置→凭证审核权限设置,如图 10-2-9 所示。

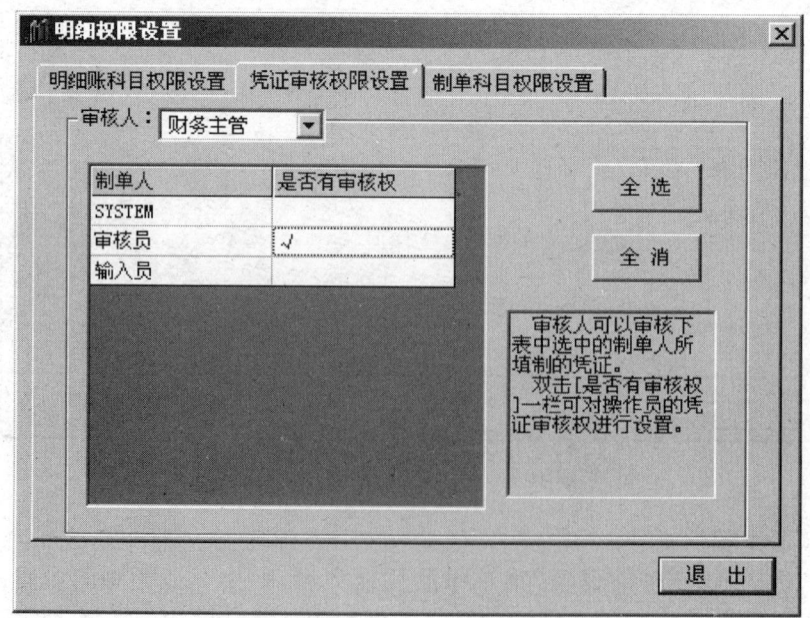

图 10-2-9 明细权限的设置

注：

(1) 如果希望拥有凭证审核权限的操作员都可以审核其他所有操作员填制的凭证,可在"选项"功能中的"凭证控制"里,取消"凭证审核控制到操作员"的设置即可。

(2) 只有在"选项"功能中的"凭证控制"里,选择了"凭证审核控制到操作员",此处的设置才能起作用。

(四) 会计科目的设置

点击"总账"中"设置"菜单中的"会计科目"选项,出现如图 10-2-10 所示会计科目设置界面。由于界面比较直观简洁,操作方法类同于前面章节中其他软件的科目设置,在本节中不再赘述。图形界面参见图 10-2-11。

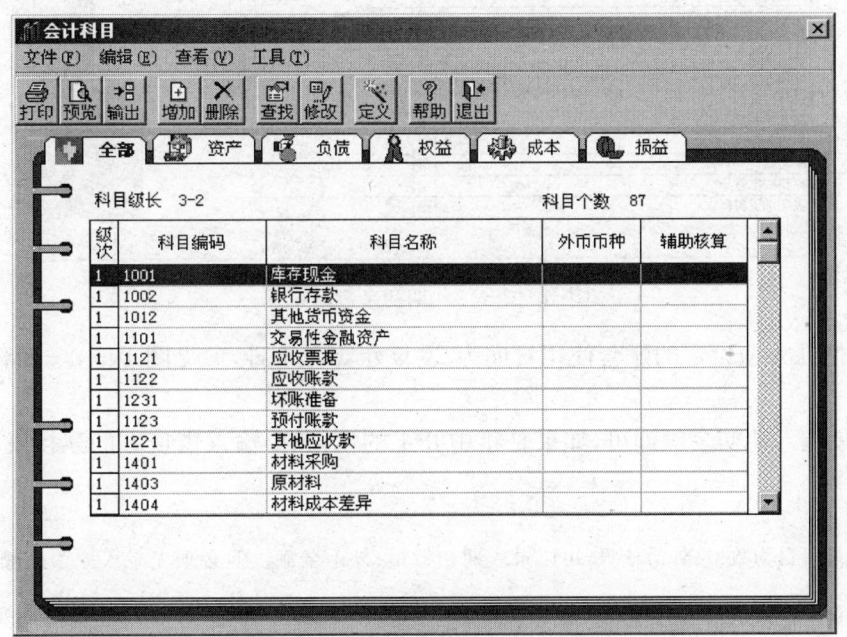

图 10-2-10　会计科目设置

图 10-2-11　新增会计科目

（五）期初余额的录入

在"总账"中点击"设置"菜单中的"期初余额"命令,出现期初余额的录入,如图10-2-12所示。

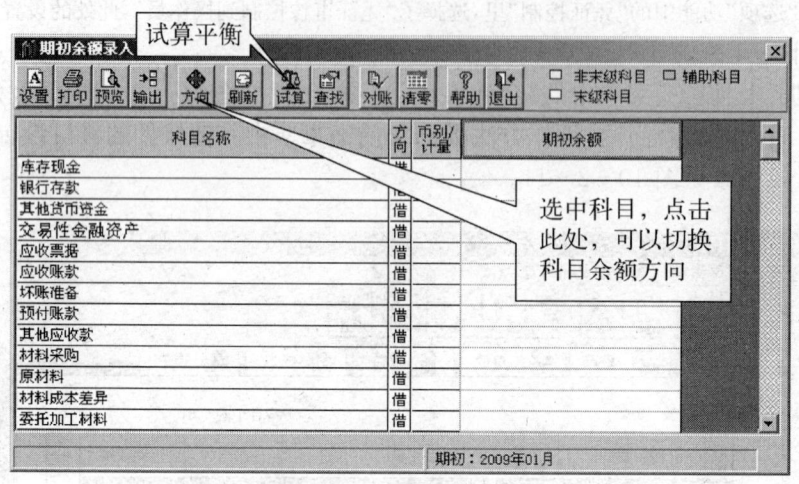

图10-2-12 期初余额的录入

由于我们在先前设定的账套使用日期为2009年1月1日,参见图10-1-8和图10-2-2所示。

所以只要输入期初余额即可,如果是年中开工的话,还要输入借贷方的累计发生额和年初余额。

注：

（1）如果某科目为数量、外币核算,可以录入期初数量、外币余额。但必须先录入原币余额,再录入外币余额。

（2）若期初余额有外币、数量余额,则必须输入。

（3）在录入辅助核算期初余额之前,必须先设置各辅助核算项目。

（4）科目余额方向可以点击图10-2-12上"方向"按钮来调整。

（六）试算平衡

期初余额全部输入完毕,接下来我们所要做的是进行试算平衡。在图10-2-12界面中点击"试算"按钮,弹出期初试算平衡表,如图10-2-13所示,提示用户先前的输入是否正确。

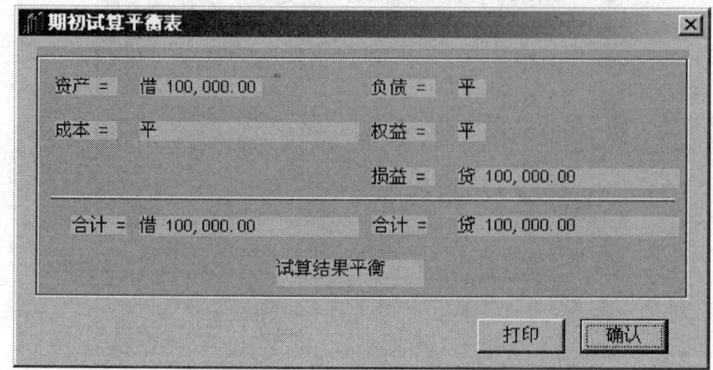

图10-2-13 期初试算平衡表

如果试算平衡,单击"确认"按钮,完成系统的初始化工作。

注:与前两章中所介绍的"会计之星"和"金蝶"不同,在用友8.11中,我们会发现它在完成同样的初始化工作后,并没有一个明确的结束初始化工作的步骤,就可以直接进入后面的日常业务处理工作。

第三节 日常业务处理

本节中将主要介绍日常工作中的一些业务处理,其中包括凭证管理、账簿管理和查询、出纳管理等。

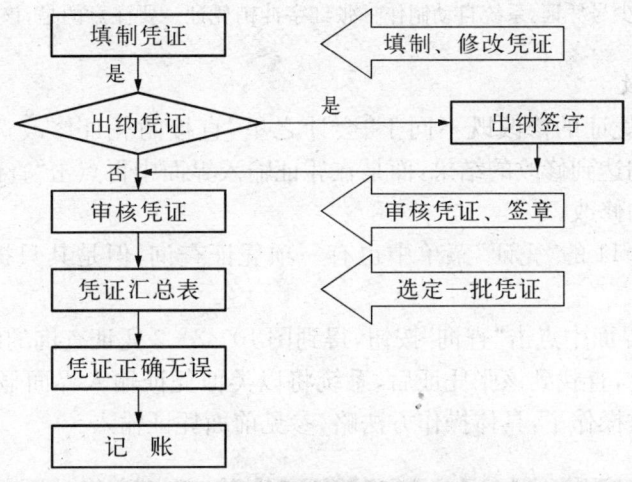

图 10-3-1 凭证管理操作流程图

凭证管理操作流程图,如图10-3-1所示。接下来我们将一步步介绍相应的操作。

(一)凭证填制

在"总账系统"中点击"凭证"菜单→填制凭证,弹出填制凭证界面,如图10-3-2所示。

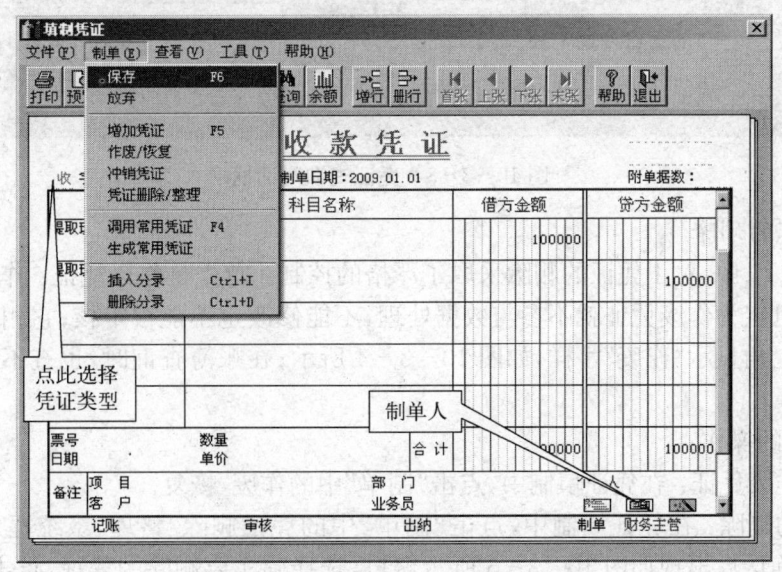

图 10-3-2 填制凭证界面

凭证要素：

- 凭证类型：按 F2 键或用鼠标选取。
- 凭证编号：由系统自动给出。
- 制单日期：系统登录日期。
- 凭证摘要：按 F2 选择常用摘要或直接输入，并且自动复制到下行。
- 科目代码：用 F2 选取，或直接输入科目代码。
- 存盘：点击"保存"按钮或用 F6 键存盘。

注："制单"菜单中的"冲销凭证"可以方便地制作红字冲销凭证，先输入制单的月份，然后回答将冲销哪个月的哪个凭证类型的多少号凭证，系统自动制作一张红字冲销凭证。要注意的是，该功能只适用于自动冲销某张已记账的凭证。

（二）凭证的修改

在用友 8.11 中凭证的修改既不同于"会计之星"直接的凭证修改选项，也不同于"金蝶 7.0"中通过凭证查询达到修改的结果，而是在凭证输入界面中再点击"查询"，这样才能对查询到的凭证进行相应的修改。

注意：在用友 8.11 的"凭证"菜单中也有一项凭证查询，但是其只提供查询不能进行修改、审核等操作。

在图 10-3-2 界面中点击"查询"按钮，得到图 10-3-3 凭证查询的组合条件对话框。输入或选择相应的条件，查找到该张凭证后，系统将以类似凭证输入界面显示该张凭证。这时，我们就可以进行修改操作了，具体操作方法略，参见前面凭证输入。

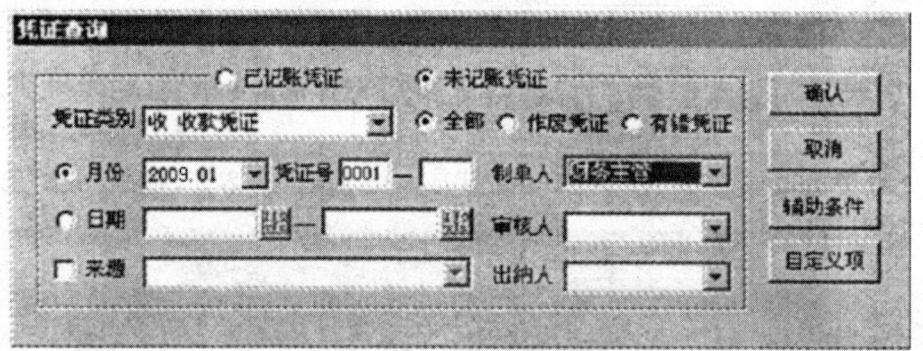

图 10-3-3　凭证查询对话框

（三）凭证的删除

在用友 8.11 中，对于凭证的删除采取了严格的控制。首先是作废凭证：作废的凭证可以恢复，但是一旦定为作废凭证就不参与数据处理，不能修改也不能被审核；它相当于一张空白凭证，凭证左上角显示"作废"字样，如图 10-3-4 所示；在账簿查询时，也查不到作废凭证的数据。

作废凭证的操作：

- 生成作废凭证：在凭证填制中，点击"制单"中的作废/恢复。
- 凭证的删除：在凭证填制中，点击"制单"中的凭证删除/整理，系统提示"凭证期间"（可以选择），确认后出现如图 10-3-5 所示窗口，选择确实要删除的凭证，点击其"删除"栏，出现"√"表示选中，然后点击"确定"即可删除该张凭证（注：确认删除后的凭证不能恢复）。

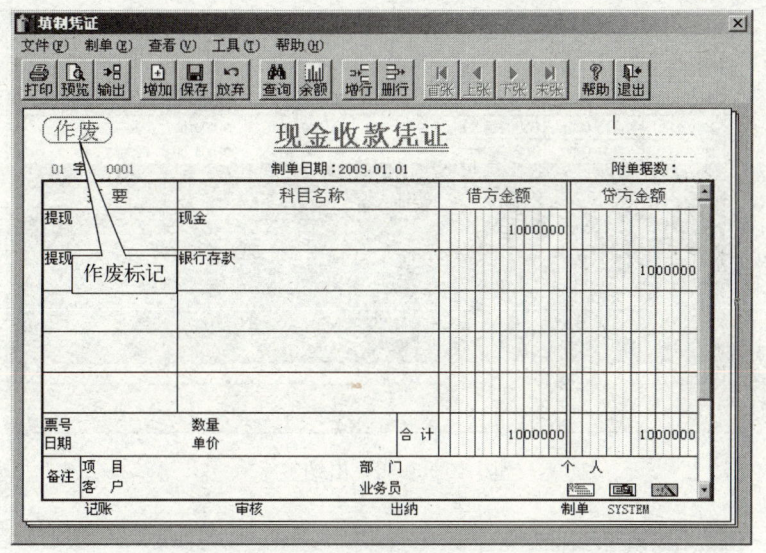

图 10-3-4　作废凭证

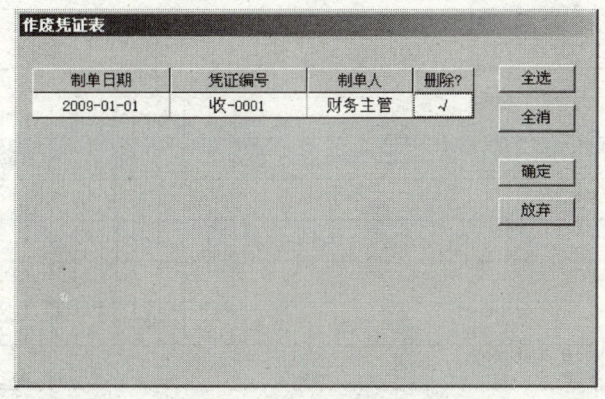

图 10-3-5　作废凭证表

（四）出纳签字

出纳凭证由于涉及企业现金的收入和支出,应加强对出纳凭证的管理。用友8.11专门设计了与其他软件不同的一个功能加以强化,就是出纳签字。

在"凭证"菜单中点击"出纳签字",出现组合条件查询以供选择,确认后出现如图10-3-6所示查询结果,按"确定"后出现如图10-3-7所示待签字凭证时,点击"签字"菜单中的"出纳签字"命令可以进行签字;若要针对一批凭证的话,则可以点击"成批出纳签字";签字的取消则需点击"取消签字"或"成批取消签字"。

（五）凭证的审核

审核凭证是审核员按照财会制度,对制单员填制的记账凭证进行检查核对,有审核权的人才能使用本功能。审核者使用本功能须在"文件"选重新注册。

步骤一:在"总账系统"中点击"凭证"菜单中"审核凭证",弹出凭证审核查询框,输入有关的条件,点击"确定"按钮后,出现如图10-3-8所示查询结果。

步骤二:在凭证一览表中双击某张凭证,则屏幕自动显示该张凭证,如图10-3-9所示。

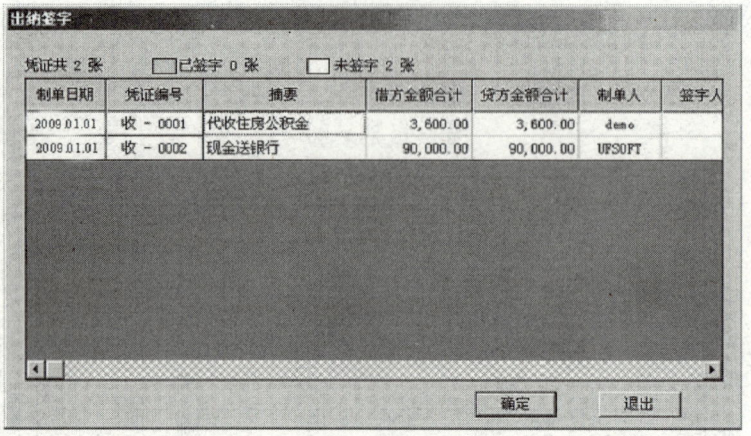

图 10-3-6　出纳签字

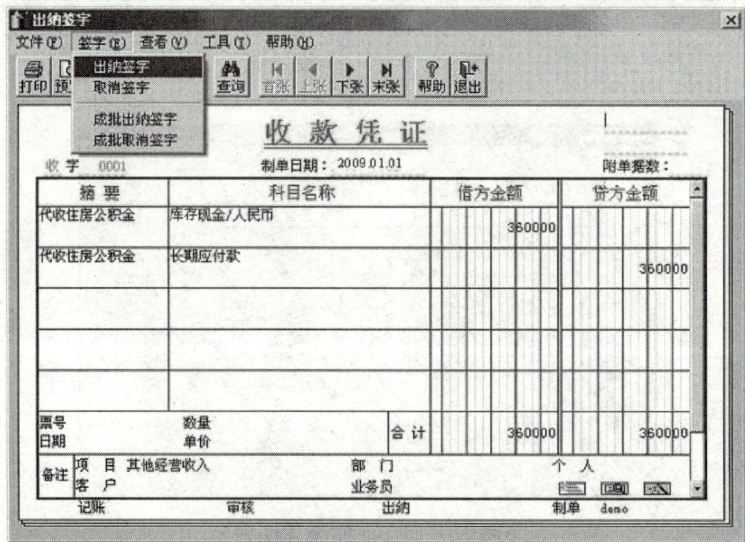

图 10-3-7　成批出纳签字

制单日期	凭证编号	摘要	借方金额合计	贷方金额合计	制单人	审核
2009.01.01	收 - 0001	代收住房公积金	3,600.00	3,600.00	demo	
2009.01.01	收 - 0002	现金送银行	90,000.00	90,000.00	UFSOFT	
2009.01.01	付 - 0001	职工借款	3,000.00	3,000.00	demo	
2009.01.01	付 - 0002	支付利息	2,000.00	2,000.00	demo	
2009.01.01	付 - 0003	借差旅费	30,000.00	30,000.00	demo	
2009.01.01	付 - 0004	职工借款	20,000.00	20,000.00	demo	
2009.01.01	付 - 0005	职工借款	10,000.00	10,000.00	demo	
2009.01.01	转 - 0001	工资分摊	34,050.00	34,050.00	demo	
2009.01.01	转 - 0002	无形资产摊销	20,000.00	20,000.00	demo	
2009.01.01	转 - 0003	递延资产摊销	8,333.33	8,333.33	demo	

图 10-3-8　凭证审核

步骤三：核对无误后，点击"审核"菜单中的审核凭证选项或按 F12，将在凭证审核栏处自动签上审核人员的 ID，该张凭证即审核完毕，系统将自动显示下一张待审凭证。

取消审核、成批审核凭证、成批取消凭证参见图 10-3-9 所示菜单。

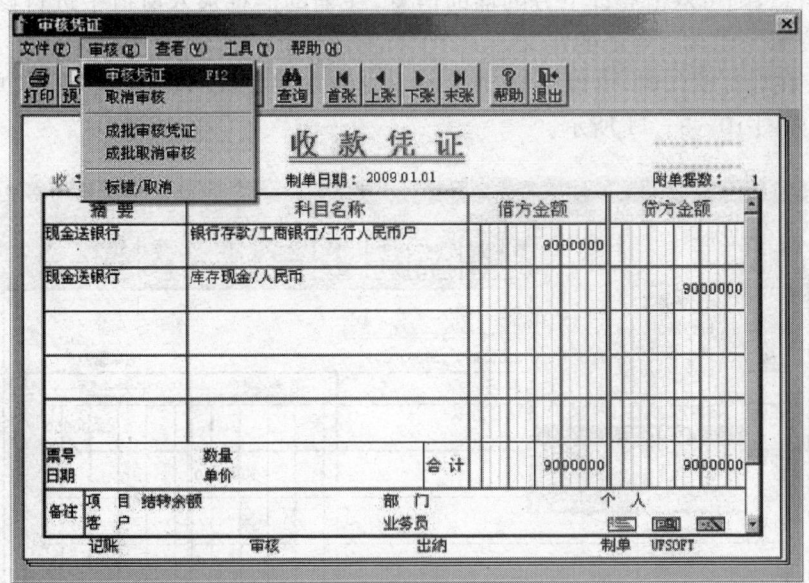

图 10-3-9 取消审核或成批审核

（六）常用凭证和常用摘要

1. 常用凭证的生成

在凭证输入中，我们会碰到一些经常输入的凭证。在前面的两章中，"会计之星"有样板凭证，"金蝶"有模式凭证，而在用友 8.11 中将这一功能定义为"常用凭证"。

方法一：点击"凭证"菜单中的常用凭证，即进入本功能，如图 10-3-10 所示。

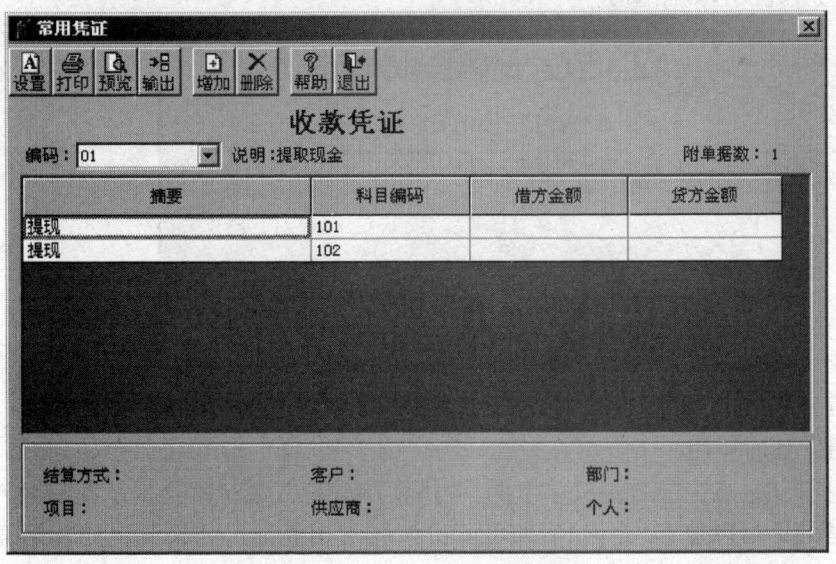

图 10-3-10 常用凭证生成一

点击工具栏上"增加"按钮,可以输入常用凭证的主要信息:编号、说明、凭证类别(可选择)、附单据数。完毕后,点击"详细"按钮或按F8键输入常用凭证分录的内容,参见图10-3-10。

录入分录时,必须输入摘要和会计科目,至于借贷金额可以根据需要来选择输入与否。若要修改辅助信息,则可双击凭证下方的辅助信息,在辅助信息录入窗口中进行修改。完成后,点击"退出"按钮完成常用凭证的定义。

方法二:在凭证输入时,可以将当前凭证生成为常用凭证。点击"制单"菜单中的生成常用凭证选项,如图10-3-11所示。

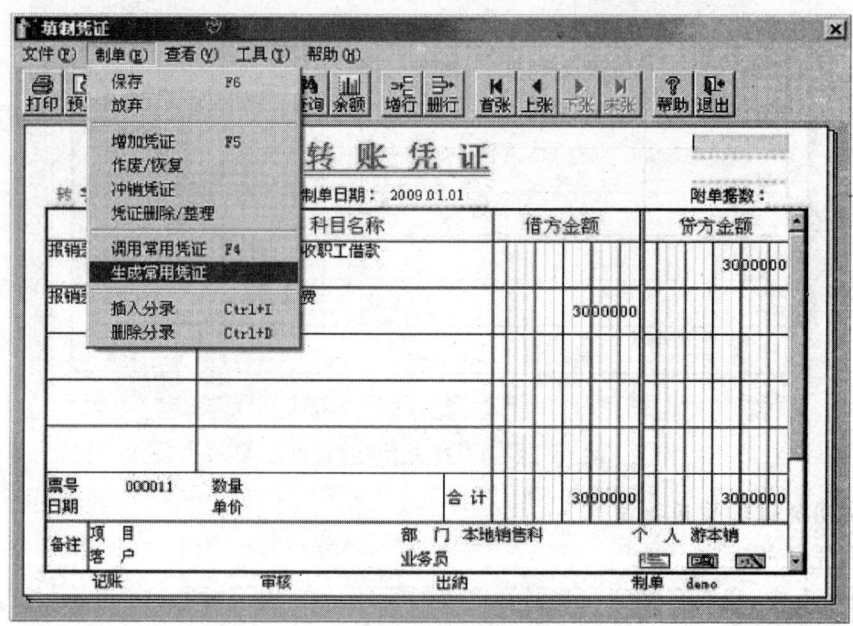

图10-3-11 常用凭证生成二

输入代号和说明,如图10-3-12。

图10-3-12 常用凭证的标识

点击"确定"按钮后即可生成一张常用凭证。

2. 常用凭证的调用

在填制凭证时,点击"编辑"菜单下的"调用常用凭证",系统就会提示我们输入常用凭证的编号(不清楚的话可以按F2查询)后即可调出该张常用凭证。如果调出的常用凭证与我们当前的业务有出入,我们只需修改相关内容即可保存。

（七）凭证记账与取消记账状态

1. 记账

和其他的财务软件一样，用友 8.11 的记账也非常简单，对于已经审核好的凭证，我们只需点击"凭证"菜单中的记账选项。进入凭证记账界面，如图 10 - 3 - 13 所示。

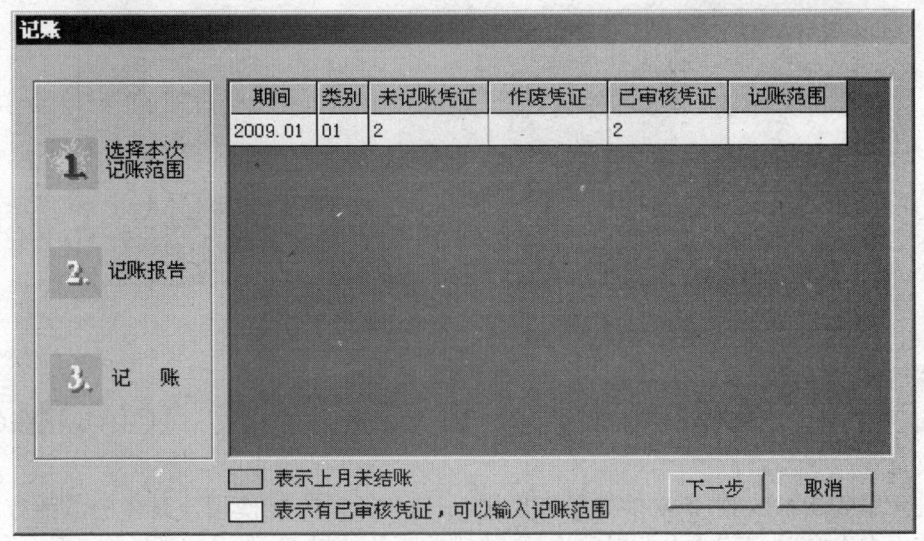

图 10 - 3 - 13　凭证记账界面

记账步骤一：在步骤一中，我们会看到各期间的未记账凭证情况，可以在"记账范围"栏中选择需要记账的凭证，连续的用"—"（如 1～15 张，表示为 1—15），不连续的用"，"连接表示（如 1、3、5 三张，表示为 1,3,5）。完成后，点击"下一步"进入记账步骤二。

记账步骤二：系统先对凭证的合法性进行检查，如果发现不合法凭证，自动提示错误，如果正常，则如图 10 - 3 - 14，显示所选凭证的汇总表和总数。核对无误后，点击"下一步"进入步骤三（完成记账）。

步骤三：点击"记账"按钮后完成记账工作，如图 10 - 3 - 15，系统将自动帮助我们将凭证登入相关总账和明细账以及辅助账。

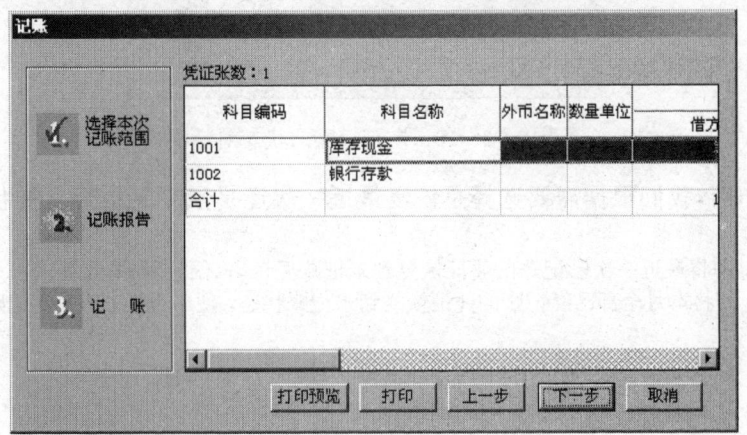

图 10 - 3 - 14　已记账凭证汇总

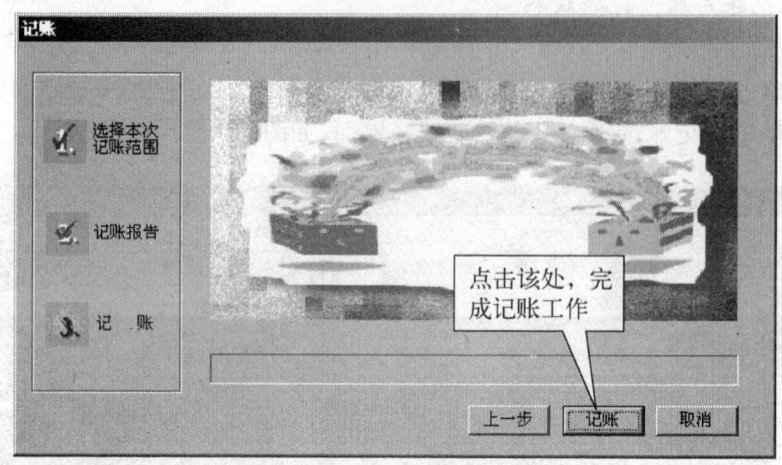

图 10-3-15　完成记账工作

2. 恢复记账前状态

在前章的"会计之星"软件中我们讲过反记账这一操作,在用友 8.11 中,反记账的操作称之为恢复记账前状态。

在进入总账的系统时,该功能并没有启用,只有激活后方能使用。具体的激活方法是:在总账系统中点击"期末"菜单中的对账选项,然后按下快捷键 Ctrl+H,激活该功能。

然后再到"凭证"菜单中,我们会发现多了一个选项:恢复记账前状态。点击该选项,出现恢复记账前状态对话框,如图 10-3-16 所示。

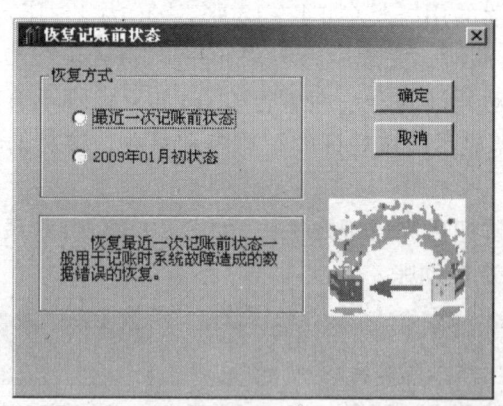

图 10-3-16　恢复记账前状态对话框

进入该操作后,我们根据需要选择是恢复最近一次还是恢复到本月月初状态。

注:
- 最近一次:即将最近一次已记账的凭证恢复到未记账凭证,以便重新修改。
- 本月月初:即将本月全部已经记账的凭证恢复到未记账状态,便于重新修改,再记账。

第四节　期末处理

期末处理,特别是月末处理,是指将在本月发生的经济业务全部登记入账后所要做的工作,主要包括计提、分摊、结转、对账和结账。

在用友 8.11 账务系统将转账定义分为五个部分:自定义转账设置、汇兑损益结转设置、期间损益结转设置、对应结转设置和销售成本结转设置。

一、自定义转账设置

(1) 单击系统主菜单"期末"下的"转账定义"→"自定义转账设置",屏幕显示自动转账设置窗,如图 10-4-1 所示。

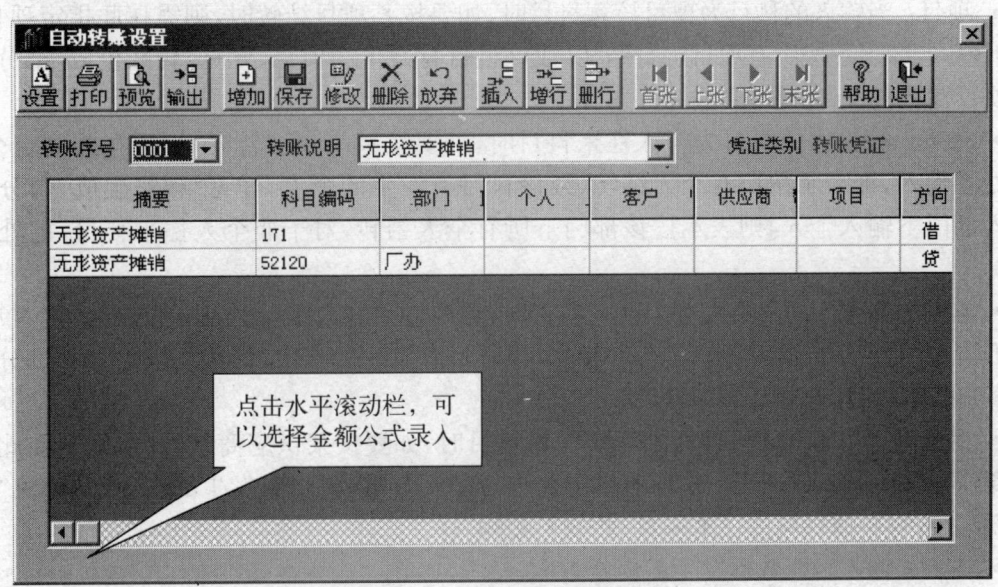

图 10-4-1　自动转账设置

(2) 用鼠标单击"增加"按钮,可定义一张转账凭证,屏幕弹出凭证主要信息录入窗口,如图 10-4-2 所示。

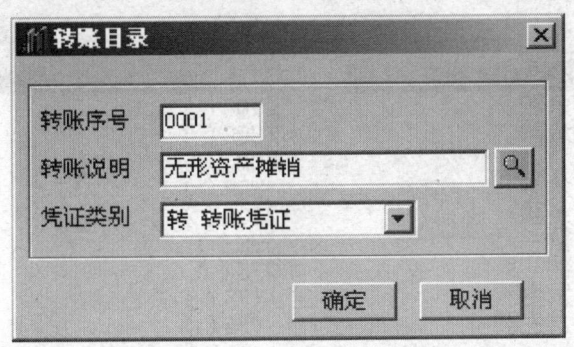

图 10-4-2　自动转账标识

* 转账序号:是该张转账凭证的代号,转账编号不是凭证号,转账凭证的凭证号在每月转账时自动产生。一张转账凭证对应一个转账编号,转账编号可任意定义,但只能输入数字 1~9,不能重号。
* 转账说明:可单击或按 F2 键参照常用摘要录入,亦可手工输入。

- 凭证类别：定义该张转账凭证的凭证类别。

(3) 输入以上各项后，单击"确定"按钮，开始定义转账凭证分录信息：参见图 10-4-1。

- 摘要：录入每笔转账凭证分录的摘要，可单击参照输入。
- 科目：录入每笔转账凭证分录的科目，可单击参照输入科目编码。
- 部门：当输入的科目为部门核算科目时，如要按某部门进行结转时，则需在此指定部门，若此处不输入，即表示按所有部门进行结转（或该科目有发生的部门，详见"转账生成"部分），对于非部门核算科目，此处不必输入。
- 项目：当输入的科目为项目核算科目时，如要按某项目结转时，则需在此指定项目，若此处不输入，即表示按所有项目进行结转（或该科目有发生的项目，详见"转账生成"部分），对于非项目核算科目，此处不必输入。
- 个人：当输入的科目为个人往来科目时，如要按某个人结转时，则需在此指定个人，若此处不输入，即表示按所有个人结转（或该科目有发生的个人，详见"转账生成"部分），若只输入部门不输入个人，则表示按该部门下所有个人结转，对于非个人往来科目，此处不必输入。
- 客户：当输入的科目为客户往来科目时，如要按某客户结转时，则需在此指定客户，若此处不输入，即表示按所有客户进行结转（或该科目有发生的客户，详见"转账生成"部分），对于非客户往来科目，此处不必输入。
- 供应商：当输入的科目为供应商往来科目时，如要按某供应商结转时，则需在此指定供应商，若此处不输入，即表示按所有供应商进行结转（或该科目有发生的供应商，详见"转账生成"部分），对于非供应商往来科目，此处不必输入。
- 方向：输入转账数据发生的借贷方向。
- 公式：如图 10-4-3 和图 10-4-4 所示，单击可参照自动转账函数表，如表 10-4-1 所示。

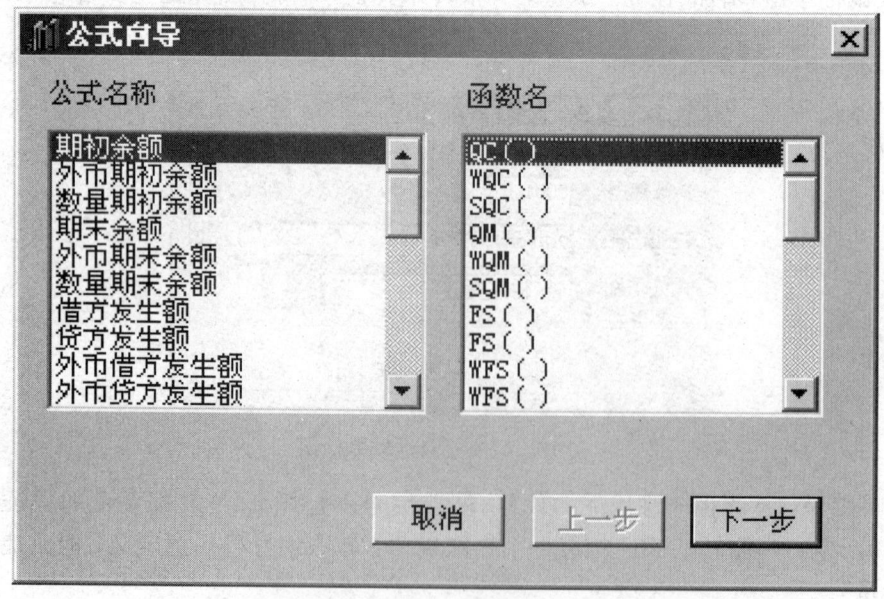

图 10-4-3 公式向导一

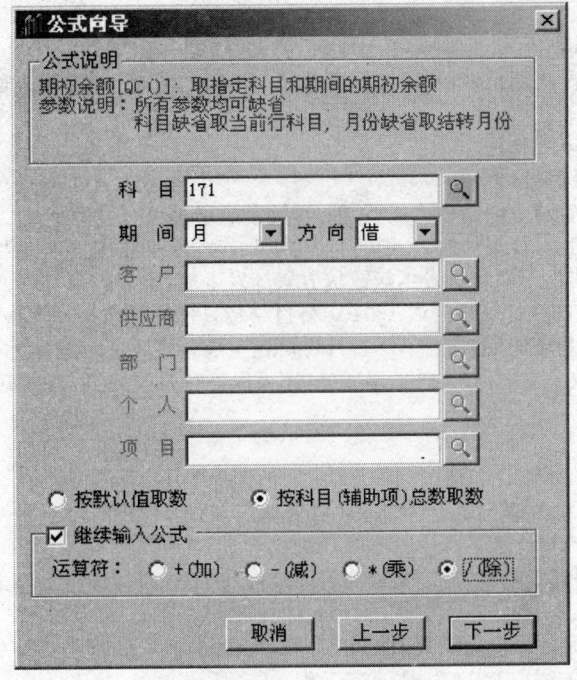

图 10-4-4 公式向导二

表 10-4-1

自动转账函数表

函 数 名	公式名称	说 明
QM()/WQM()/SQM()	期末余额	取某科目的期末余额
QC()/WQC()/SQM()	期初余额	取某科目的期初余额
JE()/WJE()/SJE()	年净发生额	取某科目的年净发生额(净发生额是指借贷相抵后的差额)
JE()/WJE()/SJE()	月净发生额	取某科目的月净发生额
FS()/WFS()/SFS()	借方发生额	取某科目结转月份的借方发生额
FS()/WFS()/SFS()	贷方发生额	取某科目结转月份的贷方发生额
LFS()/WLFS()/SLFS()	累计借方发生额	取某科目截至结转月份的累计借方发生额
LFS()/WLFS()/SLFS()	累计贷方发生额	取某科目截至结转月份的累计贷方发生额
JG()/WJG()/SJG()	取对方科目计算结果	取对方某个科目或所有对方科目的数据之和
CE()/WCE()/SCE()	借贷平衡差额	取凭证的借贷方差额数
TY()	通用转账公式	取 Access 数据库中的数据
常数	取某个指定的数字	
UFO()	UFO 报表取数	取 UFO 报表中某单元的数据

注：

(1) 取数函数格式：函数名(科目编码,会计期间,方向,辅助项1,辅助项2)。

• 各项函数可根据情况决定是否输入,如科目是部门核算的科目,则应输入部门信息,如某科目无辅助核算,则不能输入辅助项。

• 科目编码可以为非末级科目。

• 各辅助项必须为末级科目。

• 由于科目最多只能有两个辅助核算账类,因此,辅助项最多可定义两个。

• 期间、方向由函数确定,若按年取数,则期间为"年",若按月取数,则期间为"月";若取借方发生额或借方累计发生额,则方向为"借",若取贷方发生额或贷方累计发生额,则方向为"贷"。

例如,QM(100101,月)的执行结果为取100101科目结转月份的期末余额,QM(600201,月,销售部)的执行结果为取600201科目销售部的期末余额,结转月份可在生成转账凭证时选择。

(2) 在自动转账的函数公式中,除了单一函数外,还可以进行公式的组合,参见图10-4-4中的"继续输入公式"选项：

公式组合举例：

第一,QM(1001,月)+QM(1002,月)。

含义：将1001科目和1002科目当月的期末余额相加。

第二,QM(160301,月,836工程)-QM(1603,月)。

含义：将160301项目核算科目的836工程项目的余额与1603科目当月的期末余额相减。

第三,JE(4104,月)*0.14。

含义：将4104科目当月的净发生额乘以比率(分配率或税率)。

第四,FS(160302,月,J)+JE(160301,月,836工程)。

含义：160302科目当月的借方发生额加上160301项目核算科目的836工程项目的当月净发生额。

第五,企业计算个人所得税。

通用公式：TY(C:\Ufsoft\zwwin\ufdata.mdb,WA_sds,sum(yTax),isd_month=3)

含义：利用工资系统数据,使用通用函数计算3月份个人所得税合计。

第六,批发企业计算营业税。

净发生额公式：JE(6001,月)*0.05。

含义：当月收入*税率。

(3) 公式录入完毕后,按回车键,可继续编辑下一条转账分录。

注：

• 转账科目、部门只能录入明细级科目、部门。

• 如果我们需要录入多个科目,且这些科目有同一上级科目,那么,在新增分录时,我们可录入此上级科目,当录入完这一行后,按回车键,系统将列出所输科目下的所有末级科目,可选择所需的科目,系统将自动生成这些科目的转账分录。

二、汇兑损益结转设置

用于期末自动计算外币账户的汇总损益,并在转账生成中自动生成汇总损益转账凭证,汇兑损益只处理以下外币账户：外汇存款户;外币现金;外币结算的各项债权、债务,不包括所有者权益类账户、成本类账户和损益类账户。

步骤如下：

(1) 用鼠标单击系统主菜单"期末"下的"转账定义",再选择其下级菜单中的"汇兑损益结转设置",屏幕显示汇兑损益设置窗,如图10-4-5所示。

(2) 在"汇兑损益入账科目"处输入该账套中汇兑损益科目的科目编码,也可单击或按F2键参照科目录入。

(3) 将光标移到要计算汇兑损益的外币科目上按空格键选择需要计算汇兑损益的科目,或用鼠标双击要计算汇兑损益的科目,选择完毕后,单击"确定"即可。

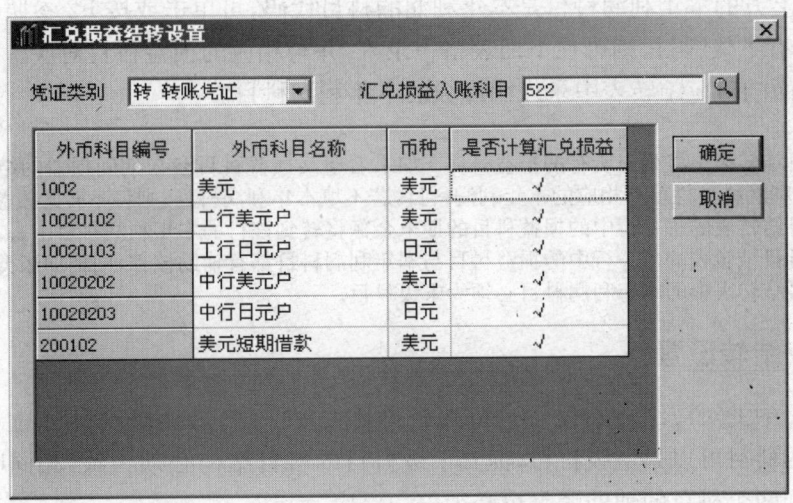

图 10-4-5 汇兑损益设置

注：
- 为了保证汇兑损益计算正确，填制某月的汇兑损益凭证时必须先将本月的所有未记账凭证先记账。
- 汇兑损益入账科目不能是辅助账科目或有数量科目。
- 若"选项"中的"往来控制方式"为"客户往来业务由应收系统核算"或"供应商往来业务由应付系统核算"，则计算汇兑损益的外币科目不能是客户或供应商的科目。若要对客户、供应商科目计算汇兑损益，可到应收、应付系统中进行。

三、期间损益结转设置

用于在一个会计期间终了，将损益类科目的余额结转到本年利润科目中，从而及时反映企业的盈亏情况。损益类科目主要是管理费用、销售费用、财务费用、销售收入、营业外收支等。

步骤如下：

（1）单击系统主菜单"期末"下的"转账定义"→"期间损益结转设置"，屏幕显示期间损益设置窗口，如图 10-4-6 所示。

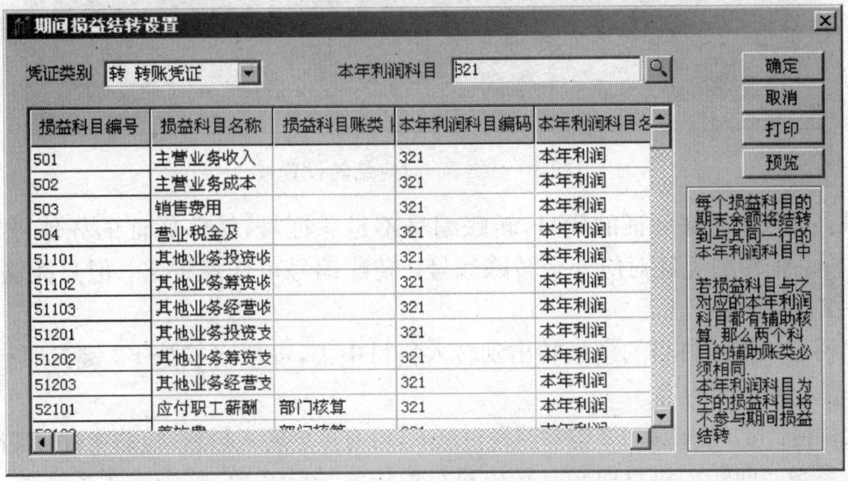

图 10-4-6 损益结转设置

（2）表格上方的本年利润科目是本年利润的科目代码,可单击或按 F2 参照录入。如果本年利润科目又有下级科目,则可在下面表格中录入,并与相应的损益科目对应。

（3）在下面的对应结转表中录入明细级的本年利润科目。

注:

• 损益科目结转表中将列出所有的损益科目。如果希望某损益科目参与期间损益的结转,则应在该科目所在行的本年利润科目栏填写相应的本年利润科目,若不填本年利润科目,则将不转此损益科目的余额。

• 损益科目结转表的每一行中的损益科目的期末余额将转到该行的本年利润科目中去。

• 若损益科目结转表的每一行中的损益科目与本年利润科目都有辅助核算,则辅助账类必须相同。

• 损益科目结转表中的本年利润科目必须为末级科目。

四、对应结转设置

用友 8.11 中的对应结转不仅可进行两个科目一对一结转,还提供科目的一对多结转功能,对应结转的科目可以是上级科目,但其下级科目的科目结构必须一致(相同明细科目),如有辅助核算,则两个科目的辅助账类也必须一一对应。

本功能只结转期末余额,步骤如下:

（1）单击系统主菜单"期末"下的"转账定义"→"对应结转"。

（2）单击"增加"按钮,开始增加对应转账模板。对应结转设置,如图 10 - 4 - 7 所示。

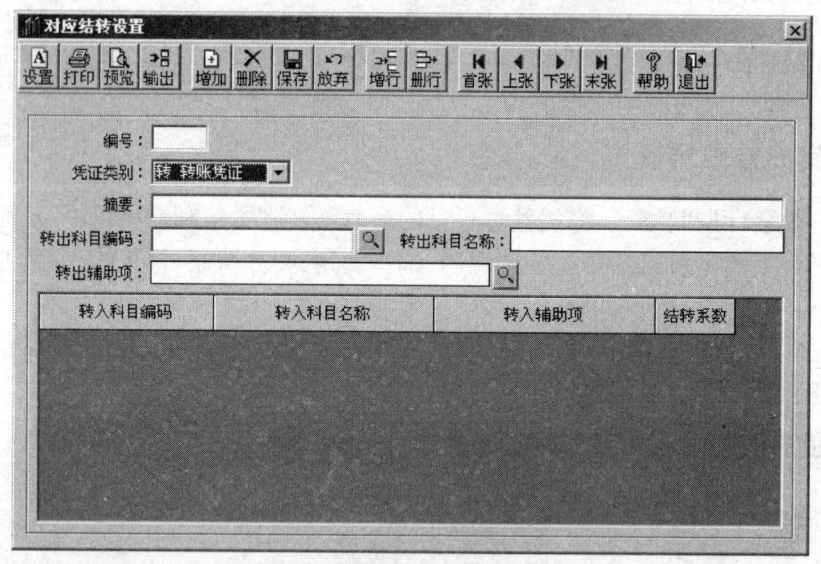

图 10 - 4 - 7　对应结转设置

• 编号:是该张转账凭证的代号,转账编号不是凭证号,转账凭证的凭证号在每月转账时自动产生。一张转账凭证对应一个转账编号,转账编号可任意定义,但只能输入数字 1～9,a～z,A～Z,不能重号。

• 转出科目:将此科目的余额转出到转入科目中去,可单击或按 F2 键参照科目录入,有辅助项还需输入辅助项内容。

• 转入科目:可单击或按 F2 键参照科目录入,可有多个转入科目,辅助项可与转出科目不同。

• 结转系数:即转入科目取数＝转出科目取值×结转系数,若未输入系统默认为1。

• 凭证类别:结转时使用的凭证类别。

- 附单据数：可输入附原始单据数。

五、销售成本结转设置

全月平均法销售成本结转，是将月末商品（或成品）销售数量乘以库存商品（或成品）的平均单价计算各类商品销售成本并进行结转。

步骤如下：

（1）单击系统主菜单"期末"下的"转账定义"，"全月平均销售成本结转设置"，屏幕显示销售成本设置窗口，如图10-4-8所示。

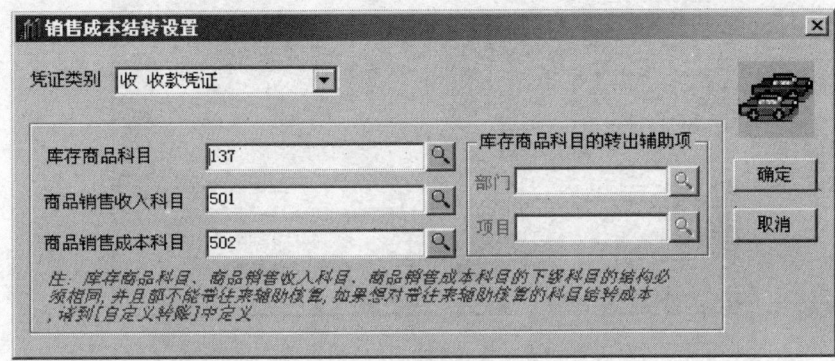

图10-4-8 销售成本结转设置

（2）我们需要输入总账科目或明细科目，但要求这三个科目具有相同结构的明细科目，即要求库存商品科目和商品销售收入科目下的所有明细科目必须都有数量核算，且这三个科目的下级科目必须一一对应，输入完成后，系统自动计算出所有商品的销售成本。其中：

数量＝商品销售收入科目下某商品的贷方数量

单价＝库存商品科目下某商品的月末金额/月末数量

金额＝数量＊单价

六、售价（计划价）销售成本结转

用友8.11中的这项功能提供按售价（计划价）结转销售成本或调整月末成本。

单击系统主菜单"期末"下"转账定义"→"售价（计划价）销售成本结转设置"，屏幕显示销售成本设置窗。原价（计划价）销售成本结转，如图10-4-9所示。

参数如下：

- 差异额计算方法：分为售价法/计划价法。售价法：差异额＝收入余额＊差异率（商业企业多用此法）；计划价法：差异额＝成本余额＊差异率（工业企业多用此法）。
- 凭证类别：所生成凭证的类别。
- 计算科目：由用户指定库存商品科目、商品销售收入科目、商品销售成本科目、进销差价科目四个科目。用户可输入总账科目或明细科目，但要求这三个科目具有相同结构的明细科目，即要求库存商品科目和商品销售收入科目下的所有明细科目必须都有数量核算，且这三个科目的下级科目必须一一对应。

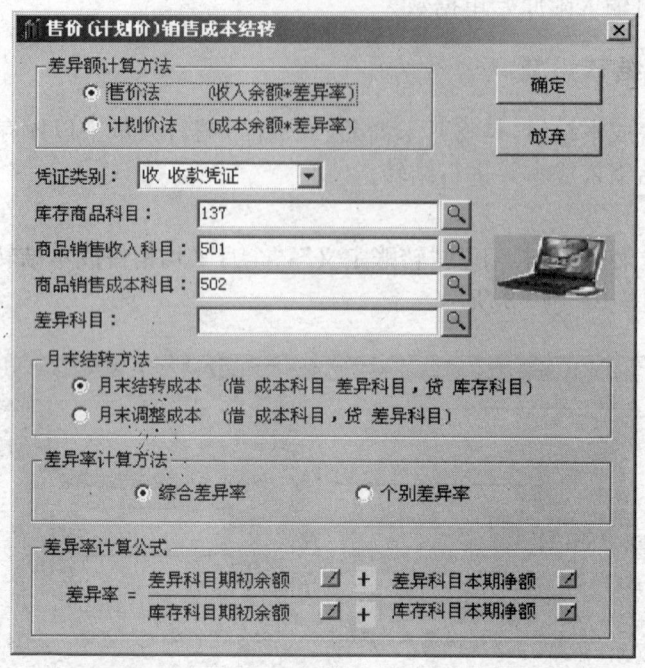

图 10-4-9　售价(计划价)销售成本结转

- 结转方式：提供两种转账生成分录的方式：月末结转成本方式/月末调整成本方式。
- 月末结转成本：有些商业企业月中发生销售业务时不计算成本,在月末按当月销售情况结转成本。生成凭证分录为：

借：成本　　　　库存－差异
　差异　　　　　差异额
　贷：库存　　　　收入余额(售价法)/成本借方发生额(计划价法)

- 月末调整成本：有些工业企业平时在发生销售业务时即结转成本,到月末对成本及差异科目进行调整。生成凭证分录为：

借：差异　　　　差异额
　贷：成本　　　　差异额

- 差异率：分为综合差异率/个别差异率(注：综合差异率即按当前结转科目的上一级科目数据计算出的差异率,若当前结转科目为一级科目,则按该科目本身取数计算差异率。若当前结转的是项目,则按其隶属的科目进行计算。个别差异率即按当前结转科目或项目本身数据计算差异率)。
- 差异公式：提供[A+(-)B]/[C+(-)D]形式的计算公式。其中 A、B、C、D 由用户指定,运算符为"+"或"-"。A、B 按差异科目取数,C、D 按库存科目取数。A、B、C、D 为取数内容,预置为[期初余额]、[期末余额]、[借方发生额]、[贷方发生额]、[净发生额]。初始预置一个常用差异公式。

注：
- 允许有辅助核算,但只能是部门、项目。库存商品科目与销售收入科目的末级科目必须有数量核算。
- 若差异额计算方法为"计划价法",则"商品销售收入"科目与"月末结转成本"不能使用。

• 差异公式中的分子、分母至少各定义一项。

七、自定义转账凭证的生成

(1)用鼠标单击"自定义转账",则屏幕显示自定义转账凭证界面,如图10-4-10所示。

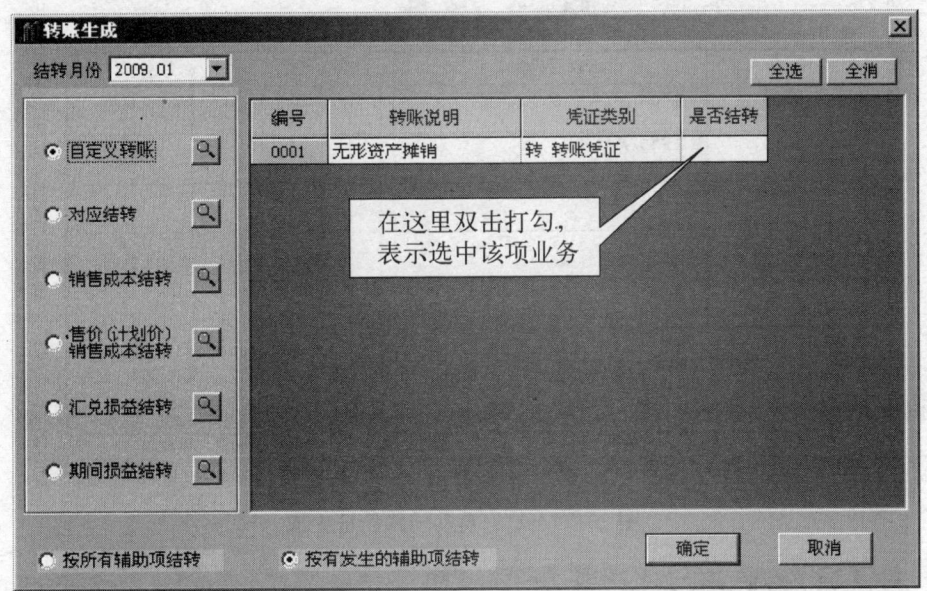

图10-4-10 自动转账生成选项

(2)选择需要结转的转账凭证,在"是否结转"处双击鼠标打上"√",表示该转账凭证将执行结转。也可按"全选"、"全消"按钮,全部选择、全部取消选择要结转的凭证。

(3)若转账科目有辅助核算,但未定义具体的转账辅助项,则要选择按所有辅助项结转还是按有发生的辅助项结转。

注:
• 按所有辅助项结转:转账科目的每一个辅助项生成一笔分录,如有10个部门,则生成10笔分录,每个部门生成一笔转账分录。
• 按有发生的辅助项结转:按转账科目下每一个有发生的辅助项生成一笔分录,如有10个部门,其中转账科目下有5个部门有余额,则生成5笔分录,每个有余额的部门生成一笔转账分录。

(4)选择完毕后,按"确定"按钮,系统开始进行结转计算,出现如图10-4-11所示凭证界面,点击"保存"后,则新的转账凭证即告生成完毕。

八、汇兑损益结转凭证的生成

(1)用鼠标单击"汇兑损益结转",则屏幕显示要计算汇兑损益的科目。自动汇兑损益凭证生成选项,如图10-4-12所示。

(2)选择需要结转的科目,在"是否结转"处双击鼠标打上"√",表示该科目将执行结转。也可按"全选"、"全消"按钮,全部选择、全部取消选择要结转的凭证。另外,也可通过币种下拉框选择相应的币种进行结转,为空表示对所有币种进行结转。

(3)选择完毕后,按"确定"后屏幕显示汇兑损益试算表。

(4)查看汇兑损益试算表后,按"确定"即按计算结果生成转账凭证。

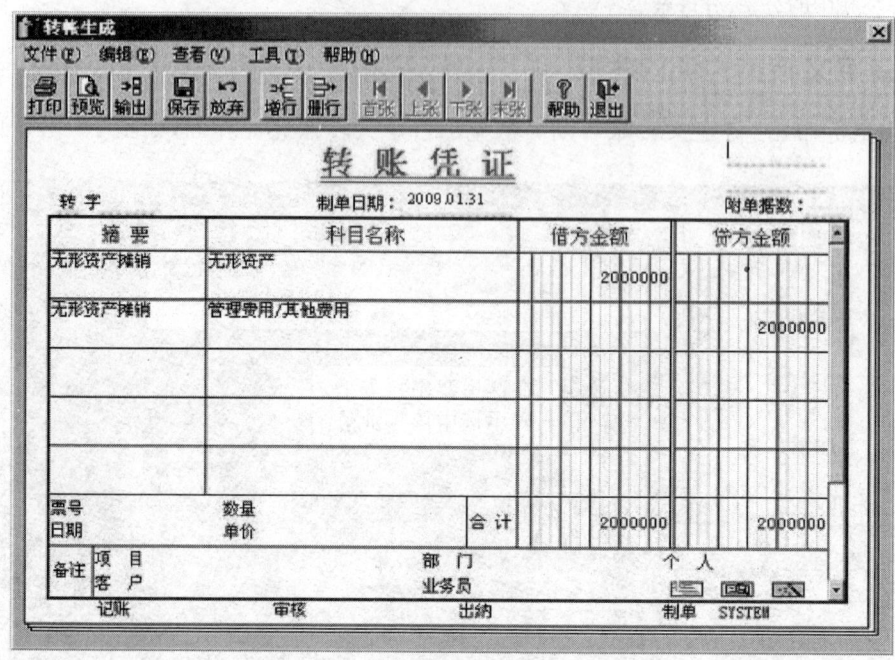

图 10-4-11　自动转账凭证生成

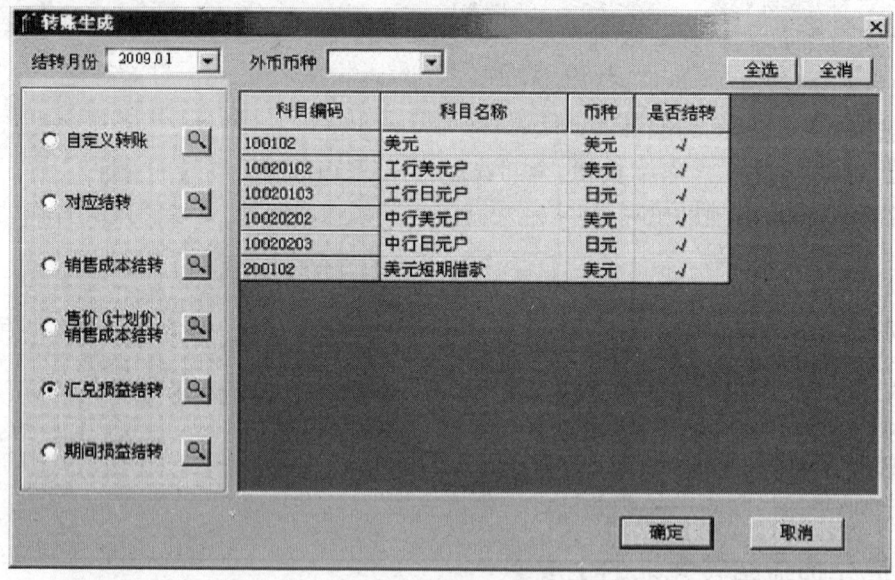

图 10-4-12　自动汇兑损益凭证生成选项

九、期间损益的结转

　　(1)用鼠标单击"期间损益结转",则屏幕显示要结转期间损益的损益类科目。自动损益凭证生成选项,如图 10-4-13 所示。

　　(2)选择需要结转的科目,在"是否结转"处双击鼠标打上"√",表示该科目将执行结转。也可按"全选"、"全消"按钮,全部选择、全部取消选择要结转的凭证。

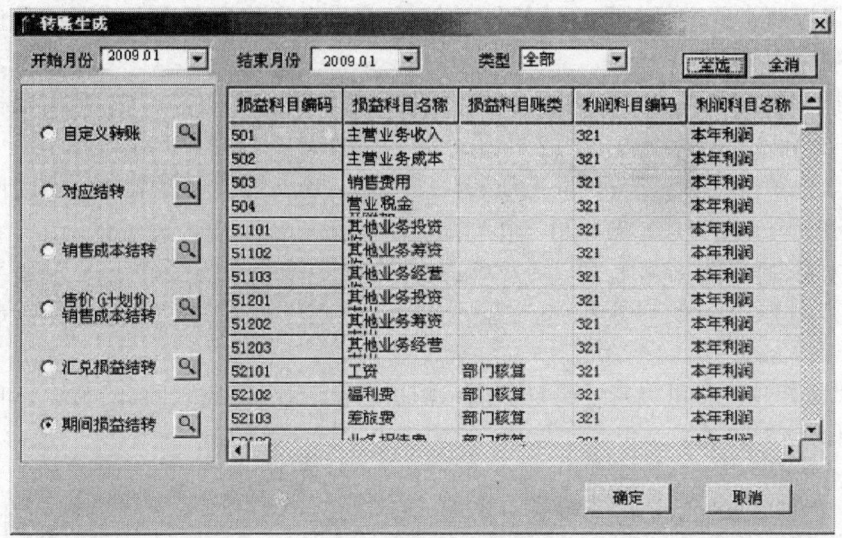

图 10-4-13 自动损益凭证生成选项

（3）选择完毕后，按"确定"即按计算结果生成转账凭证。

十、对账和试算

一般说来，实行计算机记账后，只要记账凭证录入正确，计算机自动记账后各种账簿都应当是正确、平衡的，但由于非法操作或计算机病毒或其他原因有时可能会造成某些数据被破坏，因而引起账证不符、账账不符，为了保证账证相符、账账相符，用户应经常使用本功能进行对账，至少一个月一次，一般可在月末结账前进行。进入系统时，隐藏了"恢复记账前功能"，如果要使用必须进入"对账"功能按 Ctrl＋H 激活"恢复记账前功能"。

步骤如下：

（1）用鼠标单击系统主菜单"期末"下的"对账"，屏幕显示待对账的会计期间。对账界面，如图 10-4-14 所示。

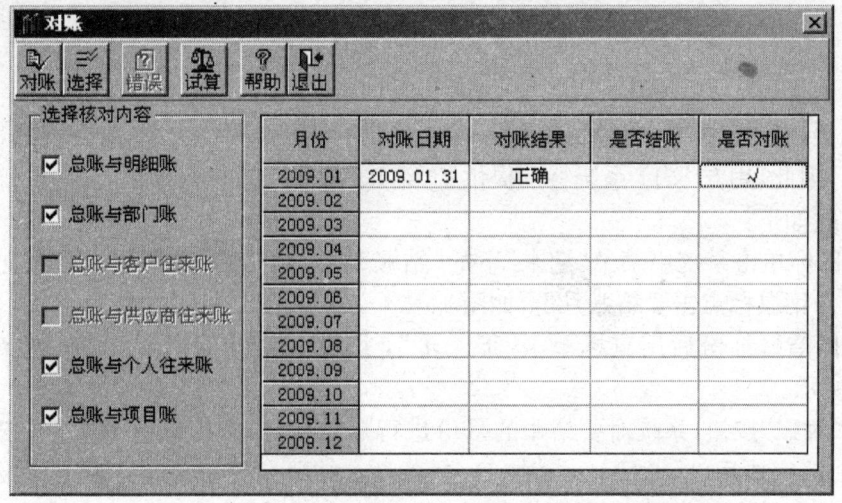

图 10-4-14 对账界面

（2）用鼠标双击要进行对账月份的是否存在，或将光标移到要进行对账的月份，用鼠标单击"选择"，选择对账月份。

（3）选择总账与哪些辅助账进行核对。如若只想核对总账与部门账，则用鼠标单击"核对总账与部门账"即可。

（4）用鼠标单击"对账"按钮，系统开始自动对账。这一操作可能需要一定时间，请耐心等待。在对账过程中，按"对账"按钮可停止对账。

（5）若对账结果为账账相符，则对账月份的对账结果处显示"正确"，若对账结果为账账不符，则对账月份的对账结果处显示"错误"，按"错误"按钮可查看引起账账不符的原因。

（6）按"试算"按钮，可以对各科目类别余额进行试算平衡。按"打印"按钮，可打印试算平衡表，如图 10-4-15 所示。

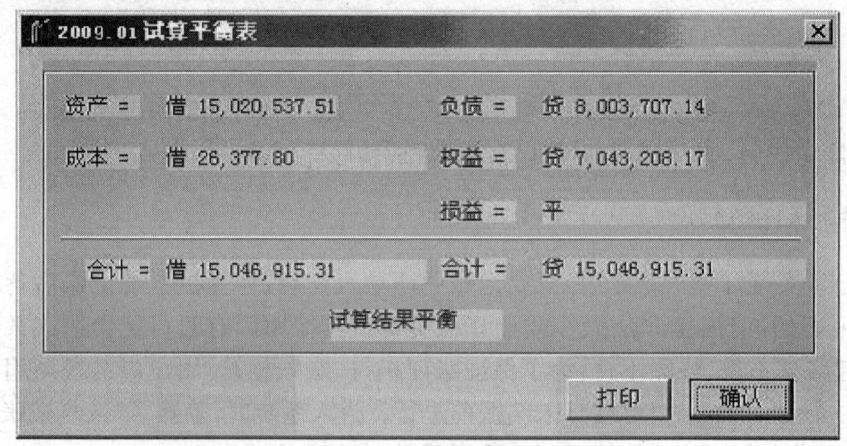

2009.01 试算平衡表

资产 =	借 15,020,537.51	负债 =	贷 8,003,707.14
成本 =	借 26,377.80	权益 =	贷 7,043,208.17
		损益 =	平
合计 =	借 15,046,915.31	合计 =	贷 15,046,915.31

试算结果平衡

打印　　确认

图 10-4-15　试算平衡

若"选项"中的"往来控制方式"为"客户往来业务由应收系统核算"或"供应商往来业务由应付系统核算"，则不能对往来客户账、供应商往来账进行对账。

十一、结账和反结账

（一）结账

在手工会计处理中，都有结账的过程，在计算机会计处理中也应有这一过程，以符合会计制度的要求，因此，用友 8.11 系统特别提供了"结账"功能。结账每月只能进行一次。

操作步骤如下：

（1）用鼠标单击系统主菜单"期末"下的"结账"进入此功能，屏幕显示结账向导一——选择结账月份。用鼠标点击要结账月份，如图 10-4-16 所示。

（2）选择结账月份后用鼠标单击"下一步"，屏幕显示结账向导二——核对账簿，如图 10-4-17 所示。

（3）按"对账"按钮，系统对要结账的月份进行账账核对，在对账过程中，可按"停止"按钮中止对账，对账完成后，单击"下一步"按钮，屏幕显示结账向导三——月度工作报告。若需打印，则单击"打印月度工作报告"即可打印，如图 10-4-18 所示。

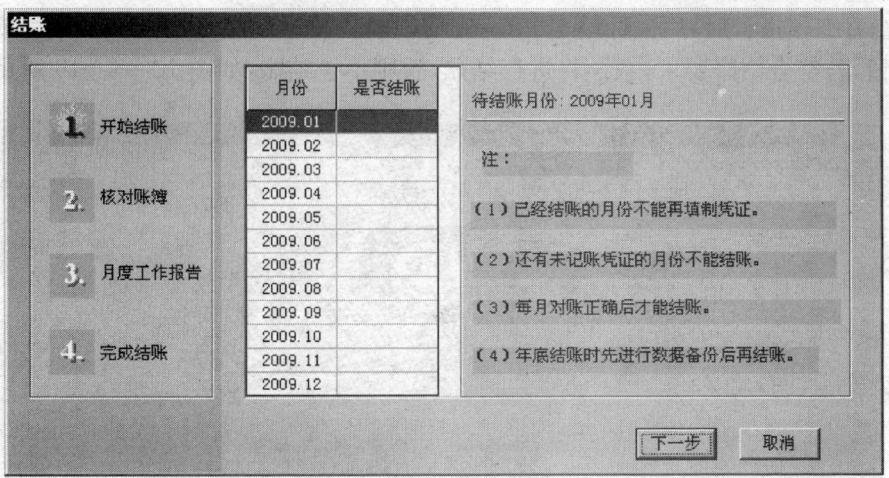

图 10-4-16 结账步骤一

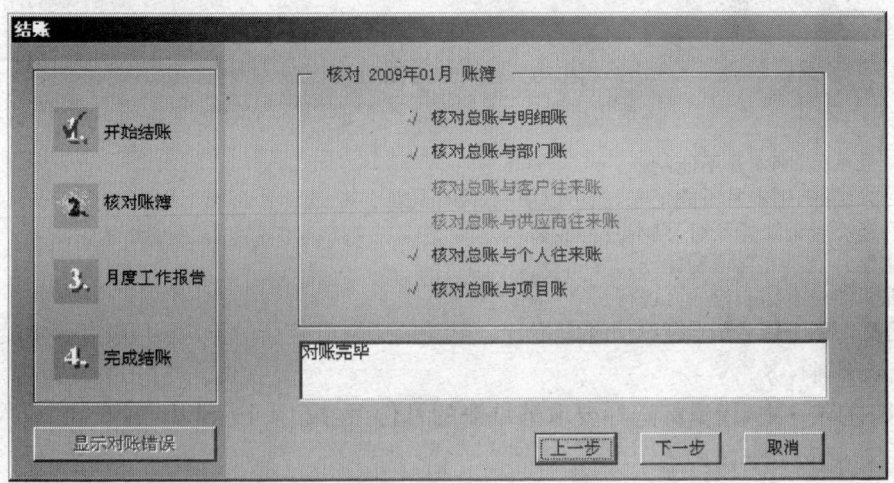

图 10-4-17 结账步骤二

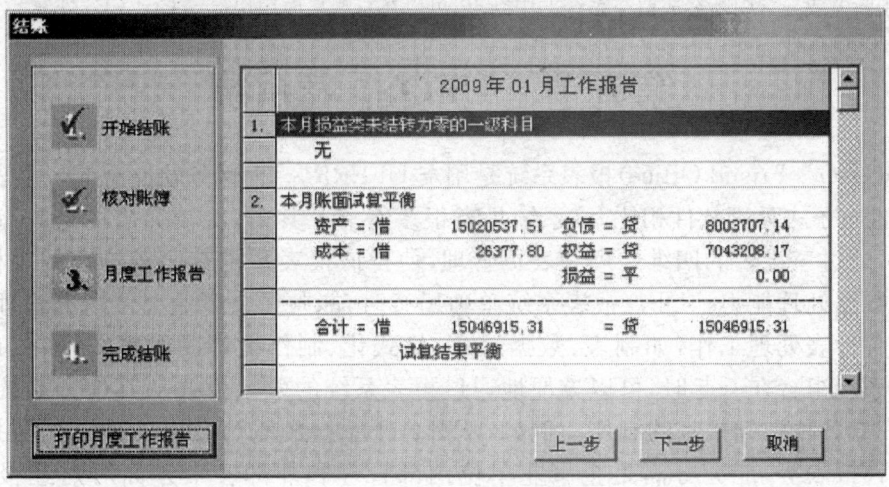

图 10-4-18 结账步骤三

(4) 查看工作报告后,用鼠标单击"下一步"按钮,屏幕显示结账向导四——完成结账。按"结账"按钮,若符合结账要求,系统将进行结账,否则不予结账,如图 10 - 4 - 19 所示。

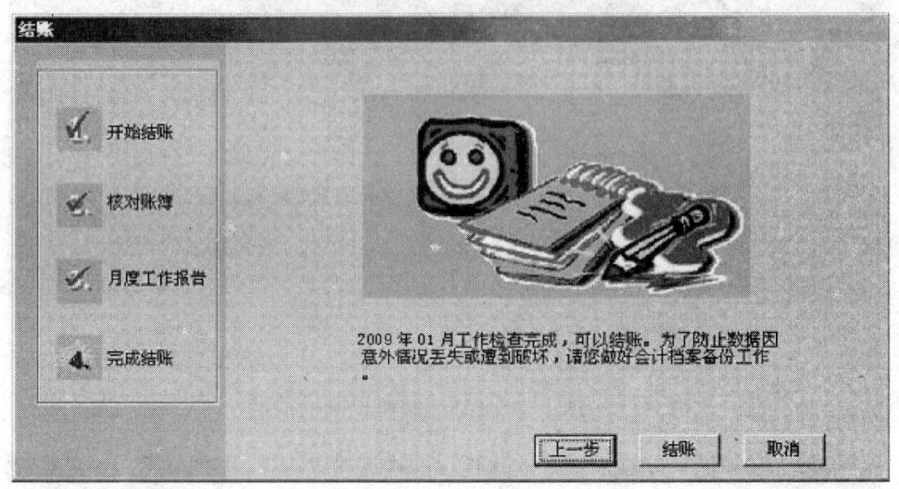

图 10 - 4 - 19　结账步骤图

注:
- 上月未结账,则本月不能结账。
- 上月未结账,则本月不能记账,但可以填制、复核凭证。
- 本月还有未记账凭证时,则本月不能结账。
- 已结账月份不能再填制凭证。
- 结账只能由有结账权的人进行。
- 若总账与明细账对账不符,则不能结账。

(二) 反结账

在结账向导一中,用鼠标选择要取消结账的月份上,按 Ctrl+Shift+F6 键,输入账套主管的密码后,进行反结账。

注:
- 只有账套主管才能进行反结账的处理。
- 由于断电或异常中断造成留在系统的中断点,可以在总账桌面用快捷键 Ctrl+F6 恢复。

第五节　UFO 报表系统

UFO(User's Friend Office)报表系统是用友 UFERP 8.11 财务软件中的一个表处理子系统。与其他电子表处理软件相比,该系统具有很多特点。其中,比较突出的是具有三维立体表的特征,通过三维表的四维处理和表页管理,使得该报表系统有比较丰富的表格编制、公式定义和数据处理能力。UFO 报表系统单独运行时,能胜任企事业单位内部管理和日常办公所需的各种表处理工作,如制表、数据运算、格式化、制作统计图等等。当它与用友软件的其他子系统组合在一起时,可以方便地通过报表系统的取数公式从其他子系统中自行调出数据,完成各种财经报表的制作。例如,从账务子系统的账簿数据库中调出数据,自动生成各种会计报表等,能充分满足企事业单位内部管理和外部各个方面对财经报表信息的需要。

一、UFO 的主要功能及特点

• UFO 报表系统共提供了 16 个行业的标准会计报表模板,可从账套中自动取数,轻松生成会计报表。

• 具有丰富的数据处理功能。UFO 除了一般报表系统所具有的公式运算、排序、汇总和丰富的表处理函数外,还可以通过设置"关键字"来进行立体表数据处理。

• 与通常的表处理软件一样,UFO 具有较丰富的格式设置功能和图表制作功能。

• UFO 具有较强的文件管理功能,可进行多种文件格式的转换。并具有标准数据接口,通过"导入"、"导出"功能,可以与外部其他系统实现数据交换。

• 具有宏定义功能。UFO 可自定义"用户函数"和"用户菜单"来扩展数据处理能力和管理报表的能力。

二、UFO 报表处理基础

UFO 报表处理与流行的表处理软件 Excel 相比,有其显著的特点。使用 UFO 报表系统进行表处理,需要一定的概念基础。作为 UFO 报表处理的准备知识,下面介绍 UFO 报表的一般制作流程和几个常用的基本术语。

(一)UFO 报表的制作流程

UFO 表的制作流程为:① 新建报表(定义表名)→② 设计报表格式(定义报表区域、输入报表文字、报表格式化、定义关键字、画表格线等)→③ 定义单元格计算公式、审核公式和舍位平衡公式→④ 录入单元格数值、录入关键字的内容、执行公式运算、审核和舍位平衡操作→⑤ 报表的图形处理、报表的存储和打印。

说明 1:UFO 的报表制作过程主要分为两个阶段:格式设计阶段和数据处理阶段。这两个阶段分别有两种不同的操作界面。上述流程中②、③在"格式设计"界面下进行,④、⑤在"数据处理"界面下进行。点击 UFO 主窗口左下角的"格式/数据"按钮,可进行格式设计状态和数据处理状态的切换。

说明 2:在格式设计状态下需要做的工作为:定义表页区域大小、调节行高列宽、设置单元格属性和单元格格式、设置关键字、设置可变区等等。定义公式的工作(单元格运算和取数公式、审核公式、舍位平衡公式)也应该在格式设计状态下进行。此状态下输入的文字(被称为表样文字),设置的关键字的种类等各项工作对报表的各个表页都有效,而报表的具体数值被隐藏。

说明 3:在数据处理状态下要做的工作有:输入单元格数据、增加、删除表页、录入关键字的值,执行运算公式计算表页,进行审核和舍位平衡操作,根据需要制作图表,汇总和合并报表等等。此状态下输入的数据和关键字的内容只是对当前表页有效,表页的格式和数据均可见。

请记住:格式设计状态所做的设置和输入对整表各个表页都有效,数据输入状态所做输入等工作只对当前表页有效。

(二)UFO 表处理基本术语和概念

UFO 报表处理中主要涉及如下概念和术语,在上面的文字叙述中也屡次使用这些术语,现解释如下:

单元格：表中的行、列交错位置上的空格。其标识方法同 Excel,如 A2。

行：表中的行表示格式为：♯行号,如♯2 表示第二行。

列：表中的列用字母表示,格式为：字母列,如 AB 表示表的第 28 列。

表样单元：格式状态下在表单元格中输入的文字或符号。表样单元对全表各表页都有效,表样单元的文字在数据处理状态下只能显示不能修改。

区域：表页上单元格组成的矩形块,其标识方法同 Excel,如 A1:D5。

组合单元：同类相邻单元格的组合。

表页：同一报表中所有表页的格式都相同,但每张表页的数据和关键字的值可以不同。表页在报表中的序号以表标签的形式出现在表页下方,称为"页标",如在公式中,符号@3 表示当前报表文件的第 3 页。

三维表：把 UFO 说成是三维表,是因为它可以是多张二维表页所组成,并且允许在打开的多个三维表页间进行数据查询和数值运算,我们把此操作称为三维表的四维运算。在三维表中要确定某数据的位置,其公式中的表示形式为：

"〈表名〉"—>〈列〉〈行〉〈表页〉

例如,"利润表"—>C3@5 表示利润表. REP 文件的第五页的 C3 单元格。

固定区和可变区：所谓固定区,是指表格某区域的行数和列数一经设定后不会改变,采用固定区域的表格称为固定表。所谓可变区,是指表格中所显示在屏幕上的行数和列数可随需要而变动,采用了可变区域的表格称为可变表。可变表一般用以解决表格行列一旦设定后,由于实际数据量较少而造成表格的空行空列过多的问题。

关键字：关键字是 UFO 用于处理报表的多表页上数据而设置的。利用关键字可方便地进行表页间数据运算、统计和数据查询。关键字其实质就是为表页对应地配上若干个内存变量,作为标识表页的定位标志,以便数据处理时能在大量表页中快速定位目标表页。关键字有五个："单位名称"、"年"、"季"、"月"、"日"。

筛选和关联：筛选和关联是 UFO 在使用批命令和公式时,为增强其功能而设定的。设置筛选条件,可以对表页和可变区中符合条件的部分数据进行指定的处理,筛选条件的格式为 FOR〈筛选条件〉,通常写在命令和函数之后。关联是根据多张表页间的关联关系或经济关系,通过定义关联条件,实现多表数据组织和处理,关联关系的表达形式为 RELATION〈关联条件〉。

三、UFO 报表系统的使用

(一)UFO 的启动和界面

启动：启动用友 UFERP8.11 软件,进入"财务系统"→"UFO 表"后,屏上出现 UFO 主窗口。在"文件"菜单中选取"新建"命令或点击工具栏"新建"按钮,出现 UFO 的启动界面,如图 10-5-1 所示。与 Excel 相似,UFO 报表窗口自上而下依次有菜单栏、编辑栏、工具栏、表体栏和状态栏五部分组成。请特别注意窗口左下方有一个"格式/数据"切换按钮,用于实现表页的格式设计与数据处理状态的切换。此按钮右边是表页标签与"表页检索"按钮。UFO 表默认表页数据为 1,若要增加表页,可在数据处理状态下通过"编辑"→"插入"→"表页"操作来添加表页。

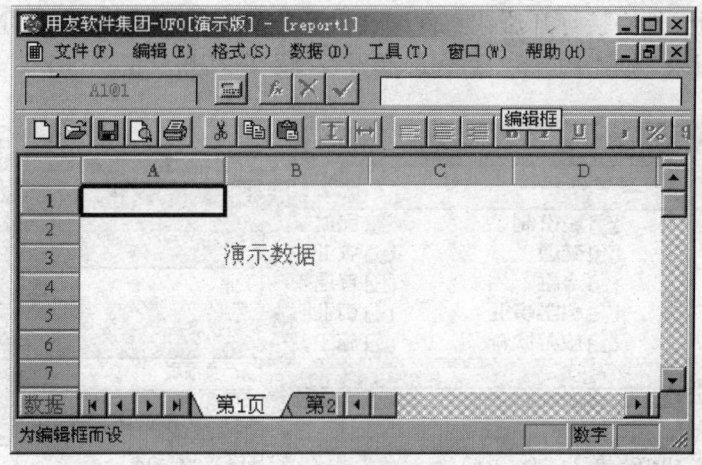

图 10-5-1　UFO 的启动界面

（二）利用报表模板生成会计报表

UFO 系统内蕴含有 16 个行业 70 多张标准财务报表。这些报表模板位于 UFSOFT\UFOMODEL\行业性质\＊.REP 中,有资产负债表(ZCFZB.REP)利润表(LRB.REP)、利润分配表(LRFPB.REP)、现金流量表(XJLLB.REP)、现金流量表附表(XJLLFB.REP)、应交增值税明细表(YJZZSMXB.REP)等等,与各自行业性质相适应。由于现行会计制度根据行业类别对报表格式进行了规范和统一,为利用报表模板自动生成报表奠定了基础。利用 UFO 报表模板生成会计报表(资产负债表)的具体操作过程如下。

1. 打开本行业财务报表模板

方法①：菜单法：选择菜单"文件"→"新建",使屏幕呈现报表格式设计主窗口→"格式"→"报表模板"→选择行业性质(工业)和报表类型(资产负债表)→确定,用所选模板格式覆盖当前表格格式,屏幕上呈现出已设计好的资产负债表,如图 10-5-2 所示。

图 10-5-2　利用 UFO 报表模板生成会计报表

方法②：模板文件直接打开法："文件"→"打开"→打开 UFOMODEL/MODEL 子目录→选择行业性质子目录(见图 10-5-3)→选择报表类别→打开。

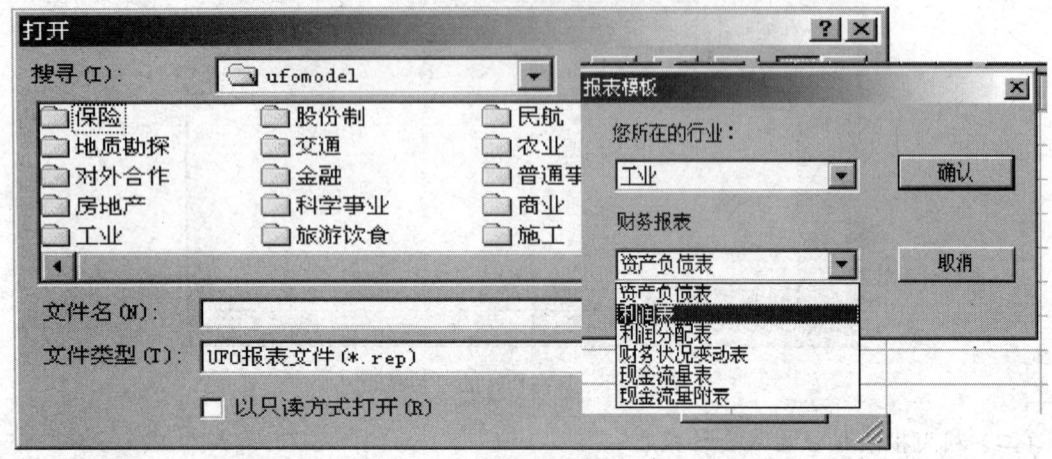

图 10-5-3　模板文件直接打开法

2. 格式与数据调整

在引入模板格式表的基础上，根据实际情况作格式与数据调整，一般需要作出以下几方面的调整：

(1) 调整账套号：模板表中公式单元的账套参数默认为 001，假若你当前账套号不是 001，需要对公式的账套参数进行调整，否则无法完成账簿取数。由于模板表考虑到对公式单元的保护，公式单元的公式在编辑栏中呈禁修改状态。此时可通过"编辑公式"菜单来完成修改，即在格式设计状态下选中待修改的公式单元，选择菜单："数据"→"编辑公式"→"单元公式"(见图 10-5-4)，将公式中账套参数改为当前账套号。

图 10-5-4　将公式中账套参数改为当前账套号

(2) 录入关键字的内容：模板格式表中某些关键字没有内容，如"单位名称"等。在数据处理状态下，通过菜单："数据"→"关键字"→"录入"，录入"单位名称"等关键字的值。

3. 计算表页

在数据处理状态下，通过菜单："数据"→"表页计算"，对当前表页进行重算，生成会计报表，如本例的资产负债表。对当前表页重新计算，如图 10-5-5 所示。

4. 保存

通过菜单："文件"→"保存"，对报表命名并存入硬盘。

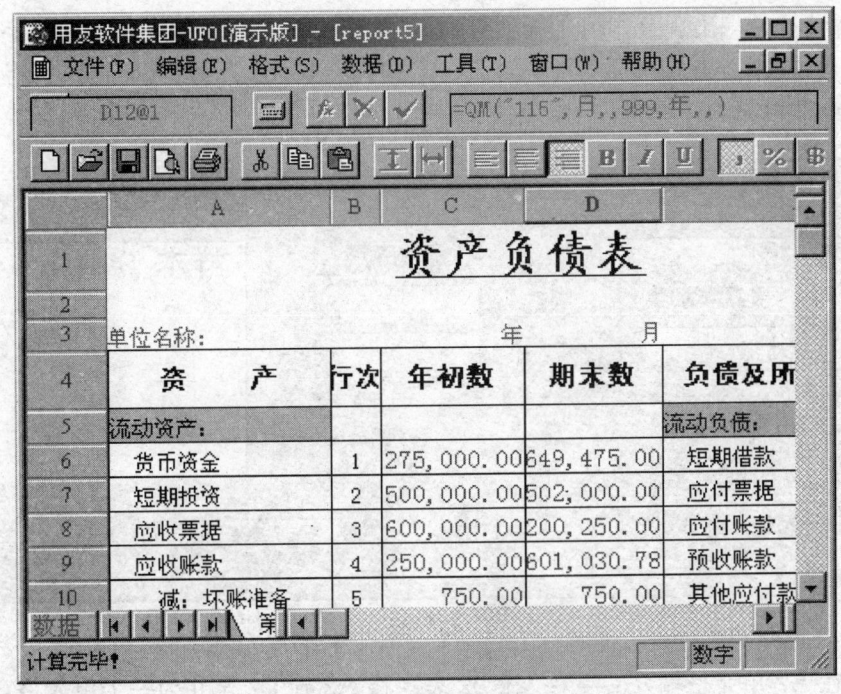

图 10-5-5　对当前表页重新计算

（三）自定义报表模板制作会计报表

以利润表为例，介绍自定义报表模板制作会计报表的操作过程。

第一步：新建报表

在用友 UFERP 软件的"财务系统"下进入"UFO 表"，选择菜单："文件"→"新建"或点击"新建"按钮，屏上出现空白表格。

第二步：格式设计

第一，规划表格大小。

选择菜单："格式"→"表尺寸"，表尺寸对话框，如图 10-5-6 所示，输入利润表全表的行数 21 与列数 4，确定。

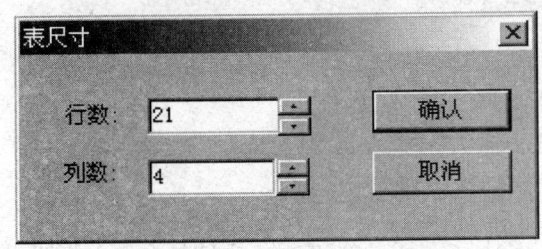

图 10-5-6　表尺寸对话框

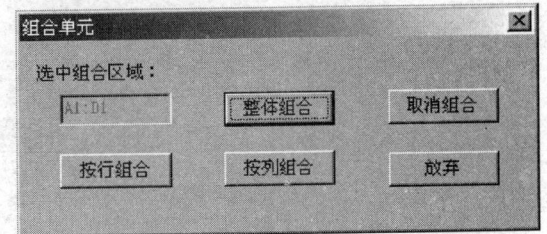

图 10-5-7　组合单元对话框

第二，定义表头。

在 A1 单元格输入标题：利润表。用鼠标选中 A1 到 D1 单元格，选择菜单："格式"→"组合单元"→出现组合单元对话框，如图 10-5-7 所示，点击"整体组合"选项，将 A1 到 D1 合并为一个单元格→点击工具栏〈居中〉按钮，将表标题居中。然后对标题字体进行设置，选"格式"→"单元格风格"→出现整体组合选项对话框,如图 10-5-8 所示,设置标题字体。当标题字体放大后,将鼠标箭头放在第 1 行与第 2 行之间,使鼠标箭头变为双向箭头,将第 1 行拖宽到标题文字全部可见为止。

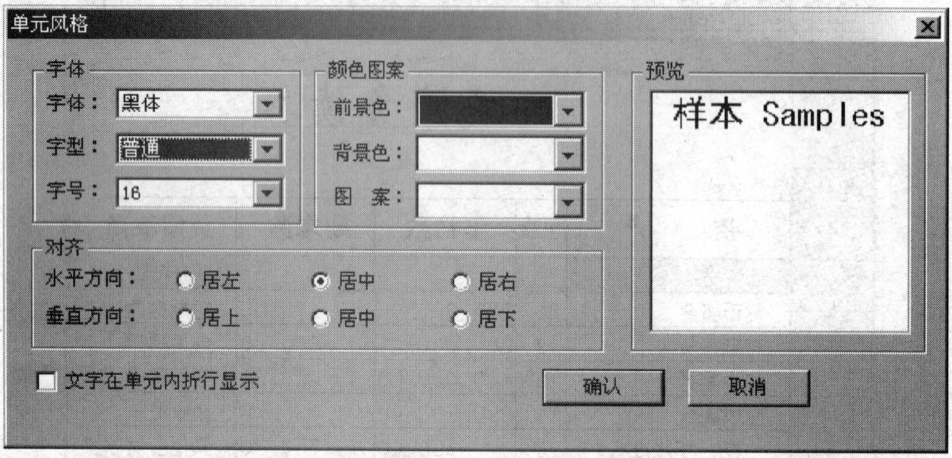

图 10-5-8　整体组合选项对话框

类似地在 A2 单元格输入文字:会工 02 表。将 A2 到 D2 合并为一个单元格,对齐方式为右对齐。

在 D3 单元格输入"单位:元",点击"右对齐"按钮,使之右对齐。

第三,设置关键字。

点击 A3 单元格,选择菜单:

"数据"→"关键字"→"设置"→弹出关键字设置对话框,如图 10-5-9 所示。选择"单位名称"选项,确定。

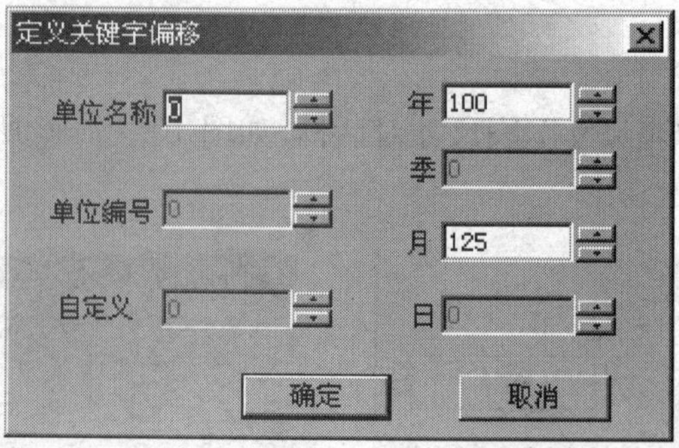

图 10-5-9　关键字设置对话框

在 A3 单元格出现红色的"单位名称:××××××××××"字样。同理,在 A3 位置设置关键字"年"和"月"。

由于这几个关键字重叠在 A3 单元格,需要通过菜单调节偏移量,使"年"、"月"关键字产生适当的位移。选择"数据"→"关键字"→"偏移"→弹出关键字偏移量窗口,输入偏移量的值(以像素为单位),调节好"年"和"月"相对与"单位名称"的位置,此时,完成了表头设计,如图 10-5-10 所示。

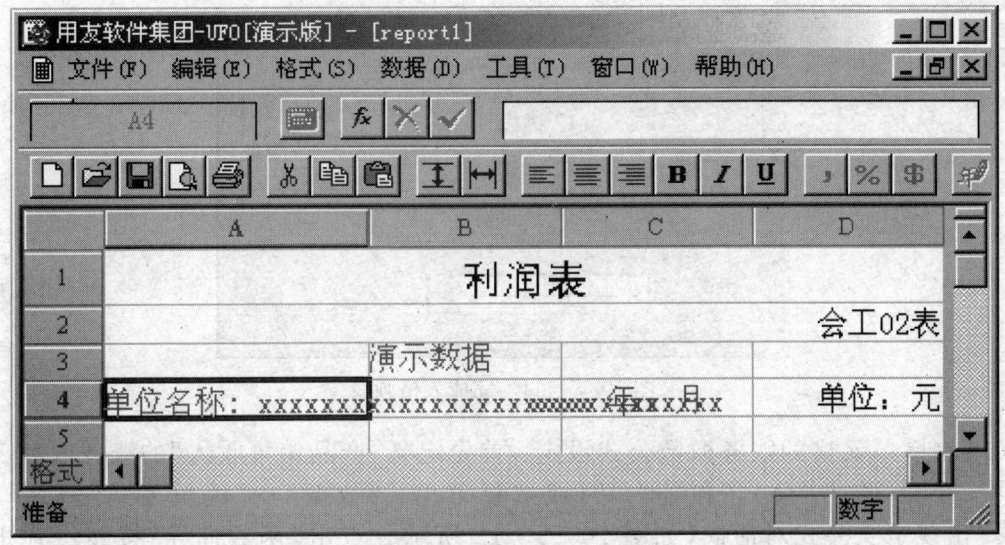

图 10-5-10　完成了表头设计

第四,制作表体。

(1) 按如下表格位置输入相应表样文字,并使所输入的文字在单元格"居中"。

	列 A	列 B	列 C	列 D
行 4:	项目	行数	本月数	本年累计数
行 5:	一、主营业务收入	1		
行 6:	减:主营业务成本	2		
行 7:	销售费用	3		
行 8:	营业税金及附加	4		
行 9:		5		
行 10:	加:其他业务利润	6		
行 11:	减:管理费用	7		
行 12:	财务费用	8		
行 13:	二、营业利润	9		
行 14:	加:投资收益	10		
行 15:	营业外收入	11		
行 16:	减:营业外支出	12		
行 17:	三、利润总额	13		
行 18:	减:所得税费用	14		
行 19:	净利润	15		

(2) 调节列宽:使所输入的文字全部可见。选中所输入表样文字区域,点击"居中"按钮,使所输入的文字在单元格居中。

3) 画表格线:选中区域 A4:D20→选择菜单:"格式"→"区域画线"→完成表格画线,如图 10-5-11 所示,选择"网线"选项,确定,完成表格画线工作。

至此,表格制作完成。

第五,定义公式。

定义公式在格式设计状态下进行。

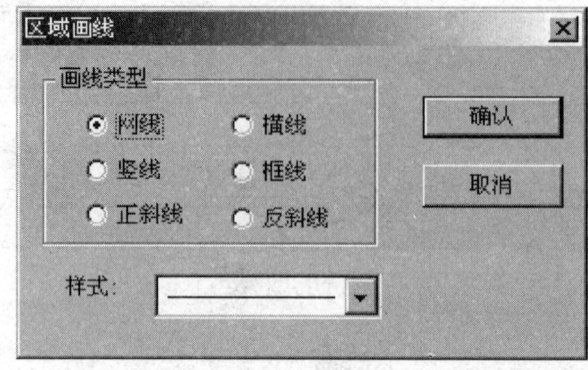

图 10 - 5 - 11　完成表格画线

　　(1) 表格单元格的账务取数公式设定：首先定义"产品销售收入"的账务取数公式。选择 C4 单元，点击"公式"按钮"fx"(或选择菜单："数据"→"编辑公式"→"单元公式")→出现定义公式对话框，如图 10 - 5 - 12 所示→点击"函数向导"按钮→弹出"函数向导对话框"，如图 10 - 5 - 13 所示，在函数大类中选择"用友账务函数"，函数名选择"发生"→点击"下上步"按钮→进入"函数参数编辑"对话框，如图 10 - 5 - 14 所示。按对话框所提示的参数顺序(科目号，月份，"方向"，账套号，年度)录入参数：6001，月，"J"，999，年(注意＝FS()不必输入)→确定，完成对"主营业务收入"的本月数单元格公式设定。

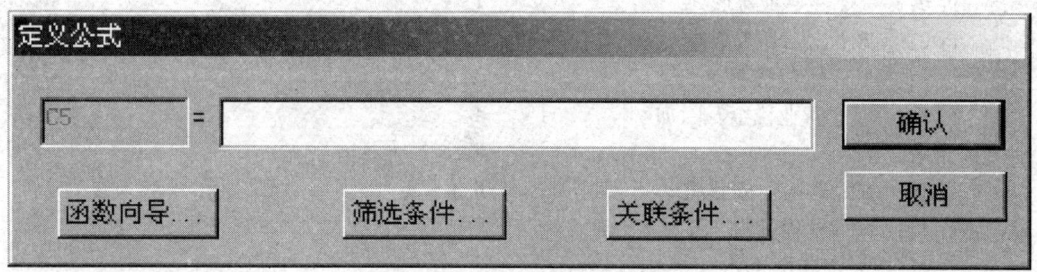

图 10 - 5 - 12　"函数向导"按钮

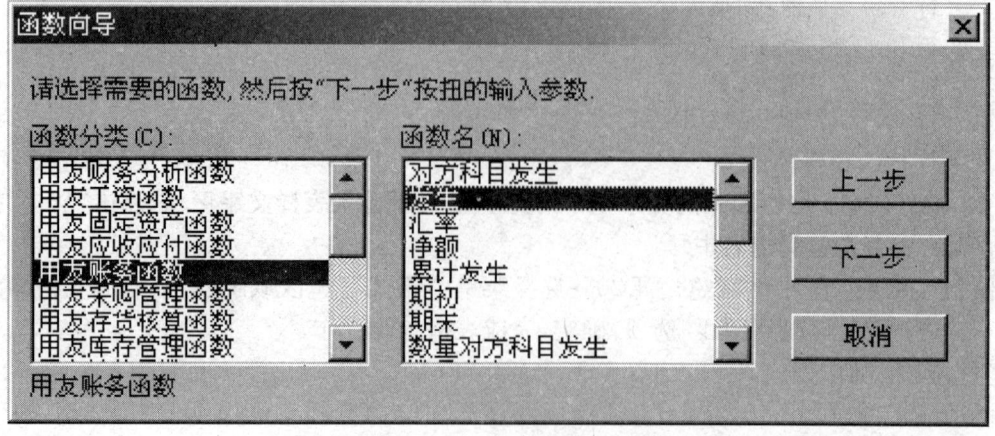

图 10 - 5 - 13　函数向导对话框

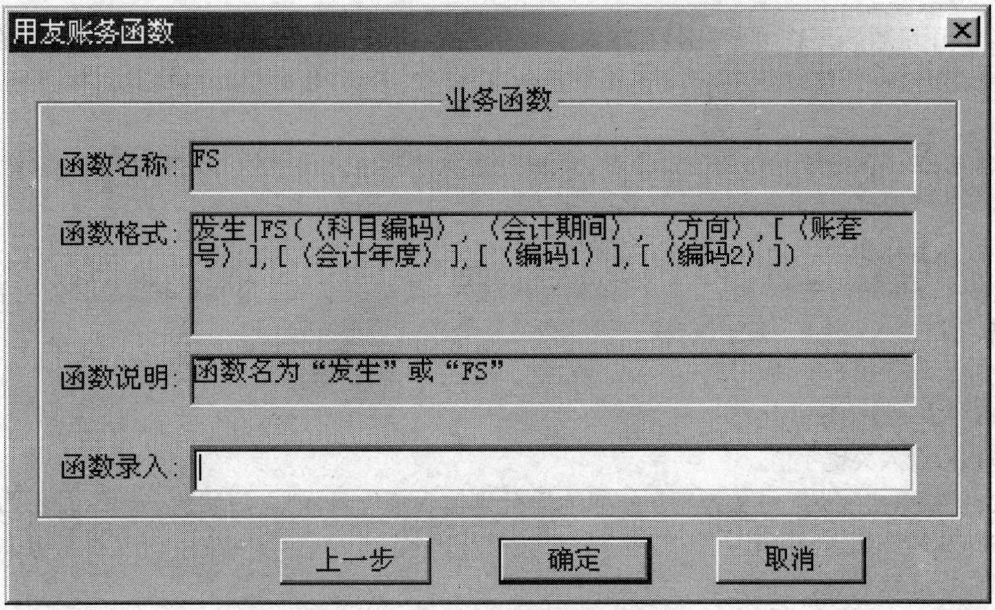

图 10-5-14 函数参数编辑对话框

注：若图 10-5-14 对话框中输入的公式不正确，按"确定"时会弹出"公式输入失败"的提示，以确保公式输入的正确性。

同理可完成以下几个单元格的公式设置：

C10＝FS(511,月,"D",999,年)－FS(513,月,"D",999,年)

C11＝FS(521,月,"J",999,年)

C12＝FS(522,月,"J",999,年)

C14＝FS(531,月,"D",999,年)

C15＝FS(541,月,"D",999,年)

C16＝FS(542,月,"J",999,年)

C18＝FS(505,月,"J",999,年)

（2）表页内单元格运算公式的设定：以"营业利润"本月数的公式设置为例。选择 C9 单元格，点击"公式"按钮"fx"，在弹出的"定义公式"对话框中，输入公式"C5－C6－C7－C8"，确认，完成公式设定。屏上 C9 单元格呈现出"公式单元"字样。

类似的可完成以下单元格公式设置：

营业利润：C13＝C9＋C10－C11－C12

利润总额：C17＝C13＋C14＋C15－C16

净利润：C19＝C17－C18

（3）表页间单元格运算公式设定：选择"营业收入"的本年累计数 D5 单元格，点击"公式"按钮"fx"，输入如下公式：C5＋Select(D5,年@＝年 and 月@＝月＋1)。

其中，公式"月@＝月＋1"含义为："月@"表示当月，即本表页关键字"月"中的值。条件"月＋1"中的"月"表示本报表的某表页"月"关键字值。如果"月＋1"以后等于当前月，则此表页必定为上月的表页。

同理可解释"年@＝年"，即当前表页与 Select 要选的单元格 D5 的表页同年（关键字值相同)。

公式中函数 Select()的作用是在本报表的表页集中选择目标表页的某个单元格。现在要选的目标表页是符合条件"年@＝年 and 月@＝月＋1"的表页,目标单元格是此目标页的 D5 单元格。

对于 D6～D19 单元格的公式设置,只需相应的将上述公式中的 C5 换为 C6～C19,D5 换为 D6～D19 即可。

第六,制作表尾。

在 A20 单元格输入"制表:",C20 单元格输入"复核:",A21 单元格输入"财务主管:",C21 单元格输入"报送日期:"字样。

至此,格式设计完成。

第三步:报表数据处理。

第一,录入关键字值。

选择菜单:"数据"→"关键字"→"录入",分别输入单位名称"立信实业公司",月份为 1,年度为 2009→确认。

第二,计算表页,完成公式运算。

选择菜单[数据]→"表页重算"→确认重算。

这样,1 月份的利润表制作完成,存盘退出。

第四步:制作下月(2 月份)的利润表。

第一,新增表页。

在报表数据处理状态下,选择"编辑"→"插入"→"表页"→设置增加表页数为 1 张,确定。此报表中出现了表标签为"第 1 页"的新表页(原 1 月份的表标签现变为"第 2 页")。

第二,输入关键字。

输入单位名称:立信实业公司。此时年度和月份自动默认为 2009 年 2 月。

第三,重算此表页。

选择菜单[数据]→"表页重算"→确认重算。

经过以上操作,十分方便快捷地完成了 2 月份利润表的制作。

第四,重排表页标签。

如果觉得 2 月份表的表标签为"第 1 页",而 1 月份表的表标签为"第 2 页",不习惯,则可重排表页。具体操作如下:

"编辑"→"排序"→"表页"→重排表页,如图 10－5－15 所示,设定排序关键字为月,排序顺序为递增→确认,结果表标签上的页号与月份即刻变得一致起来。

(四)UFO 制表公式和函数

在用友 UFO 报表系统中,根据不同的使用功能和作用,可将制表公式分为计算公式、审核公式和舍位平衡公式。其中,计算公式的主要功能是:① 实现从账簿或其他业务系统取数,完成单元格数据计算。② 实现报表间或表页间的单元数据运算。由于报表中每个数据都有明确的经济含义,各个数据间往往存在着某种对应关系,称为勾稽关系。审核公式的主要作用在于,检查所定义的计算公式和输入的数据是否满足勾稽关系,实现报表的数据审核。有些报表数据生成后,数据位很大,需要放大报表数据单位。又如,以"元"为单位的报表在上报时可能会根据要求转换为以"千元"或"万元"为单位,方便上级报表汇总。在进行这样的单位转

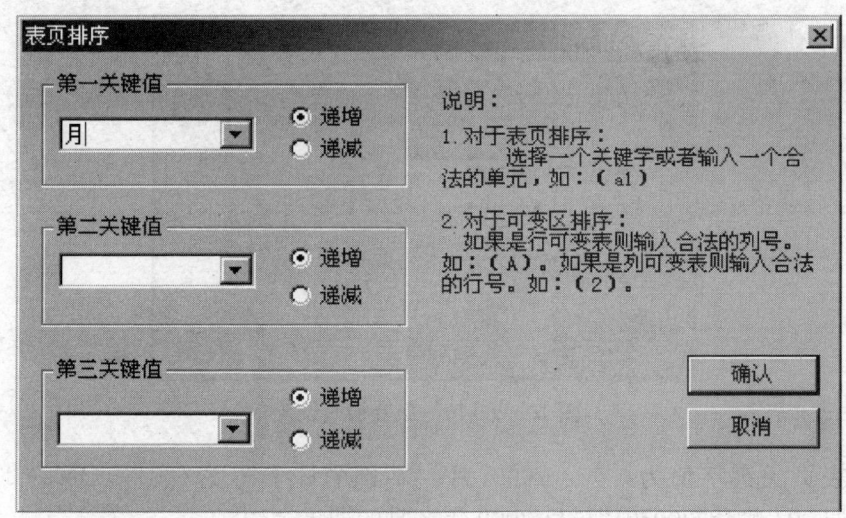

图 10 - 5 - 15　重排表页

换过程中,原来满足的数据平衡关系可能被破坏,因此需要进行调整,使之符合指定的平衡公式。对报表数据进位后进行调整以满足数据平衡关系的公式称为舍位平衡公式。下面以计算公式为重点,介绍 UFO 制表公式。

1. 常用单元格计算公式

单元格计算公式是以"="为前导的单元格赋值公式,其主要内容是通过账簿(及其他业务系统)取数和表间区域运算进行赋值。而账簿(及其他业务系统)取数是通过取数函数实现的,表间区域运算分为表页间区域运算和报表间区域运算,前者是通过 Select() 函数实现,后者采用报表表示格式实现。具体操作过程是:在格式设计状态下,通过"数据"→"编辑公式"→"单元公式"菜单,进行格式编辑。公式编完后,在数据处理状态下,通过"数据"→"表页重算"/"整表重算"菜单,实现公式计算。

(1)账簿取数函数。账簿取数函数主要有 8 个,其格式为:

函数名("科目编码",会计期间[,"方向"][,账套号][,会计年度][,编码1][,编码2])。

说明 1:会计期间可以输入"单位名称"、"年"、"季"、"月"等,取值为当前表页关键字的值,也可以在此具体指定数字。

说明 2:方向可使用"借"、"贷",或"J"、"D"主要用于发生额。

说明 3:账套号为数字,缺省为第一套账。

说明 4:会计年度可以使用字"年",取值为当前表的关键字值。也可以用数字具体指定。

说明 5:当指定科目有辅助账时,编码 1、编码 2 表示辅助账编码号,无辅助账的科目此处可省略。

例如,QC("1001",3,"借",999,2009)表示取 2009 年 3 月的 999 账套的 1001 科目的借方期初余额。若使用"数据"→"账套初始"进行设置,如账套号设置为 003,年度设置为 2009(见图10 - 5 - 16),则取数函数可以简写为:QC("1001",月,"借")。

FS("1009",全年,"J",001,2009)返回 001 账套"1009"科目 2009 年全年借方发生额。

若当前表页关键字值为:年＝2009,缺省账套号为"001",FS("1009",全年,"借")返回001 账套"1009"科目 2009 年全年借方发生额。

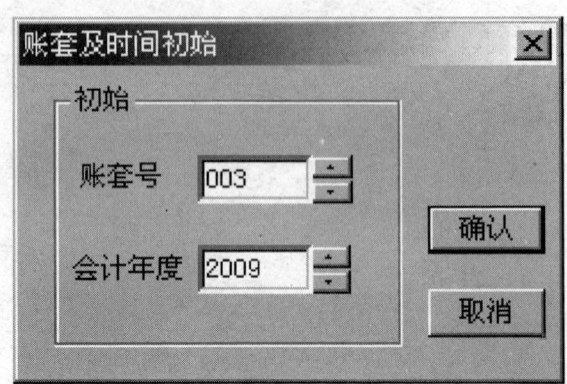

图 10-5-16 账套初始设置

若当前表页关键字值为：年＝2009，月＝2，缺省账套号为"001"，QM("200301"，月，"001")将返回001账套"200301"科目2009年2月的期末余额。

具体账簿取数函数列表，如表 10-5-1 所示。

表 10-5-1

账簿取数函数表

总 账 函 数	金 额 函 数	数 量 函 数	外 币 函 数
期初余额	QC()	sQC()	wQC()
期末余额	QM()	sQM()	wQM()
发生额	FS()	sFS()	wFS()
累计发生额	LFS()	sLFS()	wLFS()
条件发生额	TFS()	sTFS()	wTFS()
对方科目发生额	DFS()	sDFS()	wDFS()
净额函数	JE()	sJE()	wJE()
汇率函数	HL()		

函数名前加 s 表示取数量值，加 w 表示取外币值。

（2）表页的区域数据统计函数。用于表页区域统计计算的函数共有 6 个，其格式为：

函数名（区域[，区域筛选条件]）。

例如，PTOTAL(A：B)表示对当前表页 A 列与 B 列中所有固定区单元值求和。

PAVG(A3：A5，A3：A5＞0)将返回当前表页 A3：A5中所有大于 0 的固定区单元的平均值。

具体数据统计函数表，如表 10-5-2 所示。

表 10 - 5 - 2

数据统计函数表

统 计 函 数	固 定 区	可 变 区	立 体 方 向
合计	PTOTAL	GTOTAL	TOTAL
平均值	PAVG	GAVG	AVG
计数	PCOUNT	GCOUNT	COUNT
最小值	PMIN	GMIN	MIN
最大值	PMAX	GMAX	MAX
方差	PVAR	GVAR	VAR
偏方差	PSTD	GSTD	STD

（3）从报表的其他表页取数函数。使用 Select() 函数可以实现从其他表页取数，具体格式为：

SELECT（取数区域[,表页筛选条件]）

例如，B=SELECT(B,年@=年+1)，公式含义为：若当前表页中关键字"年"为 2009，则本页 B 列的值，取自于本报表关键字值为 2008 年的表页中 B 列的数值。

D=C+Select(D,年@=年 and 月@=月+1)其含义为本表页 D 列的数据等于 C 列的值加本年上月表页 D 列的值。

注意：使用 SELECT() 函数时，不要使用表页内的区域筛选条件。

（4）从其他报表取数。报表与报表间的取数计算方法有：

第一，利用绝对路径表示法，取其他表表页的数据，如 C5="销售表"->C10@1+"费用表"->C2@2，表示当前表 C5 的值等于"销售表. REP"中表页名为"第 1 页"C10 的值与表"费用表. REP"中表页名为"第 2 页"C2 的值之和。由于此公式是在格式设置状态下通过编辑公式方式输入的，所以对报表的所有表页都有效。

第二，用关联条件从其他表取数：以上方法从其他表取数时，要求已知其他表表页页号。如果希望按照年、月、日等关键字的对应关系来取其他表数据，就必须用到关联条件。

利用关联条件从其他表取数的条件格式为：

RELATION 关键字表达式 WITH"其他表表名"->关键字表达式

下面我们用具体例子加以说明：

A="利润表"->B RELATION 月 WITH"利润表"->月+1

公式含义为令本表各页 A 列取表"利润表"上月各页 B 列数值。

A="利润表"->B FOR ALL RELATION 1 WITH"利润表"->月

公式含义为令当前报表所有表页 A 列取表"利润表"关键字为 1 月的表页 B 列数值。其中筛选条件 FOR ALL 代表所有表页省略时表示只处理当前表页。

A1="费用表"->A1 FOR ALL RELATION 月 WITH"费用表"->月

公式含义为当前表所有表页 A1 单元格数据,取"费用表"的表页关键字的月相同的 A1 单元的值。如果当前表页为 9 月,则取"费用表"9 月表页 A1 的值。

2. 审核公式

审核公式是根据报表的勾稽关系,列出单元格间的计算公式,实现报表的数据审核的。具体操作过程为:在格式设计状态下,通过"数据"→"编辑公式"→"审核公式"菜单,进行公式编辑,审核公式格式,如图 10-5-17 所示。审核公式编完后,在数据处理状态下,通过"数据"→"审核"菜单,对表页进行审核。审核公式的格式为:

审核格式 1

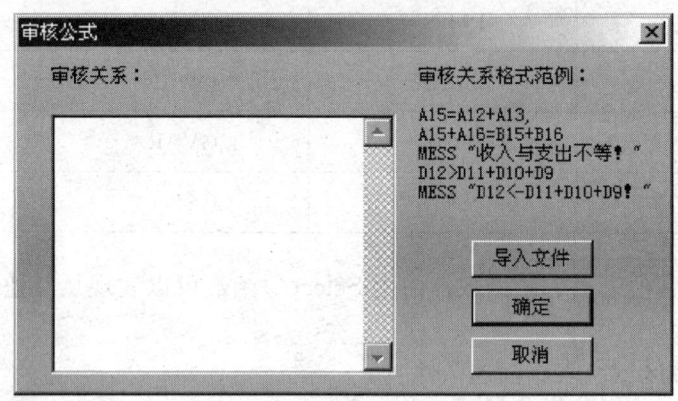

图 10-5-17　审核公式的格式

审核格式 2

……

MESSAGE"提示信息"

审核格式 3

审核格式 4

……

MESSAGE"提示信息"

3. 舍位平衡公式

报表数据单位放大时(如以"元"为单位的报表在上报时转换为以"千元"或"万元"为单位的报表),由于对数据按照四舍五入的法则进行保留小数位,原来所满足的数据平衡关系可能被破坏,因此需要进行调整,使之符合指定的平衡公式。例如,原始报表数据平衡关系为80.23+8.24=88.47,若舍掉一位数,即除以 10 后数据平衡关系成为 8.02+0.82=8.85,原来的平衡关系被破坏,应调整为 8.02+0.83=8.85。报表的这种平衡关系调整公式称为舍位平衡公式。其中,进位操作称为舍位,舍位后调整平衡关系的操作叫做平衡调整。

具体操作过程为:在报表格式设计状态下,选择菜单"数据"→"编辑公式"→"舍位公式……",调出舍位平衡公式对话框,如图 10-5-18 所示。在各编辑框中输入如下各项:

(1) 舍位表名:不能与当前文件名相同。

(2) 舍位范围:指定需要舍位的数据区域。

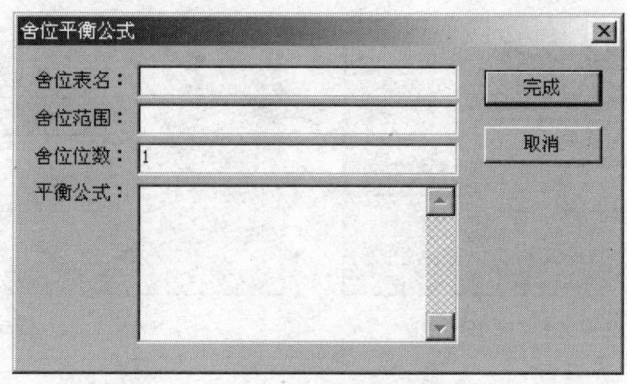

图 10-5-18　舍位平衡公式对话框

（3）舍位位数：允许 1～8 位。若舍位位数为 1，相当于区域中数据除 10；舍位位数为 2，相当于区域中数据除 100；以此类推。

（4）编辑平衡公式：1）逆序编写，先写最终运算结果，然后向前一步一步反推；2）公式中只允许进行"＋"、"－"运算，不允许进行其他运算；3）等号左边只能是一个不带页号和表名的单元格；4）一个单元只允许在等号右边出现一次；5）每个公式占一行，各公式之间用"，"分隔，最后一条公式不写逗号。

（5）舍位平衡公式编辑完毕，检查无误后选择"完成"，系统将此次舍位平衡公式的设置保存下来。

当报表编辑工作完成后，再对报表进行舍位平衡操作。具体操作为：进入数据处理状态，选择菜单"数据"→"舍位平衡"，系统先按所定义的舍位位数在指定区域范围内进行数据舍位，然后按照平衡公式对舍位后的数据进行平衡调整，并将舍位平衡后的数据存入表中。

四、系统其他功能

UFO 报表系统还具有其他若干有用的报表处理功能。

（一）文件保护

企事业单位所编制的财经报表，其数据往往反映着一些重要的经济信息，有一定的保密性和安全性要求。为此，UFO 提供了添加文件口令和格式加锁的功能。

1. 设置文件口令

当报表需要设置访问权限时，可以通过设置文件口令的方法实现。选择菜单"文件"→"文件口令"，在图 10-5-19 的设置文件口令对话框内输入口令，完成设置。当以后欲打开报表文件时，系统将要求输入口令，否则不允许进入。

2. 格式加锁

报表格式一旦设计好后，往往不轻易改动，保持相对稳定。为了防止公式和格式被任意改动，可以对报表进行格式加锁。具体可进行如下操作："格式"→"保护"→"格式加锁"，在图 10-5-20 的格式加锁对话框内输入口令，完成设置。加锁后的报表，以后要想进入格式设计状态，必须要正确输入口令。此外，对报表格式进行解锁时，也需要正确输入口令。

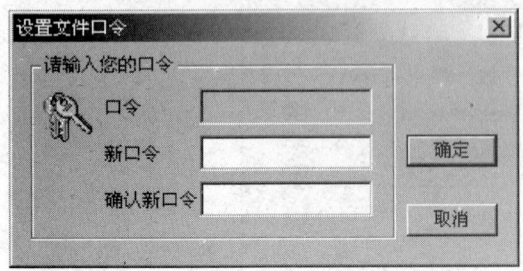
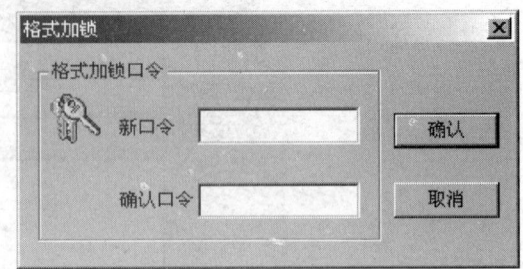

图 10-5-19　设置文件口令对话框　　　　　　图 10-5-20　格式加锁对话框

（二）命令与批命令文件

UFO 表处理除了一般使用菜单操作外，还可以通过命令方式进行操作。选择菜单"文件"→"命令窗"，屏幕上将出现命令与批命令文件窗口，如图 10-5-21 所示。在命令窗下输入命令，可实现表处理操作。另外，将命令写成序列，以批文件的形式保存下来，当执行批文件时，报表处理就变成自动化了。

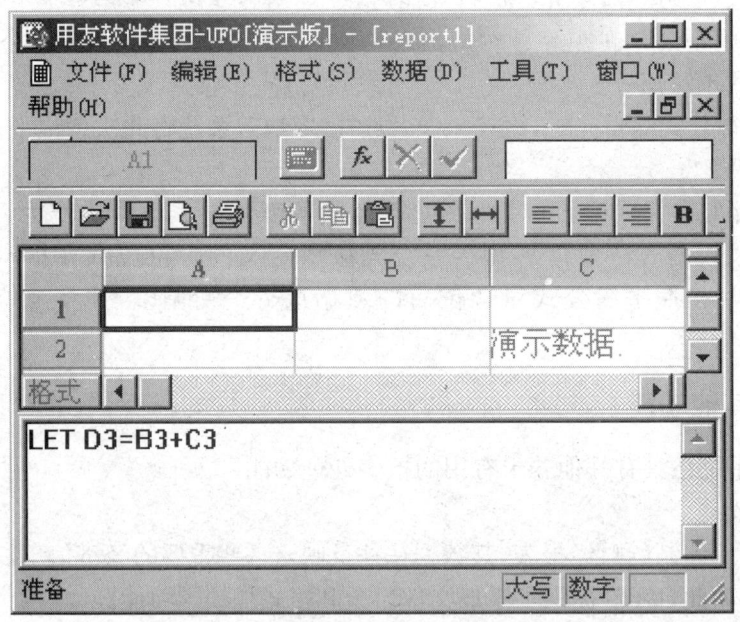

图 10-5-21　命令与批命令文件

第 四 部 分

财务软件功能评析

第十一章　财务软件功能评析

第一节　建账及初始化部分

在本书前面各个章节的财务软件相关知识的叙述和讨论中,通过对"用友"、"金蝶"和"会计之星"这三个各具代表性的财务软件总账部分和报表部分的使用介绍,在实践的基础上我们归纳总结了一般财务软件的操作流程(见前面有关章节)。从整体上来讲,目前流行的一般财务软件操作流程都是相同或相似的,但是从软件定位、设计思想、模块构成、功能范围、软件风格、技术特色和操作方法等角度来讲,又各有各的不同。因此,面对一个全新的财务软件,尽管你了解了一般财务软件操作流程,但你还是有必要查阅相应的操作手册和使用说明,这样才能较快地学会如何使用该软件,进而全面掌握该软件的各种功能。从这点上讲,财务软件的一般操作流程,为我们学习和掌握财务软件提供了方向和路标,是较快掌握财务软件的"导盲犬"。具体掌握应用好一个财务软件,还必须熟悉了解软件的技术特色、功能特性和操作技能。

本书介绍的三个财务软件,"用友 8.11"软件模块完善,功能较全较细,设计比较严密。"金蝶 7.0"软件技术比较先进,十分注重操作易用性。"会计之星 2000"软件模块结构简单清晰,功能灵活,能较快地掌握和使用,较好地代表了小型财务软件的特点。下面从财务软件总账部分操作过程的四个阶段:建账及初始化阶段、日常账务处理阶段、月末处理阶段以及报表制作阶段,对这三个软件的功能特点、技术风格和操作方法进行一些对比和评析,并指出相应的注意事项和一些操作要领,使大家更好地理解这些软件的设计思想和掌握具体使用方法,充分发挥和利用财务软件的功能潜力,用好财务软件。

一、账套与人员权限设置

(一)财务软件中的操作人员账套权限比较

在财务软件中一般有三类操作人员:系统管理员、财务主管和普通操作员。这三类人员在软件中的各自作用比较如下:

"用友 8.11"中系统管理员(admin)的主要工作任务是:建立账套,增加人员和设置人员权限(包括财务主管的设置),账套的"引入"和"输出",上机日志的管理等。系统管理员不能打开账套,不能进行账套参数设置和账套业务操作。

"用友 8.11"中财务主管是由系统管理员设定的。其主要工作是:打开账套进行账套参数设置和初始化工作、日常业务操作、修改账套参数和年初始化,具有账套内业务操作的一切权限。

"金蝶 7.0"中系统管理员(manager)与财务主管统一为同一个人,具有账套操作的一切操作权限。这种设计思想的优点是十分简单方便,但从会计制度设计的严密性角度上讲是有所缺陷的,系统管理员对账套"天马行空"般的超级权限缺乏制约机制,不利于会计监督。另外,这种功能设计也使得一个软件无法租给多家公司多账套进行会计业务核算,因为任何一家公司都不会容忍本公司账目对外部人员(软件的系统管理员)是透明的。鉴于此,基于"金蝶7.0"的"上海市通用会计核算教学软件"作出了改进,系统安装后产生默认的两个人员:"管理员"和"财务主管",他们的具体权限如下:

管理员的主要工作任务是:建立账套,增加人员和工作组。经授权也可以进行日常业务操作。

财务主管的主要工作任务是:打开账套对操作员进行授权,进行账套参数设置和初始化工作、也可以进行日常业务操作、修改账套参数和年初始化。如果以财务主管身份建账套,系统将自动改当前操作人员为管理员。

所有软件中普通操作员的操作权限是根据需要而设置的。为了有效地对凭证输入进行核对,减少输入差错,并加强会计稽核和监督,通常要求输入和审核不能是同一人。因此在一般情况下,一个账套除了有一个会计主管外,必须至少再设置一个操作员。与其他软件相比较,"用友8.11"的权限设置细致且严密,整个软件将全部操作功能归纳为"公共目录设置"(即账套参数设置权)、"总账"、"应收应付"等12大类,每大类下有关于这个类的各种操作,如"总账"类下就有多达93种具体操作供设置(见图10-1-15)。这种设计当然是功能完备,可满足各种情况下的特殊要求,但在实际使用中,也许人们会感到像"金蝶"、"会计之星"那样的权限设置清晰简单,使用起来更方便,尤其是对于初学者。因此,在权限设置上,如果软件能提供"普通设置"或"精细设置"的选项进行界面切换和封闭,以适应不同用户的需要就更好了。

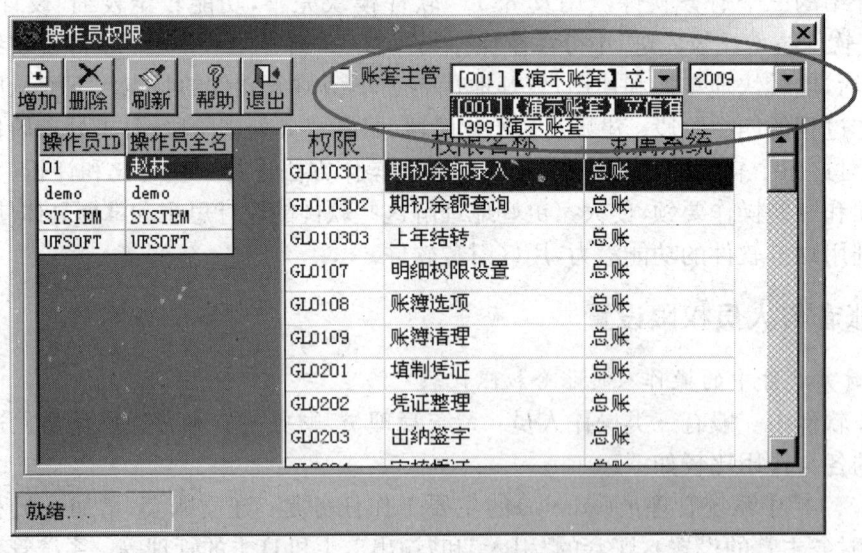

图11-1-1　人员与账套的绑定

关于人员与账套的联系,在"用友8.11"中,采取了一种"绑定"的方式,允许将一个操作员绑到多个账套上,如图11-1-1所示。账套绑定是一个十分重要的操作步骤,但在这个权限设置界面中,需要被绑定的账套在界面的位置却很不起眼,容易使初次使用者疏忽。在实际教学中,经常发生学生忽略了这个操作环节的情况。在"金蝶"和"会计之星"中,人员权限数据表是从属于账套数据库的,因此,人员是建立在账套内的,不存在绑定问题。

（二）操作人员的注册切换

财务软件在操作过程中有时经常需要更换人员，如"用友"等一般软件都是通过菜单选择，提供更换操作员的功能。"金蝶7.0"却有一个较好的设计：通过单击状态栏上的操作员名字，就会弹出人员注册对话框，实现人员切换，在使用时十分方便，如图11-1-2所示。但是打开账套进入时，"用友"和"会计之星"采用的是选定账套→选择操作员，选择账套后下拉框中出现是绑定于该账套的人员，而"金蝶"采用的是选定操作员→自然选定相应账套，对于系统管理员兼财务主管 manager 进入时，需要选择所操作的当前账套。在某些情况下（如引入账套时），该账套的操作人员名单不出现在人员选择下拉列表框时，可以通过直接输入名字进入，如图11-1-3所圈出处。

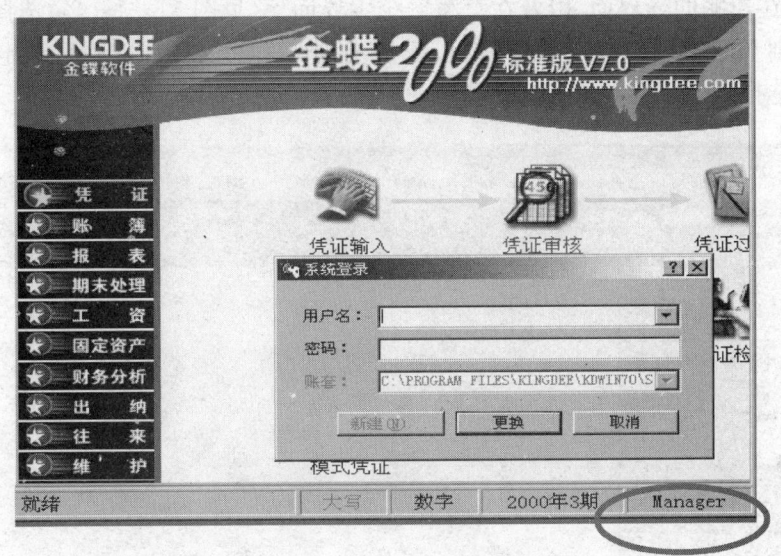

图 11-1-2 人员的注册切换

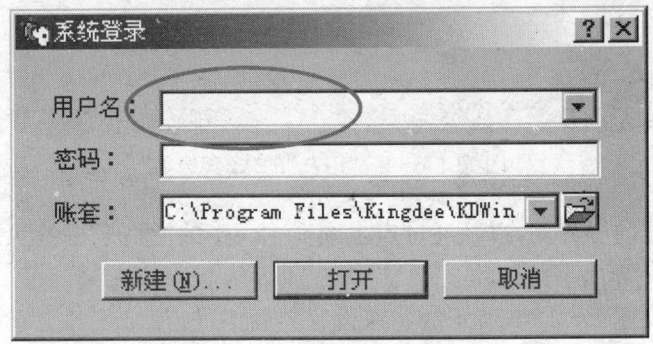

图 11-1-3 直接输入名字进入

二、账套参数设置与初始数据输入

（一）账套参数设置

财务软件中的账套参数设置项目主要有：

（1）账套信息：账套名、账套号、账套路径、账套启用期等。

（2）单位信息：单位名、单位地址及电话、单位税号及法人代表等。

（3）核算类型：企业类型、记账本位币、账套主管等。

（4）主要参数：科目级长、凭证类别、会计期间、结算方式、外币设置及汇率方式、是否采用或采用哪些辅助核算账等。

（5）账套具体选项设置：凭证编号及凭证字控制；凭证操作选项控制；凭证和账簿数字位数、账簿格式、账页编号及排列方式、打印纸类型（是否采用专用纸）设置等。

上述这些设置，软件大都在建立账套的向导操作和有关账套选项的菜单下进行的，具体是：

"用友"：在建账向导界面，以及在总账系统主界面下（见图11-1-4），选择"文件"菜单的"账套选项"，则在图10-2-5界面下进行，凭证类别、结算方式、辅助账目录定义则在总账系统主界面下，选择"设置"菜单的相应菜单项进行。

图11-1-4 "用友"的"账套选项"

"金蝶"：在建账向导界面，以及通过点击图9-2-1的"维护"标签页的"账套选项"按钮，在弹出的图9-2-2界面下进行的。

"会计之星"：在图8-2-9所示的建账设置界面下进行。

相比较而言，"金蝶"和"会计之星"账套选项设置界面较集中，使用方便。而且"金蝶"提供的设置项也比较多，如图11-1-5账套的凭证参数设置实例，完备有效的设置项可满足实际工作中的多种需要。例如，在凭证输入时，由于粗心，选错了凭证类别，在这种情况下，一般软件是不允许修改凭证类别的，为了改正该凭证的错误类别，用户将不得不设法删去该凭证，再重新填制一张。"金蝶"只要在账套选项的设置中选中"增加和修改凭证时允许改变凭证字号"前的对勾，就可以修改凭证类别和凭证号，十分方便。

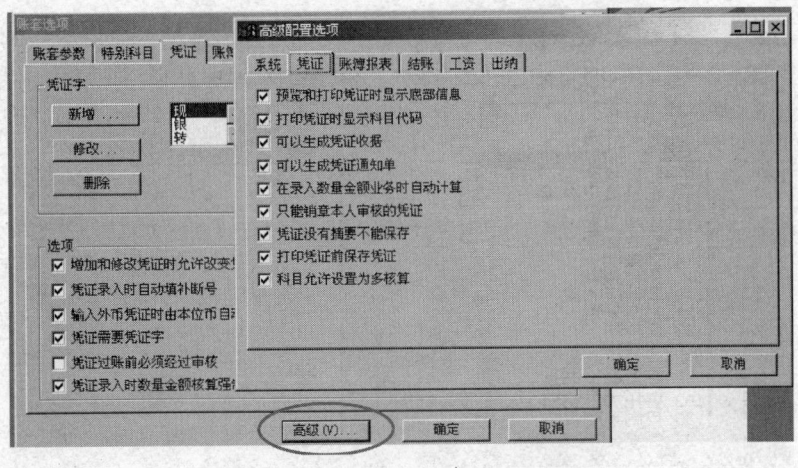

图 11-1-5　"金蝶"的账套选项设置

（二）初始数据的输入

账套的数据初始化工作主要有：科目录入、金额输入和校验、辅助账目录建立和初始数据输入。现分别对三个软件在这几方面的特点，作一些比较。

1. 科目录入

在科目录入方面，各软件的主要功能大同小异，差别不大。需要特别指出的是："用友"软件在科目设置时，有一项"指定科目"的操作，用于加强资金管理。例如，在设置库存现金和银行科目时，需要在"会计科目设置"界面下，选择"编辑"菜单→"指定科目"选项，出现"指定科目"界面，如图 11-1-6 所示。将库存现金和银行科目分别指定为现金总账科目和银行总账科目，经过这样的设置，查询账簿时才能查现金日记账、银行日记账和资金日报。如果配合操作员权限设置（见图 11-1-7），就可以实现现金和银行存款的保密管理，使得非相关人员尽管可操作软件和查账，但无法接触现金日记账和银行日记账。

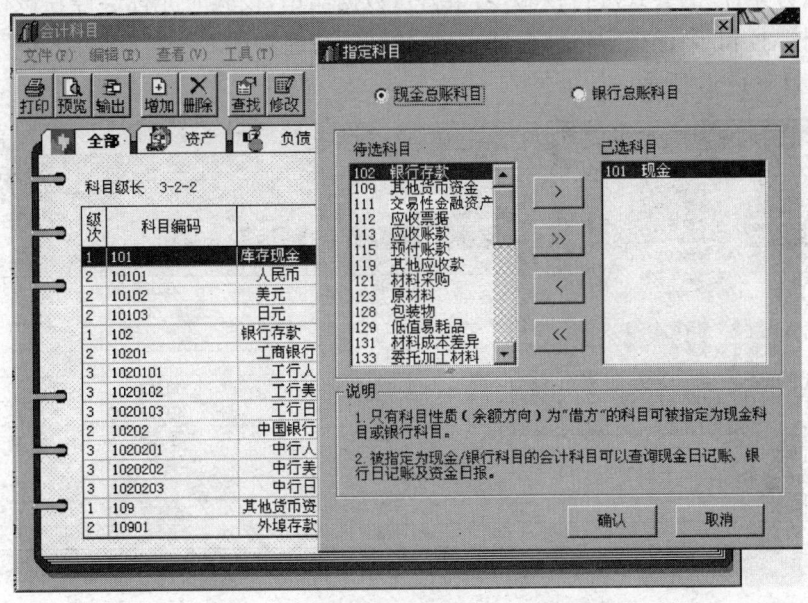

图 11-1-6　"用友"的"指定科目"界面

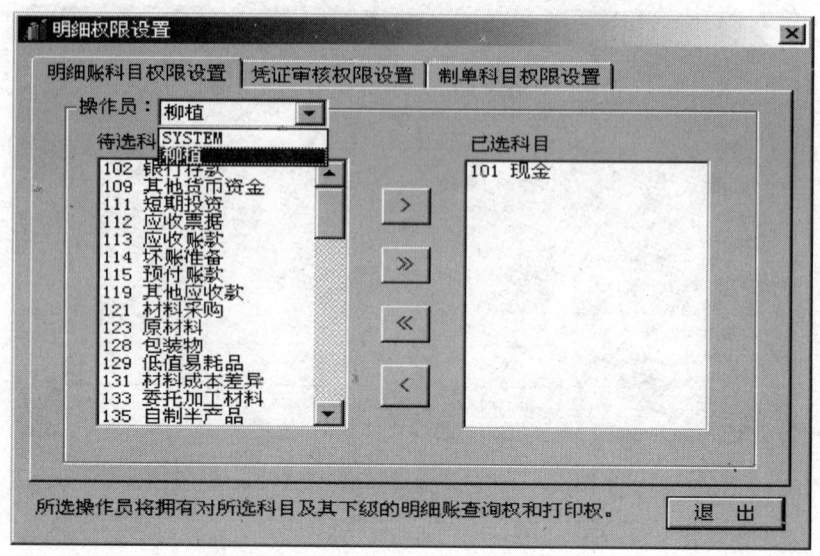

图 11-1-7　"用友"明细权限设置

2. 金额输入和校验

在期初金额输入后的校验上,"用友"和"金蝶"都只提供了试算平衡校验的功能,用于检查总账科目的借贷平衡。由于期初数据输入时,一次性输入的数据量往往较大,常常容易输错,一旦平衡校验通不过,一时还查不出错处。为此,"会计之星"软件提供了除平衡校验外的"上下级核对"和"余额核对"功能,使用户能较方便地查出期初数据录入错误。使用"上下级核对"功能时,应输入总账科目期初数据和下级科目期初数据,"上下级核对"校验依据为:某上级科目期初数据 $=\sum$ 该科目下级科目期初数据,校验按此公式进行。若某科目期初数据输错,校验时光标会停在该行,提示用户改错。使用"余额核对"功能时,系统依据:"期初余额=年初余额+(-)借方累计-(+)贷方累计"的公式进行校验,若某科目数据输错,校验时光标会停在该行,提示用户改错。"上下级核对"和"余额核对"是"会计之星"软件的特色功能之一。"会计之星"的三种期初余额校验,如图 11-1-8 所示。

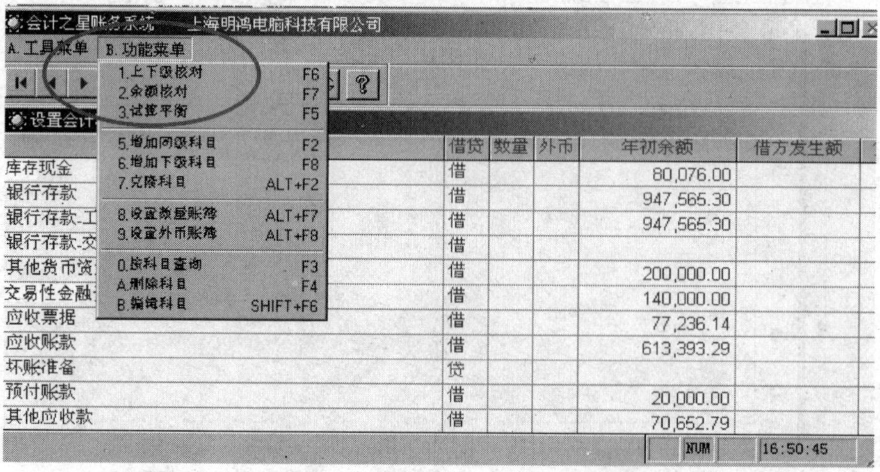

图 11-1-8　"会计之星"的三种期初余额校验

在期初余额输入后的试算平衡校验上,"用友"和"会计之星"都提供了明显的工具按钮和菜单选项,方便用户选择使用。但"金蝶"软件需要在左上角下拉框中找出"试算平衡表"选项(见图11-1-9),方能进行期初余额试算平衡。一些初次接触该软件的人员,会因为找不到试算平衡工具而感到迷惑。事实上,重要功能按钮的醒目对软件的使用方便作用很大。

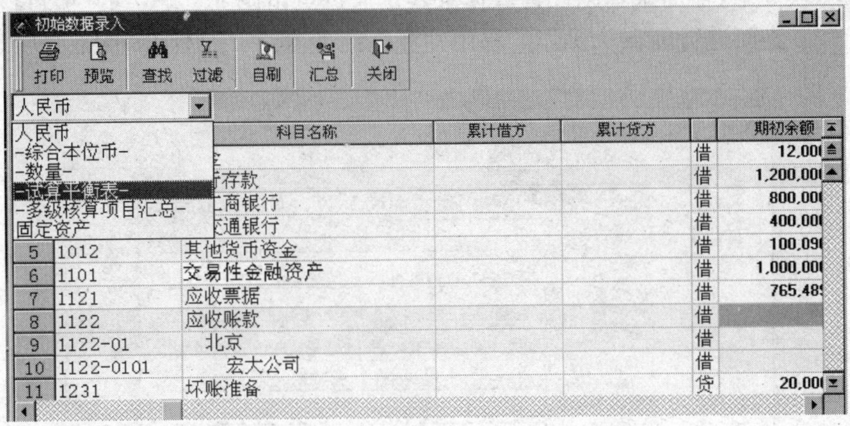

图11-1-9　"金蝶"的期初余额校验

3. 辅助账目录建立和初始数据输入

财务软件总账系统的辅助账主要有:部门核算账、项目核算账、个人往来账、客户和供应商往来账等。

在软件中设置辅助账,一般需要完成如下步骤:① 输入核算项目目录及相关资料。② 在会计科目下设置辅助核算种类。③ 录入辅助核算期初数据。现根据辅助账操作步骤,对"用友"、"金蝶"、"会计之星"三个软件设置辅助账的特点作一些比较:

(1)输入核算项目目录及相关资料。

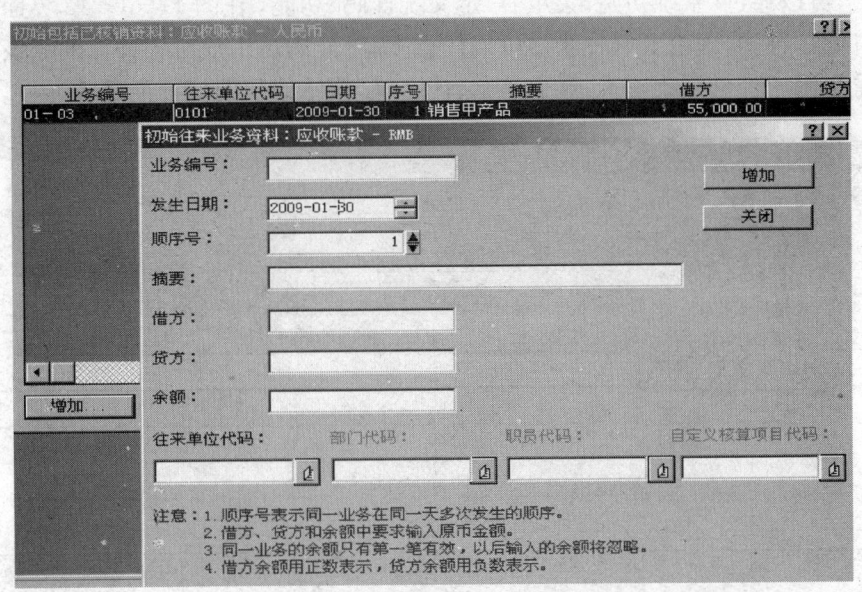

图11-1-10　"用友"客户档案数据录入

在"用友"软件中，当建账向导出现图10-1-11画面时，选中分类设置前的打"√"，进入图10-1-12"系统设置"界面（也可以由"系统控制台"进入此界面），双击"系统设置"对话框中某个项目分类编码设置，就可进行辅助账基础设置分类和档案数据输入。例如，图11-1-10示例就是客户档案数据录入的一个实例。

在"金蝶"软件中，辅助账基础设置数据录入是通过点击图9-2-7的"项目核算"按钮，进入图11-1-11界面进行的。从操作的易用性和简捷上来讲，"金蝶"的优点是明显的。

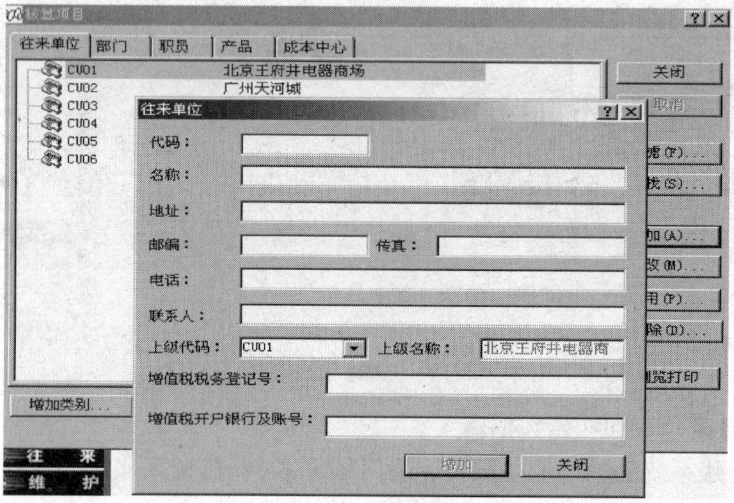

图 11-1-11　"金蝶"辅助账基础设置

在"会计之星"中，辅助账账类被称为统计码，辅助账基础设置数据录入，是通过菜单"统计码管理"进行的，如输入应收应付辅助账的客户资料，选择菜单"统计码管理"→"往来客户管理"见图11-1-12，就可实现。在"会计之星"中，系统默认提供了往来核算和部门核算辅助账统计码设置，可以通过"系统初始"菜单→"定义统计码"功能，在图11-1-13界面下可以增加统计码（辅助账）种类，理论上这种增加可以任意多，充分满足用户对各种辅助账核算要求。对辅助账设置采用一种全开放模式，这也是"会计之星"软件的独创与特色之一。

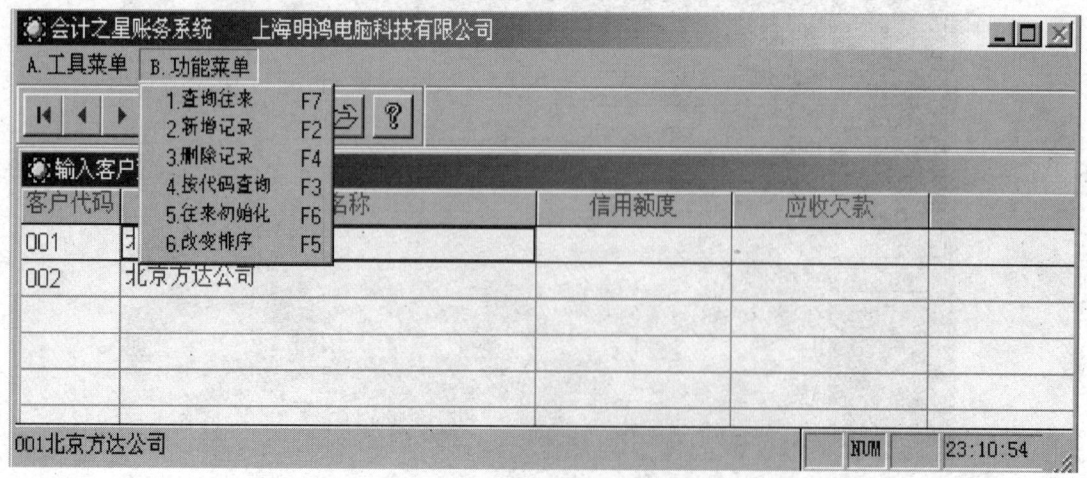

图 11-1-12　"会计之星"的往来客户管理

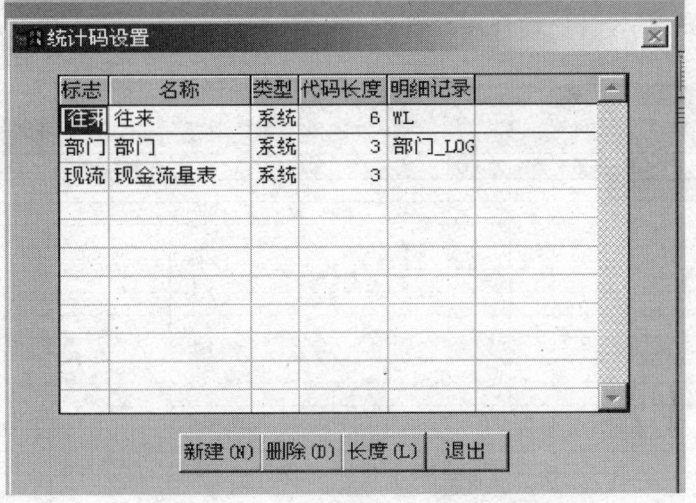

图 11-1-13　"会计之星"增加统计码

（2）在需要进行辅助核算的会计科目下设置辅助核算种类。会计科目的辅助核算设置各软件都是相似的，具体办法为：

"用友"的科目辅助核算设置是在图 10-2-11 界面下进行的。

"金蝶"的科目辅助核算设置是在图 9-2-14 界面下进行的。

"会计之星"的科目辅助核算设置是在图 8-3-11 界面下进行的。

（3）录入辅助核算期初数据。在"用友"和"金蝶"中，当某会计科目被设置为辅助核算科目后，在科目录入界面一般可以看到该科目期初余额录入处会呈现出不同于其他科目的色彩，期初余额无法直接输入（见图 11-1-14）。这时只要双击色彩处，便可调出辅助核算项目期初数据输入界面，进行数据输入。同时请注意图 11-1-14 的左侧圈注，在看到辅助项目账后，科目代码栏中代码的特征形式与普通科目下设置明细科目明显不同。

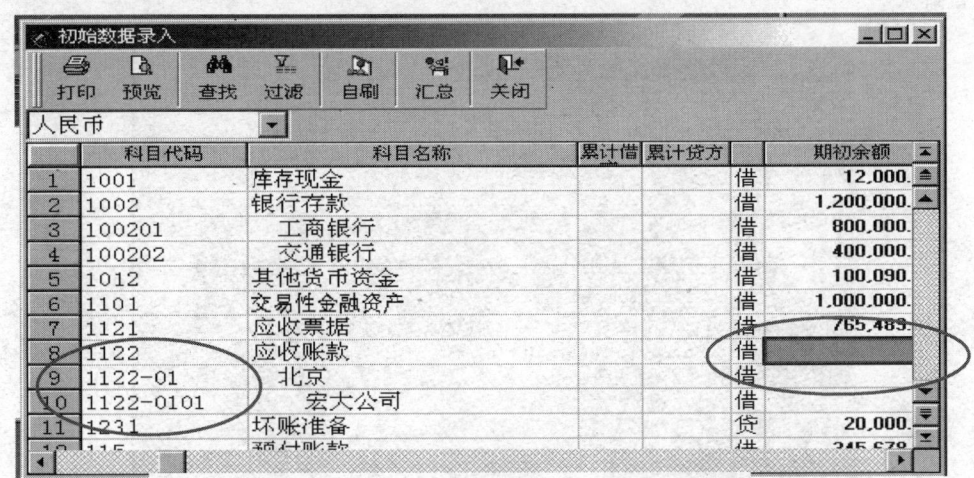

图 11-1-14　"金蝶"辅助核算期初数据输入

在"会计之星"中，科目的辅助核算初始数据输入是通过菜单"统计码管理"→"××业务管理"子菜单进行的。如图 11-1-15,是输入客户往来核算的期初数据输入的实例。显然,在这方面"用友"和"金蝶"的设计比较合理方便。

图 11-1-15 "会计之星"客户往来核算的期初数据输入

在一般财务软件中,往来辅助账总是附属于总账系统的,是总账系统的一个子模块。"用友"软件是一个大型财务软件系统,它既可将往来辅助账管理设置为总账系统的子系统,也可以将往来账独立出去,成为与总账系统并列的会计核算系统的一部分。选择往来辅助账是否从属于总账系统,是在第一次启用总账系统的操作过程中决定的。当操作中出现图 11-1-16 界面时,选择圈注处的选项表示决定往来辅助账从属于总账系统。由于系统默认往来辅助账是由应收应付系统核算,经常发生这样的一些情况:对一些科目设置往来辅助核算后,往来期初数据无法在总账系统的期初余额输入界面输入,其原因就出在此设置。解决的办法是:在总账主界面下,选择菜单"设置"→"选项",在弹出的账套选项设置对话框下(见图 10-2-4),重新设置即可。

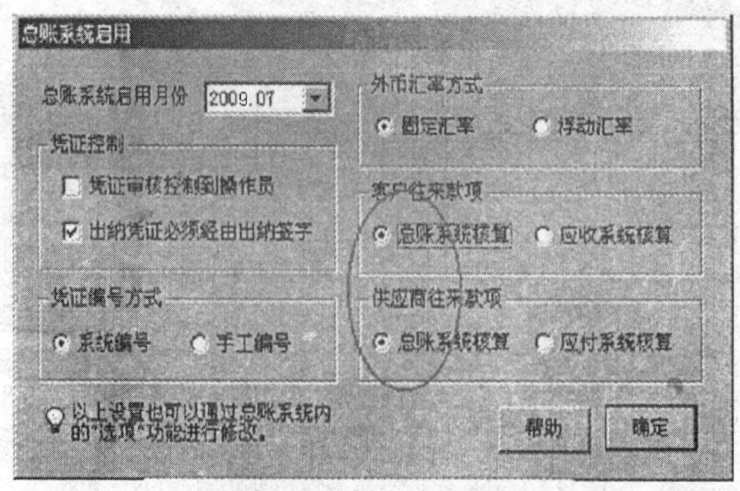

图 11-1-16 启用总账系统

第二节　日常账务部分

日常账务的任务主要是凭证处理、账簿处理等。

一、凭证处理

日常账务中凭证处理的任务是凭证录入、凭证查询、凭证修改、凭证插入和删除、凭证审核、凭证记账、红字凭证冲销、常用凭证调用和管理、凭证汇总打印等。下面就三个软件在凭证处理中几个特点,进行一些比较和评析。

(一)凭证录入

凭证录入操作,几个软件功能大体相似,输入凭证时,在科目参照输入方面,"用友"在凭证输入画面的科目输入位置上有一个"科目参照"按钮,按此按钮可以调出科目参照输入对话框,选择科目录入。在"会计之星"凭证输入界面,当把光标定位于科目录入位置按回车,也会调出科目参照录入对话框,使用很方便。"金蝶"同样也有热键F7可调出科目参照录入功能,但在凭证输入界面上无任何提示说明,从初学者掌握角度上讲是不甚方便。为了提高凭证输入效率,"用友"、"金蝶"都提供了常用摘要库和常用凭证库及其相应的管理和使用方法,"会计之星"同样也有样板凭证管理和调用功能。

从凭证画面上来看,如果采用了辅助账核算系统,"用友"系统的凭证所提供的信息量,应该说是比较完善周到的。图11-2-1的凭证画面,是设置了外币核算和客户往来核算辅助账的一个实例。"用友"软件为了加强资金管理,除了有现金和银行日记账查询控制之外(我们曾经在前面科目录入功能比较部分所讨论过),还有电子支票登记簿管理系统和现金、银行凭证出纳签字体系,使现金、银行凭证除通常的审核之外还多了一道出纳签字环节,以加强管理控制。"金蝶"也有电子支票管理功能。图11-2-2是设置了支票管理和出纳签字的收款凭证。

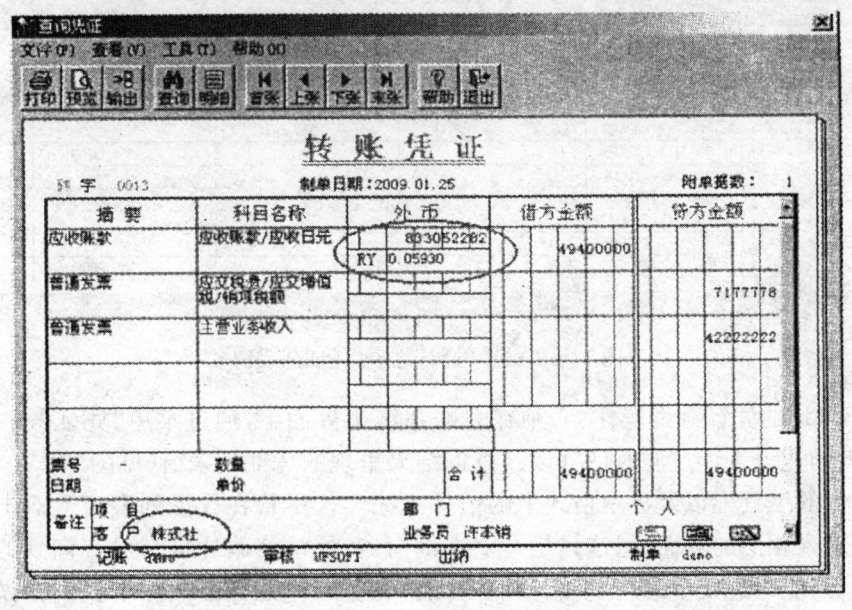

图11-2-1　"用友"凭证画面(一)

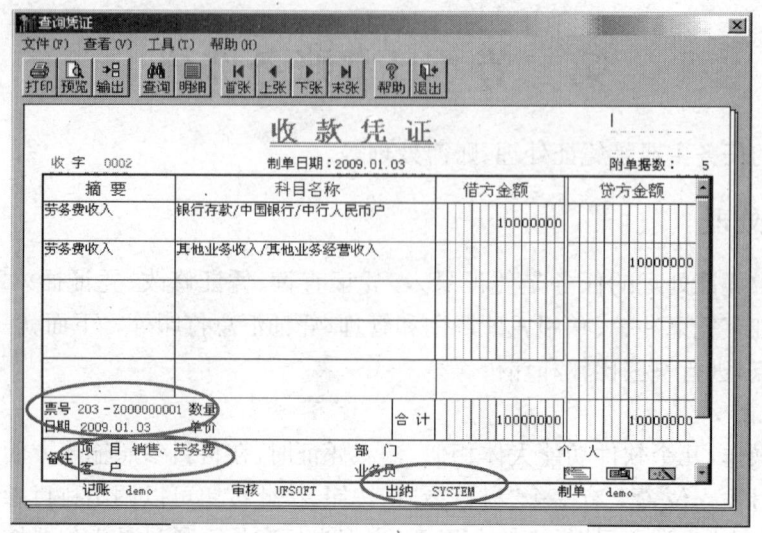

图 11-2-2 "用友"凭证画面(二)

(二) 凭证查询与修改

凭证查询操作,"金蝶"和"会计之星"都提供有醒目的"凭证查询"按钮和菜单,查询结果呈现为排序后的凭证列表窗(如图 11-2-3 和图 9-3-4),使用起来十分方便。在凭证查询时,"金蝶"提供的界面友好,功能强大的凭证过滤器(见图 9-3-3),更使人感到操作方便、易用性好。对查询过程中发现的错误凭证,只要通过双击,就可方便地进入凭证修改界面。

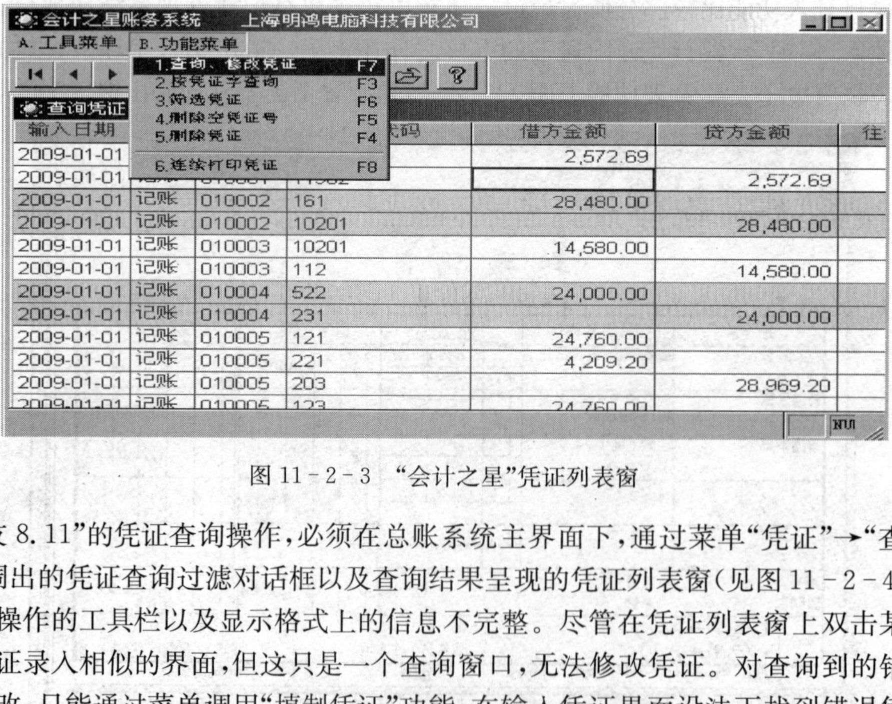

图 11-2-3 "会计之星"凭证列表窗

"用友 8.11"的凭证查询操作,必须在总账系统主界面下,通过菜单"凭证"→"查询凭证"进行,所调出的凭证查询过滤对话框以及查询结果呈现的凭证列表窗(见图 11-2-4),没有提供进一步操作的工具栏以及显示格式上的信息不完整。尽管在凭证列表窗上双击某凭证,也能调出凭证录入相似的界面,但这只是一个查询窗口,无法修改凭证。对查询到的错误凭证,要进行修改,只能通过菜单调用"填制凭证"功能,在输入凭证界面设法下找到错误凭证,方能完成修改。

制单日期	凭证编号	摘要	借方金额合计	贷方金额合计	制单人	审核
2009.01.01	收 - 0001	职工还借款	10,000.00	10,000.00	demo	UFS
2009.01.03	收 - 0002	劳务费收入	100,000.00	100,000.00	demo	UFS
2009.01.05	收 - 0003	收投资项目款	100,000.00	100,000.00	demo	UFS
2009.01.05	收 - 0004	收取利息	10,000.00	10,000.00	demo	UFS
2009.01.16	收 - 0005	罚没收入	10,000.00	10,000.00	demo	UFS
2009.01.16	收 - 0006	收到返还税金	10,000.00	10,000.00	demo	UFS
2009.01.16	收 - 0007	预收款	50,000.00	50,000.00	demo	UFS
2009.01.24	收 - 0008	核销	544,000.00	544,000.00	demo	UFS
2009.01.25	收 - 0009	核销	994,100.00	994,100.00	demo	UFS
2009.01.25	收 - 0010	收款结算	1,200,200.00	1,200,200.00	demo	UFS

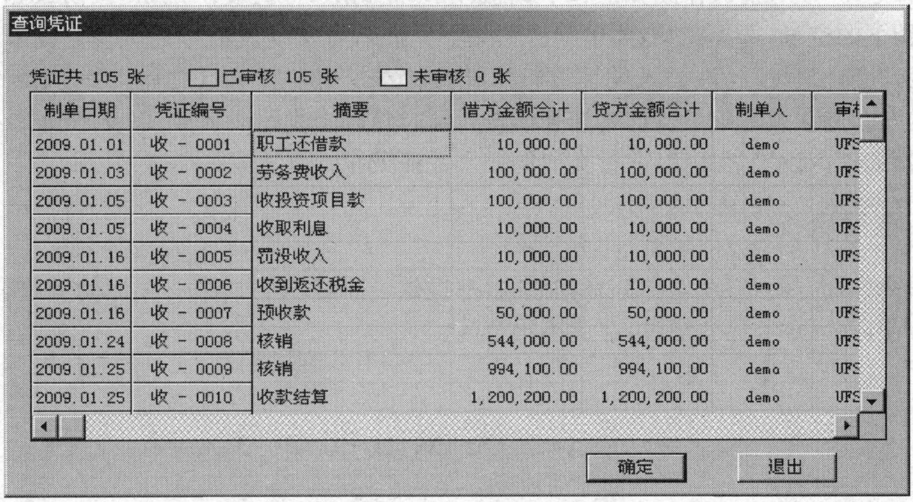

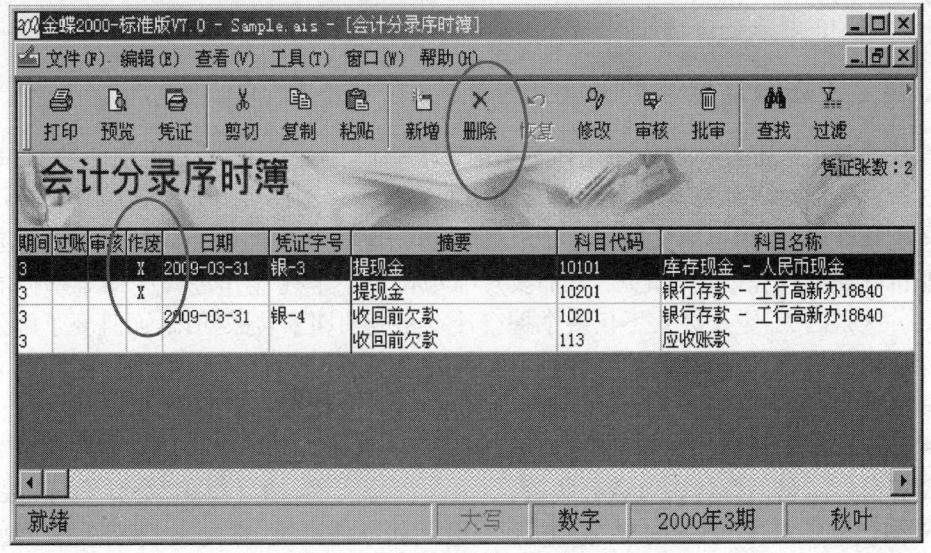

图 11-2-4　“用友”凭证查询画面

(三) 凭证的删除与插入

从电算化会计制度上讲，当凭证没有被记账时，允许对凭证进行删除操作。

“用友 8.11”中删除凭证的操作为作废凭证(见图 10-3-4)，以示留下删除凭证的痕迹。若要撤销作废凭证的操作，在填制凭证界面选择菜单“制单”→“作废/恢复”，可除去作废标记。要真正地将作废凭证物理删除，可选择菜单“制单”→“凭证删除整理”，这项操作的作用除了删除作废凭证外，还能重新整理凭证号，消除因凭证作废而产生的断号现象。

“金蝶”软件中删除不需要的凭证，是将光带定位于要删除的凭证上，选择“编辑”菜单中的“删除”选项或单击工具条中“删除”按钮，系统会提示确认删除该张凭证。如果被删凭证是本类凭证的最后一张，则系统直接将它完全删除。否则，系统只对该凭证加注“作废”标记(见图 11-2-5)。要真正删除作废凭证，可再次执行一次删除功能。

图 11-2-5　“金蝶”的凭证作废

"会计之星"没有引入作废凭证这个概念,但凭证删除时,会要求确认,以防误删。凭证被删除后,留下的空号,选择"功能菜单"→"删除空凭证",可实现凭证号的整理。在未进行整理的空号处,"会计之星"允许插入凭证进行填补,这个操作也是"会计之星"的一项新功能。在"金蝶"的账套选项设置中,进行"增加和修改凭证时允许修改凭证字号"以及"凭证录入时自动填补断号"的相应设置,也可以进行类似的插入凭证操作。

二、账簿查询

在账簿查询方面,三个软件都是相似的,都提供了总账→明细账→凭证的链式查询,应用均比较方便,前面章节已介绍过,在此不再赘述。

第三节　月末处理部分

一、月末处理模块

月末处理的主要任务一般有:① 对外币账计算汇兑损益;② 月末转账;③ 对账结账;④ 编制月报表;⑤ 账务数据月备份。其中,财务软件的月末转账有自定义转账和自动结转两种形式。自动结转是无需用户定义账簿取数公式和相应参数,经简单的设定(甚至无需任何设定)就可生成转账机制凭证的转账功能,如期间损益结转和汇兑损益结转。自定义转账是先由用户定义公式,再由公式取数生成转账机制凭证实现转账的功能。两者相比较,自定义转账设置相对难些,但适用范围广。自动结转尽管简单方便,但使用范围有限,只适用于几种固定的账务结转。

"用友"软件的月末处理模块功能为:自动转账、试算对账和月末结账。其中,自动转账包括自定义转账公式和自动结转(对应结转、销售成本结转、汇兑损益结转和期间损益结转四种类型),参见图 10－4－10。

"金蝶"软件的月末处理模块功能为:期末调汇、结转损益(自动结转)、自动转账(即自定义转账)、期末结账(见图 9－5－1)。

"会计之星"的月末处理功能为:汇兑损益、自动转账(自定义转账)、月末结账。

二、自定义转账功能评析

各软件的月末处理具体操作使用在本书前几章中已作了介绍,一些类似的功能和操作,不再展开讨论。下面对颇具特点的自定义转账功能进行比较和评析。

在各个软件中,采用自定义转账生成转账机制凭证的步骤都是相同的:定义取数公式→生成转账机制凭证→凭证审核记账,从而实现账项调整。上述操作过程中最难掌握的是定义取数公式。这是因为,定义公式不仅要掌握会计上相应的期末转账知识,而且要了解公式从账簿数据库取数的概念,甚至还要熟悉各种取数函数及其参数的含义和用法。正确定义出一系列月末转账公式,成了掌握好财务软件的一个难点和"瓶颈"。为了减少用户使用上的困难,"用友"软件在自定义转账公式时,通过菜单"期末"→"转账定义"→"自定义转账设置",调出自动转账设置窗口。当设置转账取数公式时,双击金额公式栏,使之出现"公式向导"按钮,见图11－3－1圈注处。点击"公式向导"按钮,弹出公式向导对话框,选定函数后双击,弹出公式向导函数参数对话框(见图11－3－2),在导引方式下填入函数的各参数,确定,完成公式设置。

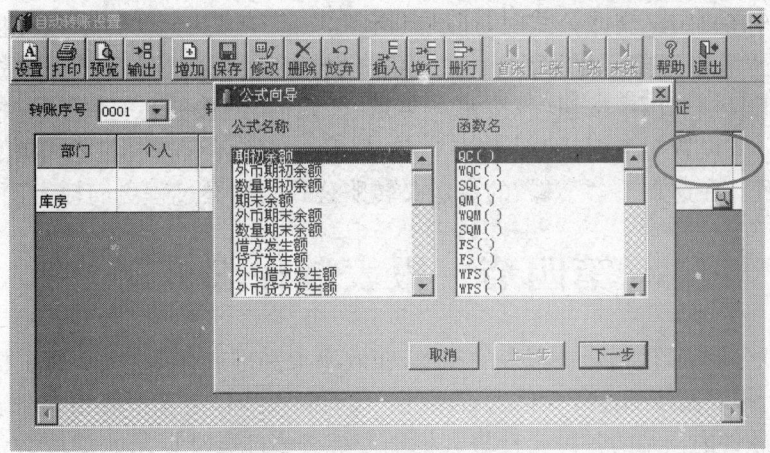

图 11 - 3 - 1 "用友"自动转账公式

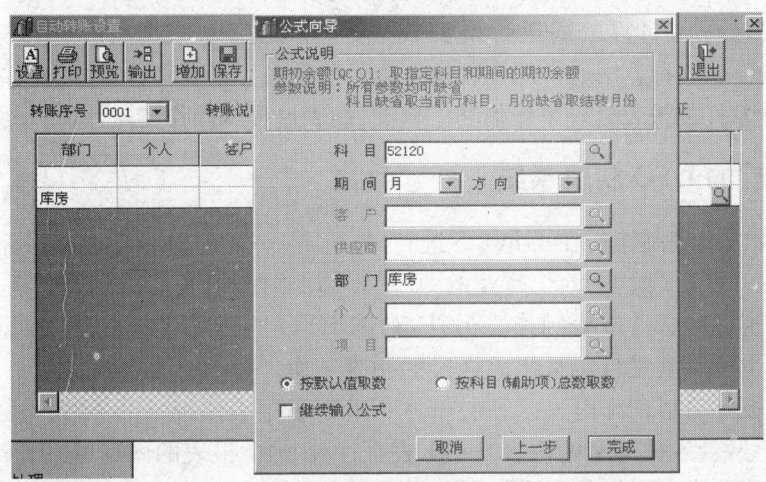

图 11 - 3 - 2 "用友"自定义转账公式向导

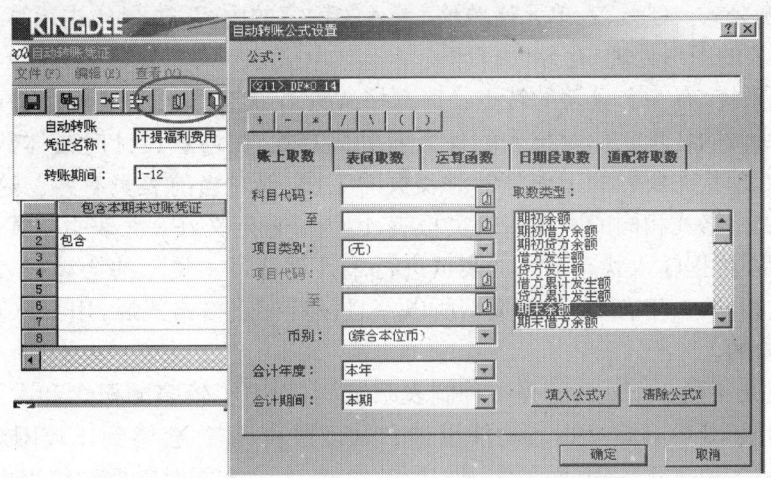

图 11 - 3 - 3 "金蝶"自动转账公式设置

"金蝶"软件在自定义转账公式时,通过点击图9-5-1的"自动转账"按钮,弹出图9-5-12对话框,点击"增加"按钮,出现图9-5-13自动转账凭证设置界面,当设置到"本位币金额公式"栏,点击工具栏"查看"按钮(该按钮其实是"公式向导"按钮),见图11-3-2圈注处,可弹出自动转账公式设置对话框,即图11-3-3右侧。在该界面选择函数和填入参数,可方便地完成公式设置。在这点上,"金蝶"的自定义转账公式的向导过程更简捷方便,更容易掌握。

第四节　报表制作部分

使用财务软件制表,使得会计报表的制作,在效率上和准确性等方面,有了极大的改善。利用财务软件进行报表制作的途径大体上有两种:自动制表和自定义报表格式制表。所谓自动制表,是利用制表软件内预制的各种会计报表标准模板按当前会计期从账簿取数,进行重计算,完成报表制作。对于具有标准统一格式的会计报表,采用模板自动制表,确实是一种快速高效、简单易行的制表方法。所谓自定义报表格式制表,就是按照管理工作的需要,设计所需的报表格式,利用账簿取数函数和计算公式进行报表数据处理(如制表、数据运算、格式化、制作统计图等),完成报表制作。这种方法通常用在制作企事业单位内部管理和日常办公所需的各种报表。

下面对三个软件的报表处理系统的功能概要、制表过程和操作特点,进行一些对比和分析。

一、"用友"的 UFO 制表系统

"用友"软件的报表制作是在 UFO 下进行的,它是一个完全平行于总账系统的独立的电子表处理系统。UFO 提供了 16 个行业的 70 多张标准财务报表模板(见图10-5-4),可以自动制表,轻松实现标准会计报表制作。另外,利用 UFO 的格式设置功能、数据处理功能和图表制作功能等,也可以满足自定义报表格式的制表工作。

UFO 的模板自动制表流程为:① 打开本行业财务报表模板→② 格式与数据的修改调整(调整当前账套号,录入关键字的内容)→③ 表页计算→④ 报表的图形处理、存储和打印。

UFO 的自定义报表制作流程为:① 新建报表(定义表名)→② 设计报表格式(定义报表区域、输入报表文字、报表格式化、定义关键字、画表格线等)→③ 定义单元格计算公式、审核公式和舍位平衡公式→④ 录入单元格数值、录入关键字的内容、执行公式运算、审核和舍位平衡操作→⑤ 报表的图形处理、存储和打印。

UFO 制表系统,有一个显著的特点:它有格式设计状态和数据处理状态两种状态,凡在格式设计状态所做的各项工作对报表的各个表页都有效,在格式设计时具体数值被封闭而不可见。在数据处理状态所做的工作是针对表页的工作,仅对当前表页有效。这样的系统设计比较适合制作表格格式相同的同类多表页报表,因为一旦定义好一张表页格式后,以后的表页制作任务,只要在数据输入状态下添加表页进行重计算即可。整年的会计报表也正是同类多表页报表(格式相同,一年有 12 张表页),所以一旦设计好表格格式后,用 UFO 制作会计月报表还是比较容易的。

由于 UFO 是不同于 Excel 的另一种制表系统,它引进了较多的概念和术语,因此对于初次接触者来说,用 UFO 自定义报表功能设计和处理报表,往往会感到比较困难。另外,UFO 有众多的函数和多种公式,一方面可实现相当的功能;另一方面对掌握和使用也不容易。在自定义报表过程中,对单元格设置账簿取数公式,为了使用户方便函数的使用和参数设置,UFO

采用了函数向导对话框,但函数向导一步一步地界面较多,在图 10-5-15 对话框内,函数参数必须全部由用户逐字键入而不能通过选择自动生成。

二、"金蝶"的制表系统

"金蝶"软件的制表系统是挂接在总账系统之下的,在"金蝶"会计之家的报表标签下,点击"自定义报表"按钮,就进入了"金蝶"报表系统。见图 11-4-1。"金蝶"软件制表系统也有自动制表和自定义制表两种形式,应用区别仅在于图 11-4-1 对话框下选择"新建"按钮还是选择"打开"按钮。在自动制表功能中,"金蝶"提供了"资产负债表"、"利润表"、"现金流量表"、"利润分配表"、"财务状况变动表"五张最主要的标准财务报表模板。选定所需要的报表模板,点击"打开"按钮,就开始了自动制表进程,可调出相应的报表界面(见图 11-4-2),此时如果点击"重算"按钮(图中圈出处),就可轻松实现标准会计报表的制作。

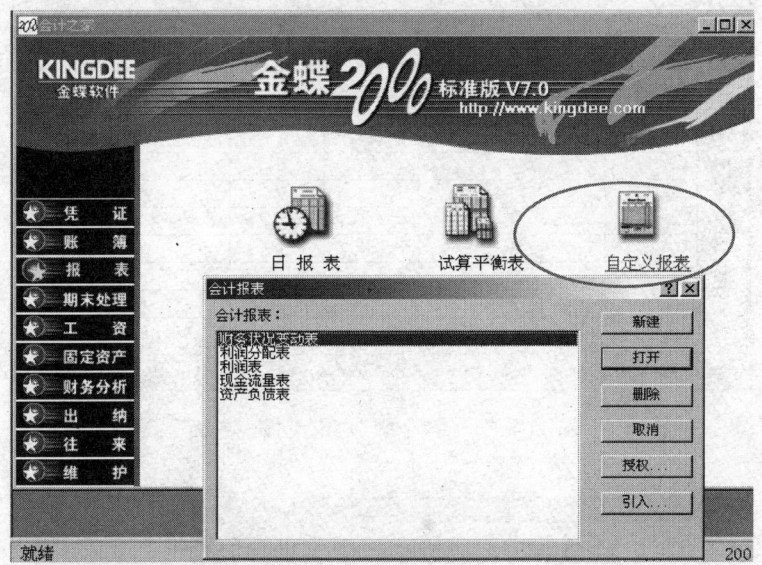

图 11-4-1　"金蝶"报表系统的进入

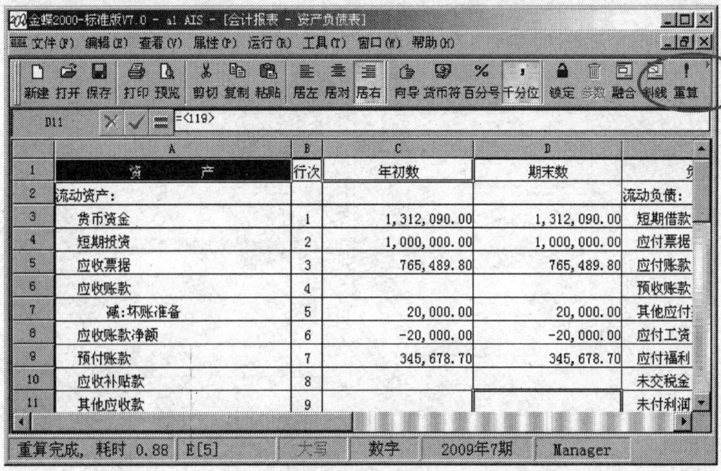

图 11-4-2　"金蝶"模板自动制表

在图11-4-1对话框下选择"新建"按钮，就进入了"金蝶"的自定义报表过程，屏幕出现图11-4-3的制表界面，在此界面下的制表操作方法类似于Excel。由于它是一个用于财务上的会计报表软件，不同于Excel通用报表制作软件，因此提供了很多制作财务报表所需的特种功能选项菜单，如图11-4-3的圈注处所见的一部分等。其中"勾稽关系定义"和"勾稽关系审核"分别相当于"用友"的UFO制表中的编辑"审核公式"和"审核"表页。在"金蝶"的自定义报表过程中，对单元格格式的设置，可以选择"编辑"菜单下的"公式向导"子菜单，此时系统将弹出图11-4-4对话框，利用该公式向导可以直观地选取函数和参数，方便地实现账簿数据取数和间数据运算，充分体现出方便易用的特点。

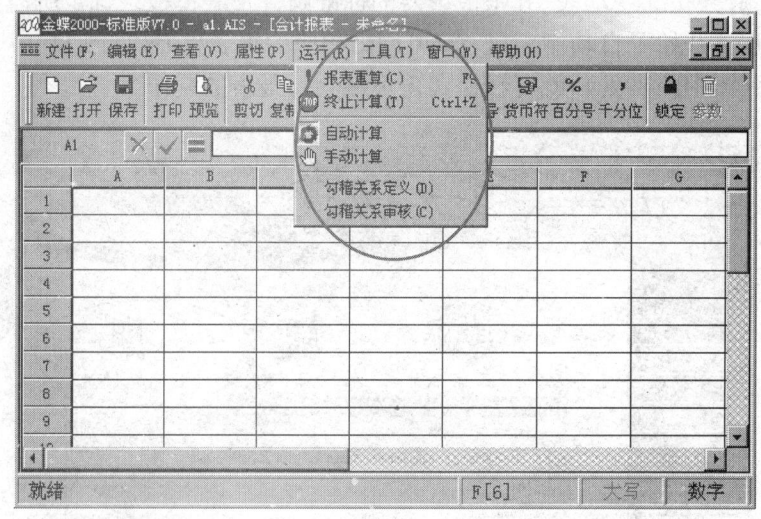

图11-4-3 "金蝶"自定义报表界面

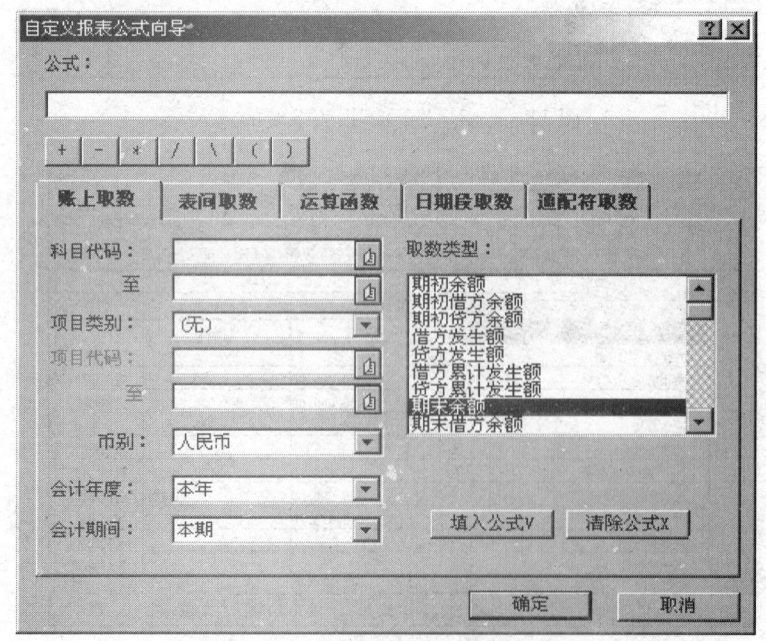

图11-4-4 "金蝶"报表函数向导

三、"会计之星"的制表系统

"会计之星"的制表系统是通过"会计之星"财务软件加载 Microsoft Excel 通用制表软件实现的。"会计之星"在 Excel 软件上采用 VBA 宏编程技术,开发了一些账簿取数函数和报表制作向导界面,从而构建了"会计之星"报表制作系统。

"会计之星"也有自动制表和自定义制表两种制表模式。

在 Excel 软件内含有工业、金融、商品流通、旅游、运输等企事业单位的财务报表模板,"会计之星"通过加载 Excel 调用这些模板,可以十分方便地实现自动制表(图 11 - 4 - 5)。"会计之星"模板自动制表操作步骤为:① 注册报表系统(加载 Excel),此时,"会计之星"主菜单内出现了"报表系统"菜单项→② 进入报表制作界面(在"报表系统"菜单下选择"财务报表"子菜单)→③ 在"文件"菜单下选择"新建"子菜单(注意,点击〈新建〉按钮不能调出模板),选择所需的行业报表模板,打开→④ 在相应的单元格设置账簿取数公式,方法是选择"财务报表"菜单的"报表函数向导"子菜单→⑤ 在所弹出的"函数指南"对话框中(见图 8 - 5 - 10)选择账簿取数函数和会计科目,完成表单元计算公式设置→⑥ 在"财务报表"菜单下选择"报表时间"子菜单,设定报表日期刷新→⑦ 将所编辑好的报表"另存为"某财务报表文件(.XLS)→⑧ 制作下一个月同类报表时,不必再调用标准模板进行复杂的公式设定,而只要打开该文件,将原表页复制为新表页,重新设定报表时间,进行重算即可。

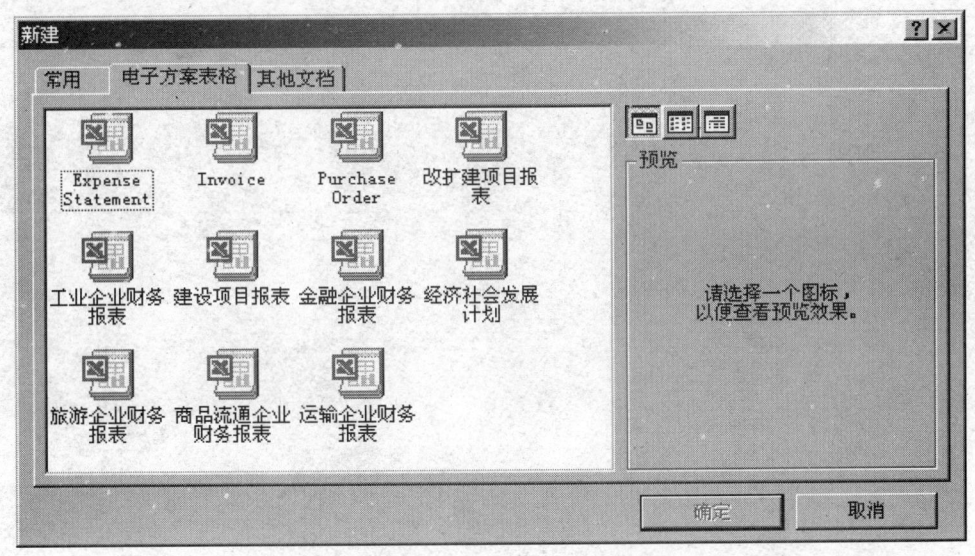

图 11 - 4 - 5　"会计之星"的报表模板

"会计之星"的自定义制表操作步骤与上面模板自动制表相仿,只是无需步骤②调用报表模板这个过程。在报表制作和数据处理上,由于 Excel 具有众所公认的卓越性能,所以在"会计之星"中制作自定义报表,进行格式化等处理时,其方便程度是无可比拟的。由于借用了Excel 的财务报表模板,没有针对性地开发本系统模板,自动制表性能尚欠。

上面我们对三个软件的总账部分和报表部分的某些功能特点和操作性能,进行了部分的对比和评析。通过比较、综合和分析,使我们对这三个软件的模块组合、操作特性、功能实现从使用角度上有了更深入的理解,这对于"举一反三"地学好用好其他财务软件,将会有相当的帮助。

　　经过对三个财务软件的比较和讨论,我们可以看到:"用友"软件是一个模块相对完备,功能比较齐全的大型财务软件,有比较严密的会计稽核和控制手段,这是很突出的。但在某些操作上,从易用性角度上来讲,如果进一步求精,制作得更完善些就更好了。"金蝶"软件模块和功能也比较全,易用性好,界面简洁明快是一个突出优点。"会计之星"作为一个小型软件,其优点是模块简洁,界面清晰,很容易学习和操作使用。软件在实践中不断提高,功能在使用中逐渐完善。可以相信,随着我国会计电算化事业的不断发展,财务软件不但在使用性能上,而且在模块组成结构上、软件的功能定位上将有更大的发展和崭新的未来。

第 五 部 分

实 验 手 册

实验一 科 目 设 置

[**实验目的**]

1. 掌握科目设置的条件
2. 掌握科目的设置步骤

[**实验内容**]

通过"用友"、"金蝶"、"会计之星"三个软件中"科目设置"的使用,了解科目设置的条件与步骤。

[**实验步骤**]

1. 打开"用友"、"金蝶"、"会计之星"中的任何一个软件,进入"账套设置"模块,再进入到"定义科目结构"对话框,定义一级科目的长度为4,二级科目的长度为2,三级科目的长度为2。

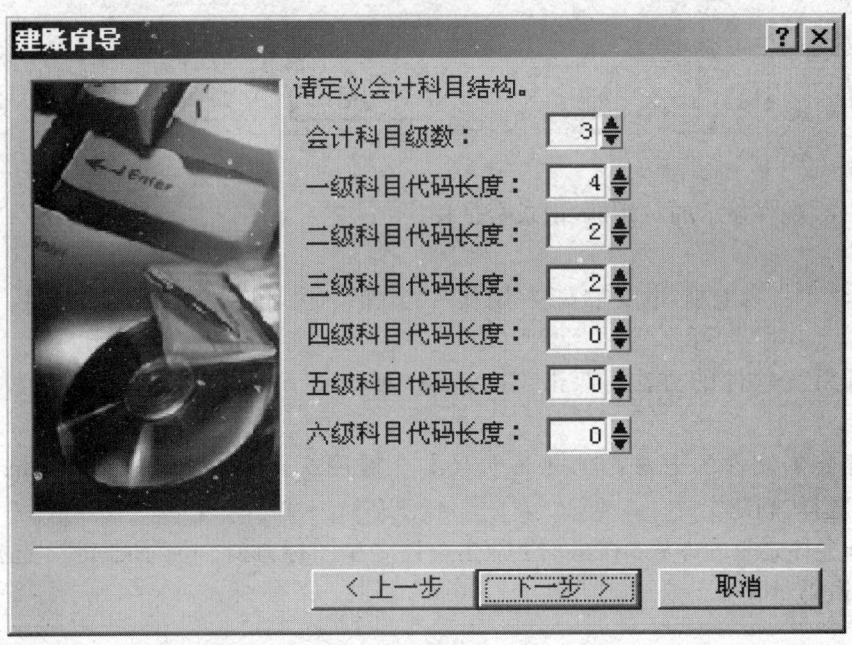

2. 不要复制系统已有的科目表。

3. 输入100101,观察对话框的文字。

4. 输入1001,再输入1001001,观察对话框的文字。

5. 输入1001,再输入金额100元。

6. 输入100101,再输入金额80元。

7. 输入100102,再输入金额30元,观察对话框的文字。

8. 删除 1001，观察对话框的文字。

新增科目

| 科目代码： | 助记码： |
| 科目名称： |

科目类别： 流动资产 ▼

余额方向
⊙ 借方　　○ 贷方

币别核算
⊙ 不核算外币
○ 核算所有币别
○ 核算单一外币
　　　　　　▼
□ 期末调汇

□ 日记账
□ 结算类科目
□ 现金类科目

辅助核算
⊙ 单一核算项目
○ 多核算项目
　□ 往来单位
　□ 部门
　□ 职员

核算项目： (无) ▼

□ 往来业务核算
□ 数量金额辅助核算
　计量单位：

增加　　关闭

[实验方法]

软件操作、观察显示的对话框，记录全过程。

[实验条件]

每一位学生一台电脑，电脑中安装"用友"、"金蝶"、"会计之星"三套财务软件。

[实验指导]

1. 打开用友软件的方法：双击 C：\ufstow\zt8.exe，选择"演示账套"，输入密码：system。

2. 打开金蝶软件的方法：在桌面上双击金蝶图标，选择"用户"为"manager"，密码为""(空)，选择"新建"。

3. 打开会计之星的方法：在桌面上双击会计之星图标，选择"演示账套"，选择"用户"为"abc"，输入密码"abc"。

[问题思考]

1. 没有一级科目，是否可以输入二级科目？

2. 是否可以不按科目结构的定义"4,2,2"，随意输入科目？

3. 已有二级科目的一级科目，是否可以删除？

4. 两个二级科目金额之和，是否一定要等于一级科目的金额？

5. 有金额的科目是否可以删除？

6. 被凭证使用过的科目是否可以删除？

实验二 凭 证 输 入

[实验目的]

1. 掌握凭证输入最主要的设计：凭证的类型与凭证内容的一致。
2. 掌握凭证输入的设计细节：日期、凭证号、科目号、金额。
3. 了解凭证输入模块的流程。

[实验内容]

通过"用友"、"金蝶"、"会计之星"三个软件"凭证输入"模块的使用，了解凭证输入的要点与细节，了解凭证输入模块的流程。

[实验步骤]

1. 打开"用友"、"金蝶"、"会计之星"中的任何一个软件，进入"凭证输入"模块，选择凭证类型（现收、现付、银收、银付、转账），如"转账凭证"。

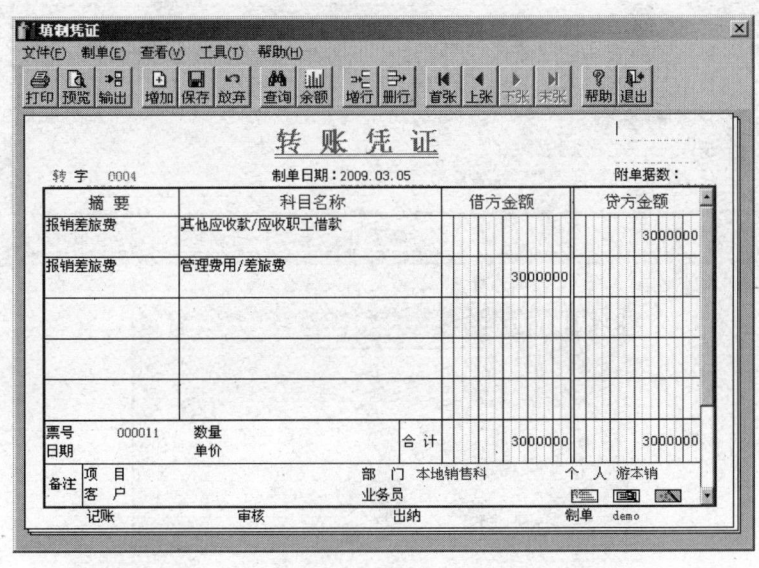

2. 在科目名称栏中，输入"库存现金"或"银行存款"科目，设计正确的软件，应当提示用户：这是转账凭证，不能输入"库存现金"或"银行存款"科目，设计不正确的软件，不会作任何提示，而让用户存盘。

3. 在科目栏中，输入科目表中不存在的科目，观察软件的提示。

4. 在科目栏中，输入有下级科目的上级科目，观察软件的提示。

5. 在科目栏中，输入无上级科目的下级科目，观察软件的提示。

6. 输入同借同贷的凭证，观察软件的提示。

7. 输入借贷金额不等的凭证，观察软件的提示。

8. 输入凭证号相同的凭证,观察软件的提示。

9. 输入跳号的凭证,观察软件的提示。

10. 输入日期比已存在的凭证的日期小的凭证,观察软件的提示。

11. 输入无摘要的凭证,观察软件的提示。

[实验方法]

软件操作、观察显示的对话框,记录全过程。

[实验条件]

每一位学生一台电脑,电脑中安装"用友"、"金蝶"、"会计之星"三套财务软件。

[实验指导]

1. 在建立账套时,可以定义凭证的类型。

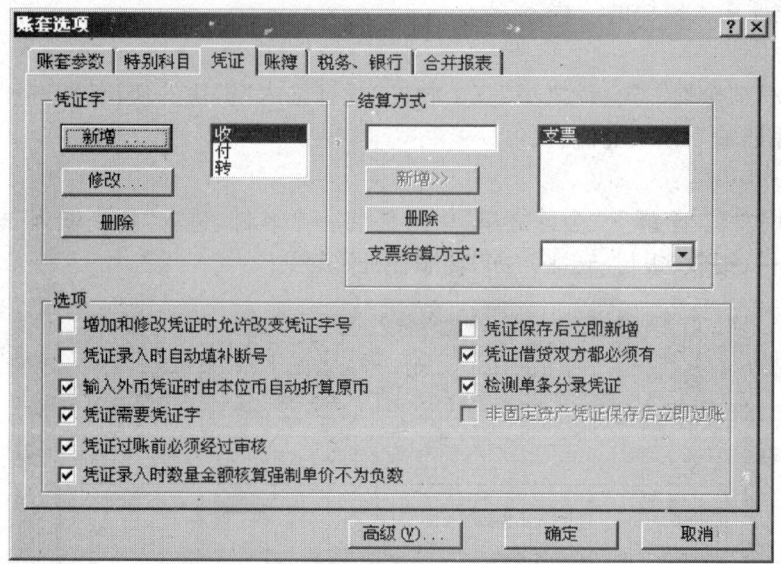

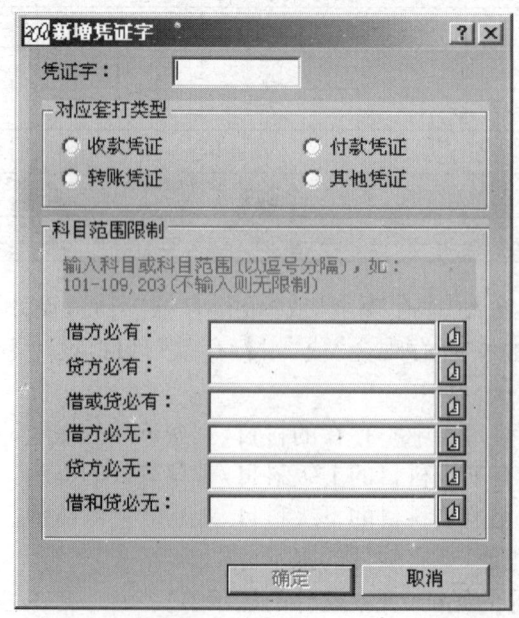

2. 也可以利用已存在的账套,继续输入各类凭证。

[问题思考]

1. 凭证类型与凭证内的科目是否应当一致? 如何使其一致?

2. 软件是否应当限制无摘要的凭证?

3. 软件是否应当作凭证号连续的判断?

4. 软件是否应当作输入科目的判断——无此科目,或有上级科目只输入下级科目,或有下级科目只输入上级科目?

5. 软件是否应当判断"有借必有贷"的会计规则——科目与金额均须同时存在?

6. 软件是否应当迁就不正确的会计习惯? 例如,允许做同借同贷的凭证? 输入日期比已存在的凭证的日期小的凭证? 输入跳号的凭证?

7. 研究是否可以插入凭证? 如何插入?

8. 研究删除凭证后,软件应当如何处理?

9. 研究凭证记账后,发现凭证有错,软件应当如何处理?

10. 你认为凭证类别只用"记账凭证"一种,其他类别可以取消吗?

实验三 账簿形成

[实验目的]

    1. 掌握账簿形成的条件必要——凭证的输入。

    2. 掌握账簿形成的其他条件——账户名称、账户页码、账户形式（三栏式、多栏式、数量金额式等等）

    3. 掌握虚拟账簿的特点。

[实验内容]

    通过"用友"、"金蝶"、"会计之星"三个软件"账簿"模块的使用，了解账簿形成的条件必要与其他条件，体会虚拟账簿的特点。

[实验步骤]

    1. 打开"用友"、"金蝶"、"会计之星"中的任何一个软件，输入若干张凭证，为账簿的形成创造必要条件。

    2. 凭证不记账，观察是否可以形成账簿？

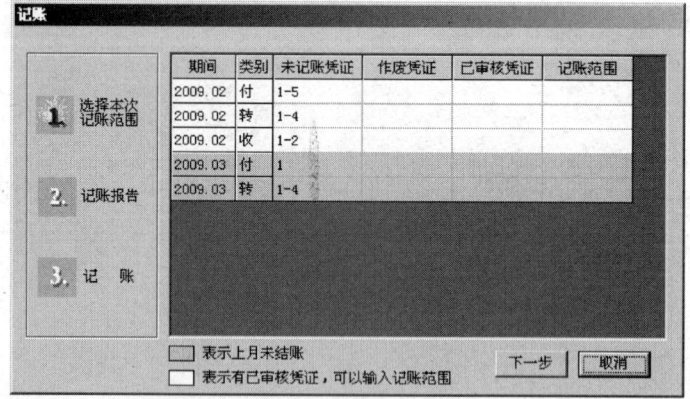

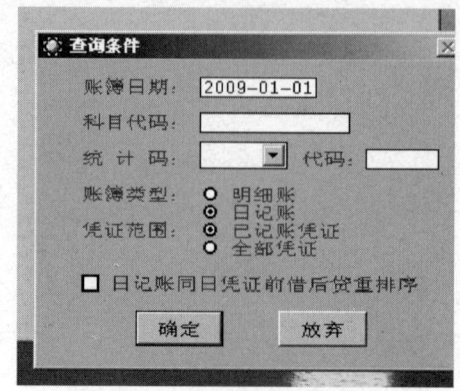

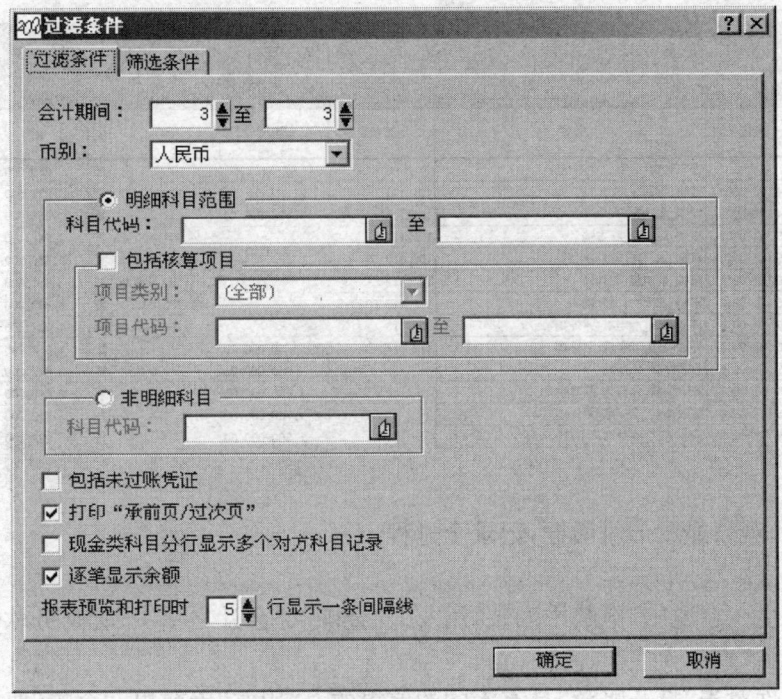

3. 账簿形成前,输入账户名称(科目代码)。

4. 观察不同软件形成三栏式账簿、多栏式账簿等账簿的条件。

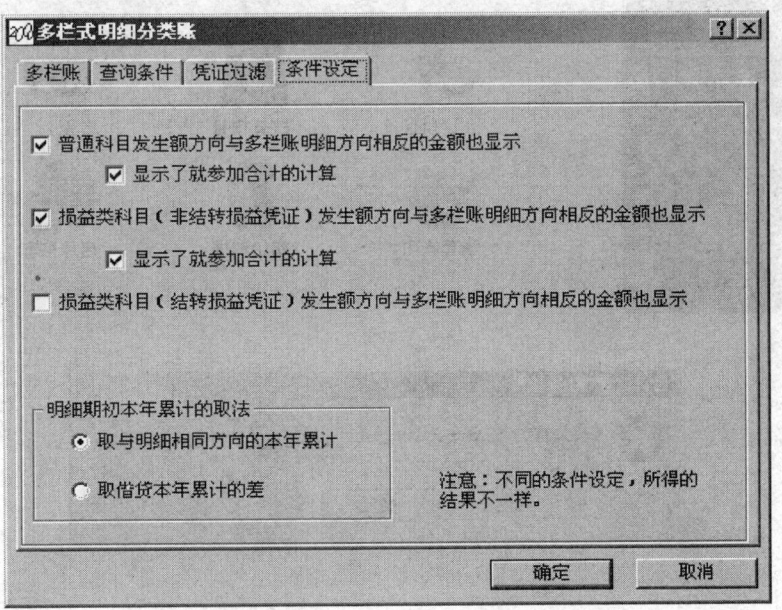

5. 观察凭证没有记账前的账簿内容。

6. 观察凭证记过账后账簿的内容,比较两者的差异。

7. 退出软件,能不能找到刚才你打开的账簿?

8. 试着修改或删除账簿中的记录。

9. 发现账簿里的记录有错,如何纠错?

明　细　账

科目　113 应收账款

9年 日	凭证号数	摘要	对方科目	借方	贷方	方向	余额
		上年结转				借	250,000.00
24	收-0008	核销_零散客户	101,113		522,000.00	贷	272,000.00
24	收-0008	核销_零散客户	101,113	22,000.00		贷	250,000.00
25	收-0009	核销_北电配_陈本销	102,112		991,100.00	贷	1,241,100.00
25	收-0010	核销_黑一电_刘外销	102,112,522		1,197,200.00	贷	2,438,300.00
25	收-0011	核销_湘电机_甘外销	102,112		1,198,900.00	贷	3,637,200.00
25	收-0012	核销_株火力_潘外销	102,112,204		1,195,000.00	贷	4,832,200.00
25	收-0014	坏账收回_湘电机_尹外销	102,113		50,000.00	贷	4,882,200.00
25	收-0014	坏账收回_湘电机_尹外销	113,114	50,000.00		贷	4,832,200.00
25	转-0006	应收账款_北电配		990,000.00		贷	3,842,200.00
25	转-0007	应收账款_北石化_陈本销		1,400,000.00		贷	2,442,200.00
25	转-0008	应收账款_黑一电_尹外销		1,720,000.00		贷	722,200.00
25	转-0009	应收账款_零散客户		500,000.00		贷	222,200.00

[实验方法]

　　软件操作、观察显示的对话框,记录全过程。

[实验条件]

　　每一位学生一台电脑,电脑中安装"用友"、"金蝶"、"会计之星"三套财务软件。

[实验指导]

　　不同的软件对于"打开账簿"是有不同的前提的。"用友"无前提,"金蝶"要求"启用账套","会计之星"要求"结束初始化"。

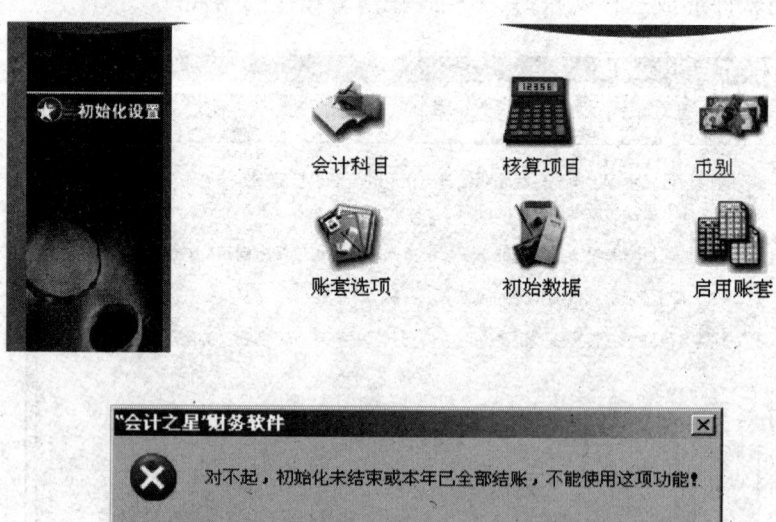

[问题思考]

　　1. 凭证不记账,在账簿中也能查到这些凭证记录,软件这样做是否正确?

　　2. 在软件可以查询到任何数据的条件下,你认为设置那么多传统会计下的账簿格式有必要吗?

　　3. 你认为账簿可以取消吗?

　　4. 在软件的账簿数据文件中,你能找到曾经看到过的账簿内容吗? 它们在哪里? 你是否

体会到虚拟账簿的存在？虚拟账簿有没有优越性？

　　5. 不同软件对于账簿的形成，有不同的前提条件，你认为，"启用账套"、"结束初始化"是不是财务软件的一个必要步骤？

　　6. 要修改、删除账簿里的记录，需要经过哪些步骤？反记账、反结账、反结束初始化是不是正常的财务软件的功能？财务软件为什么要设置这些功能？

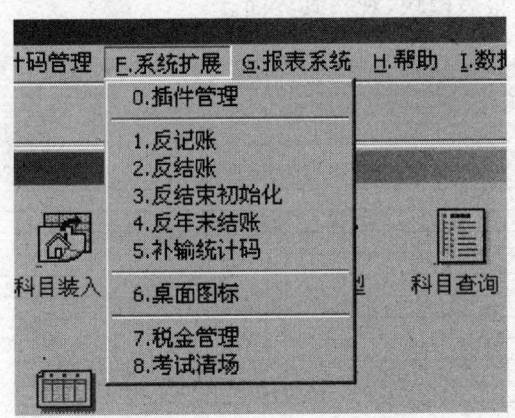

实验四　报表设置

[实验目的]

　　1. 掌握财务软件中的会计报表与手工会计报表的根本区别。

　　2. 掌握财务软件中会计报表公式的设置方法。

　　3. 掌握不同财务软件对于报表的不同技术处理。

[实验内容]

　　通过"用友"、"金蝶"、"会计之星"三个软件"报表"模块的使用,了解报表公式设置的方法,体会财务软件中的报表与手工报表的根本区别,观察不同财务软件是如何产生会计报表的。

[实验步骤]

　　1. "用友"、"金蝶"、"会计之星"三个软件的凭证均不记账。

　　2. 打开"金蝶"软件的报表模块,观察其界面。

　　3. 打开"会计之星"软件的报表模块,观察其界面。

4. 比较两个软件在界面与功能菜单上的不同之处。

5. 单击"金蝶""自定义报表公式向导"。

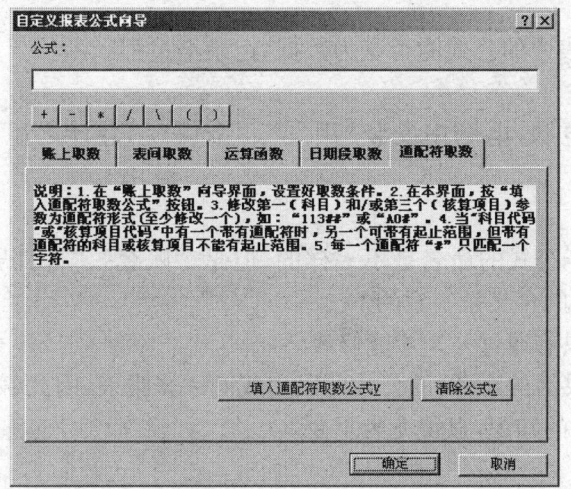

6. 单击"会计之星""报表函数向导"。

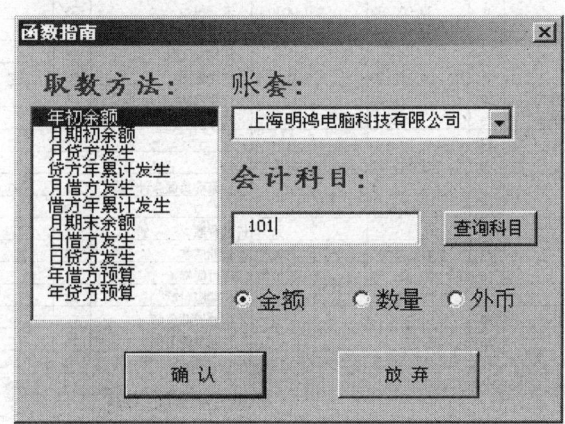

7. 为其中一个软件定义取数公式,观察是否能够生成报表。

8. 将凭证记账,再观察是否能够生成报表。

[实验方法]

软件操作、观察报表中的公式能否变为数据,记录全过程。

[实验条件]

每一位学生一台电脑,电脑中安装"用友"、"金蝶"、"会计之星"三套财务软件,安装 Excel,做好 VBA 链接。

[实验指导]

1. 不同的软件对于公式的命名是不一样的,但是,"账套"、"科目号"在账簿中的位置(借贷方发生额、余额等等)的含义是一致的。

2. 报表中的数据只有通过公式才能修改。

3. 公式的设置是灵活的,不同的公式可以生成同一张报表,因此,熟练掌握会计报表的知识与软件设置报表公式的知识,显得尤为重要。

[问题思考]

1. 你认为使用"金蝶"软件本身自带的报表方便,还是使用"会计之星"软件与 Excel 链接的报表方便?

2. 凭证记账是不是生成报表的前提条件?

3. 报表中的数据发生错误,正确的修改方法是什么?

4. 报表中的数据没有发生错误,但是,资产负债表不平衡,错误最有可能发生在哪里?

资产负债表

2009年8月31日

上海明鸿电脑科技有限公司　　　　　　　单位:人民币元

资　产	行次	年初数	期末数	负债及所有者权益	行次	年初数	期末数
流动资产				流动负债			
货币资金	1	23,999.25	14,399.25	短期借款	45		
短期投资	2			应付票据	47		
应收票据	3			应付账款	48	7,500.00	7,500.00
应收账款	4	123,675.55	123,675.55	预收账款	49	0.00	0.00
减:坏账准备	5			其他应付款	50	23,252.26	23,252.26
应收账款净额	5	123,675.55	123,675.55	应付工资	51	0.00	0.00
预付账款	7			应付福利费	52	0.00	0.00
其他应收款	8	30,000.00	30,000.00	未交税金	53	0.00	0.00
存货	9	369,763.61	369,763.61	未付利润	54		
待转其他业务支出	10			其他未交款	55		
待摊费用	11	4,181.19	4,181.19	预提费用	56	3,100.00	3,100.00
待处理流动资产净损失	12			一年内到期的长期负债	57		
一年内到期的长期债券投资	13			其他流动负债	58		
其他流动资产	14						
流动资产合计	20	551,619.60	542,019.60	流动负债合计	59	33,852.26	33,852.26
长期投资							
长期投资	21			长期负债			
固定投资:				长期负债			
固定资产原价	24	44,298.00	44,298.00	长期借款	60		
减:累计折旧	25	20,388.07	20,388.07	应付债券	61		
固定资产净值	25	23,909.93	23,909.93	长期应付款	62		
固定资产清理	27			其他长期负债	74		
在建工程	28			长期负债合计	75		

Sheet1 / Sheet2 / Sheet3 / Sheet4 / Sheet6 / Sheet7 / Sheet8 / Sheet9 / Sheet10 / Sheet11

就绪

5. 报表公式除了用财务软件提供的设置方法外，能不能使用 Excel 提供的报表工具？哪个更方便？

6. 财务软件制作会计报表与手工制作会计报表，优势在哪里？缺点在哪里？

7. 财务软件除了对外的资产负债表、利润表和现金流量表外，还可以制作哪些报表？

试算平衡表

科目代码	科目名称	期初余额 借方	期初余额 贷方	本期发生额 借方	本期发生额 贷方	期末余额 借方	期末余额 贷方
101	库存现金	27,300.00			17,000.00	10,300.00	
102	银行存款	4,650,985.08		105,300.00	5,000.00	4,751,285.08	
109	其他货币资金	100,000.00				100,000.00	
111	交易性金融资产	150,000.00				150,000.00	
113	应收账款	913,050.00				913,050.00	
114	坏账准备		1,728.00				1,728.00
119	其他应收款	20,000.00				20,000.00	
123	原材料	221,115.00		18,800.00	29,980.00	209,935.00	
128	包装箱	495.00		980.00	78.40	1,396.60	
129	低值易耗品	5,300.00			1,500.00	3,800.00	
135	自制半成品	50.60		135,582.61	66,800.00	68,833.21	
137	产成品	420,377.90				420,377.90	
139	待摊费用	20,000.00		5,000.00		25,000.00	
151	长期投资	500,000.00				500,000.00	
161	固定资产	25,950,000.00				25,950,000.00	
165	累计折旧		3,708,795.74		140,695.62		3,849,491.36
201	短期借款		1,000,000.00				1,000,000.00
203	应付账款		230,000.00		19,796.66		249,796.66
209	其他应付款				64,000.00		64,000.00
211	应付职工薪酬		77,985.66	11,000.00			86,965.66
221	应交税费		128,265.00	16.66	15,300.00		143,548.34

科目余额表

科目代码	科目名称	期初余额 借方	期初余额 贷方	本期发生额 借方	本期发生额 贷方	本年累计发生额 借方	本年累计发生额 贷方	期末余额 借方	期末余额 贷方
101	库存现金	18,800.00		17,000.00			61,200.00	1,800.00	
102	银行存款	4,225,985.08		105,300.00	5,000.00	1,117,744.00	1,905,818.58	4,326,285.08	
109	其他货币资金	100,000.00				17,000.00	17,000.00	100,000.00	
111	交易性金融资产	150,000.00				50,000.00		150,000.00	
113	应收账款	828,050.00				1,128,050.00	300,000.00	828,050.00	
114	坏账准备		1,728.00				1,728.00		1,728.00
119	其他应收款	20,000.00				2,000.00		20,000.00	
123	原材料	221,115.00		18,800.00	29,980.00	453,800.00	219,980.00	209,935.00	
128	包装箱	495.00		980.00	78.40	980.00	78.40	1,396.60	
129	低值易耗品	5,300.00			1,500.00			3,800.00	
135	自制半成品	50.60		135,582.61	66,800.00	205,582.61	136,800.00	68,833.21	
137	产成品	420,377.90				687,457.90	1,135,395.00	420,377.90	
139	待摊费用	20,000.00		5,000.00		5,000.00	4,000.00	25,000.00	
151	长期投资	500,000.00				500,000.00		500,000.00	
161	固定资产	25,950,000.00				200,000.00	50,000.00	25,950,000.00	
165	累计折旧		3,708,795.74		140,695.62		408,293.66		3,849,491.36
201	短期借款		1,000,000.00						1,000,000.00
203	应付账款		60,000.00		3,596.66		63,596.66		63,596.66
209	其他应付款				64,000.00		64,000.00		64,000.00
211	应付职工薪酬		77,985.66	11,000.00		500,804.24	511,132.34		
221	应交税费		128,265.00	16.66	15,300.00	777,793.16	871,341.50		143,548.34
223	应付利润					200,000.00			
229	其他应交款		2,125.00			2,000.00	2,125.00		2,125.00
231	预提费用		10,000.00				10,000.00		10,000.00
241	长期借款		1,520,000.00				20,000.00		1,520,000.00
301	实收资本		25,000,000.00						25,000,000.00
311	资本公积		949,000.00			51,000.00			949,000.00
313	盈余公积		170,000.00						170,000.00
321	本年利润		317,423.47			1,478,882.09	1,796,305.56		317,423.47
401	生产成本	136,629.29		94,383.40	135,582.61	726,470.59	823,040.51	95,430.08	
405	制造费用			123,488.19		395,028.38	271,540.19	123,488.19	
501	主营业务收入				90,000.00	1,755,000.00	1,845,000.00		90,000.00
502	主营业务成本					1,135,395.00	1,135,395.00		
503	销售费用			64,800.00		74,800.00	10,000.00	64,800.00	
504	营业税金及					2,125.00	2,125.00		

就绪 ｜ 大写 ｜ 数字 ｜ 2000年

实验五　账务处理全过程

[实验目的]

　　熟悉会计核算业务，初步掌握财务报告的编制。

[实验内容]

　　编制会计分录，编制资产负债表和利润表。

[实验条件]

　　每一位学生一台电脑，电脑中安装"用友"、"金蝶"、"会计之星"三套财务软件，安装 Excel，做好 VBA 链接。

[实验指导]

　　1. 设置科目，输入余额。

　　2. 编制会计分录，输入凭证。

　　3. 设置报表公式，由财务软件自动产生报表数据。

[会计资料]

　　1. 某企业 2009 年年初余额表如下：

2009 年年初余额表

科目编号	科 目 名 称	借方余额	贷方余额
1001	库存现金	771.52	
1002	银行存款	1 405 528.48	
100201	银行存款——工商银行	1 050 066.98	
100202	银行存款——交通银行	355 461.50	
1012	其他货币资金		
1101	交易性金融资产	15 000.00	
1121	应收票据	246 000.00	
1122	应收账款	300 000.00	
112201	应收账款——东方公司		
112202	应收账款——永久公司		
112203	应收账款——新中贸易公司	300 000.00	

续 表

科目编号	科 目 名 称	借方余额	贷方余额
1123	预付账款	100 000.00	
1131	应收股利		
1132	应收利息		
1221	其他应收款	5 000.00	
122101	其他应收款——存出保证金	2 000.00	
122102	其他应收款——应收款	3 000.00	
1231	坏账准备		900.00
1401	材料采购		
1403	原材料	2 678 228.00	
1404	材料成本差异		132 228.00
1405	库存商品		
1408	委托加工材料	34 000.00	
1512	长期股权投资	250 000.00	
1601	固定资产	1 500 000.00	
1602	累计折旧		400 000.00
1604	在建工程	1 500 000.00	
160401	在建工程——仓库	427 000.00	
160402	在建工程——机床	1 073 000.00	
1606	固定资产清理		
1701	无形资产	600 000.00	
1801	长期待摊费用	200 000.00	
2001	短期借款		300 000.00
2201	应付票据		200 000.00
2202	应付账款		953 800.00
220201	应付账款——南通		400 000.00

科目编号	科 目 名 称	借方余额	贷方余额
220202	应付账款——上海		553 800.00
2203	预收账款		
2211	应付职工薪酬		110 000.00
2221	应交税费		36 600.00
2241	其他应付款		50 000.00
2501	长期借款		600 000.00
2701	长期应付款		1 001 000.00
4001	实收资本		5 000 000.00
4002	资本公积		
4101	盈余公积		150 000.00
4103	本年利润		
4104	利润分配		
5001	生产成本		
5101	制造费用		
510101	制造费用——职工薪酬		
510102	制造费用——折旧		
510103	制造费用——其他		
6001	主营业务收入		
6051	其他业务收入		
6061	汇兑损益		
6111	投资收益		
6301	营业外收入		
6401	主营业务成本		
6601	销售费用		
6602	管理费用		

续 表

科目编号	科 目 名 称	借方余额	贷方余额
660201	管理费用——职工薪酬		
660202	管理费用——折旧		
660203	管理费用——其他		
6603	财务费用		
660301	财务费用——利息支出		
6711	营业外支出		
6801	所得税费用		
	资产或负债、权益合计	8 401 400.00	8 401 400.00

注意：1. 将"银行存款——交通银行"、"应收账款——东方公司"设置为外币科目；币种为美元；期初汇率为 8.33，期末汇率为 8.66。

2. "汇兑损益"设置为汇兑科目。

3. 将"主营业务收入"设置为现金流量科目。

2. 业务。

某企业 2009 年 1 月份发生如下业务，用现收、现付、银收、银付、转账五种凭证编制会计分录（除特别注明的银行外，均指工商银行发生的业务）：

业务编号	业 务 内 容
01	用银行存款支付到期的商业承兑汇票 100 000 元
02	购买原材料一批，用银行存款支付货款 150 000 元，增值税额为 25 500 元，材料已验收入库，制作无金额的样板凭证
03	收到原材料一批，货款为 50 000 元，增值税额 8 500 元，材料已验收入库，款项已预付
04	购买材料一批，以工行预付货款 40 000 元，材料未到
05	销售产品一批给东方公司，销售价款 30 000 美元（不含增值税），产品已发出，价款未收到
06	购入不需要安装的设备 1 台，价款 85 470 元，增值税额 14 530 元，包装费和运费 1 000 元，价款、增值税、包装费、运费均以工行支付，设备已交付使用
07	用银行存款支付在建工程——仓库工程款 150 000 元
08	机床工程完工，应负担的长期借款利息 150 000 元，该项借款本息未付
09	仓库工程完工，交付生产使用，已办理竣工手续，固定资产价值 1 223 000 元
10	公司将交易性金融资产——债券全部变现，本期投资收益 1 500 元，均存入银行

业务编号	业 务 内 容
11	生产车间 1 台机床报废,原价 200 000 元,已提折旧 180 000 元,清理费用 500 元,残值收入 800 元,均通过银行存款收支,该项固定资产已清理完毕
12	从银行借入 3 年期借款 400 000 元,借款已入工行账户
13	销售产品一批给永久公司,销售价款 700 000 元,应收增值税额 119 000 元,货款工行已收妥,制作无金额的样板凭证
14	公司将要到期的一张面值为 200 000 元的无息银行承兑汇票,交工行办理转账,款项工行已收妥
15	收到 A 公司股息 30 000 元,款项已存入银行
16	公司出售 1 台不需用的设备,收到价款 300 000 元,该设备原价 400 000 元,已提折旧 150 000 元,该设备已由购入单位运走
17	提取应计入本期损益的借款利息共 21 500 元,其中短期借款利息 11 500 元,长期借款利息 10 000 元
18	到工行提取现金 300 000 元,准备发放工资
19	支付工资 300 000 元
20	分配工资 300 000 元,其中生产人员工资 275 000 元,车间管理人员工资 10 000 元,行政管理部门人员工资 15 000 元
21	按工资的 14% 提取职工福利费,用自动转账生成凭证
22	归还短期借款本金 250 000 元,利息 12 500 元
23	生产领用原材料 700 000 元,车间领用 50 000 元
24	销售产品一批,预收货款 50 000 元,存入工行,货未发出
25	摊销无形资产 60 000 元;长期待摊费用 120 000 元,其中印花税 30 000 元,生产车间固定资产修理费 90 000 元
26	租入机器设备 1 台,本期工行支付租金 5 000 元
27	融资租赁机器设备 1 台,租赁期 8 年,租金总额为 150 000 元,运杂费和安装费为 1 000 元,由承租人支付,同时支付第一年的租赁费,均由工行支付
28	计提固定资产折旧 100 000 元,其中计入制造费用 80 000 元,管理费用 20 000 元
29	由工行支付水电费 5 000 元,其中制造费用 4 000 元,管理费用 1 000 元
30	收到东方公司应收账款 5 000 美元(不含增值税)存入交行,按应收账款余额的 3‰ 计提坏账准备
31	用银行存款支付产品展览费 10 000 元

续 表

业务编号	业 务 内 容
32	销售产品一批给新中贸易公司,价款 250 000 元,增值税额为 42 500 元,货款已由工行收妥,用样板凭证生成会计分录
33	公司出租一处房产,收到租金 10 000 元,存入工行
34	公司用工行支票购买 A 公司股票 100 000 元,制作无金额的样板凭证
35	公司用工行支票购买 6 年期国债 50 000 元,用样板凭证产生分录
36	公司本期产品销售应提取的教育费附加为 2 000 元
37	用银行存款缴纳增值税 100 000 元,教育费附加 2 000 元
38	用自动转账计算并结转本期完工产品成本,本期生产的产品全部完工入库
39	结转本期产品销售成本 750 000 元
40	以工行支票偿还长期借款 1 000 000 元
41	购买原材料一批,用银行存款支付货款 300 000 元,增值税额为 51 000 元,材料已验收入库,用样板凭证生成有关分录
42	税务局返还上年度多缴纳的所得税额 5 000 元,存入工行
43	公司投资方对公司追加投资 50 000 元,已存入工行,经验资,增加实收资本
44	由于汇率变动,自动计算并生成本期汇兑损益凭证
45	用自动转账将损益科目结转本年利润
46	用自动转账计算并结转所得税、净利润
47	用自动转账提取法定盈余公积金 10%,公益金 5%
48	用自动转账将"利润分配"各明细账户的余额转入"未分配利润"明细账户,结转本年利润
49	用银行存款缴纳所得税额 100 000 元
50	用银行存款支付应付账款——南通公司 400 000 元

3. 部分参考答案:

资产负债表期末数合计:7 968 607.17

主营业务收入:1 242 383.00

管理费用:150 724.75

汇兑损益:－23 981.92

利润总额:408 940.17

实验六 财务报告编制

[实验目的]

熟悉《企业会计准则》，掌握财务报告的编制技巧。

[实验内容]

编制资产负债表、利润表、现金流量表。

[实验条件]

每一位学生一台电脑，电脑中安装"用友"、"金蝶"、"会计之星"三套财务软件，安装 Excel，做好 VBA 链接。

[实验指导]

现金流量表的编制方法有直接法和间接法。直接法是通过现金收入和现金支出的主要类别来反映来自企业经营活动的现金流量。间接法是以本期净利润为起算点，调整不涉及现金的收入、费用、营业外收支等有关项目的增减变动，据此计算出经营活动的现金流量。在我国，现金流量表以直接法编制，但在现金流量表的补充资料中还须单独按照间接法反映现金流量的情况。

[会计资料]

1. 某公司为一般纳税人。2009 年 1 月 31 日的资产负债表如下。

表 12 - 1

资 产 负 债 表
2009 年 1 月 31 日

资　　　产	行次	金　额	负债及所有者权益	行次	金　额
流动资产：			流动负债：		
货币资金	1	1 406 300	短期借款	21	300 000
交易性金融资产	2	15 000	应付票据	22	200 000
应收票据	3	246 000	应付账款	23	953 800
应收账款	4	299 100	应付职工薪酬	24	110 000
其他应收款	5	5 000	应交税费	25	36 600
预付账款	6	100 000	应付股利	26	
应收股利	7		其他应付款	27	50 000
存货	8	2 580 000	一年内到期的非流动负债	28	1 001 000
其他流动资产	9	100 000	流动负债合计	29	2 651 400
流动资产合计	10	4 751 400	非流动负债：		
非流动资产：			长期借款	30	600 000
长期股权投资	11	250 000	负债合计	31	3 251 400
固定资产			所有者权益：	32	
固定资产原价	12	1 500 000	实收资本	33	5 000 000

续 表

资 产	行次	金 额	负债及所有者权益	行次	金 额
减：累计折旧	13	400 000	盈余公积	34	150 000
固定资产净值	14	1 100 000	其中：公益金		
在建工程	15	1 500 000	未分配利润	35	
固定资产合计	16	2 600 000	所有者权益合计	36	5 150 000
无形资产	17	600 000		37	
长期待摊费用	18	200 000		38	
其他长期资产	19			39	
资 产 总 计	20	8 401 400	负债及所有者权益总计	40	8 401 400

2. 该公司 2009 年 2 月发生的经济业务如下：

(1) 用银行存款支付到期的商业承兑汇票 100 000 元。

(2) 购入原材料一批，用银行存款支付货款 150 000 元，增值税额为 25 500 元，款项已付，材料已验收入库。

(3) 收到原材料一批，成本 40 000 元，增值税额 6 800 元，材料已验收入库，款项已预付。

(4) 销售产品一批，销售价款 300 000 元(不含增值税)，该批产品实际成本 180 000 元，产品已发出，价款未收到。

(5) 公司将股票 15 000 元兑现，本期投资收益 1 500 元，均存入银行。

(6) 购入不需安装的设备 1 台，价款 85 470 元，支付的增值税额 14 530 元，支付包装费、运费 1 000 元。价款及包装费、运费均以银行存款支付，设备已交付使用。

(7) 用银行存款支付在建工程工程款 150 000 元。

(8) 工程完工，计算应负担的长期借款利息 150 000 元，该项借款本息未付。

(9) 一项工程完工，交付生产使用，已办理竣工手续，固定资产价值 1 400 000 元。

(10) 基本生产车间 1 台机床报废，原价 200 000 元，已提折旧 180 000 元，清理费用 500 元，残值收入 800 元，均通过银行存款收支，该项固定资产已清理完毕。

(11) 从银行借入 3 年期借款 500 000 元，借款已入银行账户。

(12) 销售产品一批，销售价款 800 000 元，应收的增值税额 136 000 元，销售产品实际成本 500 000 元，货款银行已收妥。

(13) 公司将要到期的一张面值为 200 000 元的无息银行承兑汇票(不含增值税)，交银行办理转账，款项银行已收妥。

(14) 收到 A 公司股息 20 000 元(该项投资为成本法核算，对方税率和本企业一致，均为 25%)，款项已存入银行。

(15) 公司出售 1 台不需用的设备，收到价款 300 000 元，该设备原价 400 000 元，已提折旧 150 000 元，该设备已由购入单位运走。

(16) 提取应计入本期损益的借款利息共 21 500 元，其中短期借款利息 11 500 元，长期借款利息 10 000 元。

(17) 提取现金 300 000 元，准备发放工资。

(18) 支付工资 300 000 元。

（19）分配职工工资 300 000 元,其中,生产人员工资 275 000 元,车间管理人员工资10 000元,行政管理部门人员工资 15 000 元。

（20）提取职工福利费 42 000 元,其中,生产工人福利费 38 500 元,车间管理人员福利费1 400元,行政管理部门人员福利费 2 100 元。

（21）归还短期借款本金 250 000 元,利息 12 500 元。

（22）基本生产领用原材料,成本 700 000 元,领用低值易耗品 50 000 元,采用一次摊销法摊销。

（23）摊销无形资产 60 000 元;长期待摊费用 120 000 元,其中印花税 30 000 元,基本生产车间固定资产修理费 90 000 元。

（24）计提固定资产折旧 100 000 元,其中计入制造费用 80 000 元,管理费用 20 000 元。

（25）收到应收账款 51 000 元(不含增值税),存入银行,按应收账款余额的 3‰计提坏账准备。

（26）用银行存款支付产品展览费 8 000 元。

（27）广告费 10 000 元已用银行存款支付。

（28）销售产品一批,价款 250 000 元,增值税额为 42 500 元,收到 292 500 元的商业承兑汇票一张,产品实际成本 150 000 元。

（29）公司将上述承兑汇票到银行办理贴现,贴现息 20 000 元。

（30）公司购买 A 公司股票 200 000 元。

（31）公司本期产品销售应交纳的教育费附加为 2 000 元。

（32）用银行存款缴纳增值税 100 000 元,教育费附加 2 000 元。

（33）计算并结转本期完工产品成本 1 244 900 元,没有期初产品,本期生产的产品全部完工入库。

（34）结转本期产品销售成本 750 000 元。

（35）偿还长期借款 1 000 000 元。

（36）公司投资方对公司追加投资 500 000 元,已存入银行,经验资增加实收资本。

（37）将各损益科目结转本年利润。

（38）计算并结转所得税、净利润。

（39）提取法定盈余公积金(10％),公益金(5％),应付股东股利 22 190.85 元。

（40）将利润分配各明细科目的余额转入"未分配利润"明细科目,结转本年利润。

（41）用银行存款缴纳所得税 100 000 元。

（42）用银行存款支付股利 22 190.85 元。

3. 根据上述资料编制会计分录和资产负债表、利润表、现金流量表。

4. 参考答案:

（1）资产负债表。根据上述资料编制的资产负债表如下所示。

资 产 负 债 表
2009 年 2 月 28 日

资　　　产	行次	年初数	期末数	负债及所有者权益	行次	年初数	期末数
流动资产:				流动负债:			
货币资金	1	1 406 300	1 669 409.15	短期借款	22	300 000	50 000
交易性金融资产	2	15 000		应付票据	23	200 000	100 000

续 表

资　产	行次	年初数	期末数	负债及所有者权益	行次	年初数	期末数
应收票据	3	246 000	46 000	应付账款	24	953 800	953 800
应收账款	4	299 100	598 200	应付职工薪酬	25	110 000	152 000
其他应收款	5	5 000	5 000	应付股利	26		
预付账款	6	100 000	53 200	应交税费	27	36 600	152 699
应收股利	7			其他应付款	28	50 000	50 000
存货	8	2 580 000	2 434 900	一年内到期的非流动负债	29	1 001 000	
其他流动资产	9	100 000			30		
流动资产合计	10	4 751 400	4 806 709.15	流动负债合计	31	2 651 400	1 458 499
非流动资产：				非流动负债：	32		
长期股权投资	11	250 000	450 000	长期借款		600 000	1 260 000
固定资产：	12			负债合计	33	3 251 400	2 718 499
固定资产原价	13	1 500 000	2 401 000	所有者权益：	34		
减：累计折旧	14	400 000	170 000	实收资本	35	5 000 000	5 500 000
固定资产净额	15	1 100 000	2 231 000	盈余公积		150 000	189 210.15
在建工程	16	1 500 000	400 000	其中：公益金	36		13 070.05
固定资产合计	17	2 600 000	2 631 000	未分配利润	37		200 000
无形资产	18	600 000	540 000		38		
长期待摊费用	19	200 000	180 000	所有者权益合计	40	5 150 000	5 889 210.15
其他长期资产	20						
					41		
资产总计	21	8 401 400	8 607 709.15	负债及所有者权益总计	42	8 401 400	8 607 709.15

（2）利润表。根据上述资料编制的利润表如下所示。

利 润 表
2009 年 2 月

项　目	行 次	本 年 累 计 数
一、营业收入	1	1 350 000
减：营业成本	2	830 000
营业税金及附加	3	2 000
销售费用	4	20 000
管理费用	5	128 000
财务费用	6	41 500
资产减值损失	7	
加：公允价值变动收益	8	
投资收益	9	21 500
二、营业利润	10	350 000
加：营业外收入	11	50 000
减：营业外支出	12	19 700
三、利润总额	13	380 300
减：所得税费用	14	118 899
四、净利润	15	261 401

(3) 现金流量表。根据上述资料编制的现金流量表如下所示。

现　金　流　量　表

2009 年 2 月

项　　　　目	行　次	金　　　额
一、经营活动产生的现金流量：	1	1 459 500
销售商品、提供劳务收到的现金	3	
收到的税费返还	8	
收到其他与经营活动有关的现金	9	1 459 500
经营活动现金流入小计	10	275 500
购买商品、接受劳务支付的现金	12	300 000
支付给职工以及为职工支付的现金	13	202 000
支付的各项税费	18	20 000
支付其他与经营活动有关的现金	20	797 500
经营活动现金流出小计	21	662 000
经营活动产生的现金流量净额		
二、投资活动产生的现金流量：	22	15 000
收回投资收到的现金	23	21 500
取得投资收益收到的现金	25	300 300
处置固定资产、无形资产和其他长期资产收回的现金净额	28	
收到其他与投资活动有关的现金	29	336 800
投资活动现金流入小计	30	251 000
购建固定资产、无形资产和其他长期资产支付的现金	31	200 000
投资支付的现金	35	
支付其他与投资活动有关的现金	36	451 000
投资活动现金流出小计	37	−114 200
投资活动产生的现金流量净额		
三、筹资活动产生的现金流量：	38	500 000
吸收投资收到的现金	40	500 000
取得借款收到的现金	43	
收到其他与筹资活动有关的现金	44	1 000 000
筹资活动现金流入小计	45	1 250 000
偿还债务支付的现金	46	34 690.85
分配股利、利润和偿付利息所支付的现金	52	
支付其他与筹资活动有关的现金	53	1 284 690.85
筹资活动现金流出小计	54	−284 690.85
筹资活动产生的现金流量净额	55	
四、汇率变动对现金及现金等价物的影响	56	263 109.15
五、现金及现金等价物净增加额		

补　充　资　料

	行　次	金　　　额
1. 将净利润调节为经营活动现金流量：		
净利润	57	261 401
加：资产减值准备	58	900

续 表

	行 次	金 额
固定资产折旧	59	10 000
无形资产摊销	60	60 000
长期待摊费用摊销	61	30 000
处置固定资产、无形资产和其他长期资产的损失(减:收益)	64	
固定资产报废损失	65	19 700
财务费用	66	21 500
投资损失(减:收益)	67	−1 500
递延税款贷项(减:借项)	68	
存货的减少(减:增加)	69	145 100
经营性应收项目的减少(减:增加)	70	−3 200
经营性应付项目的增加(减:减少)	71	58 099
其他	72	
经营活动产生的现金流量净额	73	662 000
2. 不涉及现金收支的重大投资和筹资活动:	74	
债务转为资本	75	
一年内到期的可转换公司债券	76	
融资租入固定资产	77	
3. 现金及现金等价物净变动情况:	78	
现金的期末余额	79	1 669 409.15
减:现金的期初余额	80	1 406 300
加:现金等价物的期末余额	81	
减:现金等价物的期初余额	82	
现金及现金等价物净增加额	83	236 109.15

学生实验报告参考内容

一、账套设置

1. "金蝶7.0"设置账套的方式？
2. "会计之星"设置账套的方式？
3. "用友8.11"设置账套的方式？
4. "金蝶7.0"设置账套的内容
5. "会计之星"设置账套的内容？
6. "用友8.11"设置账套的内容？
7. 账套在财务软件的重要作用体现在哪些方面？
8. 一个财务软件为什么可以设置不少于99个账套？如何发挥账套的作用？
9. 分析三个软件设置账套方式的优劣。

二、初始数据输入与数据校验

注意：同一套初始数据，将产生不同的结果！

"金蝶7.0"的试算平衡结果是8 934 528.00；

"会计之星"的试算平衡结果是8 401 400.00。

1. 两个软件试算平衡的结果为何不同？
2. "金蝶7.0"为什么只有一项数据校验——试算平衡，"会计之星"有三项数据校验——试算平衡、余额校验和上下级校验，两者有何优缺点？
3. 两者在初始数据输入方面有何不同？哪个软件方便？
4. 如果您是软件的设计者，您会作出什么创新之举？

三、账簿及其他数据

1. 您能描述虚拟账簿产生的过程吗？
2. 您认为财务软件中的科目汇总表、账簿有设计的必要吗？可以取消吗？

四、会计报表

1. 财务软件中的会计报表是根据什么地方的数据产生的？
2. 虚拟账簿与会计报表有何联系？
3. 会计报表数据发生错误，如何正确地予以修正？
4. 财务软件中的会计报表与手工会计报表相比，有何优越性？
5. 根据所学知识，您能设计出更方便的报表编制方案吗？
6. 您能否根据所学会计和财务软件应用知识，更快捷地完成现金流量表的编制？

参 考 书 目

陈冰. 会计电算化实务操作. 北京：中国人民大学出版社，2003
蔡立新. 会计软件应用. 北京：首都经济贸易大学出版社，2004
胡仁昱. 会计电算化实验. 上海：立信会计出版社，2003
"会计之星"、"金蝶"、"用友"三个软件的操作手册。